中國学術思想 研究輯刊

七 編

林 慶 彰 主編

第 17 冊

顏元李塨《論語》解經思想研究

李 智 平 著

花木蘭文化出版社

國家圖書館出版品預行編目資料

顏元李塨《論語》解經思想研究／李智平 著 — 初版 — 台北
縣永和市：花木蘭文化出版社，2010〔民99〕
序 2+ 目 2+278 面；19×26 公分
（中國學術思想研究輯刊 七編；第 17 冊）
ISBN：978-986-254-176-0（精裝）
1.（清）顏元 2.（清）李塨 3.論語 4.學術思想
5.研究考訂
121.227   99002286

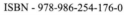

中國學術思想研究輯刊
七 編 第十七冊   ISBN：978-986-254-176-0

顏元李塨《論語》解經思想研究

作　　者　李智平
主　　編　林慶彰
總 編 輯　杜潔祥
出　　版　花木蘭文化出版社
發 行 所　花木蘭文化出版社
發 行 人　高小娟
聯絡地址　台北縣永和市中正路五九五號七樓之三
　　　　　電話：02-2923-1455／傳眞：02-2923-1452
網　　址　http://www.huamulan.tw 信箱 sut81518@ms59.hinet.net
印　　刷　普羅文化出版廣告事業
封面設計　劉開工作室
初　　版　2010 年 3 月
定　　價　七編 24 冊（精裝）新台幣 40,000 元

顏元李塨《論語》解經思想研究

李智平　著

作者簡介

李智平（1978-），男。東吳大學文學士，東海大學文學碩士，輔仁大學中國文學研究所博士候選人。曾任世新大學中文系兼任講師，現任東吳大學中文系、輔仁大學全人教育中心、臺灣警察專科學校等校兼任講師。研究領域為近現代儒家思想、道家思想等。著有〈老子與黃帝四經對「知」的態度淺析〉、〈論「王霸之辨」：黃帝四經與春秋繁露詮釋視域之比較〉、〈復反之道：老子與剝、復二卦詮釋視域的比較〉、〈義利之辨：《左傳》中義利概念的實踐與應用〉、〈援佛入老，以佛解老——試析馬一浮《老子注》義理體系的建構〉、〈聖人名實的轉移：從《老子》到《黃帝四經》的觀察〉等數篇學術論文。

提　　要

　　本文研究動機與方向有以下幾方面的考量：以宏觀視野來看，《論語》一書在魏晉南北朝以至於宋代、清代時，都有很傑出的解經成果，在時代與學術氣氛影響下，呈現出紛然的詮釋內涵。本文擇取清初《論語》學趨勢作為發端，繼而整理明末清初學術思想的走向，考察時代背景對當時學術的影響；從微觀視野加以審視，乃由顏李《論語》學為基點，並以學派形成、學理內涵、時代價值等勾勒出其經解特徵，橫向討論與清初學術思想間的關係。其身為清初重要思想兼解經家，立足在程朱、陸王對立面思惟下，對於理學過分重視內聖心性，展開現實的檢討。不同於當時多數學者或多或少受到前期理學影響，他們直探經典內涵，掌握本旨的解讀，希冀避免成為歷來解經成果的再詮釋。故於重視「習行」躬行實踐的治學前提下，對於《論語》價值的體認，與魏晉「援道入儒」以及宋代著重心性價值闡述，甚至是其後乾嘉考據學興起後的解釋，皆不盡相同。然而，界於漢宋學間的特性，反成其學術價值爭議的開端，故本文主要將透過顏李有關《論語》著述的相關內容，縱向研究「論語學史」在明末清初理學反動思惟下解經的時代意義，並橫向由《論語》註釋中，呈現顏李學術地位與價值。

目次

原　序

　　從寫作之初的期待、徬徨、猶疑、不安到現在論文付梓，心中一切疑慮與壓力，總算能夠暫時鬆懈下來。當逐一校對內容字句，一頁頁仔細地翻看時，有時也很難相信自己終於完成碩士論文的撰寫，多少個徹夜未眠努力，在晨曦中昏沉睡去的辛苦，頓時間似乎也就值得了。

　　一年多撰寫歷程中，面臨的瓶頸與壓力，是外人難以體會且難以言喻的，從資料蒐集篩選，閱讀思索，再到落筆成帙，與時間的競賽就如此倉促展開。有時為了解決一個問題，往往需花上數日時間竭慮苦思，哪怕已是夜闌人靜累倒在床榻，只要新概念浮現，便得趕緊起身振筆疾書，深怕一閃神，錯失這靈光一現的機會。周旋在自己房間、不同圖書館察考資料，成為這一年主要的生活型態，白天獨自面對空屋，夜晚兀自關起房門敲鍵盤寫論文，沉悶欲窒的生活幾度想要懈怠。不禁想起大學時教「詩選及習作」與「文學概論」的老師黃永武先生，他常提醒我們道：「作學問不是件輕鬆的事，要耐得住寂寞。」至此，方能體會出這份孤軍奮戰時的疲憊與煎熬。幸而這段艱辛日子中，擁有著家人與師長綿綿無盡的鼓勵與支持，伴我走過這段寂寞時日，堅定了完成碩士論文的決心。

　　首先，要感謝指導教授魏元珪先生。在魏師門下三年，老師認真作學問與教學的態度，學術研究的精闢見解，令我受益良多。此外，老師兼容道家老莊與易經哲學對生命豁達，道法自然而行的氣度，亦開啟了我在生活智慧與應事接物的啟發；再者，東吳大學江淑君老師，是我學習中國哲學的啟蒙者。她悉心負責的教學態度，不辭辛勞且無條件帶領我們創辦讀書會，引領我愛好哲學，進而研究之，並指引了我許多讀書與做人做事的道理。

　　此外，東吳大學羅麗容及蘇淑芬兩位老師，是學術研究與精神的導師，不時聆聽我訴說生活苦悶，並鼓勵奮發向上；東海中文系魏仲佑與呂珍玉老師懇切教誨，在求學過程中給予肯定，是激勵我研究的動力；尤不忝哲研所蔡仁厚老師，政治大學李增老師，前故宮文獻處處長吳哲夫老師等前輩學者所棄，容許旁聽的機會，以其豐富人生閱歷，拓展知識與處事之道；而台灣大學李存智老師與輔仁大學趙中偉老師，不時提供學術經驗與建議，愈加豐富了學習視野；中興大學教授王慶光老師、東海哲學博士陳政揚學長、宋定莉學姊、許惠珍學姊，中文所唐毓麗、莊凱雯學姊等諸先進，咸是寫作過程中陪伴在側的摯友，他們專注於學問的態度，都是足以仿效學習的對象，特此一併至上誠致謝意。

　　最重要的，是家人對我的包容與支持，方能完成這份論文。尤其是我的祖母及父母。而過世十餘載的祖父，雖已等不及親眼見到我的畢業，然而其為人剛正不阿，嚴以律己，寬以待人的氣度，仍長存於心，謹以此拙作獻給他們。

凡　例

一、本文所引顏元、李塨著作原文，以台灣廣文書局版，北京四存學會排
　　印的《顏李叢書》以及北京中華書局版《顏元集》爲藍本，更就近賢
　　之校釋中，擇善而從。

二、正文舉例時，爲避免有孤證或引證不足之憾，將至少舉出二例以證明
　　論點，如爲孤證時，則於行文或註解中予以說明。

三、本文以釋意爲主，不針對所引字詞做字義或訓詁上之解析，原文中屬
　　於明白易懂者，則不加註解。

四、本文徵引書籍名稱時，採用現今通行之《　》符號，單引篇名時則用
　　〈　〉符號。

五、本文採「當頁附註」，徵引古籍或諸子百家時，直接以註腳註明於所引
　　該頁之下。附註的位置若是文句未結束時，加在逗點之前；已結束時，
　　加在句點之後，以此作區隔。

六、本文注釋編號以「章」爲標準，另起一章則重新編號。

七、再次徵引以「同前註」方式簡化處理，若徵引不連續時，同章節則列
　　出書名或篇名，並註明頁數來表示。

八、本文引用他人學說時以單引號「　」爲準，引號中原著者復徵引他人
　　或古人學說時，以雙引號『　』爲準。若引用資料較長，或爲凸顯該
　　引文，以「獨立引文」處理時，將從正文分出，另起一行低三格從第
　　四格開始寫起，引文前後則不加引號。

九、徵引古人名字時，統一以「姓名」書寫，不另採用其字號、別號；若
　　作者題名爲字號、筆名、別名，在能查知其本名時，則將本名加上括

號，置於題名之後。

十、凡本文章、節名稱，以及徵引文章而加以闡述者，均以「標楷體」排
　　印，以資醒目。

十一、各章節使用編次之符號，依一、（一）、1、（1）……等順序表示。

十二、本文所引主要參考書目，統置於全文之末，惟於每節註中特列參考之
　　　書名與頁碼，並附出版社名稱、版本以資參考。

十三、本文引用與參考資料，古典文獻方面，主要分成經、史、子、集四部
　　　分類與歷代四書、顏元李塨著作與後人專著等二獨立類別，排列方式
　　　依類而異，詳述於各小類之首；現代專著、期刊論文、論文集論文、
　　　學位論文等按出版時間先後序列。

緒　論

第一節　研究動機

一、問題的發端

中國圖書的分類始於西漢成帝令劉向、歆父子整理校讎典籍與劃分目錄〔註1〕，《漢書・藝文志》大序記載云：

> 至成帝時，以書頗散亡……詔光祿大夫劉向校經傳諸子詩賦……每一書已，向輒條其篇目，撮其旨意，錄而奏之。會向卒，哀帝復使向子侍中奉車都尉歆卒父業。歆於是總管群書而奏其《七略》，故有〈輯略〉，有〈六藝略〉，有〈諸子略〉，有〈詩賦略〉，有〈兵書略〉，有〈數術略〉，有〈方技略〉。

又南朝阮孝緒〈七錄序〉云：

> 昔劉向校書，輒爲一錄，論其指歸，辨其譌謬，隨竟奏上，皆載在本書。時又別集眾錄，謂之別錄，即今之《別錄》是也。子歆撮其指要，著爲《七略》。

〔註 1〕　「目錄」，目：指一書的篇目；錄：指一書的提要，其中又包含講學術流別的小序和說明內容大旨、作者生平、該書得失的敘錄。中國目錄學包含校讎學，從書到寫成敘錄爲止，先校讎乃至於編訂目錄，是一貫的流程。雖然先秦時已經有圖書的整理，但目錄學體例完備，仍待劉向歆父子的完成。詳參昌彼得、潘美月，《中國目錄學》（台北：文史哲出版社，1991 年 10 月），頁 1～18；李瑞良，《中國目錄學史》（台北：文津出版社，1993 年 7 月），頁 1～39。

從「輒條其篇目」可知劉向透過校勘，以考定篇目；「撮其旨意，錄而奏之」、「撮其指要」則不單是校讎，更要將典籍約略作介紹而成〈敘錄〉。他們以六分法作分類，並置〈六藝略〉於各部次之首，爲後世目錄學傳承。收錄內容有六經、《論語》、《孝經》、小學共九類，後來四分法列有「經部」，涵蓋範圍承繼之。四分法起源於西晉荀勗《中經新簿》以甲、乙、丙、丁代表經、子、史、集。東晉李充更在其基礎上，將子、史二部次調換，訂立了以經、史、子、集爲序的四分法〔註2〕，自此被以後官修目錄所承襲，直到晚清西學傳入與西洋圖書分類影響中國目錄學，傳統四部分類不敷使用，逐漸式微。

「經部」不同於其他部次依性質歸類，它純指古代儒家典籍，性質上也兼涵其他各類內容，形成中國圖書分類最特殊之處。經學逐步的獨大要追溯到西漢初年惠帝廢挾書令開始〔註3〕，文景二帝繼之，百姓獻書途徑大開，文帝更立四經博士，洎漢武帝建元五年根據公孫弘建議，立五經博士，而後「獨尊儒術，罷黜百家」之說興起〔註4〕，儒學地位躍升取代漢初黃老刑名之學，

〔註2〕 中國圖書分類在魏晉時的四部分法並不成熟。由於荀勗四部分法只重視著作體裁的劃分，忽略圖書的本質，故造成許多圖書難以歸類而勉強爲之劃分的窘況，況且只列書目，更無從考證其源流。反觀劉歆《七略》能著重書的「本質」，以學術內容來歸類，是其優點。所以南北朝至隋代爲止，又產生了以劉歆七略爲基礎的七分法，與四部分類相抗衡。七分法中又以南朝宋王儉的《七志》、梁阮孝緒的《七錄》爲要。直到唐代魏徵以四部爲綱，並兼採《漢書·藝文志》及《七志》、《七錄》之長，訂立了《隋書·經籍志》，此後四部分法終告成熟，雖然其後目錄類目有所增訂，然此後官修目錄皆依此而定，到清乾隆四十七年完成編修的《四庫全書總目》，而爲四分法之最。詳細內容參見前註二書。

〔註3〕 《隋書·經籍志》經部大序云：「暨夫周室道衰，紀綱散亂，國異政，家殊俗，褒貶失實，驪素舊章。孔丘以大聖之才，當傾頹之運，嘆鳳鳥之不至，惜將墜於斯文，乃述《易》道而刪《詩》、《書》，修《春秋》而正〈雅〉、〈頌〉。禮壞崩樂，咸得其所。自哲人萎而微言絕，七十子散而大義乖，戰國縱橫，眞偽莫辨，諸子之言，紛然淆亂。聖人之至德喪矣！先王之要道亡矣！……焚《詩》、《書》，坑儒士，以刀筆吏爲師，制挾書之令。學者逃難，竄伏山林，或失本經，口以傳說。」由此以知經學自戰國以來諸子百家興盛與秦代焚書而式微，典籍散佚，及至西漢以後經學才復盛。

〔註4〕 「罷黜百家，獨尊儒術」，是經學發展於整個中國文化史的重要關鍵，事件的發生，確立了之前百家爭鳴的時代過渡到儒學獨尊的地位。按照司馬光，《資治通鑑》採《漢書》云：「孝武初立，卓然罷黜百家」一語，斷定「獨尊儒術」發生在漢武帝時。不過現代學者採取了保留態度，從當時社會風氣與學術文化看來，認爲當時官方規定的五經是唯一經書系統，故所有知識都必須和經書作協調，故諸子百家語只是經書的「傳」或「記」；另外，《漢書》又云：「罷

學術上百家爭鳴也漸而定於一尊，形成兩千年來儒家經典特出於其他學術的重要分期。

「經」在中國學術的特殊性，從目錄學上單獨成一部類，且列於眾部之首，可見端倪。大陸學者周予同先生認為「經」不外是有政治需求的考量、以孔子為代表的儒家學說、能符合政府提拔統治人才的準繩三項特點等。他站在統治與群眾階級對立上提出看法〔註5〕，頗有值得商榷之處〔註6〕，且看《漢書・藝文志》云：

> 六藝之文：《樂》以和神，仁之表也；《詩》以正言，義之用也；《禮》以明道，明者著見，故無訓也；《書》以廣德，知之術也；《春秋》以斷事，信之符也。五者，蓋五常之道，相須而備，而《易》為之原。

《隋書・經籍志》經部大序云：

> 夫經籍也者，機神之妙旨，聖哲之能事，所以經天地，緯陰陽，正紀綱，弘道德，顯仁足以利物，藏用足以獨善，學之者將殖焉，不學者將落焉。……其王者之所以樹風聲，流顯號，美教化，移風俗，何莫由乎斯道？

黜百家，表章六經」，並非獨尊儒術，只是將六藝地位提升到諸子百家以上。至於真正的「獨尊儒術」是在漢成帝以後。以上詳見王葆玹，《西漢經學源流》（台北：東大圖書公司，1994年6月），頁103～153。此處仍遵循以往說法，將「獨尊儒術」定位在漢武帝時，並置列疑義之說，以待後出文獻資料能更完整證明或質疑。

〔註5〕 參見周予同，《周予同經學史論著選集・「經」、「經學」、經學史》（上海：上海人民出版社，1996年7月），頁650～661。撰者將三點予以簡化著於行文中。周予同以社會主義角度詮釋「經」的特點，認為「經」之所以被重視，是因為它有助於統治階級的統治，是一種利用孔子代表的儒家思維進行文化教育的統一與箝制思想的工具。

〔註6〕 周予同的說法，忽略了中國自孔子以來「述而不作」的觀念傳承，而且以注經方式進行哲學體系建構，本來就是中國歷代思想家與經學家慣用的詮釋傳統，這些含有「哲學性的詮釋」、「詮釋性的哲學著作」也不僅止於儒家經典。况歷來「經」的註解不一定全然列於學官或科舉考試，諸如清初顏李學派與毛奇齡等大儒，站在與當時立為科舉考試項目的朱子學相對立場著書議論其謬誤，闡述己見，又何嘗單作為統治的工具。雖然他在文末〈中國經學史研究特點〉一節中，特別列出「個別學者的思想不屬於統治階級」一點作為補充，卻仍僅由封建制度的需求下而有經典的反覆詮釋，疏甚關懷到儒學內部可能產生的演變等缺憾。有關詮釋部分，可參見劉笑敢，〈經典詮釋與體系建構——中國哲學詮釋傳統的成熟與特點芻議〉，《中國哲學史季刊》（2002年1月），頁32～40。

又《四庫總目提要》經部總敘云：

> 經秉聖裁，垂型萬世，刪定之旨，如日中天。

《漢志》從五經配五常之道以言經典，是受到陰陽五行學說的影響。以仁、義、禮、智、信等日常修德之教說明五經，足見「經」非泥古不變，而是切用日常人倫；《隋志》點明「經」的經綸天地與宏揚道德之效，乃聖哲所遺留，並為君主教化百姓之道，凸顯出在自然人事上的大用；《四庫總目提要》則說明「經」具有流傳與型儀萬世的性質。經典不僅是王者的行政法度，也是一般百姓行為依循的矩墨，故「經」恆久不變的特性是人主體需要所賦予。雖然我們無法否認「經」確實是傳統制度下施政與拔著人才的準的，但「科舉制度規定儒家經典的教本論地位似乎也可能對哲學詮釋傳統有一定刺激作用，但是這種作用並不重要，因為科舉考試並不需要體系的建構和創造。」〔註7〕所以「經」之廣佈流傳是源於社會需求，不是制度上的脅迫。

從內容上來看，「經部」是學者依經立論，透過經典詮釋與對詮釋者的再詮釋，構築自己的哲學體系。這些註釋並未受到經典本身的束縛，反而以註解形式申明己見，著書立說。〔註8〕「經」指聖賢所言之書，從孔子對三代歷史文化的重視〔註9〕，及立於「周文疲弊」基礎下使禮樂制度之實質化〔註10〕，傳統文化更新和賦予新的時代意義，並非後起儒者專利，而是自孔子以降便不斷反覆引用與闡述。

至於「子部」相異「經部」之處，且觀《四庫總目提要‧子部總敘》云：

〔註7〕 參見劉笑敢，〈經典詮釋與體系建構——中國哲學詮釋傳統的成熟與特點芻議〉，頁37。

〔註8〕 同前註，頁35。

〔註9〕 《論語》中數次提到孔子對於三代文化的重視，如：（一）〈為政〉：子張問：「十世可知也？」子曰：「殷因於夏禮，所損益，可知也；周因於殷禮，所損益，可知也；其或繼周者，雖百世可知也。」（二）〈八佾〉子曰：「夏禮吾能言之，杞不足徵也；殷禮吾能言之，宋不足徵也。文獻不足故也，足吾能徵矣！」（三）〈八佾〉子曰：「周監於二代，郁郁乎文哉！吾從周。」

〔註10〕 牟宗三先生認為中國哲學的起源，從對三代文化的反省開始。以此建立原則，能反省的第一人，即是孔子。周代禮樂制度在周公「制禮作樂」下粲然完備，可是發展到春秋以後就產生問題了，故牟先生稱此為「周文疲弊」。儒家在面對「周文疲弊」時，採取積極的態度，使已經形式化的周文賦予新意，讓它生命化，於是提出「仁」的原則綱領，讓禮樂制度有了依歸。詳見牟宗三，《中國哲學十九講‧中國哲學之重點以及先秦諸子之起源問題》（台北：學生書局，1997年1月），頁45～68。

自六經以外立說者，皆子書也。其初亦相淆，自《七略》區而列之，名品乃定，其初亦相軋。

《四庫總目提要·儒家類》小序云：

古之儒者，立身行己，諸法先王，務以通經適用而已，無敢自命聖賢者。王通教授河汾，始摹擬尼山，遞相標榜，此亦世變之漸矣！迨托克托等修宋史，以道學、儒林分爲兩傳，而當時所謂道學者，又自分二派，筆舌交攻，自時厥後，天下惟朱陸是爭。

以上有兩點值得注意：第一，從著書性質辨別出經、子之別。凡出於六經範圍而立說者爲子書，縱使儒者論述，超越了六經範疇，皆不得列爲經部。其中「經」也包括《四書》、《孝經》、小學等，舉凡聖賢先王著作皆屬之；第二，「經」具有經世普遍性。古代儒者法聖賢先王爲立身處事的準則，通經目的在於適用於世，後來學者依據自身哲學體系，在不同時期學術氣氛下重構經典，縱然可能產生矛盾，但主觀意識上還是要追溯經典原貌。正因爲與具有哲學性質的子部分立，造成現今研究中國哲學者以爲掌握子部內容，就能了解當時代學術脈動，而況子部亦有儒家類，易與經部混淆，讓研究者錯以爲儒家哲學悉已含藏其中，卻忽略了經部的哲學思維。我們依照不同時代的反覆闡釋，可以洞悉經典依循的時代軌跡，而「時代性」也正是經、子的共通處，一代哲學思維的掌握，也非得二者並論，始能得其全貌。

此外，礙於「思想史」與「經學史」體裁限制與立論對象不同，我們始終難擇一以窺得哲學思想的完貌。「思想史」以人爲主軸，從思想家生活背景與其哲學理論結合，企圖從社會學並形上學與知識論等任何的角度，還原其思想原貌。至於學術上流變遞嬗，著墨甚淺，同時代思想家彼此間的關係與傳承，多備而寡述〔註11〕；「經學史」則著重經學流派、淵源演變、影響、與相互之間的關係，哲學思維只佔了經學之一部，考證訓詁是另一部份。〔註12〕

〔註11〕韋政通，《中國思想史》（台北：水牛出版社，1997年4月），頁2。其中云：「思想史除了理論之外，還要了解哲學家這個人，將涉及到他的具體生活、際遇、意識活動，以及他如何面對種種的困境，甚至連他們的悲傷和喜悅，我們都能感受到。」又勞思光，《新編中國哲學史》（一）（台北：三民書局，1987年10月），頁5。言：「哲學史的主要任務原在展示以往的哲學思想……」上述可知，思想史包括了哲學理論與社會學的外緣背景省察，而哲學史僅就哲學家的純理論作解析，範疇大小有別，相同點則在於皆以思想家爲論述重點，而不以史的流變爲中心。

〔註12〕經學史與思想史各有所承，立論時選材不一。然而宋明理學乃至晚清，中國

熊十力先生云：「大凡注重哲學思想者。其讀書，於考據方面決不輕忽。而亦決不能如考據家一般精博。因為其為學路向不同。其致力處自別。」〔註13〕指出了哲學與考據學路殊途，由於須兼顧二者，故僅能從史學的流變著手。若要深探經學家思維，光靠經學史是不夠的，它只撐起了史學的軀幹而沒有血肉。可是，縱使結合二者之長，仍舊難以還原當時學術原貌。因為史的形式只是概說，又立論設準不一，容易流於武斷。〔註14〕

　　本文以清初學者《論語》闡釋為立論，思想史的評價雖能廣泛了解詮釋者思想體系，卻不能凸顯《論語》特徵與時代價值；單從經學史論述，能通其學術流派與思想源流，惜又疏於文本的闡釋。統觀當今「論語學史」多從史的流變或目錄學著錄為主〔註15〕，不容易深究經學家整體思維，或採擷歷代官私目錄的評價加以歸納分析，其整理典籍，嘉惠後學之功不可泯，卻寡於考述各家實際思想脈絡。因此，我們若能從時代思潮、思想家本身、文本詮釋等多角度去建構，並以史為輔，方可開創更客觀且深入的研究路徑。

二、問題的提出

　　學術思想發展到清代，呈現極端的不同理解。有所謂「復盛時代」的說法。認為唐宋以後不尊古義，以致棄古之說的宋明儒學，是經學「積衰時代」，到了清代捨宋說而就漢儒考據，是為近於聖賢之說〔註16〕；另有學者認為滿清的軍事、異族統治，不能繼承中國文化傳統精神，所以明朝以後的學問便毫無興趣談下去了。〔註17〕他們分別站在清代漢學與宋明理學支持者的觀點

　　　　主要學術思想已籠罩在儒家思維下發展，況經學史本為討論儒學的流變，可
　　　　與清初以後的思想史內容互為表裡。為能廣含清代學術全貌，凡引述時有刻
　　　　意區隔屬於經學或思想者除外，撰者咸以「清代學術思想」統稱清代經學或
　　　　思想，特此註明。

〔註13〕語見熊十力，《讀經示要》上冊（台北：明文書局，1984 年 7 月），頁 441。
〔註14〕此非意指史的不重要，無論是思想史或經學史，皆是了解學術的門徑。治學
　　　　路徑有二，不外是先博覽以歸納，或是先知其要義而演繹，從史處著眼屬於
　　　　後者。雖先掌握其學術精要，但我們必須了解著者的立論依據，避免盲從依
　　　　附而不見學術真實面貌。
〔註15〕如王鵬凱，《歷代論語著述綜錄》（台北：國立政治大學中國文學研究所碩士論
　　　　文，1989 年），仿《漢書藝文志》體例，將漢到清的《論語》著作進行整理，
　　　　並考述各派源流以及張清泉，《清代論語學》（台中：私立逢甲大學中國文學研
　　　　究所碩士論文，1992 年）等書，皆是將《論語》文本註解加以著錄分析。
〔註16〕參見皮錫瑞，《經學歷史》（台北：藝文印書館，1996 年 8 月），頁 299〜385。
〔註17〕參見牟宗三，《中國哲學十九講》，頁 418。

論述，各有所執，亦爲漢宋之爭觀點難以持平，學術始終存在兩極思考的原因。又有一說認爲清代儒學有三變，從儒學而治經學，又由經學轉爲考據之學。經學本有義理、考據兩部分，然而乾嘉以後清儒專攻考據，棄義理不顧，將經學視爲一種材料，反而是獨立於經學之外了。〔註18〕

　　「漢宋之爭」最終還是得回歸清代學術思想與宋明理學的關係探討。我們可從儒學內部理論與外在學術環境的影響，分別作討論。從前者而論，余英時提出學術上看待二者關係有兩種：其一是對宋明理學的全面反動，第二種則是第一種看法的修正，雖不否認清學創新，但強調宋明理學的傳統仍存在於清學之中。前者是強調清學在歷史上的創新，後者注重宋學的延續性。〔註19〕前者如梁啓超云：

　　　　「清代思潮」果何物耶？簡單言之：則對於宋明理學之一大反動，
　　　　而以復古爲其職志者也；其動機及其內容，皆與歐洲之「文藝復興」
　　　　絕相類。〔註20〕

他以清學的「反動」，概括此一時期的學術。而後，以思想上的盛衰循環分成啓蒙、全盛、蛻分、衰落等四個時期而闡述「復古」有云：

　　　　綜觀二百餘年之學史，其影響及於全思想界者；一言蔽之，曰：「以
　　　　復古爲解放」。第一步：復宋之古，對於王學而得解放；第二步：復
　　　　漢唐之古，對於程朱而得解放；第三步：復西漢之古，對於許鄭而
　　　　得解放；第四步：復先秦之古，對於一切傳注而得解放。〔註21〕

他認爲清代學術是在同一個脈絡下發展的，即「復古」也。啓蒙期學者部分依循宋學而反王學，或是極力反宋學，其中多少都含有宋明理學的餘韻；迨乾嘉以後考據學興盛，就完全走向漢學，捨棄了宋明理學傳統，新開學術途徑。後者如馮友蘭、余英時等人屬之。馮友蘭說：

　　　　宋明人所講之理學與心學，在清代俱有繼續傳述者，即此時代中之
　　　　所謂宋學家也。但傳述者亦只傳述，俱少顯著的新見解。……蓋此

〔註18〕　參見錢穆，《中國學術通義》（台北：學生書局，1993年2月），頁91～92。
　　　　此說別立於前兩種說法，錢穆認爲當時漢學家本欲達到「詁訓明而後義理
　　　　明」，但是最後忽略了義理，反而將經學與儒學分立。之後更不是經學，而是
　　　　已「經」爲史料，從事考據的工作。
〔註19〕　參見余英時，《歷史與思想・從宋明儒學的發展論清代思想史》（台北：聯經
　　　　出版社，2004年9月），頁87～89。
〔註20〕　參見梁啓超，《清代學術概論》（台北：台灣商務印書館，1977年2月），頁6。
〔註21〕　同前註，頁13。

時代之漢學家，若講及所謂義理之學，其所討論之問題，如：理、
氣、性、命等，仍是宋明道學家所提出之問題。……由此言之，漢
學家之義理之學，表面上雖爲反道學，而實則係一部分道學之繼續
發展也。〔註22〕

馮氏以學術內涵作考辯，雖然清學仍分漢宋兩途，然則牽涉義理命題時，無
論是漢宋學家，都是在宋學範疇下進行思辯的。余先生從史學著手，認爲宋
明理學有智識與反智識主義的殊異。大抵而言，宋代理學中的智識與反智識
思想尚未壁壘分明，到了明代王學興起，反智識主義興盛。饒是如此，宋明
理學還是在「尊德性」前提下發展，而智識主義也不過是理論上的研究經
典，未能實踐，真正實踐有待清朝。而清學在智識主義領導下工作有二：一
是儒家經典的全面整理，其次是找出儒學中重要觀念的原始意義。至於清
學，正是在「尊德性」與「道問學」的角力下，爭取經典詮釋的「正統」詮
釋地位。〔註23〕

　　再則，可從思想史研究者的主張，了解對清學的態度。〔註24〕大致上，
他們咸能以社會思潮的需求與政權更替等外在學術環境轉變，讚許清初學術
思想的進步〔註25〕，一旦乾嘉以後考據學的興起，眾家則判斷不一。〔註26〕
總之，前者關懷儒學自身學術的演變，凡事皆有物極必反之道，學術亦然；
思想史家著重外在社會價值觀的改變與需求，故學術不可能獨立存在，仍受

〔註22〕 參見馮友蘭，《中國哲學史》下冊（台北：商務印書館，1996 年 11 月），頁
　　　　974〜975。

〔註23〕 參見余英時，〈從宋明儒學的發展論清代思想史〉，《歷史與思想》，頁 87〜106。

〔註24〕 撰者以目前較具有代表性的幾本著作爲比對對象。分別有：韋政通，《中國
　　　　思想史》，頁 1270〜1280；張豈之，《精編中國思想史》（台北：水牛出版社，
　　　　1997 年 10 月），頁 869〜874；朱葵菊，《中國歷代思想史‧清代卷》（台北：
　　　　文津出版社，1993 年 12 月），頁 6〜9。又勞思光，《新編中國哲學史》（三
　　　　下）（台北：三民書局，1995 年 4 月），多從宋明理學審視清學，單從哲學
　　　　處論述，並未涉及清代學術興起之因由部分，雖進行比對而不列討論結果
　　　　之中。此外，現代新儒家熊十力，《讀經示要》，頁 441〜518，其論漢宋之
　　　　學，其說法亦公允，兼論漢宋之短長，語多可採。詳細內容請參見各書，
　　　　此不贅述。

〔註25〕 誠如前一點論及著述體裁時所述，思想史重視社會學對思想家的影響，故外
　　　　緣背景考察與學術間的關係，是論述時需提及的部分。

〔註26〕 撰者僅以諸本思想史中論清代思想背景之章節加以比較，學術到了乾嘉以
　　　　後，部分思想史研究者不免受到宋學或考據學影響，略而不論。這牽涉到個
　　　　人立說之判準，此處不就此一問題作深入探討。

制於現實。兩種理論兼及清代儒學內外發展，也提供較爲客觀清代學術的整體形象。〔註27〕

　　任何一種思潮興起，絕非偶然瞬間形成，它是由各種不同意識的匯集，不必經過刻意計劃或策動，自然而然順發而成的群眾意識，凝聚成一種社會風氣的流行。清代學術值得注意的，是宋明理學過渡到清初經世致用之學的歷程，因爲它上承理學末流，下開乾嘉考據學的興起。當時學術興起在於私學，先有明末遺老諸如北方的孫奇逢、李顒、顏元，南方的顧炎武、王夫之、黃宗羲等大儒，他們懲明末心學之足以亡國而興起徵實的學風，開啓清學之緒。顧炎武曾云：

> 昔之清談老莊，今之清談孔孟，未得其精而已遺其粗，未究其本而先辭其末。不習六藝之文，不考百王之典，不綜當代之務，舉夫子論學、論政之大端一切不問，而曰「一貫」，曰「無言」。以明心見性之空言，代修已治人之實學，股肱惰而萬事荒，爪牙亡而四國亂，神州蕩覆，宗社丘墟。〔註28〕

又黃宗羲評明末心學云：

> 儒者之學，經緯天地，而後世乃以語錄爲究竟，僅附答問一二條於伊、洛門下，便廁儒者之列，假其名以欺世。治財賦者，則目爲聚斂；開閫扞邊者，則目爲麤材；讀者作文者，則目爲玩物喪志；留心政事者，則目爲俗吏。徒以生民立極，天地立心，萬世開太平之闊論，鈐束天下，一旦有大夫之憂，當報國之日，則蒙然張口，如坐雲霧，世道以是潦倒泥腐，遂使尚論者，以爲立功建業，別是法

〔註27〕余英時，〈清代思想史的一個新解釋〉，《中國哲學思想論集——清代篇》（台北：牧童出版社，1978 年 2 月），頁 11～48。該文提及余先生要再解釋清代思想史的二個理由，像是：梁啓超與胡適以理學反動理解清學、當時讀書人受到滿清政治壓迫，不得已走向經史之路等。這種外緣背景「歷史現象的描寫」容易使人產生質疑，爲何理學會突然的中斷？實則是輕忽了思想的生命與傳統延續性，因爲「每一個特定思想傳統本身都有一套問題，需要不斷地解決，這些問題，有的解決了，有的沒有解決，有的當時重要，後來不重要，而且舊問題又衍生新問題，如此流轉不已。」所以外緣背景無法說明假使擁有同樣背景下，不同思想傳統所可能產生的不同發展。
但無可否認，外在的社會情勢確實可能使學術發展受到影響，故撰者認爲能兼故清代儒學內外緣背景，可客觀分析整體的學術面貌。

〔註28〕見顧炎武，《日知錄·夫子之言性與天道》，卷七。

門，而非儒者之所與也。〔註29〕

顧炎武認爲明末儒者空談學術是社稷家國覆亡主因，並描述了當時儒者論學僅重視心性修養而捨儒學外王經世之學，雖然明亡原因不只學術一端，其對王學末流的評斷，甚爲切實。黃宗羲首明儒學之用在「經緯天地」，明世事之大用，然而宋明儒者不讀經書，僅以程朱一類語錄作爲儒學討論重心，棄財賦、扞邊、文章、政事等實務輕視之。由此可見，清初學者是反對明末儒學之弊，思想上仍承繼理學核心問題展開辯駁與反省，諸如理氣、道器、心性一類。顧炎武提倡「經學即理學」，將理學落實在經世致用的實學思想之上，實學即是經學也。故我們無法全然將清初學術當作宋明理學的反動，判然二分宋學與清代漢學的疆界。

顏元在清初諸儒中，是比較有爭議性的一位。他初好陸王，繼學程朱，三十四歲時居母喪而依朱子家禮，覺得不盡合古義，因此開始懷疑宋儒，後悟儒學不僅是靜坐讀書一類事〔註30〕，轉而批評程、朱、陸、王不遺餘力。著述中無不針對其闕漏予以批判，如〈寄關中李復元處士〉一文有云：

> 蓋漢儒之冒亂也淺而易見，宋人之冒亂也深而難知。爲朱者曰我眞孔子也，凡不由朱者皆斥之；爲陸者曰我眞孔子也，凡不由陸者皆斥之。……而以孔門禮、樂、射、御、書、數觀之，皆未有一焉，有其一亦口頭文字而已矣。以孔門明德、親民之道律之，皆未有似焉；有其似，亦禪宗虛局而已矣。故樸自有生以來，亦嘗陷溺其中，以爲陸眞孔子，朱眞孔子也。乃夷考當日之爲朱、陸者，禮、樂不措於身，僧、道亦納於友，然猶粗假一、二端以塗抹人耳目。至今日之爲朱、陸者，則絲毫之禮、樂不行，全幅之僧、道自任，而猶然以孔子自居，哀哉！此輩不惟孔子傷之，恐三千徒眾之末猶當吐棄之也。〔註31〕

他批判朱陸之學非孔子之學，並說明當時儒者只重心性而不重經世事功之學的弊陋，更諷刺理學參雜佛道，不足以孔門後學居之。其中不只批判宋學，

〔註29〕 見黃宗羲，《南雷文定後集・贈編修弁玉吳君墓誌銘》，卷三。

〔註30〕 《顏習齋先生年譜》三十四歲條：「先生居喪，一尊朱子《家禮》，覺有違性情者，校以古《禮》非是，著〈居喪別記〉。茲哀殺，思學，因悟周公之六德、六行、六藝，孔子四教，正學也；靜坐讀書，乃程、朱、陸、王爲禪學、俗學所近浸淫，非正務也。」

〔註31〕 參見顏元著；王星賢、張芥塵、郭征點校，《顏元集》（北京：中華書局，1987年6月），頁435。

也批判漢學的冒亂。按其意乃是要直接上承先秦孔門儒學，而不認為漢宋之學已傳孔子之精矣！清初學者提倡經世致用實學，旨在矯王學末流，非有全盤推翻理學之意圖，他們希冀以「經學即理學」的論點，將走向虛空的理學末流於經世實務作結合。顏元則不然，他推翻了宋明理學的價值，誠可謂是空前之論，緣於對理學負面的評價，故思想史上對他評價不一〔註32〕，且習行之學過於刻苦〔註33〕，未經幾傳就逐漸式微了。

　　李塨從顏元學，他不同於顏元只留在家鄉傳學，足跡遍佈關中、吳越，將顏元學術廣為流傳，並終身師法顏元習行之學。李塨也曾從乾嘉考據學先河毛奇齡問學，受其影響極大，注經考點多取毛氏之說，對顏學未完備處亦多加修正，《清儒學案・恕谷學案》小序云：

> 習齋之學自創宗旨，如初闢蠶叢，恕古益修治疏通之。說經則實事求是，取諸毛西河者為多。其時宋學極盛而將衰，漢學初興而未熾。顏李之學在培人才，濟實用，與專講訓詁考證者不同。而漢學家因其與宋儒立異，亦不廢其說。故四庫於其說經論樂諸書，並採及焉。

顏李處於宋學與清代漢學交接之際，顏元立於宋學基礎而反對；弟子李塨既從顏元學，又受教於考據學先驅毛奇齡，思維正處於轉折之時，故透過顏李正可深究明末至乾嘉考據學以前的學術情況。學術上的忽略，抹殺了其思想價值；過多意識型態與偏執，愈使顏李學術曖昧不明，無從客觀評價。故撰者有鑒於此的缺憾，提出以顏李學為題的研究方向，並以其中《論語》作為討論對象，期能客觀探究。

〔註32〕顏李學派有許多對理學末流提出的革弊觀點，可是這些觀點僅在層次上，實際要落實則可能出現過猶不及之弊，如：反對讀書只重習行等。故部分思想史學者除了陳述顏元思想外，也提出反證，論證其觀念的錯誤。如勞思光，《新編中國哲學史》（三下），頁779。言「總之，就儒學內部言，顏李之說，不唯反宋明理學，且實亦不合孔孟之旨；習齋自以為能承孔孟，實則未見孔孟立說之要義也。……」然而，勞先生之說涉及個人判準，可不全然同意，但顏元理論的備受爭議，則提供了研究時更多的思考理路。

〔註33〕梁啟超，《清代學術概論》云：「顏李之力行派，陳義甚高；然未免如莊子評墨子所云：『其道大觳，恐天下不堪』；此等苦行，惟有從宗教的信仰能踐之；然已不能責望之於人。顏元之教，既絕無『來生的』『他界的』觀念；在此現實界而惟恃極單純極嚴冷的道德義務觀念；教人犧牲一切享樂，本不能成為天下之達道。元之學之所以一時尚能光大者，因其弟子直接受彼之人格的感化；一再傳後，感化力遞減，其漸歸衰滅，乃自然之理。」頁47～48。

第二節　本文蓋範圍與研究價值

一、本文涵蓋範圍

　　清初學者興起徵實學風，開清學之端，《四書》在當時經學研究上，備受重視，推究其原因可能有二：一是受到外緣清初科舉制度的影響。清代沿用明舊制，以時文取士，並以程朱義理作定本，《四書》為士人干名求祿必讀的經典，故羽翼闡述者多；二是以《四書》作為矯理學弊端的工具。宋明理學家以《四書》為道統而自任〔註34〕，各流派舉其義理相互辯駁，清初為重塑理學內涵與反科舉取才之弊〔註35〕，也必對前代《四書》註解的疑義始論。乾嘉以後考據學興起，註經型式由義理趨向章句訓詁，而愈重漢代解經傳統。《四書》中又以《論語》為最，《四庫總目提要‧經部四書類》清聖祖御定《日講四書解義》條有云：

> 實則內聖外王之道備於孔子，孔子之心法寓於六經，六經之精要括於《論語》。而曾子、子思、孟子遞衍其緒。故《論語》始於言學，終於堯舜湯武之政，尊美屏惡之訓。

顏元《習齋記餘‧寄陳宗文》一文云：

> 自弱冠更異常狂妄，謂人生兩間，上之當學堯、舜、伊、文、周、孔，次之當學顏、曾、處、孟；即甚下亦不當失如三千徒眾。

雖然宋代將《孟子》地位提昇至經部，並由「孔孟」替代「周孔」並稱，但是《論語》代表孔子言行紀要，且其德行可與聖王賢臣相匹，故《論語》是上探六經義理的法門，重要性尤為《四書》之最。又現代學者詹海雲說：

> 因為《論語》是修己之學，《春秋》是治人之學。修己治人是合內盛外王的傳統儒學的經世理想。……〔註36〕

〔註34〕馬宗霍，《中國經學史》（台北：台灣商務印書館，2000 年 11 月），頁 114～115。云：「然程朱既以倡明道學自任，因復表章〈大學〉、〈中庸〉二篇，與《論語》、《孟子》并行，以為此道統之所以……。」

〔註35〕明清時以八股取士，使士子只學應舉之文，而不重視微言大意。一味尊程朱，讀《四書》，不過是干名求祿，並非為了誠正身修，如此一來，《四書》內涵形同盧文。何況朱王後學相繼競爭學術正統，註解只為了各自闡述朱王本意，羽翼制藝之作甚夥。故清初學者針對理學弊端，相繼提出對於《四書》的觀點，以矯理學末流。

〔註36〕參見詹海雲，〈清初實學思潮〉，《第一屆清代學術討論會——思想與文學論文集》（高雄：國立中山大學中國文學系編印，1989 年 11 月），頁 28～29。

當時學者們特別重視孔子「下學上達」的功夫。〔註 37〕雖然「下學」定義不一，但肯定的，就是不蹈直指心性，從實際的下手功夫做起。

　　爲何以清初《論語》作詮釋？原因有三：一是「論語學史」的忽視。朱熹《論語集注》自宋代立爲官學與科舉定本後，元明清三代多依其註解論述，縱使反朱《註》者及依附陽明學者另闢蹊徑，也不外是理學內部義理之爭，未能上探《論語》原貌。明代胡廣奉敕著《四書大全》，爲科舉取士所用，廣爲流傳兩百年有餘〔註38〕，及至清同治年間劉寶楠作《論語正義》，是對何晏《論語集解》所作的注釋，充分吸收前人研究成果，集考據義理並重，間探宋人之說，乃爲先前註解集大成之作。始自胡廣以至清同治年間，特別是清初註解者眾多，立論各有所承，除王夫之《讀四書大全說》爲針對朱《註》與《四書大全》提出糾正，廣爲人知外，其他註解成就少爲人提及；二是由於《論語》言簡意賅，使它內部義理擁有更廣闊的詮釋性徵，也容易成爲註解者立論時的依附工具。而不同時期的註解，可看出時代對儒家義理發揮的特質；三是囿於時間所限，僅能以清初顏李學派《論語》學爲題，期能以小見大，立於前兩點基礎上，探討清初《論語》學的發展概況。

　　顏李學派迥異於明末理學所提出的補弊之說，成爲思考的主要方向。當時學者多在朱王範圍下尋求補救之道，俾能使理學順應時勢所需。相較顏李之於宋明理學的反思，開創一條不同的思考理路，反而是拓展了《論語》的多元詮釋。依循此一脈絡，將更能理解顏李學術的特性，檢討他們省思理學的態度是否允當洽適。故本文論題範疇並不限於一時，影響清初學術思潮的「醞釀期」，諸如：明末清初理學思維的變化，及實學興起的成因等所以然之理，都將納入討論範圍；顏李學術繼承與轉型，以至於對乾嘉考據學興起的過渡，也是撰者所關心的焦點。故涵蓋範圍可上推衍至宋明理學，下則延伸至乾嘉考據學之前。經典解讀上，除了顏元《四書正誤・論語正誤》及李塨《論語傳註》、《論語傳註問》，同時代、前時代與其他重要的註解，皆是進行

〔註37〕詹先生認爲當時學者首重《論語》的「改過之教」，如顧炎武「行己有恥」、李顒「悔過自新」理論皆是在「下學而上達」的命題下發揮，從而修正王學末流。此外，顏元透過六藝、經世致用之學的實際習行，也是《論語》「下學上達」基調下，展開的理論建構。內容詳參前註。

〔註38〕《四庫全書總目・四書大全小序》：「明永樂十三年，翰林學士胡廣等奉敕撰。成祖御製序文，頒行天下二百餘年，尊爲取士之制者也。其書因元倪士毅《四書輯釋》稍加點竄。……永樂所纂《四書大全》，特小有增刪，其詳其簡，或多不如倪氏。……」

義理爬疏時的比較對象。

提供比較的註本擇取標準有三：一是前代註本提供魏晉與宋明時期重要的註解。可供顏李《論語》著述義理思維的縱貫轉化作比對；二是同時代註本。毛奇齡同是反對朱王學術的清初經學家，從其著述態度中，可看出當時不同的觀點，且他與李塨相交，希冀由兩人著作中，找出相互影響的證據，程廷祚是顏李後學，其《論語說》為後出轉精之作，可補充顏李之說。他們的註疏可供橫向義理的比對；三是具有集大成特性，能廣蒐各家精華之註解，可補充材料選取的不足，客觀詳述其他不同註疏，以免有遺珠之憾。

二、本文研究價值

綜合上述討論範疇，不離以下兩種義理取向：以宏觀視野來看，本文將從清初《論語》學的趨勢發端，繼而整理明末清初學術思想的走向，由實證角度考察時代背景對當時學術的影響。因此，魏晉時期與宋代朱熹《四書集註》等到清初「論語學」義理的縱向衍變，皆是關注焦點。從微觀視野作審視，則由顏李《論語》詮釋為基點，並以學派形成、學理內涵、時代價值等勾勒出註述特徵，橫向討論與清初學術思想間的關係。可是，要如何從眾多清初學術專著中走出不同價值，而不行跡前人步履，撰者羅列了以下三點，作為本文欲釐清的價值導向：

（一）顏元、李塨解經地位的豎立

顏李二人雖為清初重要的思想家，但是經學史對於他們解經的地位卻不明確，甚至是闕而未論。〔註39〕除了著者主觀判斷認定不一，顏李學派的立論依據與流傳不廣，可能也是造成忽略的主因。顏元提出「正誼便謀利，明道便計功」事功之學與「孔孟、程朱判然二分」的學術理論，顛覆宋明以來尊程朱、陸王的心性之學。他有別於以往學者藉「尊朱學，反王學」作為依據，而是想跳脫宋明理學羈絆，直指孔孟之學，雖然終究離不開理學範疇疏解義理，但能以豪大的氣魄，點出過分重視心性而忽略實學之弊端，疏為少見，而後學李塨尊顏學，復受毛奇齡影響，經典註解上已呈現清初實學轉向

〔註39〕 經學史的相關著作中，提及顏元者甚少，更遑論是後學李塨等人在經學史上的地位。諸如：皮錫瑞，《經學歷史》、日·本田成之，《中國經學史》、日·安井小太郎等著，《經學史》等並未提及顏李學派。馬宗霍，《中國經學史》，頁141，略言顏元為清初經學北派學者，提及顏元處則說：「顏氏所謂欲上追周官保氏六藝之教者，然其所得於經者仍甚疏也。」

乾嘉考據學的發端。可惜他們在經學上的地位，甚少被重視，故本文將由顏李《論語》註解以明學術變遷，繼而確立在經學史上應有的地位。

（二）顏李《論語》思想透顯的價值

根據王鵬凱《歷代論語著述綜錄》對於清初《論語》學的分派，約略可分成宗程朱、尊陸王、與朱學立異等數種。〔註40〕尊程朱學者源於立於官學的優勢與作爲反王學之弊的憑藉，故清初《論語》學多籠罩在羽翼朱學與糾正朱學下翻然成爲大宗，忽略了其他註述的價值。顏李緣於反對程朱、陸王立場，提出直接疏通原典的傳註觀點，除了對理學批判外，反對空讀死書和以「習行」爲主的知行觀，是否眞能切中理學之弊加以矯正，亦或是顏李「習行」論點可能形成的疏漏，都是本文要深入追究的議題。

（三）顏李學術的現代價值

學者林慶彰先生提出過四個研讀經學史的理由，分別是：(1)認識中華文化的媒介；(2)充實學者的基本知識；(3)作爲其他學科的輔助；(4)作爲人生修養的指針。〔註41〕可是這些研讀的理由與目的，倘若只是在書中攫取，不能和生命作結合，那經學除了剩下史料堆砌外，便毫無價值了，所以顏元、李塨兩人透發的生命情調與跨時代的結合，是撰者鎖定追尋的終極目標。透過批判平議的方式，反省過去，以展望未來。

第三節　研究方法與進路

一、研究的方法

《論語》一書作爲思想原型，透過歷代反覆的詮釋，就經典自身而言，是將思想傳統重新構形。這種形構不是爲了反傳統或建立新學說，而是於傳統思維下，融入現代化發展進程，使經典在時間洪流中，吸取新觀點，能切合實際價值，爲世所需。姑且不論是否合乎文本及論述時的對錯問題，寬廣的說來，時代性的詮釋確實具有普遍性，它代表當時經學家們共同的思維，形成了「學術思潮」。同時也具備特殊性，經學家們不同觀點的切入，形成多樣貌的詮釋角度。而《論語》自身的開放性詮釋特質，愈亦凸顯其價值。總

〔註40〕參見王鵬凱，《歷代論語學著述綜錄》，頁 261～274。
〔註41〕林慶彰，〈經學史研究的基本認識〉，《中國經學史論文選集》上冊（台北：文史哲出版社，1992 年 10 月），頁 2～4。

的而言，縱向發展使歷代學術思想脈絡，得以通過普遍性所形成的學術流變史，充分掌握中國文化的精要；橫向的比較，使特殊性假普遍性下顯示其差別，能於理論的相互辯論批評中求進步。這種「辯論批評」並非惡意的私心攻訐，而是能透過不同思路以明經典價值。也許這些價值觀雜揉了詮釋者個人思維，不盡然合乎經典本旨，但卻能從被批評者理論矛盾處予以辯駁其謬失，增進學術的進步。縱橫兩者交互作用下，成為經典能亙古流傳的主因。一如《文心雕龍‧宗經》有云：

> 經也者，恆久之至道，不刊之鴻教也。故象天地，效鬼神，參物序，
> 制人紀，洞性靈之奧區，極文章之骨髓者也。

《文心雕龍》總言「經」的特性是恆久不變且不可磨滅的至道。功用在後六者，分別能法象天地，徵驗鬼神的靈明變化，參驗事物發展的盛衰得失，能制定人倫綱紀，洞悉人類性情的幽微深刻處以及盡文章的精華等。〔註42〕可是，經典不過是書面的東西，「枯槁有性」的萬物無法開啟其價值，唯有能創造價值的人能使它起作用，並經由文化歷史代代傳輸，延續經典的生命，使其流傳不衰。

中國哲學發展出的主要課題，是一種「生命的學問」，和西方哲學家以自然為對象不同，中國人重視內在價值的呈現，所以強調「德性」的發展。春秋末期是一個禮樂崩解的時代，為了能挽救「周文疲弊」，孔子透過編修經典與教育的方式，傳遞學術。他以「仁」作為中心思想，提到仁則云：

> 夫仁者，己欲立而立人，己欲達而達人。能近取譬，可謂仁之方也已。
> 子曰，仁，遠乎哉？我欲仁，斯仁至矣。

前者說明仁能視人如己，無藏私於胸；後者則說明仁具有內在的特性及得仁之易。以仁為基礎，秉持公理延伸出來的行為是義，義指正當合宜的行為。以仁為義的根源義，義則又作為禮的實質內涵。中心思想的層層推衍，我們可以發現，孔子理論實質不僅在個人心性修養，更在接觸人群與社會。欲達到最終極價值的自我實現，則有賴理想政治的施行。故孔子政治理論不是提出實際的解決方法，而提綱挈領的揭示原則，要求統治者從自身之修德做起，以「德治」方式化育百姓，故云：

> 子曰：「政者，正也。子帥以正，孰敢不正？」

〔註42〕句意解釋部分參照王更生注譯，《文心雕龍讀本》（台北：文史哲出版社，1997年10月），頁36～37。

> 子曰：「子欲善而民善矣，君子之德風，小仁之德草，草上之風必
> 偃。」
> 子曰：「其身正，不令而行；其身不正，雖令不從。」〔註43〕

可見孔子是注重由「內聖」而「外王」的。宋明時期「外王」精神變得不明顯，講求事功者得不到重視，心性之學成爲學術界主流。心性之學固然可以提昇主體道德價值，卻無法解決複雜的社會現象與實際政治的發展，這正是明末清初學者詬病的。這些批評不是無風起浪，他們透過經典，特別是《四書》的再詮釋，將時代性加諸其中，以矯正駁斥不合時宜的說法。

　　以上經典詮釋目的與意義掌握後，我們才能提出研究方法。大抵而言，勞思光先生融合了系統、發生、解析研究法的「基源問題研究法」基本上是符合本文論述需求的。其云：

> 所謂「基源問題研究法」，是以邏輯意義的理論還原爲始點，而以史
> 學考證工作爲助力，以統攝個別哲學活動於一定標準之下爲歸宿。

首先，要找到基源問題，也就是先掌握顏李學派的思想理論。從其批評理論出發，找出他們議論的對象，如：程朱陸王之學，逐步透過論證推衍，以反溯的方式，還原顏李學術的意向。這些還原基礎建立於資料的考證，故可以從時代背景、生平、交遊、講學等外圍因素開始考察，並全面蒐集相關顏李著述的文本、年譜，甚至是版本上的比對，以及正反面評價的書籍與單篇論文等，都是一開始的基本功夫。客觀的資料掌握固然能細瑣推論顏李思想體系，但它不帶有任何主觀價值評析，純粹以記述方式紀錄思想發生的過程，這類似於「發生研究法」。第二步，我們從客觀史料中歸納出的基源問題，一一還原作展現，分別從人性論、文化教育與經世濟民觀、聖人觀等角度，展示有別於宋明理學家與清初其他學者的觀點。態度上仍是客觀的，這近於「系統研究法」，也緣於能掌握基源問題加以申論，故能將思想者理論體系外的歧出觀念屏除，也不至於將評論者主觀意念影響理論的眞實性。擁有了客觀展現還不足以作評價，思想價值在於不斷的創造，所以需要詮釋者的理解與設準。基於客觀理論的陳列，提供了評判依據，因而萌發個人的平議，方能充分表示評論者的見識與哲學智慧。如此一來，也得以克服「解析研究法」過分客觀而流於只是史料堆砌的空疏之弊。〔註44〕誠如勞先生所云：「每一個哲

〔註43〕以上三例，前二例見於《論語·顏淵》，第三例見於《論語·子路》。
〔註44〕以上各種研究法的提出與「基源問題研究法」的理論部分，可參見勞思光，《新

學史工作者，必須表述他的某種統一性觀點，通過它來解釋全部哲學史；不然；則它只算是寫了一本『彙編』式的東西，而非一本哲學史。」〔註 45〕他提醒了身為評論者的重要性，也涉及到評論時應該採取何種態度，只是評論者若無一客觀學術研究基礎，其謂之「統一性觀點」恐難免會有以偏蓋全之虞，故對於經典的認知與分析，應先把握經典本意「釋出」，然後方是主觀價值「釋入」，在客觀基礎下作出個人性的詮釋與評論。因此，「時中」精神是必須掌握的先決條件，繼而掌握時代脈動對思想家產生的影響，並以問題為導向加以詮釋。有鑑於此，是故必得從對「傳統」態度的釐清開始，朱德生先生說的好，他說：

> 「傳統」是人在歷史活動中創造的行為準則、思維方式、價值取
> 向等等文明成果的總匯，它既是人們創造的，又規定著人們的創
> 造。它是能被認識、被分析的，也應該去認識它、分析它。這樣，
> 傳統就不至於成為一種盲目的支配力量，而將成為我們前進中的動
> 力。〔註 46〕

傳統價值不是在過去，是存在於現實生活之中，傳統的分析判斷並非毫無意義，乃是為了能繼起前哲思想的新生命，而這也是撰者研究時希冀能達到的目標。

本文除了主要是以「基源問題」的方法論闡述顏李《論語》思想外，透過異質性的對比，將更能展現出思想的價值。〔註 47〕研究歷程中，又可將對

編中國哲學史》（一），頁 4～17。

〔註 45〕同前註，頁 17。

〔註 46〕參見朱德生，〈傳統辯〉，《詮釋與創造——傳統文化及其未來發展》（台北：聯合報系文化基金會，1995 年 1 月），頁 7。

〔註 47〕誠如沈清松先生在研究方法上所整理出的「對比研究法」有道：「構設一套對比的方法學，就是建立一套運作的程序，堪將吾人計劃所針對的種種對象，判其統一，別其差異，求能在最後階段將這許多既統一又差異的對象在吾人創新的實踐中予以綜合轉化。一方面，對比方法所分辨出來的種種差異，正表示在各對象之間存在著一種令人不安的距離，⋯⋯另一方面，對比方法亦顯示出這些研究對象彼此在源起上、在結構上的同質性，因而昭示他們皆共同隸屬於歷史運動的歷程和存有創進的韻律⋯⋯」詳見氏著，《現代哲學論衡》（台北：黎明文化事業公司，1990 年 3 月），頁 4～5。
又其解釋「對比」之意時云：「所謂對比（contrast），是指同與異、配合與分歧、採取距離與共同隸屬之間的交互運作，使得處在這種關係的種種因素，相互敦促，而共現於同一個現象之場，並隸屬於同一個演進之韻律。簡言之，對比乃決定經驗、歷史與存有的呈現與演進的基本律則。⋯⋯其方法的主旨

比的對象分成兩層次加以說明。其一是結構對比（structural contrast），屬於共時性的。把顏李在《論語》中發揮的義理與當時學術思潮作一橫向說明，將這個階段表現出的學術傾向，加以並列排比，從而尋找出思想的特殊性及其存在之價值。其二是動態對比（dynamic contrast）。主要是由他們《論語》學所透顯出批評理學的觀點，歷時性的向上進行比對，以曉顏李之於理學反動的訴求，展開相互辨證，知學術思想流變的成因。在實際運用時，「演繹」與「歸納」兩種傳統研究方法，也是不能忽略的下手功夫。

二、研究進路

　　關於本文，可由幾個步驟層層掌握與說明：第一，是對於宋明理學的客觀理解。明末清初諸儒的學術思想，主要是面對理學末流所衍申出來的疑義，他們立於理學基礎上提出議論批評，大旨上不脫宋明理學家們命題作發揮。然而學術思潮的形成與時代課題，有其外在環境的配合與儒學系統內在的需求，不能如同具有反動思想的清初諸儒一般，站在清學觀點看宋明理學，會因而失卻客觀的評判標準。再則，他們眼中宋學的謬失，是站在學術與經世致用的角度作評論，對於理學家的人格，還是十分尊敬的，即道德修養與學術成就需分別理解，不能全盤否定宋明理學的價值。在《論語》詮釋上，顏元、李塨站在反對立場批評朱子《論語集注》，有時論理過於偏激，或有意氣用事的謾罵，這都需仔細從顏李背景評斷其批評的客觀性，不是一味媚然苛責宋明理學。

　　第二，是對於明末清初學術的理解。這是一個關鍵性的年代，上承理學末流，下開乾嘉考據之學。明末遺老的民族使命感及清代統治者間私學、官學間的對立，複雜化了此一時期的學術，當時經典詮釋也被此氣氛拉鋸著，所以我們必須分判此時學術的主流思維及其影響。撰者試圖提出幾個問題，有待後續的說明，諸如：清初「論語學」可從數個詮釋的角度作理解。當時羽翼程朱之學的著作，能否就算是官學下的產物？詮釋意義何在？又維護或反對陸王，以及兼容程朱陸王的學者，是否就算是反官學的私學著作？究竟官學與私學間的分際是否如此嚴明？這都必須詳加釐清。

　　第三，是時代與解經家外緣背景考察與相關資料的蒐集。這是作為討論

　　　即在將數個研究對象予以排比對照，使在研究者經驗演進的歷程中，顯示出這些對象彼此間的統一性和差異性。」同書頁3。

解經家思想的背景資料參考。思想起因不可能是毫無來由與外在刺激所形成，其經驗、生平背景、學習歷程、交遊等，都有可能成為思想的轉折，是詮釋時要特別留意者。例如：顏元早期學習陸王之學，而後改學程朱，之後又捨棄理學包袱，建立自己的哲學體系，這些改變容易弄混，以為是解經家體系的矛盾或歧出，造成解讀上的錯誤判斷。故將從外緣背景與內在義理的疏解兩部分來論述。

本文以外緣背景之省察與內在義理的疏解作為前後兩層的論述。前者宏觀的視野，提供解經家的時代背景，屬於史學考證的部分，提供內在義理解讀的客觀依據；後者微觀的義理分析，涵蓋了解經家義理思維的剖析與撰者對於解經家思維的平議，是本文著力重點所在。以下將擬述各章節意旨大要：

〈緒論〉，第一節說明本文研究動機，從目錄學上經、子部分立始論，從而提出時代學術思想涵蓋的範圍，再由明清時期學術風氣的轉變設論，掌握顏李學派的特殊性，作為問題思考時的動機；其次則精要的表述探討範疇及立於學術上的實質意義；復又提出研究方法與進路，展現撰者預設的研究方式與思維架構。

正文第一章〈時代學術氣氛之省察〉，欲明白解經家詮釋目的，必須先由時代背景作了解。第一節從社會學觀點分析整個大環境的改變，社會思潮有廣大民意為後盾，這些平實的生活型態無形中影響了解經家的思維，而不只是單一學術思潮就能撼動整個時代的更替；再則從學術的發展流向，說明明末清初儒學的轉折與反動。

第二章〈顏李生平及其學術思想之特徵〉，本文以顏元、李塨師徒二人的《論語》學為題，故分於兩節中各自說明兩人生平與治學概要。撰者將以時代為經，思想分期為緯，並以問題為導向，扼要的洞悉其學術思想特徵與形成背景；第二節第二點則從顏李學術與理學關係的傳承辨析始論，最後從顏李學派內外在因素，探討其流傳與衰落的原因。

第三章〈經典暨論語的時代詮釋〉，《論語》詮釋因為不同的時代需求而有殊異，清初學術紛雜之際，流派眾多，本章擬就兩節分述，第一節由經典再詮釋下的意義著眼，再由朱子以後至清初時所形成主要的論語詮釋流派，加以分述其時代意蘊與箇中別異，並以問題探討方式深入各流派的形成原因；第二節主要從註經年代與體例說明、詮釋模式、詮釋目的等三方面，介

紹兩人共三種有關《論語》解經的著作。這牽涉到歷代經學家解經型式與註疏傳統，甚至各類註疏型式在詮釋可能帶來的影響。最後立於以上結果，說明比較顏李著作異同。

　　第四章〈論語解經思想中的政治觀〉、第五章〈論語解經思想中的教育觀〉、第六章〈論語解經思想論天人之際〉三章，是有關內在義理闡述的部分。擬由顏李《論語》註解中，按單元型式，分別敘述其解經思想中的三大觀念，從《論語》文本透悉的觀念、魏晉南北朝的詮釋、宋明理學家註經時的觀點、顏李解經思想的理解等相互比較以明經旨。由於牽涉範圍過於廣大，本文就幾個範圍作設限：其一，本文將以顏元《四書正誤・論語》、李塨《論語傳註》為主要討論內容，間以《論語傳註問》為討論對象，而不再單獨析釋〔註48〕；第二，各期註經的義理呈現，僅剋就解經部分章節作理解，並隨文闡述其意指與義理歸趨，而不再進行全面性論述；其三，《論語》在歷代解經時被賦予新意，故撰者將舉文本內的義理，以內證型式作解析，並以斟酌可信的註解加以補充說明；其四，顏元李塨的解讀若有別異時，則當下提出說明，不再分立一節作比較。最後，將分析顏李二人之於理學家的評論是否有失當的可能，予以平議。

　　第七章〈結論與未來展望〉，將本文研究成果作一總結性的說明，並將各章節提出的疑義，分別作檢討，最後說明未來論題可以延伸的研究方向與期許。

〔註48〕《論語傳註問》乃是時人對於《論語傳註》有所疑問而提出的疑難解答，由於是依附《傳註》而回應，故其意旨係按《傳註》而來，故將附之而一並探討，不再單獨提出。

第一章　時代學術氣氛之省察

第一節　外緣背景之於儒學的影響

　　討論思想家義理思維之先，免不了要從時代背景進行考察。因為外在環境、歷史氛圍、民族意識等種種社會訊息，都提供了義理建構的憑藉。以環境背景牽動著學術關心的時代課題，在中國歷史上尤其明顯，例如老子根源於春秋時期社會現狀的批判與省思，著書五千言以暢明道法自然，無為而無不為的處世原則〔註1〕；孔子基於禮崩樂壞「周文疲弊」的春秋末期，興起以「仁」為中心之道德價值體現；墨子相應於儒家，提出「功利主義」和「權威主義」等主軸的兩大思想體系〔註2〕，並和當時儒家並稱顯學。這些春秋中晚期以至於戰國初年的思想家開創了中國思想源頭，其思維發端咸以歷史

〔註1〕老子其人、《道德經》五千言成書年代與二者是人書合一或相分的問題，歷來說法不一，中國哲學史上儒道思想孰先孰後的問題，也多成為辯論的焦點，這類相互辨證不勝枚舉，各執一隅而論，卻忽略《道德經》哲學體系與當時其他經典間的關聯性。吾師魏師元珪先生透過老子思想外源背景之省察，從歷史、社會、文化的根源推斷老子與《道德經》的年代，藉由同時期經典，諸如：《詩經》、《尚書》、《左傳》等內容加以旁證，以證明老子思想有其早出的條件。詳參氏著，《老子思想體系探索》上冊（台北：新文豐出版公司，1997年8月），頁1～108。

〔註2〕此處言及墨子思想中的「功利主義」與「權威主義」，乃採勞思光先生的說法。勞先生認為墨子在「兼愛」的至高原則下，衍生出以改善社會生活為主的「功利主義」，其次是以社會秩序的建立為尚的「權威主義」。詳見勞思光，《新編中國哲學史》（一），頁290～306。

墨子是實行的思想家，他認為天下會亂，乃緣於不相愛所致，故他終其一生為追求和平而努力著。其學說便是建立在現實環境氛圍下所產生的。

與時代背景爲立論依據。他們取決於對歷史認知有深厚的了解，以及對社會群眾的關懷，和純以思辯爲主，重視抽象、邏輯、形上思考的哲學家大異其趣。〔註3〕

「思潮」的興起，是由各種意識凝結聚集，自然形成社會風氣的流行。其象徵著群體意識發揚，進而能衍生出「時代課題」的討論。「時代課題」是以時代爲經，社會共同關懷之主題爲緯的探討。它不一定是刻意形成，卻必須和時代關係密切，是順應時代需求萌生的產物。從空間點橫向觀察，它往往超越了學派間的區隔，形成以主題爲軸線的種種詮釋，甚至不自覺地影響思想的交流。像是魏晉初期王弼等人，以玄學思想註《老》並以此解《周易》、《論語》，以達儒道會通之目的；宋明儒、佛熾盛，《道德經》註解也多圍繞儒釋道三家會通課題下闡述〔註4〕；由縱向時間觀之，時代課題則在各學派內部理路中，不斷發酵孳蔓，透過轉變與創新，以符合時勢所趨，使學術內部體系得以與外在氛圍相容，例如：明清之際，儒學由形而上學轉爲經世致用之學；清乾嘉以後，經世實學轉爲考據之學等。然而時空分際非必相對而論，學術內在改造的同時，也會和其他學派進行交流，好比漢初黃老治術雜揉道、法二家而成，就學派而言是交流會通，從內在學術來看，是改造創新。

〔註3〕 魏師元珪嘗分辨哲學家與思想家之別有云：「思想家恆與歷史有不可或缺的淵源與關係，思想家對問題提出反映的批判具有現實性與建設性。至於哲學家的思想，多偏重於普遍性、抽象性和形上的思考，可以獨立於歷史情勢之上，不侷限於現實環境之中。」詳參見氏著，《老子思想體系探索》上冊，頁1。

〔註4〕 宋代雖以理學爲中心，然而儒釋道間的會通，則在經典詮釋中屢見不鮮，如《四庫全書總目・子部》，卷一四六〈道家類〉著錄宋・蘇轍，《道德經解》云：「蘇軾之學本出入於二氏之間，故得力於二者特深。而其發揮二氏者亦足以自暢其說。是書大旨主於佛老同源，而又引中庸之說以相比附。蘇軾跋之曰：『使漢初有此書，則孔老爲一，使晉宋有此書，則佛老不爲二。』朱子謂：『……其書本不免援儒以入墨，註其書者又安能背其本旨哉？故自儒家言之，則轍書爲兼涉兩歧；自道家言之，則轍書猶爲各明一義。……』」；又宋・葛長庚，《道德寶章》云：「長庚字白叟，閩清人，爲道士。……其書隨文標識，不訓詁字句，亦不旁爲推闡。所注乃少於本經，語意多近於禪偈，蓋佛老同緣故也。」；再如元・吳澄，《道德眞經注》云：「澄學出象山，以尊德性爲本，故此註所言，與蘇轍旨意略同。雖不免援儒入墨，而就彼法言之，則較諸方士之所註，精邃多矣！」由上述可證，學者本於所學與時代思維的交流，使學術面貌不再單純如一。而「時代課題」在同一空間點下，也不斷滲透到各個學派之中。

　　總之，「時代課題」象徵了當時社會意志的具體反映。故歷史發展進程中的任何思想絕非憑空而生，必有其背景考量與生成條件。因而從思想家外緣背景進行考探，不是在堆砌史料，而是能深究思想形成的助緣條件。課題掌握與展現，能清楚了解時代共相，繼而釐清學派間針對課題詮釋的殊相與融會。

　　不過，「時代課題」會因為傳統束縛、思想進程尚未達到一定水平與客觀環境的受限，制約思維的發展。假使我們後設的去揣度與分析當時思想家何以有某種理論體系建立，卻屏除氛圍對其學術產生的條件，就容易犯了偏執之弊。西洋批評理論「文本」（Text）研究，將作者與文本區分，捨棄傳統以作者時代背景為前提的批評模式，單就讀者對於文本字裡行間傳達出的訊息，透過語言學、社會學、哲學等跨領域結合，進行詮釋。目的在拋開歷史傳統包袱，由讀者個人環境背景的前理解為基礎，透過理性與分析性的方式，來解構經典。〔註5〕他們認為作品與文本間之別異，在於前者藉由外緣背景提供了決定論，是由外而內詮釋；後者則是由內而外解釋，故文本之於讀者是完全開放，理解多寡才是構成文本靈魂的要素。這種方式開啟了新詮釋視野，讀者不必為傳統受限而能任意解釋，卻也易於過度詮釋和個人領悟力之別，走向封閉孤立的主觀判斷。思想家針對時代提出的課題，不可能突然萌生，縱使有代表個人殊別性觀點的提出，仍須與社會普遍性思維結合。倘若割捨與社會背景聯繫，掐頭去尾斷章取義的解釋，反倒容易曲解思想家詮釋經典之本意。〔註6〕

〔註5〕現代文學批評中的「文本研究」，統攝層面相當廣泛，不同學派提出的觀點亦大相逕庭。本段僅以文本學之大旨加以論述此種學術研究的特徵，其內涵與派別則不予深究。以法國當代文學理論兼思想家羅蘭巴特（Roland Barthes, 1915～1980）之於文本的理解，他認為所謂「作者」（Author）的觀念，乃是歷史洪流中意識型態下的產物，不是自然天成者，故作者之於其作品（work）而言，其作用是功能性而非自主性的。所以他否定作者是唯一能反映作品的人，而讀者一樣有權力加以詮釋。換言之，羅蘭巴特將「作品」獨立於作者思維以外的開放產物，可供後人任意詮釋。在文本的世界中，其詮釋空間是開放的，意義不會凝室在某一點之上，也不受歷史時間的束縛，只要有讀者，文本的生命即會延續。
　　有關羅蘭巴特的介紹，可參見呂正惠主編，《文學的後設思考》（台北：正中書局，1998年11月），頁80～101。

〔註6〕文本學的研究，不盡然全為讀者主觀思維下的任意詮釋，仍須受制於不同方法學的設限，有時也會出乎意料的還原文本當時面貌或隱含的寓意。只是，解構文本過程中是否能符合讀者所預期的期待視野，則端看切入角度與解構

　　本文考徵背景正值明清之交，身為知識族群的文人面對異族入侵而國破家亡，無法再冷眼旁觀。背負著復興疆土意識的使命感，開始反思明代亡國之因。他們以自身經歷，並考徵歷代興衰盛滅，透過主觀價值判斷，順由個人學思背景對衰亡的明代政治發出聲響，故諸學者看待與處理問題的著重點也各有偏向。然而，歷史被詮釋時，被詮釋者的時代背景、經歷、能力所囿限，主觀在所難免，重新描述過的歷史也非純粹客觀，而主客觀分寸的拿捏，惟能從史實記載與邏輯關聯予以限制〔註7〕。本節將從明末清初思想家的筆墨視野，記錄明中葉以後社會背景對學術產生的影響。為求作者、文本、讀者〔註8〕三者間主客觀的協調，不得不作一分判。

一、動亂頻仍的明清之際

　　論及明代滅亡，滿清繼起的成因，絕非單一因素運作下能造成，而是經年積習導致的結果，諸如政治、制度、經濟一類積弊，都是形成此一「結果」的原因。明代中期以後，政治倫理敗壞與經濟制度崩解，形成一個動盪不穩、傳統秩序崩解失衡的時代，故將就政治與經濟兩作總括性論述，以明外緣環

　　　　能力限制。可是，中國思想家的思想發源於社會時代脈動，故隔離作者、時代背景與文本間的相互關係，容易斷章取義，而忽略思想家整體思維的表現。

〔註 7〕進行歷史解讀時，不免會有主觀與客觀兩方面的詮釋。主觀性表現來自詮釋者個人的見解、能力、水平等後天具備的條件之別；客觀性表現則是必須依附在史實與史料的架構下客觀評析。詮釋者在後設基礎與目的驅使下，對歷史事件展開選擇性的描述，此時歷史已經並非一純然客觀的史料。這種主觀取向的「選擇性」及身處時代與史實發生的年代不同，繼之事件本身往往由多元原因組成等三方面的情況下，導致詮釋者難以徹底且完整將事件作還原性的描述，因而會遷就詮釋者的價值取向有所不同。然而，詮釋者重述歷史的意義，不外於史實中尋求其中的因果關係，從而確立事件在時間洪流中的地位。故歷史價值不在史料堆砌，而是透過主觀性價值判斷，尋求它對當下與未來的進步。只是主觀的評斷仍應受到客觀性的約束，這種「客觀性」乃源於史料的證據，能約束價值判斷的客觀與否，則是邏輯關係。
　　　　明末清初學者立於對國家與民族的忠孝氣節，對社會現況作出價值評斷。無可否認的，受到主觀性影響，其革弊之道不一定符合實際應用，然而卻能藉由他們對於史實的關懷，洞悉其詮釋的立論點為何。
　　　　以上有關史學的價值判斷等部分，乃參考姜桂石，〈淺論史學活動中的價值判斷〉，《史學理論研究》第一期（2002 年 1 月 28 日），頁 30～35。
〔註 8〕「讀者」即指撰者本身。經典詮釋應涉及作者、文本、讀者三方面，方可有完整而主客觀相容的描述。透過客觀作者時代背景考察與文本內容印證，再配合撰者主觀理解與分析，從主觀判斷之歷程以凸顯論述的價值。

境之於儒學可能產生的影響。〔註9〕

（一）政治倫理的敗壞

由政治倫理省查可以發現，明代君臣間多半是相互不信任的。明初太祖以左丞相「胡惟庸之亂」名義〔註10〕，廢除宰相實權，由帝王身兼宰相，因而形成一人獨大的君主專制，雖然表面上可以防止權臣亂政，卻造成後來宦官亂政的禍源。〔註11〕《明夷待訪錄・原君》有云：

> 後之為人君者不然。以為天下利害之權皆出於我，我以天下之利盡歸於己，以天下之害盡歸於人，亦無不可。使天下之人不敢自私，不敢自利，以我之大私為天下之大公。始而慚焉，久而安焉，視天下為莫大之產業，傳之子孫，受享無窮……然則為天下之大害者，君而已矣。向使無君，人各得自私也，人各得自利也。嗚呼！豈設君之道固如是乎！……今也天下之人，怨惡其君，視之如寇讎，名之為獨夫，固其所也。而小儒規規焉以君臣之義無所逃於天地之間……後世之君，欲以如父如天之空名，禁人之窺伺者，皆不便於其言，至廢孟子而不立，非導源於小儒乎？

又〈原臣〉云：

> 世之為臣者昧於此義，以謂臣為君而設者也。君分吾以天下而後治之，君授吾以人民而後牧之，視天下人民，為人君橐中之私物。……

〔註9〕 不同研究者關注問題焦點的殊異，涉及明末滿清繼起的成因有不同解讀，倘若斷章取義節選出某些思考方向作選擇性論述，難免有遺珠之憾，亦不可能完整重建當時現況。故撰者僅以政治倫理與經濟制度兩大向度探討，再配合當時學術思考重心作基源性反思。然則，經節選出史料，同樣有可能左右撰者主觀判斷，唯有從思想共通處比對討論，方得忠實客觀地呈現。

〔註10〕 關於「胡惟庸事件」，《明史・奸臣列傳》總卷數三○八，列傳第一九六記載其行云：「自楊憲誅，帝以惟庸為才寵任之。惟庸亦自勵，嘗以曲謹當上意。寵遇日盛，獨相數歲，生殺黜陟，或不奏逕行。內外諸司上封事，必先取閱，害己者輒匿不以聞。四方躁進之徒及功臣武夫失職者，爭走其門。饋遺金帛名馬玩好，不可勝數。……御史中丞劉基亦嘗言其短。久之，基病，帝遣惟庸挾醫視，遂以毒中之。」

〔註11〕 唐甄，《潛書・除黨》中記載「用相者，天下之大事也。昔者明之季世，有免相者，眾為行一、二十萬金，輒得復相。凡相必有所由致。袁萃曰：『為相必賂內侍，如樹之托根然。』則相者，非國家之相，內侍之私人，眾人之霸主也。」明末閹宦權力之大，可以左右朝臣仕途。宰相本為國家行政權柄之所出，竟受制於宦官，為求官涯順遂，二者交相賄賂圖利，使宰相成為宦官私人傳聲工具，不再是為百姓謀福利厚生之官吏。

> 蓋天下之治亂，不在一姓之興亡，而在萬民之憂樂。……嗟乎！後世驕君自恣，不以天下萬民為事。其所求乎草野者，不過欲得奔走服役之人。乃使草野之應於上者，亦不出夫奔走服役，一時免於寒餓，遂感在上之知遇，不復計其禮之備與不備，躋之僕妾之間而以為當然。……出而仕於君也，不以天下為事，則君之僕妾也；以天下為事，則君之師友也。

黃宗羲鑑於孟子天下治亂相生的歷史觀及明朝淪亡局勢，以明末遺老身分寫下《明夷待訪錄》。首篇〈原君〉說明古代聖君以興天下百姓之利為己事，並與當時君主比較，以譴責後者的損民益己。後世之君秉持「家天下」觀念，認為天下一切利害、權力盡歸己獨享，故把天下視為一己之私。然而，「家天下」潛藏的問題在於君主是否願意將百姓視為家的一份子，還是剝奪對象？以史實看來，後者居多，尤其是昏昧君主在位時，故容易造成君民爭利的現象。況且，本為民眾服務的官吏，又囿於君臣之義與權位階級分明，不敢僭越規諫，對上極盡阿諛，失去應盡的本分。〈原臣〉則提出君臣間非相屬的觀念，黃氏認為天下應以百姓憂樂為主，而非一家一姓的天下，藉乎君民之間的臣子不該媚上求取利錄，徒侍君主為務，而應勇於為民喉舌，規諫於上。而況君臣間只是職分之別，無父子之親，制度存在目的是為了照顧百姓。黃氏立論基礎乃根源於先秦儒者，以人君為民眾行為表率，特別是在德性上，如孔、孟有言：

> 政者正也，子帥以政，孰敢不正。
>
> 其身正，不令而行。
>
> 子欲善民而民善矣，君子之德，風；小人之德，草。草上之風必偃。
>
> 老吾老，以及人之老，幼吾幼，以及人之幼，天下可運於掌。〔註12〕

其理想之大人君子，是兼具德治的聖君，與封建制度下天命世襲的帝王制不盡然相同。而黃宗羲能站在「以民為主」角度徹底反省君主權力與地位，並打破以君為天，君臣階級相對傳統觀念，不但有追尋先秦儒者理想政治的意圖，也包含時代進步的思想。〔註13〕

〔註12〕以上四條引文，一、三條見於《論語‧顏淵》，二條見於〈子路〉，四條見於《孟子‧梁惠王上》。

〔註13〕君臣間相互的關係，早在《孟子‧離婁下》孟子告齊宣王曰：「君之事臣如手足；則臣視君如腹心；君之視臣如犬馬，則臣視君如國人；君之視臣如土芥，則臣視君如寇讎。」此乃孟子為齊宣王論述君臣間的「報施之道」。如果君以禮相待於臣，臣亦願竭誠相待，反之則可能互視為寇讎。孟子雖已有民本與

當時政壇上不安情緒的瀰漫，即來自統治階層私慾擴張，危及百姓之故。又《明夷待訪錄・奄宦上》云：

> 奄宦之禍，歷漢、唐、宋而相尋無已，然未有若有明之爲烈也。漢、唐、宋，有干與朝政之奄宦，無奉行奄宦之朝政。今夫宰相六部，朝政所自出也。而本章之批答，先有口傳，後有票擬。天下之財賦，先內庫而後太倉。天下之刑獄，先東廠而後法司。其他無不皆然。則是宰相六部，爲奄宦奉行之員而已……故奴婢以伺喜怒爲賢，師友而喜怒其喜怒，則爲容悅矣；師友以規過失爲賢，奴婢而過失其過失，則爲悖逆矣……於是天下之爲人臣者，見夫上之所賢所否者在是，亦遂舍其師友之道而相趨於奴婢膝之一途。

趙翼《廿二史箚記・明代宦官先後權勢》，卷三十六云：

> 內官離府部官一丈作揖。途遇公侯駙馬，則下馬旁立。今則呼府部官如屬吏。公侯駙馬途遇內官，轉迴避矣……太監至，閣臣迎之於花臺，送之止中門，李西涯告王鏊云。此定例也。……何良俊《四友齋叢說》此閣部大臣與內官交接，先後不同之大概也。至王振、汪直、劉瑾、魏忠賢，則有長跪叩頭，呼九千歲者矣！

宦官亂政自古有之。宦官本爲皇宮中服侍皇族的奴僕，因爲親近君王而享有左右朝政的權力，在中國歷史上屢見不鮮，明代情形更爲嚴重。宰相制度廢除後，君主面臨議題決策時，失去了可商討者，反而週遭親信成爲議政對象，宦官勢力因而興起。明代宦官行徑囂張更勝以往，上述可發現，他們擁有天下財富〔註14〕，甚至能操控政局，擁有決定國家政策的權力。官吏們則爲了彼此的利益，竭力巴結，唯恐不周到。〔註15〕原應爲百姓福祉請命的百官從

革命觀念的提出，但是其革命仍是建立在有血緣關係之「貴戚之親」，至於異姓之臣有不滿時，祇能消極離去，如其云：「無罪而殺士，則大夫可去；無罪而戮民，則是可以徙」。到了明末清初的學者，則已能正視國君之貪私自利，直接對國君提出批判。

〔註14〕如顧炎武，《日知錄集釋・財用》，卷十二。引明天啓六年四月七日皇帝詔云：「又聞南京內庫，祖宗時所藏金銀珍寶皆爲魏忠賢矯旨取進。先帝諭中所云：『將我祖宗庫貯，傳國奇珍異寶，盜竊幾至一空者。』不知其歸之何所。自此搜括不已，至於加派；加派不已，至於捐助，以訖於亡。繇此言之，則搜括之令開於范濟世，成於魏忠賢，而外庫之須，民力之匱，所繇來矣！」明代宦官貪財奪利情景可見一般，甚至不惜掏空皇室國庫，影響國政，其大肆搜括，囂張行徑可見矣！

〔註15〕明代宦官專權始末，干政情形之嚴重，有其先後發展，《廿二史箚記・明代宦

而轉爲宦官下屬，本是專職伺候的閹宦變成國政把關者，利益衝突相繼成爲政治鬥爭比附的籌碼，國政豈能不亂？

　　政治權力混亂，公義不彰，對內直接影響了無力與之抗衡的百姓生活。對外引起外族覬覦，導致入侵。權位者的貪黷，爲個人利益相爭互鬥，形成政壇動盪，連帶興起朋比阿附的黨爭〔註16〕、地方鄉官虐民等政治倫理淪喪〔註17〕，咸成爲明末政治亂象，也爲滅亡埋下眾多的因子。

官》記載：「有明一代宦官之禍，視唐雖稍輕，然至劉瑾、魏忠賢，亦不減東漢末造矣！初，明祖著令內官，不得與政事，秩不得過四品。永樂中，遣鄭和下西洋，侯顯使西番，馬騏鎮交趾，且以西北諸將，多洪武舊人，不能無疑慮。乃設鎮守之官，以中人參之。京師內又設東廠偵事，宦官始進用。……明代宦官擅權，自王振始。然其時廷臣附之者，惟王驥、王祐等數人，其他尚不肯俯首，故薛瑄、李時勉，皆被誣害，及汪直擅權，附之者漸多……迨魏忠賢竊權，而三案被劾。察點被摘諸人，欲借其力以傾正人，遂群起附之……」明代宦官的進用，起源於君臣間相互猜忌。初時，文人尚有氣節而不願依附，一當宦官權力轉趨爲盛，文武百官反而開始依附，上下間利益的相交，由此可知。

〔註16〕關於黨爭，戴名世，〈宏光朝偽東宮偽后及黨禍紀略〉記載：「黨禍始於萬曆間，浙人沈一貫爲相，擅權自恣，多置私人於要路；而一時賢者如顧憲成、高攀龍、孫丕揚、趙南星之屬，氣節自許，每與政府相持。而高顧講學於東林，名流咸樂附之，此東林黨禍所自始也。國本論起，兩黨相攻擊如仇讎；嗣是有妖書之役，挺擊之役，迄數年不定。……國本既定，兩黨激而愈甚；泰昌天啓紅丸之役，移宮之役，中朝相爭，如蜩螗沸羹，與挺擊號爲三案。及魏忠賢爲政，浙黨盡歸魏氏，作書言三案事，訴斥東林，號曰三朝要典。於是東林駢死牢戶，餘斥逐殆盡。」國本論所指爲神宗晚年立太子一事。神宗后無子，寵妃鄭氏欲立其子福王，而東林黨則堅持冊立嫡子爲太子，即後來的光宗。

又〈汰存錄紀辨〉記載彝仲語，說明黨爭爲國之害而曰：「兩黨之最可恨者，專喜逢迎附會。若有進和平之說者，即疑其異己，必操戈攻之。」又曰：「二黨之於國事，皆不可謂無罪。平心論之，始而領袖者爲顧、鄒諸賢，……皆文章氣節足動一時……攻東林者亦間有清操獨立之人，然其領袖之人，殆天淵也。東林之持論高，而於籌邊制寇，卒無實著。攻東林者自謂孤立任怨，然未嘗爲朝廷振一法紀，徒以忮刻勝，可謂之聚怨而不可謂之任怨也。其無濟國事，兩者同之耳。」

東林之士的興起，是爲了與當時把持朝政的閹黨相抗衡，而後響應與依附者以東林爲名標榜者甚眾，份子亦參差不齊，故黃宗羲認爲彝仲將東林之士與依附者混同並論，並不客觀。然而，無論是非對錯，黨爭之事實仍尚存在，也確實爲明末帶來負面政治效應。

詳見吳應箕等著，《東林始末》（台北：藝文印書館，1966年），頁261～287。

〔註17〕明代鄉官之虐民，在《廿二史劄記·明鄉官虐民之害》篇有詳盡的描述，如云：

（二）經濟制度崩解

　　無論今古，政治與經濟發展是一體兩面，相互關聯的。政治的穩定，俾使民各得其所，安於生活，有利經濟民生發展。反之，政治倫理不符常道，民無安其所居時，民生也會大受影響。經濟乃民生之必須，儒者主張的仁政，即先使民生供給充足，如《孟子‧梁惠王上》云：

　　　無恆產而有恆心者，惟士爲能。若民，則無恆產，因無恆心。苟無
　　　恆心，放辟邪侈，無不爲己。及陷於罪，然後從而刑之，是罔民
　　　也。焉有仁人在位，罔民而可爲也？是故明君制民之產，必使仰足
　　　以事父母，俯足以蓄妻子，樂歲終身飽，凶年免於死亡。然後驅而
　　　之善，故民之從之也輕。

又〈滕文公上〉云：

　　　龍子曰：「治地莫善於助，莫不善於貢。貢者校數歲之中以爲常。樂
　　　歲，粒米狼戾，多取之而不爲虐，則寡取之；凶年，糞其田而不足，
　　　則必取盈焉。爲民父母，使民盻盻然，將終歲勤動，不得以養其
　　　父母，又稱貸而益之，使老稚轉乎溝壑，惡在其爲民父母也？」

孟子以恆常有之善心的有無，分判士與百姓的區別。士可以處窮而不失其道，並修其心。可是一般人須安於物質滿足後，再培養精神上恆常的善心。故有德之士必得使百姓豐衣足食，足以養老攜幼，方可進一步以禮樂教化於民。稅賦是取民之財，應在不擾民的基礎下機動調整，應與年歲收成多寡成正比，而非定量定額的收取。如遇災年欠收，連家人都養不活，還要借貸還稅賦，這是違反厚民治民之道。民生滿足乃治國基礎，《老子》亦云：「民不畏威，則大威至。無狎其所居，無厭其所生。夫唯不厭，是以不厭。」「民之饑，以其上食稅之多，是以饑。民之難治，以其上之有爲，是以難治。民之輕死，以其上求生之厚，是以輕死。」〔註18〕民之難治與否，取決於執政態

　　「前明一代風氣，不特地方有司私派橫征，民不堪命。而縉紳居鄉者，亦多倚勢恃強。視細民爲弱肉，上下相護，民無所控訴也……又〈梁儲傳〉，儲子刺櫶爲錦衣百戶。居家，與富人楊端爭民田，端殺田主。次櫶遂滅端家二百餘人。武宗以儲故，僅發邊衛立功。……又〈姬文允傳〉，文允宰滕縣，白蓮賊反，民皆從亂。文允問故，咸曰：『禍由董二。』董二者，故延綏巡撫董國光子。居鄉暴橫，民不聊生。故被虐者，至甘心從賊，則其肆毒更可知也。」舉凡文中指出無論是害民、奪民產者不下數十例，亂由上始，相互包庇，民無所訴其苦，最後甘願爲賊，以求溫飽，政局之亂，上下交相如此，胡爲不亡？

〔註18〕以上二例分別參見今本《老子》，七十二章、七十五章。

度，除了經濟剝削，上位者多欲好有作為，也是造成國家昏亂之由。處於低階平民百姓晏時逆來順受，有朝不懼威權，則國有大禍將至。無論儒家或道家，治民之道即在於使民生充足，稅賦徵收有制有時。

反觀明代中期以後，皇室貴族與富豪大肆收刮百姓田產，搜括民財情況日趨嚴重，稅賦沉重，令農民陷入破產的邊緣。土地被搜括，無地可耕作，基礎民生受到嚴重威脅，《明史・食貨志》，卷七十七云：

> 明時草場頗多，占奪民業。而為民之屬者，莫如皇莊及諸王、勳戚、中官莊田為甚。太祖賜勳臣公侯丞相以下莊田，多者多百頃，親王莊田千頃。又賜公侯暨武臣公田，又賜百官公田，以其租入充祿。指揮沒於陣者，皆賜公田。勳臣莊佃，多倚勢扞禁，帝召諸臣戒喻之。其後公侯復歲祿，歸賜田於官，仁宣之世，乞請漸廣，大臣亦得請沒官莊舍。……然權貴宗室莊田墳塋，或賜或請，不可勝計。……管莊官校招集群小，稱莊頭、伴當、占地土，斂財物，汙婦女，稍與分辨，則被誣奏，官校執縛，舉家驚惶。民心傷痛入骨，災異所由生。……蓋中葉以後，莊田侵奪民業，與國相終云。

自明開國以來，即有賜皇親權貴大臣官田的情況，以其稅賦充國家府庫。權貴們的貪婪，請賜官田者日增，明末官田數量還多過於民田，尤有甚者，為搶奪民產不惜構陷，使人民惶惶不可終日。而民眾為求自保，則甘願成為佃農依附權貴，之後稅賦加劇，又全由佃農供給，層層剝削，民不堪其擾。復又因政治倫理敗壞，宦官專權，黨爭加劇，人為加諸於體制破壞的情形日趨甚烈。利益成為少數上位者競逐的目標，枉顧天下蒼生之所需，民生缺乏與長年天災不斷〔註19〕，終招致闖王李自成挾農民起義之名起義與滿清入關〔註20〕，結束了明代兩百多年國祚。

〔註19〕如唐甄，《潛書・富民》：「虐取者誰乎？天下之大害莫如貪，蓋十百於重賦焉。穴牆而入者，不能發人之密藏；羣刃而進者，不能奪人之田宅；寱旅於塗者，不能破人之家室；寇至誅焚者，不能窮山谷而偏四海。彼為吏者，星列於天下，日夜獵人之財。所獲既多，則有陵己者負篋而去。既亡於上，復取於下，轉亡，轉取，如填壑谷，不可滿也。夫盜不盡人，寇不盡世，而民之毒於貪吏者，無所逃於天地之間。是以數十年來，富室空虛，中產淪亡，窮民無所為賴，妻去其夫，子離其父，常嘆其生之不犬馬若也。」官吏的貪，透過稅賦以榨民財，比賊寇更為可怕而囂張。賊寇至少有地域性，然而官吏的荼毒，則透過政策性的統一稅賦，百姓無一倖免，導致民生不繼無以自足。
〔註20〕《明史・李自成張獻忠列傳》，卷三○九〈小序〉云：「盜賊之禍，歷代恆有，

　　故走向滅亡是內部行政長久敗壞累積使然，撰者從政治與經濟兩大向度作為思考主軸，其中衍生的問題導火線更佈及各個層面。明末清初學者面臨家國危及之秋，隨著背景環境紛擾浮動，思慮有了更現實且深層的體會。他們勇於面對政治現況，縱使天下大勢抵定，仍以客觀角度來審視制度面曾有的過失，提出建言。不同於東林時期學者以實際行動親身「實行」政治理念，滿清入關後，他們捨棄仕途，透過著書立說傳承觀念。這種「實學」表面看似不如實際行動有效，矧知縱覽自古而今制度找出弊端，乃是跨越時空限度，秉持永續精神找出解決之道，價值更為深遠。只是抱持經世濟民的原則，企圖回歸唐、虞、三代以前儒家理想政治，卻忽略時代是向前邁進而不是倒流的，他們沒有意識到社群文化隨著文明進步與政經情勢改變而有不同，像先秦「井田制」即為黃宗羲與顏元大力推崇，李塨則主張恢復「均田制」，認為是解決土地兼併的解決之方。〔註21〕實則「復古」精神價值大過實質意義，明末清初學者能看清治亂興衰成因，暨而鑑古喻今，從體證天道的形上學邁向貼近社會脈動的實學，並由社會制度面探討整個封建體制下的弊端，其思想還是進步的。〔註22〕

　　至明末李自成、張獻忠極矣！史冊所載，未有若斯之酷者也。……神宗怠荒棄政，熹宗暱近閹人，元氣盡漸，國脈垂絕。向使熹宗御宇復延數載，則天下之亡，不再傳矣！莊烈之繼統也，臣寮之黨局已成，草野之物力已耗，國家之法令已壞，邊疆之搶攘已甚。莊烈雖銳意更始，治核名實，而人才之賢否，議論之是非，政事之得失，軍機之成敗，未能灼見於中，不搖於外也。……當夫群盜滿山，四方鼎沸，而委政柄者，非庸即佞，剿撫兩端，茫無成算。內外大臣，救過不給。人懷規利自全之心，言語戇直切中時弊者，率皆催折以去。……是故明之亡，亡於流賊，而致其亡之本，不在於流賊也。」明代流賊的出現，造成國家內亂，繼而使外侮有機會一侵中原，釀成國祚垂絕。可是，盜賊亂起，並非事出無名，君主荒怠，朝政敗壞，權貴奸佞欺壓百姓，才是爭真正點燃亡國的導火線。天災是自然運行法則不規律使然，無法避免。人欲貪婪自私導致的人禍，復以天災之害降諸於民，故與其說是流賊使明滅亡，莫不如說是其政治本根已經腐杇敗壞使然。

〔註21〕無論井田制或是均田制，他們都是在明末土地兼併嚴重，農民無田可耕的情況下，以公平均分為立意，所提出的改革制度。然而時代的進步，疆域的拓展，工商手工業的興盛等時代因子，都已非過往單純的農業社會所能比擬，故理想雖美，實際施行則有困難。

〔註22〕明末清初學者提倡的「復古」，主張回復到先秦儒家的制度，究其方法而言，不能算是進步。可是，其思想可貴之處，在於能從歷史縱貫觀察與當時世風相結合，並接受當時西洋科技的傳入，大膽提出改革之道。學術思想上，則主張屏除理學影響，回歸原典，反而更貼近原旨，這也是思維在理解上的進

二、社會思潮對儒學的轉變與衝擊

政經情勢波動，直接影響到社會整體價值觀的改變。當時儒者眼光下的明代，多從造成滅亡的癥結點來反思制度面的弊害，以批評時政爲課題大加撻伐，不同於站在經濟解放的角度，來審視當時社會思潮的進步。學者魏宗禹云：

> 明清時期，地主階級改革派是旨在「補天」的經世實學，而新興市民階層的變革思想是旨在「塌天」的啓蒙經世思想。市民階層的啓蒙經世思想，繼承與發揚了古代的仁政思想、民本主義觀點以及功利主義等積極因素，吸取了其民主性與科學性的蘊義，順應市民階層的經濟與政治要求而逐步成形的。〔註23〕

明代經濟活動的轉變，乃順由政治環境限制而發展出來。「補天」實學是指基於改革制度思想下的儒者，諸如東林學者屬之。他們堅守儒家忠君愛國的信念，將情感寄託在政治改革。學術上，則反對已經玄虛化的陽明末學，面對只談心性的理學，提出嚴重質疑。〔註24〕明祚墜隕後，後起儒者多以在野身分而不願侍奉異姓，由著書立說等方式宣揚經世理念。其關心的學術範疇，已超越宋明理學純心性探討，直接上探儒家經典原意，並結合社會實情，提出實際的改革之方，不同於前者以當權身分相抗衡宦官爲首的閹黨。他們倡言民主觀念，講求社會公平正義，學術思維則一反理學家的純指心性。這並非指稱他們跳脫了理學範疇立論，而是從先秦儒原意開始省思宋明儒的詮釋是否洽適，並提出個人化的見解。

在視君爲天的傳統觀念在「塌天」後，有了新的挑戰。政治衰敗使「市民階層」的儒者開始省思檢討君主制度的合理性，申言以民爲主的觀念；土

步，有關此部份的論述，可詳參本章第二節。

〔註23〕參見葛榮晉主編，《中國實學思想史》中卷第二十五章〈市民階層與啓蒙經世思想〉（北京：首都師範大學，1994年），頁298。

〔註24〕據錢穆東林辨王學之末流者有三：（一）辨「無善無惡心之體」，這主要是針對天泉證道「四句教」的回應。王學末流固守「無善無惡心之體」一句，終日談本體而不從下手工作起，導致學者以虛爲實，猖狂妄行；（二）辨「工夫」與「本體」，由第一點引申而來，東林學者從實際工夫處著手，認爲實踐躬行方能識本體。無工夫的本體，虛浮無根非眞本體，不過是一揣度下的本體；（三）辨氣質之性與義理之性，此與辨工夫本體之意相近，若捨形下氣質之性而空言形上義理之性，如同捨棄了工夫而高談本體同病。故論學時側重工夫的實踐，論性時由氣質下手。參見錢穆，《中國近三百年學術史》（台北：台灣商務印書館，1996年7月），頁10～16。

地制度不公平，讓百姓棄農從商，開創了商品經濟的興起。這些經世思潮之
所興盛，除了當時風氣的促使，重新回歸經典找尋立論的依據，也是此時學
術的重點。以下將依循上一點政治與經濟的區隔，略述社會思潮對儒學產生
的衝擊。

（一）政局紛亂下民主觀念的啟蒙

　　大一統封建制度的維繫，靠的是宗法倫理制度來傳承，父子倫理之親擴
而張之，即是君臣之義，君權因而受到鞏固，君臣之間位階明確無可僭越。
〔註25〕可是在日益滋生的民主思潮與政治敗亂下，儒者不再將君主視為天來
崇拜，這對於將君與天化上等號的封建政治，具有相當大的衝擊。他們雖然
無意推翻帝制的觀念，卻能立於平等的基礎，來思考帝制下君民階級是否應
絕對化，並提出異議，如黃宗羲云：

> 學校，所以養士也。然古之聖王，其意不僅此也，必使治天下之具
> 皆出於學校，而後設學校之義始備。……天子之所是未必是，天子
> 之所非未必非，天子亦遂不敢自為非是，而公其非是於學校。……
> 三代以下，天下之是非一出於朝廷。天子榮之，則群趨以為是；天
> 子辱之，則群擿以為非。……嗟乎！天之生斯民也，以教養托之於
> 君。授田之法廢，民買田而自養，猶賦稅以擾之；學校之法廢，民
> 蚩蚩而失教，猶勢利以誘之。是亦不仁之甚，而以其空名躋之曰「君
> 父，君父」，則吾誰欺！〔註26〕

他率先說明身為君者，並非真理的絕對。學校的功用在於為國家培養有用之
材，以負擔治理天下之責，三代以後，天子成為是非對錯之絕對標準，學校
變成爭取名祿的工具，將培育人才之所成為天子應答附和的傳聲筒，然而天
以民託教於君，君卻奪民利，泯教化，以威權勢利侵擾利誘，徒有以君為父
之意。黃宗羲之於「君」的概念，仍是以其為宗法教化之長，將傳統儒家「人
治」涵攝其中。其思想進步之處是對君權絕對產生懷疑，天子不是唯一公斷

〔註25〕以君為主的觀念自先秦以來便是如此，然而當時儒者的理想君主形象，是以
　　　　仁政王道行於天下的。而行仁政王道之法，即在於以民意為中心設想，不奪
　　　　民財，不傷農時。漢代統一天下後，董仲舒強化倫理上三綱五常的地位，因
　　　　而鞏固了君權的絕對性，或云：「普天之下，莫非王土，率土之濱，莫非王臣。」
　　　　「唯天子受命於天，天下受命於天子，一國則受命於君。」等，都將君權提
　　　　昇至民不可侵犯的地位，而身為臣民者，不可抗拒天威，只能服從。
〔註26〕參見《明夷待訪錄‧學校》。

準的。他將君主從高懸未明的絕對地位，下拉至相對標準，解決了君權絕對下何以仍會使民有所不安的迷思。又如〈原臣〉篇云：

> 或曰：「臣不與子並稱乎？」曰：「非也。」父子一氣，子分父之身而爲身。故孝子雖異身，而能日近其氣，久之無不通矣；不孝之子，分身而後，日遠日疏，久之而氣不相似矣！君臣之名，從天下而有之者也。吾無天下之責，則吾在君爲路人。出而仕於君也，不以天下爲事，則君之僕妾也；以天下爲事，則君之師友也。夫然，謂之臣，其名累變。夫父子固不可變者也。

〈原君〉、〈原臣〉二篇是敘述君臣之道。這裡黃宗羲打破君臣爲父子觀念的延伸，君臣之義是後天有天下後所有，而非先天依血緣形成的關係，故君臣間沒有絕對的上下尊卑。一但關係不存在，二者形同路人甲乙，無須對誰負責。君與臣等勞心者的存在，本是以民爲中心，爲民事而奔走，可是君臣間的交相取利，荼毒於民，爲黃宗羲所鄙視，其批評多建構於君主行爲的對錯上加以批評，並以法三代以前之聖君爲目的。較晚的學者唐甄則直接探求君民間的關係，以君爲絕對至此受到嚴格的挑戰，如其云：

> 天子之尊，非天地大神也，皆人也。〔註27〕

> 自秦以來，凡爲帝王者皆賊也。……今也有負數匹布，或擔數斗粟而行於塗者，或殺之而有其布粟，是賊乎？非賊乎？……殺一人而取其匹布斗粟，猶謂之賊；殺天下之人而盡有其布粟之富，而反不謂之賊乎？〔註28〕

唐甄生於崇禎三年，他親身體驗家國的滅亡，有感而著《潛書》。他不認爲君與一般百姓間有何差異，甚至認爲二者同樣爲「人」，君主並非是天授神權的天之子。此外，他從市民的立場反觀歷代帝王作爲，將其比喻成賊，強取天下人之財富，獨享其利。比起黃宗羲，唐甄更徹底突破傳統天子威權，揭示了帝王不是絕對唯一的價值標準。

　　此時民主啓蒙思想的建立，在於破除君權神授迷思。學者們基於先秦孔孟儒者的王道、仁政思想，對強奪豪取民利，枉顧民生的君主發出怒吼，可惜受限於時代氛圍，並無進一步破除帝制的想法。況且他們多在「破」除舊觀念，至於如何「立」？則仍依循上古「人治」的道德觀點進行著。法治觀

〔註27〕參見《潛書·抑尊》。
〔註28〕同上書〈室語〉。

念尚未建立，君主制度未破除，雖有心改革，仍有未迨。滿清入主中原，更是民族存亡的關鍵，學者大膽對無上君權加以唾棄，在絕對觀念中找尋何以導致國滅的解釋，企圖由先秦儒家的原始思維中找到解答，從以民為主導出行仁政的理想政治。可惜這種民主光環並未展露持久，之後滿清大興文字獄，箝制思想，使得經世實學為考據之學所取代，直到清季反清聲浪的興起。

（二）農業經濟到商品經濟的轉型

自古以來中國以農立國，重農抑商。明代中期土地制度受到破壞，王室權貴濫加奪取，使經濟發展產生結構性的變化。商品的流通，使交易變得活絡繁榮，從自給自足的小農經濟，邁向以商品為主的市場經濟。社會競爭型態的轉型，使儒者們不再避諱談論義利間的關係，並開始正視利益的合理化，與諱言利益的宋明理學家們，形成鮮明對比。義利之辯，自孔孟以來即是重要課題，如：孔子曰：「君子喻於義，小人喻於利。」〔註29〕孟子見梁惠王云：「何必曰利，亦有仁義而已矣！」〔註30〕都是建立於道德基礎下，以義為尊的價值理論。義具有普遍義，即仁、理的具體表現，是公而無私；「利」僅是對某一部份人有利可循，具有殊別性而未能周延於普羅大眾，容易引起紛爭搶奪，乃為聖人所不樂見。不過，他們並未否定「利」的合理需求，故孔子曰：「因民之所利而利之。」當然，「利」仍須在「義」的前提下被運用，形成「公利」，而不是單獨被探討。

明中葉商品經濟的發達，「利」受到重視，義、利間關係的消長成為矚目。如：《日知錄‧言利之臣》，卷十二：

> 孟子曰：「無政事則財用不足。」古之人君未嘗諱言財也，所惡於興利者，為其必至於害民也。……讀孔孟之書，而進管商之術，此四十年前士大夫所不肯為。而今則滔滔皆是也。有一人焉，可以言而不言，則群推之以為有恥之士矣！上行之則下效之，於是錢穀之任，權課之司，昔人所避而不居，今且攘臂而爭之。禮義淪亡，盜竊競作，苟為後義而先利，不奪不饜。後之興王所宜重為懲創，以變天下之貪邪者，莫先乎此。

顧炎武引孟子言財利的正當性，說明利並非不可言。何以勿言利？在於臣言利者多是由民處取利，反傷於民。其後顧氏由政治脈動，道盡當時士大夫唯

〔註29〕《論語‧里仁》。
〔註30〕《孟子‧梁惠王上》。

利是從的趨向，亦透顯出社會思潮趨於利益的價值觀。雖然其著眼於言利帶來的弊害，卻也無可否認「利」的觀念已經深值當時的士人階層中。也明言了古人不諱言財，應正視「利」。不過，「利」的誘惑容易貪邪，造成道德淪喪，故仍宜以仁義爲先，繼之以重懲，杜絕貪婪需索無度者。又《明夷待訪錄‧財計三》有言：

> 今夫通都之市肆，十室而九，有爲佛而貨者，有爲巫而貨者，有爲倡優而貨者，有爲奇技淫巧而貨者，皆不切於民用；一概痛覺之，亦庶乎救弊之一端也。此古聖王崇本抑末之道。世儒不察，以工商爲末，妄議抑之；夫工，固聖王之所欲來，商又使其願出於途者，蓋皆本也。

黃宗羲不贊成不切於民用的民間習俗與倡優、奇技淫巧等奢侈下的產物，以貫徹他經世救弊的決心，這些市井繁華的風貌，商品經濟的發達，也在他筆下獲得證明。他認爲古之聖君的「崇本抑末」，是要絕棄不合世用的奢靡之貨，非抑止工商業發展，可是後儒曲解本意，棄工商發展如敝屣，是誤解先儒之意。黃宗羲肯定工商爲社會之本，而非「重農抑商」的末，適時反映了當時社會背景。

農業過渡到工商爲本的社會，人民價值觀有了新變化。日本學者溝口雄三針對明末清初思想特徵，提出「肯定欲望的言論開始表面化」與「『私』得到肯定性的主張」兩點加以說明。〔註31〕宋明理學中，人欲相對於天理而存在，無論是各種派別，其最終修養目的，便是希望能從主體的「性」，上達絕對客觀形上「天道」、「天理」境界。在性理境界中，私欲不存在，唯有絕對善之天道相與，唯明末儒者則肯定欲望的正面意義。「欲望」不是無限制延伸擴張的，在合理需求下所得到的滿足，故必得在不違反道德前提下設限，按溝口先生的說法，即是「由於被包設在天理之中，人欲使能得到肯定和存在的保證。」〔註32〕明末之儒從社會現況正面思考欲望之於人性的重要，也從欲望過度擴張檢討可能帶來的弊端。他們認爲「私」、「利」是與生俱來，如黃宗羲言：「有生之初，人各自私也，人各自利也。」〔註33〕，故不必斷絕欲望私利的需求，應從公利來導正。

總結而論，此時儒者無論在民主觀念啓蒙，工商經濟的正視，都凸顯出

〔註31〕詳見溝口雄三原著，林崇右翻譯，《中國前近代思想的演變》（台北：國立編譯館，1994 年 12 月），頁 1～17。
〔註32〕以上內容，酌參上書，頁 2～3。
〔註33〕參見《明夷待訪錄‧原君》。

立異於宋明理學家之處。從社會生態結構性的轉變，在上古儒家經典及聖哲形象中找出明證，以佐證其理論的可行性，並對處於內憂外患，百病叢生的政治情勢，提出改革之道。其討論範疇超出宋明理學甚多，經世理論配合社會實情的發展，也使得過度「內聖」的儒學重新省視「外王」的重要。

政經情勢提供儒學轉型的外在背景。當學術面臨環境挑戰時，它不得不作出回應以符合實際期待與需求。尤其華夏思想傳統更是得將學術思維、歷史背景及環境氛圍結合探討，方能確切反映出時代思潮的變化。明清之交，儒者眼界的拓展，補足理學家末流長期不問世事之弊，諸如：由制度面的缺憾，找出解決問題之道，並從科舉取士的弊端中，試圖爲國家培育眞正有用的人才等〔註34〕，這些「時代課題」都構成了儒學趨於經世化的必要條件。正因思考層面離不開「時代課題」，故詮釋之先，必須對外緣背景有所交代，方能深究義理之特徵。

第二節　明清之際儒學課題發展方向

雖說明中葉以後政局經濟的敗壞，提供儒學轉型的溫床，激發其轉變動力，可是單從外力之介入，實不足完整說明從心性之學轉型爲經世實學的不可致詰之因。面對於錯綜複雜的社會問題，以經世實學自任之儒者不再以形上道德修養之爭論爲滿足，並有鑑於明代覆亡造成異族統治政治現況，積極以實際政治現況之討論爲論學重心，故當時學者在包括政治、經濟、制度等疑問上，都提出許多精闢進步的見解與改革之方，反省前朝殞滅之因。當然，

〔註34〕同上書〈取士下〉云：「其所以程士者，止有科舉之一途，雖使古豪傑之士若屈原、司馬遷、相如、董仲舒、揚雄之徒，舍是亦無由而進取之，不謂嚴乎哉！……不知科目之內，既聚此百千萬人，不應功名氣節之士獨不得入，則是功名氣節之士之得科目，非科目之能得功名氣節之士也。……究竟功名氣節人物，不及漢唐遠甚，徒使庸忘之輩，充塞天下。豈天下之不生才哉？則取之之法非也。吾故寬取士之法，有科舉，有薦舉，有太學，有任子，有郡邑佐，有辟召，有絕學，有上書。」科舉制度爲當時主要取士法則，以四書五經爲考試科目。看似公平的制度下，卻隱含了許多問題，故黃宗羲認爲取士宜多元，考試內容上應廣設科目，至於有利於科技發展的絕學者，也應建立考核制度，徵之於朝。另外如顏元則認爲學者不應只在文字上作工夫，宜躬行將所學實際運用於生活。否則讀書只是徒爭虛名，非但無益於世，更不能傳聖賢之道，有眞材實學者無所立足，風俗亦因此敗壞。黃、顏二人咸認爲當時科舉但求文字，而不能徵得實有材學之人，故分別提出個人看法。取士方法雖不盡相同，不過都強調應重視實學，擇材標準以國家實際需求爲主。

儒者有如此的反映，確實源於環境丕變而激發的愛國情感所導致，也說明了環境之於學術發展的重要性，但是我們能否假設在相同環境條件之下，不同時代或不同民族性的薰陶，是否同樣能激蕩出如此的經世學風？

　　答案似乎是否定的，即便是空間環境的雷同，我們卻無法掌握歷史時間的綿延，民族智慧開發與學術環境迥異等文化發展下的脈動，因而結果也會大不相同。倘若僅固守外緣背景的考察，而認爲已經通究了明清實學興起的原因，則大大忽略了人類思維在學術思潮上留下的軌跡。

　　故體制的批判，是清初學者重要學術向度之一。政治經濟上達用，畢竟只是經世「外王」的一部份，對於過分追求「內聖」而講求心性的宋明理學而言，亦是亟欲深究加以格正的。他們心目中，王學末流「蕩越」之弊，引領人心走向虛妄不實，束書不觀，鎮日在良知如何體現與「四有」「四無」本體工夫的頓漸下清談爭論〔註 35〕，卻對政治現況無實質助益，於是乎對之前

〔註35〕「良知」一詞出現於孟子，陽明則以「良知」來總括孟子所云的四端之心。如《傳習錄下》「良知只是個是非之心，是非只是個好惡。只好惡就近了是非，只是非就盡了萬事萬變。」又《傳習錄中‧答轟文蔚》「蓋良知只是一箇天理自然明覺發見處，只是一箇眞誠惻怛，便是他本體。故致此良知之眞誠惻怛以事親便是孝；致此良知之眞誠惻怛以從兄便是弟；致此良知之眞誠惻怛以事君便是忠。只是一箇良知，一箇眞誠惻怛。」前者由是非與羞惡之心和一而論，並收攝在良知之下；後者輒從眞誠惻怛以形容良知本體，眞誠爲恭敬之心的表述，而惻怛則是惻隱之心。陽明將四端之心總一收攝在良知之下，並引爲本體，由此本體之朗現者，便是天理，故天理在人心發見處，心即性即理，即主觀即客觀的。此一本心爲實體性的道德本心，非朱子形下氣心、認知心。
「四有」說即陽明天泉證道時，對於德性實踐的內在理路所作的說明，即其「四句教」也，「四有」爲簡稱。其教義爲「無善無惡心之體，有善有惡意之動，知善知惡世良知，爲善去惡是格物。」陽明以心、意、良知、格物等四方面爲德性實踐的工夫。心本爲純善不惡，此善爲絕對的善，故不能以形下相對善惡之善形容，故以無善無惡稱之；心本無惡，但是當心發爲意念時，則爲形軀氣質所圍限，故氣質駁雜，有善有惡；心之意念發動處雖有善惡，但是本心亦有一即內在即超越的「良知」本體，只要恢復守持此一天生固有的本心，並予以擴充，即能辨善惡而趨善避惡；最後，爲善去惡，純化意念的內容，則是格物。此格物非朱子的窮究事物所以然之理，而是隔本心之非，由自身而言。
至於「四無」，則是陽明弟子王龍溪所云：「心體既是無善無惡，意亦是無善無惡，知亦是無善無惡，物亦是無善無惡。」王龍溪認爲心既是無善無惡的至善實體，由心所由發的意，自然也是純善不惡，連帶知、物，都應是純粹至善。龍溪由本源處下手，對於利根之人，是一悟本體即是工夫的，將工夫與本體一時並了。可是利根者畢竟是少數，孤執此說易流於空泛虛寂，至於

理學家的駁正，就此展開。

一、經世儒者對於宋明理學家批判略述

　　經世儒者對宋明理學家的批判，乃順此心性之學而發揮，由主體之心以知性，而上達天道者，成就儒家修己的「內聖」之學。此處的「天」，並非一自然天，也不是人格神具有命令意的上帝觀念，指的是生生不息的天道，亦即一具有創生意義的形上實體。宋明儒者徵引《學》、《庸》二書語相互詰難，並從格物致知、心之善惡、定位等問題，企圖尋求道德修養境界的正統地位，至於關乎利用、厚生之事功建立，則視爲「末流」。「內聖」與「外王」的分際，在儒家哲學系統中實爲一事，如孔子「仁」學中心意旨，即是「己欲立而立人，己欲達而達人」。聖賢之所以成聖的因由，不僅是個人品德的修持，更在於能透過己德，解民之倒懸，使四方之民來依附，誠如《論語‧爲政》子曰：「爲政以德，譬如北辰，居其所而眾星共之。」《孟子‧離婁下》曰：「禹、稷、顏回同道。禹思天下有溺者，由己溺之也；稷思天下有飢者，由己飢之也，是以如是其急也。」由此可知，聖人之大德，在於「修身」以外，更要能「平天下」者。然宋明理學者徒以「內聖」欲通究孔孟聖學，此舉看在面臨亡國命運的經世學者眼中，已不符世用，甚且王學末流「束書不觀」等蔽陋，對於當時學術、世風，已造成不小的影響，故無論是站在修改陽明學說、回歸朱學立場、反對程朱陸王的角度者，皆提出修正理學的聲浪。如唐甄云：

> 心體性德，既已自修；天地萬物，何以並治？必措之政事而後達。昔者堯舜治天下，風之則動，教之則率，不賞而勸，不刑而革。後世風之而多頑，教之而多犯，賞之罰之而不以爲懲勸，於是爲政者又罔知所措矣！孟子則告之曰：「堯舜之治無他，耕耨是也，桑蠶是也，雞豚狗彘是也。百姓既足，不思犯亂，而後風教可施，賞罰可行。」於是求治者乃知所從焉！〔註36〕

心性屬於個人道德層次的修爲，「己立」之後，要如何成就外在客體世界？欲

「四句教」則由德性工夫處下手，由工夫修養以體見天道本體，可避除執守「四無」說帶來的弊端。陽明後學諸派，本此良知及德性如何體證實踐等問題進行闡述，空於心性修養之學爭得眞理本身，理愈辯愈繁難，眞理反而愈不易透顯。

詳參蔡仁厚，《王陽明哲學》（台北：三民書局，1979 年 2 月），頁 121～141。

〔註36〕《潛書‧宗孟》。

將德性推而丕及萬物，則須藉由政權的力量，此乃先秦儒者一貫主張，即以王道仁政行之於天下。治理天下之首，在於民生的滿足，唯有滿足人基本生存的欲望後，才能開始建立社會秩序，誠如《孟子‧滕文公上》有言「民之為道也，有恒產者有恒心，無恒產者無恒心。苟無恒心，放僻邪侈，無不為已。」在此，唐甄並無否定心性之學，可是上位君子欲能作到「己立立人」，則需透過政事以明。他捻出自古聖君的形象，為政在人而非以法治民，此亦為心性之儒重視「人治」過於「法治」的政治主張。又云：

> 道惟一性，豈有二名！人人言性，不見性功，故即性之無不能者別謂為才。別謂之才，似有岐見；正以窮天下之理，盡天下之事，莫尚之才，惟此一性。別謂為才，似有外見；正以窮天下之理，盡天下之事，皆在一性之內，更別無才。古之能盡性者，我盡仁，必能育天下；我盡義，必能裁天下；我盡禮，必能匡天下；我盡智，必能照天下。四德無功，必其才不充；才不充，必其性未盡。……以至於今，有非性之才，有無才之性。非性之才，能小治，不能大治；無才之性，為小賢，不為大賢。……堯舜雖聖，豈能端居恭默，無所張施，使天下之匹夫匹婦，一衣一食，皆得各遂！必命禹治水，稷教農，契明倫，皋陶理刑，后夔典樂；庶職無曠，庶政無闕，乃可以成功。堯舜之盡性如是。後世之為政者，心不明，則事不達；事不達，則所見多乖，所行多泥。徒抱空性，終於自廢，何以性為！
>
> 〔註37〕

孟子性善論的建立，在於即心言性，以性為本體義，由道德心靈的感發融通以照見本性，四端——仁、義、禮、智的透顯，以明本心之良善，進而透顯本性。此「四端」之於陽明學，則由「良知」所涵攝，良知即是天理自然明覺發見處，它的活動同時是主觀之心，也是客觀的理。「理」由本心之明覺所決定，絕對善之性體由心體所彰顯，性是即存有即活動的。唐甄則認為無論稱之性者、道者，同為內聖與外王的根源，並以性為主體德性的修為，性之功「才」則是主體道德的揚發。本為一體兩面事，後世卻一分為二，有性者無治理之才，有才者能致而少身修，各得一偏，實非真正知「性」之本然。故古之聖君如堯舜，必是身修而後儀則天下，修性亦盡才，方為得性之全。然而宋明理學家，無論是程朱或陸王，皆在乎著重個體德性的修為，不重外

〔註37〕同上書〈性才〉。

在事功；而居權重處要路者，又不知明心以見本性、性功，二者皆非知性者也。

　　主張行動的顏李學派，對於靜坐講學，坐談心性天道的宋明理學家，有著極為嚴屬的批判。創始人顏元嘗先學陽明，繼學程朱，後疑朱子之說不合古義，一反前學，推崇習行重視實踐工夫。顏元《習齋記餘·曲阜祭孔子文》批宋明理學家之行徑有云：

> 如棄學教之實，而徒學夫子六十餘載道不行後不得已之刪述，著集、讀、講，雖墜天花，舞頑石，終漢儒之徒也。棄性道之作用，而妄希夫不可聞之性道，談心辨理，或靜坐、主敬、或直捷頓悟，或並本來之氣質而惡之；雖粗文以經書之言，粗覦以義禮之行，終釋、老之徒也；及自負吾夫子之徒矣！群推彼夫子之徒矣！夫子其受為未也！

顏元極力反對宋明儒者就經典句意註解詁訓。他認為讀書之為用，在於要能充分實踐書中的至理，而不是玩弄詞藻，或就字面意義章句解釋；其次，也不認為理學家透過靜坐或是其他方式在主體道德的身修，即可明心見性的說法。在經世基礎下，顏元否定了只注重「內聖」的學術。故對性命之理看法如下：

> 僕妄謂性命之理不可講也，雖講，人亦不能聽也，雖聽，人亦不能醒也，雖醒，人亦不能行也。所可以得而共講之，共醒之，共行之者，性命之作用，如《詩》、《書》、六藝而已。即《詩》、《書》、六藝，亦非徒列坐講聽，要惟一講即教習，習至難處來問，方再與講。講之功有限，習之功無已。……自漢、唐諸儒傳經講誦，宋之周、程、張、朱、陸，遂群起角立，亟亟焉以講學為事，至明，而薛、陳、王、馮因之……惟願主盟儒壇者，遠遡孔、孟之功如彼，近察諸儒之效如此，而垂意於習之一字；使為學之教，用力於講讀者一二，加功於習行者八九，則生民幸甚，吾道幸甚！〔註38〕

形而上性理之學難以掌控捉摸，是超乎經驗層次的道德體驗。對於顏元這位經驗主義者而言，則難接受。顏元掌握了先秦儒者本意在通經以致用，故欲以習行之學取代宋明理學家過分注重心性，流於空犯之弊。確實，孔孟周遊列國目的，實為能施展其政治理想，然卻因理念不為世用，轉而將畢生抱負，盡付著述立說中。後世學者卻未能實踐孔孟之意，徒以文墨講學為尚，不知

〔註38〕〈總論諸儒講學〉，《四存編·存學編》。

躬行實踐聖學，此乃顏元深疾之者。故弟子李塨說明聖學之質曰：

> 聖學斷非無用者，予告之曰：「以《論語》證之。孝弟忠信，體也；
> 兵農相禮，用也。能孝弟忠信，而不能兵農相禮，不失爲善士；能
> 兵農相禮而不能孝弟忠信，終陷於小人，體自重於用矣！但欲求聖
> 學，則體用去一不可耳！」〔註39〕

孔孟聖學是體用一如，一脈而成的。善於孝弟忠信等本體修爲者，如不能兼
善天下，仍不失爲一善士；致兵農相禮之用者，如失卻本體道德之質，不能
修身以端正自己的行爲，因而無法以德服人，心念的歪邪，無法持守善道則
易爲小人所陷溺，故內聖之體重於外王之用。可是孔孟聖學的發揚，不只是
獨善其身，以「眾人皆睡我獨醒」爲傲，而是要有「人飢己飢，人溺己溺」
的入世精神，缺一不可。

　　反觀宋明理學獨以「內聖」爲重，以至於王學直指本心，將「尊德性」
之學發揮至極，即便朱子「物理之極處無不到也，吾心知所之無不盡也」格
致工夫進路，也是將混客觀知識於道德之中。〔註40〕故此時儒學在學術上的
走向，是趨於內部體系的改造，由心性之學走向經世實學。然而，這並不表
示「內聖」與「外王」的關係是相對的。

　　從宏觀整體的角度視之，中國哲學區分未如西洋哲學般的分門別類，而
強調個人與宇宙、天地的相互融合，不強將心物二元，形上形下，主客等差
異爲之分，天道自然與人往往是一體相融的，以生命的實踐與昇華爲哲學重
心。從儒學細部微觀來看，於生命觀念闡發，可分成「內聖」與「外王」兩
種路子來說明。「內聖」著重個人德性修爲，以孔子爲例，勞思光先生嘗以四
個自我的觀念，以證明孔子形軀、認知、情意等三我乃依附以「仁」學爲中
心架構之「德性我」所延展開來，以實踐自我道德〔註41〕；「外王」則建立於

〔註39〕李塨，〈論學〉卷二。

〔註40〕朱《註》解《大學》「物格而后知至，知至而后意誠，意誠而后心正」等句時，
　　　　認爲「物格」是窮究物理之極，即明瞭事物所以然之理的本體論；「知至」則
　　　　是窮究物理後的心可達到知無不盡的境界。其認知外在事物客觀之理，不是
　　　　攫取表面知識，而是掌握其背後第一義，萬物共有的生成之天理，能知此天
　　　　道、天理，則能導心爲正。由外在之理以明本心，將心視爲形下認知的氣心，
　　　　心之善依傍外在之理而成就，故爲「他律道德」。牟宗三先生稱此成德途徑爲
　　　　「順取」的工夫，即混知識與道德爲一義。

〔註41〕勞思光所謂四我的內涵，分別是形軀我：以生理及心理欲求爲內容；認知我：
　　　　以知覺理解及推理活動爲內容；情意我：以生命力及生命感爲內容；德性我：

「內聖」之上，以個人內聖之德施於政事，使百性能近悅遠來，以實踐仁政的終極目標，如《孟子‧離婁下》云：

> 孟子曰：「舜生於諸馮，遷於負夏，卒於鳴條，東夷之人也。文王生
> 於岐周，卒於畢郢，西夷之人也。地之相去也，千有餘里；世之相
> 後也，千有餘歲。得志行乎中國，若合符節。先聖後聖，其揆一也。」

此處說明舜與文王非中原人而生於夷地，卻能一統中國而得天下，因為其道如一，足以為百世法。此謂道者，未萌其意，然以成為聖君的條件推測，除德性修養，更要實踐於政治上，二者行仁政為百姓擁戴，故此聖賢「道」法如一。

由此可知，儒家「內聖」與「外王」殊為一貫之價值體現，缺一則不可成就完整之「道」。陸王直指心性的逆覺體證，程朱客觀知識混道德為一的順取工夫，終究只能開出道德理路而損實際知識之用；「外王」價值的輕忽，斥事功而不問政事，更背離原始儒家追求仁政王道，行之於天下的最終目的，故明清儒者鑑於此作出修正。其導正並未捨內聖以就外王，而是由內而外一體而論。與前期理學家相較，宋明儒具體發揮了先秦儒家心性論的修養，他們則在身修基礎下，重新理解聖賢本意，發展外王經世之學，更能貼近先秦儒家之本旨；在時代更迭綿延中，他們較先秦儒者更具體且細緻的細數歷史鑑戒，對時政、制度提出建言與改革之道，形成以經世為重心的實學之路。

二、儒學主客關係的調和與經世實學的提出

總結宋明至清初儒學的發展，從純心性之學的探討轉向經世實學，由體用關係分辨，是立於體而施於用，非捨本逐末的排斥「內聖」之途。「內聖」乃個人道德修為，明末清初儒者亦肯定其工夫價值，然而個人道德體驗終不能普及大眾，亦不能與純知識混同，故在內部理路的矛盾與不合乎社會實際需求時，勢必須要改變，故儒者提出經世理論以抗心性之學的過度膨脹。

以價值自覺為內容。孔子對於形軀的生死，則認為不足畏懼，如《論語‧衛靈公》「子曰：志士仁人，無求生以害仁，有殺身以成仁。」在認知方面，孔子則著重在知識與成德的關係，如《論語‧顏淵》「樊遲問仁。子曰：『愛人。』問知。子曰：『知人。』樊遲未答。子曰：『舉直錯諸枉，能使枉者直。』」至於情意我，情的美感不能獨立存在，而應受德性我的規範，如《論語‧八佾》「子謂韶，盡美矣，又盡善也。謂武，盡美矣，未盡善也。」由上例可之，形軀、認知、情意等三我在孔子觀念中，皆須依附在德性基礎而呈現。詳參勞思光，《新編中國哲學史》（一），頁 148～152。

至於當時儒學轉化是緣於社會背景而提出改革，還是儒學內部理路的調和，則成爲爭論所在。近人梁啓超云：

> 吾言「清學之出發點，在對於宋明理學一大反動。」夫宋明理學何爲而招反動耶？學派上之「主智」與「主意」；「唯物」與「唯心」；「實驗」與「冥證」；每迭爲循環。大抵甲派至全盛時必有流弊；有流弊斯有反動，而乙派與之代興；乙派之由盛而蔽而反動亦然。然每經一度之反動再興，則其派之內容，必革新焉而有以異乎其前；人類德慧智術之所以進化，胥恃此也。此在歐洲三千年學術史中，其大勢最著明；我國亦不能違此公例；而明清之交，則其嬗代之跡之尤易見者也。〔註42〕

他先以興衰對立，說明當學術發展至極，會漸轉凋零，由新起之學術取而代之，進而認爲相異學術間的反動與對立，是人類智慧進步的動力。復以「主智」與「主意」；「唯物」與「唯心」；「實驗」與「冥證」等主義的對立循環，證明清學爲理學的反動。梁氏從西洋學術史的角度，論述中國學術「應該」不能免除這樣的反覆循環，卻忽略了中國學術思維不同於西方走純思辯的理路，而是一種由個人生命出發，教人如何與宇宙、天地相融，以安頓人生性命的學問，並在主客心物間謀求中庸之道，故無純相對，非此即彼的哲學概念。其著眼宋明儒心性之學與明末清初的經世致用，提出此一相對立說法，其後又云：

> 他們對於明朝之亡，認爲是學者社會的大恥辱大罪責，於是拋棄明心見性的空談，專講經世致用的實務。他們不是爲學問而做學問，是爲政治而做學問，他們許多人都是把半生生涯送在悲慘困苦的政治活動中。所做學問，原想用來做新政治建設的準備，到政治完全絕望，不得已纔做學者生活。他們裏頭，因政治活動而死去的人很多，賸下生存的也斷斷不肯和滿洲人合作。寧可把夢想的「經世致用之學」依舊託諸空言，但求改變學風以收將來的效果，黃梨洲、顧亭林、王船山、朱舜水，便是這時候代表人物，他們的學風，都在這種環境中間發生出來。〔註43〕

梁氏的論述，埋伏了三個預設，一是清儒學術是在宋明理學「明心見性」空談下的反動；二是清儒學術建構在政治包袱下，非爲了學問而做學問；三是作學

〔註42〕 梁啓超，《清代學術概論》，頁14。
〔註43〕 參見梁啓超，《中國近三百年學術史》（台北：華正書局，1994年8月），頁15。

者是情非得已，對政治絕望下的無奈之舉。其預設之基源點，在於經世之學是外在環境影響所形成的學問。假使清儒是對宋明理學的反動，那他必先預設理學已經趨於衰蔽。其衰蔽理由爲何，是理學內部體系已經產生問題？還是環境使然？看來，梁氏是支持因環境而改造的。不過他也認爲宋明理學確實氣數已盡，「唯心」應爲「唯物」所替代，如此一來，經世之學乃是順勢而起，以補理學末流之蔽，此非爲儒學內部轉化，又何須假外在環境影響理學變遷；其次，若清儒學術是建構在政治底下，那末假設屏除了政治影響，清儒學術基礎是否還會存在？從本章前述內容可知，當時儒者關懷的問題視野，不僅是政治、經濟等議題，也對理學末流過分講究心性提出改革之道，故部分學術思維乃源乎儒學內部革新聲浪而起，而況他亦確認當時唯心已到盡頭，有轉化之必要，又豈能視政治爲影響學術的單一元素。總結梁啓超的觀點，他將明末學術視爲外在環境影響下的被動興起，而非主動對儒學內在問題提出改革建言。如此則無法解釋心性之學趨近異滅時，經世之學在矛盾對立下興起的可能，因而變成彌補政治失當的產物，完全失去主動性，忽略了他們由本體論修正理學弊端之功。

　　另一種說法，則認爲清代學術是源於對理學末流的導正，爲儒學內部理路上的調和，錢穆云：

> 治近代學術當自何始？曰：必始於宋。何以當始於宋？曰：近世揭櫫漢學之名以與宋學敵，不知宋學，則無以平漢宋之是非。且言漢學淵源者，必溯諸晚明諸遺老。然其時如夏峰、梨洲、二曲、船山、桴亭、亭林、蒿菴、習齋，一世魁儒者碩，靡不寢饋於宋學。繼此而降，如恕谷、望溪、穆堂、謝山乃至慎修諸人，皆於宋學有甚深契詣。而於時已及乾隆。漢學之名，始稍稍起。而漢學諸家之高下淺深，亦往往視其所得於宋學之高下深淺以爲判。道咸以下，則漢宋間采之說漸盛，抑且多尊宋貶漢，對乾嘉爲平反者。故不識宋學，即無以識近代也。〔註44〕

他從理學調和說明清代學術導源於宋學。不同於梁啓超由外而內，直接由儒學內部長期的「漢宋之爭」，找尋清學根源。據其觀察，漢宋學既是相對立，也是相互影響著彼此。誠如乾嘉以來漢學導源於清初經世之學，清初學者經世的根據，則從了解宋學精義開始，繼之才能有所修正。錢穆解決了梁啓超只重視環境，忽略儒學自身反省的能動性，爲清學在儒學史上之傳承，予以

〔註44〕參見錢穆，《中國近三百年學術史》，頁1。

正名。至於客觀環境對於清初學術的影響，復云：

> 惟東林諸儒言政治，其在當時所謂繫心君國者，則不過裁量人物、
> 訾議時政而止。及乎國脈既斬，宗社既覆，隄崩魚爛，無可挽救，
> 乃又轉而探討及於國家興亡、民族盛衰之大原。如亭林、梨洲諸人，
> 其留心實錄，熟悉掌故，明是導源東林。而發爲政論，高瞻遠矚，
> 上下千古，則又非東林之所能限。〔註45〕

> 自乾、嘉上溯康、雍，以及於明末諸遺老；自諸遺老上溯東林以及
> 於陽明，更自陽明上溯朱、陸以及北宋之諸儒，求其學術之遷變而
> 考合之於世事，則承先啓後，如繩秩然，自有條貫。〔註46〕

客觀環境如何影響明末清初學術發展，錢先生認爲導源於東林儒者對政治的
清議批判，相較於他們，清初學者更著重政治、經濟、制度等方面政論的發
揮，雖出於東林又非其能囿限。從儒學發展脈絡與根源作審視，他確切掌握
了主客相融的邏輯關係，關注到客觀社會之於學術的關聯性，不過焦點仍放
在儒學內部的衍化，並有著以內在轉化爲主，外在環境爲配合的主從之別。
然而東林賦予清初學者的，是一種精神的跟隨與崇敬，實質政論內容還尚待
客觀環境由外而內的影響。

　　由環境影響學術，或由學術內在理路的轉變等觀點，深深左右著後世學
術界的看法，到底是前者影響後者，或是後者影響了前者，難有定論，故撰
者將試圖結合上述二者，並提出另一種新的詮釋視野，其方法是先將內部改
造與外在環境影響等因素，視爲迫使當時儒學改變的兩個條件，從而個別分
析是否有單獨成立的理由。

　　如果預先屏除儒學內部的改造，而環境能否單獨影響學術走向？縱觀歷
史上朝代更替迭換，當政治紊亂無道時，可以發現總有部分知識份子不畏世
勢所屈，以積極的姿態或隱或顯的在文學、思想上申訴己志，甚至爲了理想
致身殉命。如：春秋戰國時，戰爭頻仍，臣弒君等違反封建倫理的情形層出
不窮，而諸子百家旋立於所處之環境情勢，紛紛提出改革建言；魏晉竹林玄
學因反抗司馬氏虛僞的禮教，提出「越名教而任自然」的主張，有著反儒思
想傾向；北宋滅亡偏安江南，辛棄疾、陸游等愛國文學家有感於家國的滅亡，

〔註45〕同上書，頁20。
〔註46〕同上書，頁21。

作品帶有慷慨悲愴之音……等。故由廣義的學術範疇來看〔註 47〕，環境確實
影響了學術變遷，不獨在哲學，文學、政治事功上的積極回應，也是環境影
響學術的結果。當我們再度審視明末清初經世之學，其學術內涵亦是憑藉著
環境變遷而有所發揮，只是，此非但是儒學關懷下特有的義理思路，更是身
為知識份子的道德使命感使然。

再者，暫時移除環境之於學術的影響，從儒學內部理路之轉化角度進行
討論。陽明以心性之學為學術導向，由本心良知體證，證明心與性是一，進
而上探天道，主觀唯心與客觀唯心相融惟一。其本於儒學傳統「尊德性」之
方向論述，因而智識主義下的主觀經驗，無法體證天道之浩瀚，故讀書與道
德間並無絕對的關係，道德憑藉本心修為，而非知識的攫取。所以陽明及後
學對於讀書求取客觀知識一事，並不注重，〈語錄〉云：

> 僕近時與朋友論學，惟說立誠二字……吾人為學當從心髓入微處
> 用力，自然篤實光輝，雖私欲之萌，真是紅爐點雪，天下之大本立
> 矣！若就標末粧綴比擬，凡平日所謂學問思辯者，適足以為長傲遂
> 非之資，自以為進於高明廣大，而不知限於狠戾險嫉，亦誠可哀也
> 已。〔註 48〕

> 昔夫子謂子貢曰：「賜也，汝以予為多學而識之者與？」對曰：「然，
> 非與？」子曰：「非也，予一以貫之。」然則聖人之學乃不有要乎？
> 彼釋氏之外人倫，遺物理而墮於空寂者，固不得謂之明其心矣！若
> 世儒之外務講求考索而不知本諸身者，其亦可謂窮理乎？〔註 49〕

陽明所謂的學，從德性開始論述，由心上立誠，以屏除私欲之發端。客觀事
務的學問仍需本諸心性，這是混知識與道德為一，並以道德凌駕於客觀知識
之上。當「尊德性」之學趨近極端，甚至是束書不觀時，反對聲浪的智識主
義者則在儒學生滅循環中興起，不僅是革除心學之弊，也是為了儒學生命的
延續而不得不然。然而，這種革新過程，不是直接以對立姿態出現的，只是
偏重有所不同，經世學者雖重視實學，也不忘內聖成德工夫的建立。由此可
知儒學轉變是假於內在理路的瓶頸而非得如此，為延續儒學命脈的反應，不

〔註 47〕「廣義的學術範疇」泛指一切的學術範疇，包括了文學、思想、政治社經議
　　　題德討論等，而不單獨指向思想層面。
〔註 48〕參見〈語錄・與黃宗賢〉，《明儒學案・姚江學案》（台北：河洛圖書出版社，
　　　1974 年 12 月），頁 58。
〔註 49〕同上書〈語錄・與夏敦夫〉段，頁 60。

一定要源於外在環境是否需要改變而然。

　　從清初實學可能形成的兩種條件分別視之，都有其存在的必然性，亦有其識見上的盲點。前者即使提供了儒學變遷的外在條件，卻不能決定儒學內部發展的向度爲何；後者雖主導儒學內部轉化的方向，卻無法解釋學者針對時政批判的部分，是否仍爲外在環境所導致。可是，若將兩個條件合二爲一，亦即儒學內在「尊德性」轉向「道問學」之際，又被客觀環境所設限，如此一來，儒學批判時政的部分憑藉著外在環境，有了實際依據；外在環境確實又引導了儒學的發展向度，關於實學起源問題即能迎刃而解。是故明末清初學術興起，爲內外關係交錯影響而成，若無這些條件因緣合和，也無法造就出當時極爲複雜的學術內涵，內外彼此既是相對，也是相融，無主從也無孰輕孰重之分。

　　此外，當今學者左東岭則從心學角度與客觀環境的關係，提出了新詮釋有云：

> 從陽明心學產生的前提看，乃是由於正德、嘉靖時皇帝昏庸荒唐、官場險惡，而士人又不欲放棄現實的關懷，才不得不提出心學境界以擺脫環境的困擾、安頓自我生命，但目的仍是爲了更好地關懷現實。當然，其中有許多士人被擠出官場而失去了現實關注的機會，則心學便成爲其退隱時的生命支撐。王學之所以能夠在其中、晚明大爲流行，正是適應了士人的此種心理需要。就其實質而言，王學乃是士人的個體宗教，或者說是一種內在超越之學。它可以爲進取者安頓好自我而更有利於進取，但一旦現實不允許其進取時，它便只能解決自我的安頓。……因而，晚明士人的陷入自適與空寂乃是社會環境的逼迫，而不是心學敗壞了社會。〔註50〕

從內在邏輯來看，陽明心性之學上承宋代程顥及陸象山，如果只是應付外在環境，透過心學的玄虛來擺脫俗世紛擾，甚至是官場鬥爭下作爲安頓自我生命的支撐，恐輕視了心學內在價值。宋代以來心性之學淵源已久，左氏將陽明與之前學術截成上下兩段，認爲官場政治是造就心學興盛的理由，理據恐未周延。其次，就外在環境與心學的關係來看，他認爲心學爲環境所「逼迫」而導致士人陷入空寂、自適，卻忽略了陽明後學爭辯的議題，爲學術內部的

〔註50〕參見左東嶺，《王學與中晚明人士心態》（北京：人民文學出版社，2000 年 4月），頁 527～528。

義理之辨，又豈能全歸咎於社會成因？或者可以說王學的心性觀念，影響了部分士人，但並非絕對；客觀環境則提供了當時學術可能的發展向度，且與儒學理路的內部發展互爲表裏，相互依存，形成了當時的學術風氣，而非儒學被動的爲環境所牽制，此不可不辨之明矣！

經由上述，明末清初「經世實學」的概念昭然若揭，按照葛榮晉先生對實學之定義，宋代以後乃至明清爲「實體達用」之意，此實體又可分爲「宇宙實體」與「心性實體」。明中業以後，學者繼承理學內涵的同時，也把元氣論作爲宇宙本體，強調氣的純善不惡，以反對以心、理爲本的宇宙本體論，如黃宗羲云：「抑知理氣之名，由人而造，自其浮沉升降降者而言，則謂之氣，自其浮沉升降不失其則而言，則謂之理。蓋一物而兩名，非兩物而一體也。」〔註51〕他強調理依氣而存在，以氣爲宇宙實體，理爲氣之條理，爲氣活動的規律，一物而二名；又王夫之云：「陰陽二氣充滿太虛，此外更無他物，亦無間隙，天之象，地之形，接其所範圍也。散入無形而適得氣之體，聚爲形而不失氣之長。」「虛者，太虛之量；實者，氣之充周也。」〔註52〕太虛空間爲虛，充滿氣而爲實，天地皆在此一範圍之中，萬物形之生滅聚散皆是氣變化之常態。接著，由超越的宇宙實體進入內在的「心性實體」，亦即實踐道德之實學，對於明末清初學者而言，心性即存在氣質之中，離開氣質心性則根本不存在。道德實踐上，則對宋明儒者過分重視「內聖」作出反擊，認爲眞正聖學更著重在己立立人己達達人，以仁政王道行天下的經世之學，強調親身躬行勝過端默靜坐，徒爭口舌。〔註53〕

至於「達用」，則可分成「明經達用」、「史學經世」兩部分。其解經目的不是單純註疏，而是從經義中以明經世之用，顏元《四書正誤‧泰伯》注「子曰禹」章云：〔註54〕

〔註51〕 參見《明儒學案‧諸儒學案上二》，卷四十四。

〔註52〕 以上兩條參見王夫之，《張子正蒙註‧太和篇》。

〔註53〕 「外王」之學除了經世致用的政論以外，尚有以徐光啓、方以智等人提倡的質測之學。所謂「質測之學」是屬於科學技術一類的學問，乃受到了西學傳入所由興，由當時來自歐洲的傳教士將這些學術傳入中國，特別是在天文曆學、數學、地理學的影響爲最大。
有關清初與西學間的關係，可參考徐海松，《清初士人與西學》（北京：東方出版社，2000年12月）。

〔註54〕 此章出於《論語‧泰伯》子曰：「禹，吾無間然矣。菲飲食，而致孝乎鬼神；惡衣服，而致美乎黻冕；卑宮室，而盡力乎溝洫。禹，吾無間然矣！」

　　此章適宜繪出箇「中」字，則見字字皆中。後胡一桂解出箇「孝」字，則又見字字皆孝矣！可見聖人言語，道理無窮；任人會心，種種皆出。故曰：「有訓不如無訓，有詁不如無詁。」爾儼問：「若無注，人何由解惺？」予曰：「漢、宋諸先生只要解惺，教人望世亦祇要他解惺，故罄一生心力去注疏，去集註。聖人說出只要人習行，不要人解惺。天下人盡習行，全不解惺，是道之明於天下也。天下人盡解惺，全不習行，是道之晦於天下也。道明於天下，堯、舜之民不識不知，孔門三千徒眾性道不得聞；道晦於天下，今世家解而人解。」

惺者，明也。顏元不從章旨解釋本章，反而點出聖人之經書詮釋乃源乎個人生命體會，無一定道理，故他不贊成窮經註疏，應從經義中體會聖人之道，並落實於生活中習行實踐，此方為真守聖人之道。宋明儒者固守四書，從句意中相互辨析形上天道本體，此在顏元甚至是當時明末清初儒者眼中，根本無助社會人心的轉變，所以他們提出明經在於致用的經世實學。另外，歷史有鑑往知來的功能，當時學者如：顧炎武、黃宗羲等人，都相當重視史學的經世作用，其《日知錄》、《明夷待訪錄》等書，都是鑑於過往史實，發為議論以評時政之成敗。〔註55〕

　　經世實學涵融的學術範疇甚廣，非三言兩語所能道盡。主要是依循著客觀環境變換，以及儒學內部理路調和等兩條脈絡，作為學術宗旨。當時學者歷經了政經制度崩解而民不聊生，甚至是家國滅亡，時空際會激發了救亡圖存的心志；面對儒學積弊不振，主張由專主「內聖」轉而重視經濟實踐的「外王」之學，崇尚習行。學術上經典的詮釋，則總此二脈絡為後設背景，並直接上溯先秦聖人原意，在經世基礎下，透過註解以重塑經典內涵，進而呈現出與宋明理學迥異的詮釋風格。〔註56〕

〔註55〕 以上兩段關於經世實學之名義，諸如：「宇宙實體」、「心性實體」、「明經致用」、「史學經世」等咸採葛榮晉先生之語意加以申述，特此註明。採用葛先生部分請參見《中國實學思想史》上冊，頁1～9。

〔註56〕 有關「經世觀點下經典的再詮釋」，請詳參本書第三章第一節。

第二章　顏元李塨生平及其學術思想特徵

第一節　顏元生平梗概及其學術淵源考探

一、生平及其治學歷程概述

　　顏元，字易直，改字渾然，號習齋，博野人，生於明崇禎八年（1635），卒於清康熙四十三年（1704）。父諱昶，曾為蠡縣劉村朱九祚為養子，遂姓改朱。據年譜記載，顏元出生時有異象，而云：「王氏，孕先生十有四月，鄉人望其宅，有氣如麟，忽如鳳，遂產先生。」四歲時，其父因不為朱氏所懌，遂有遯行之志，聞滿人好挾人，隨從軍而後滯遼東未歸，阻斷音訊，十二歲時母改嫁他氏，而與朱氏翁媼相依為命。十九歲，嘗舉秀才，三十四歲時，人告知非為朱氏所出。遂於朱翁過世後，方歸宗顏氏，時年已四十。而後多次出關至遼東尋生父，方於五十歲時康熙甲子年時，尋至其同父異母妹，然其父已亡故多時，此事可詳見《習齋記餘》之卷二〈尋父神應記〉及卷十〈父顏長翁事蹟〉，多有描述。五十七歲時以「蒼生休戚，聖道明晦，敢以天生之身，偷安自私乎？」為由，南遊中州，並與多人論學倡論己說。六十二歲時，郝公函三聘請主教肥鄉漳南書院，而後因水患而告歸。卒逝於七十歲，弟子李塨為祝，言其一生事蹟云：

　　　先生崛起側陋，直以聖道為己任，以聖人必可學而至，希賢而已
　　　卑。……及長，躬灌園，事恩祖，甘毳隨欲敬進，雖勞不怨。日五

漏起，坐必直首端身，兩足分踏地，不踰五寸，立不跂，股不搖移，行折必中矩，周旋必中規，盛暑，終身未嘗去衣冠。尊長，恤族里。……好言論，行嘗忤俗，然生平無一言非道，無一事不以堯、舜、周、孔相較勘。朔望謁家祠，二時祭以及冠昏，力行古禮。居喪倚廬惡室，衰麻無時哭，三年不懈，雖功、緦皆如禮，無少假。……慨然謂周、孔之道，在六德、六行、六藝，後儒以靜坐致良知，參雜異端，篡吾心之德，且鄉黨自好，遂負高誼，罕見一一考行古道，絲髮不得育。……家禮學規，酌古準今，務曲當。帥弟子分日習禮、習射、習樂、習書，考究兵、農、水、火諸學。學堂中洒掃潔甚，琴笔、決拾、籌管森列，眾生揖讓進退其間，已而歌謳舞蹈。唐、宋後儒是久不見此三代威儀矣！于是著《存性》、《存學》、《存治》、《存人》以立教，是爲先生學術。〔註1〕

顏元一生以聖人聖道作爲終生效法的己任。他極爲注重生活中的守禮與合乎法度，從他敬上、躬自於農等態度行跡看來，雖事有勞煩卻不怨懟。在個人修身方面，他十分重視平日禮儀的踐行，從外顯行爲的肅行恭敬合乎中道可由現，即便是盛夏酷暑，也爲合乎儀法而未嘗失禮褪去衣冠。其一身禮儀並非虛文以調譽，乃是上承堯舜周孔之聖道遺則爲準繩，力行古禮。又類如居喪時，亦能符合《禮記‧喪服》中之記載從事，鍾錂《顏習齋先生言行錄‧常儀功》錄其儀行云：

每日清晨，必躬掃祠堂、宅院。神、親前各一揖，出告、反面同。經宿再拜，旬日以後四拜，朔望、節令四拜。昏定、晨省，爲親取送溺器，捧盥、授巾、進膳必親必敬，應對、承使必柔聲下氣。寫字、看書，隨時閒忙，不使一刻暇逸，以負光陰。操存、省察、涵養、克治，務相濟如環。改過、遷善，欲剛而速，不片刻蹰躇。處處箴銘，見之即拱手起敬，如承師訓。非衣冠端坐不看書，非農事不去禮衣。……非正勿言，非正勿行，非正勿思；有過，即於聖位前自罰跪伏罪。

顏元守禮的態度已融入生活，諸如洒掃、祭祀等事皆不馬虎，縱使再忙也不忘盡禮守則，對於親長則極盡周延照顧，不使有所遺失。有過錯則能立改而不蹰躇，一切行宜悉以禮儀爲依歸，端正言行爲外顯，而本之於本心德性的

〔註 1〕 參見王源，《顏習齋先生年譜》，卷下，甲申（1704）七十歲條。

「操存、省察、涵養、克治」，使人文禮儀處處操存於心，勤於拂拭而端見於外。至於由本身德性彰著於人文化成上的工夫，則以《周禮‧大司徒》的「六德、六行、六藝」等內在德性之基礎、應事之行為表現、訴諸於王政所需的踐行之道〔註2〕，作為個人躬行與教育的繩墨。他厭惡以靜坐致良知本體的內聖之學，而認為那是不切實際的，宜從形下躬行方式上承古道。故教育弟子不專以讀著講學為尚，而是從「習」中識禮樂，乃至於兵、農、水、火等貼近於民利、厚生之學，恢弘於三代以前聖賢治世為目的。

所以，顏元循規蹈矩而謹於禮的精神氣象，乃是憑藉周孔以前聖君為常模，力復三代以前古道為對象，除了基於理學末流省思批判外，他的觀點相當具有時代意味，李塨為《存治編》作序有道：

> 七制而後，古法漸湮，至于宋、明，徒具文耳，一切教養皆不及古帝王。而其最堪搤腕者，由在於兵專而弱，士腐而靡，二者之弊不知其所底。……黃巢之起，洗物淘城；李自成、張獻忠如霜風殺草，無當其鋒者，官軍西出，賊已東趨川、陝、楚、豫，至于數百里人煙斷絕。……士子平居誦詩書，工揣摩，閉戶偏首如婦人女子；一旦出仕，兵刑錢穀，渺不知為何物，曾俗吏之不如，尚望其長民輔世耶。

時代暴亂無道、知識階層撒手世事不理、不知實學實用等，為其著書明理的因由，亦是當時社會的真實面貌。顏元學術基礎便是立於此一理學與環境變遷上，所提出的修正。故以下將本於《顏習齋先生年譜》，透過其學思歷程分期描述他的治學轉折。

撰者初步將顏元治學歷程分成四期〔註3〕，分別是二十四歲以前的思想形成期，著重接受理學薰陶前的雜學階段；其次是二十四歲到三十四歲的理學時期，此時先後接受了陸王、程朱的學術影響，而思想偏向於理學；第三是三十四歲到五十七歲的反理學時期，在為朱氏祖母居喪其間，深覺朱子《家禮》有違性情之本然後，開始提出反理學的思惟；第四是五十七歲南遊後，所提出「必破一分程朱，始入一分孔孟」的判然二分到孔孟、程朱的思想確立期。

〔註2〕關於「六德、六行、六藝」等《周禮》提及的「三物」內涵與意義，請詳參第五章註解第十五，此處暫略。

〔註3〕四期分法酌參姜廣輝的三期六階段分法轉化而來，詳參氏著，《顏李學派》（北京：中國社會科學出版社，1987年12月），頁21～26。

　　第一時期，思想形成時期。顏元八歲至十二歲時曾與吳洞雲學。年譜記載其事蹟有云：「能騎、射、劍、戟，慨明季國事日靡，潛心百戰神機，參以己意，條類攻戰守事宜二帙，實不能用，以醫隱。又長于術數，多奇中。」吳洞雲爲顏元啓蒙師，而學以兵事武學、醫術、術數等實學爲主，此或多或少對顏元在實學、武術思想的形成，有助緣之效。十四至十六歲時嘗學仙道，看寇氏《丹法》而學運氣術，氣盛而習染輕薄。不過也在此時，知世有亂，故於十四歲、十六歲條分別記載云：

　　　　見斥奸書，知魏閹之禍，忿然累日夜，恨不手刃之！

　　　　縣試策問弭盜安民，先生對略曰：「淫邪惰肆，身之盜也；五官百骸，
　　　　身之民也。弭之者在心君，心主靜正，則淫邪惰肆不侵，而四體自
　　　　康和矣！亂臣賊子，國之盜也；士農工賈，國之民也。弭之者在皇
　　　　極，皇建其極，則亂賊清息，而兩間熙皞矣！」

由此可見顏元於青少年時期，對於社會政治現況的關懷與不滿。縣試所答心主靜者而淫邪不侵，恐受道術影響所致。然而，他並不以此靜觀體悟爲滿足，進而認爲若能使皇道出，則可弭亂賊，故當時其學術雖未有成，但是經世思想發微已可略顯端倪。二十歲與鄉人彭恆齋究天象、地理、兵略；二十二歲因貧而學醫；二十三歲始研兵法、技擊；二十四歲以醫漸爲人治疾者等事，都顯見出他年少時學之廣博，並多爲切合科學、醫術、兵法等實用於世者爲尚，這些也都爲他後來走向躬行實踐，利用厚生的實學，奠定了基礎。二十四歲時開家塾，訓子弟，書齋定名爲「思古」，以治不法三代，終爲苟道爲志，而作《王道論》，後更名爲《存治編》，第一篇〈王道〉有云：

　　　　昔張橫渠對神宗曰：「爲治不法三代，終苟道也。」然欲法三代，宜
　　　　何如哉？井田、封建、學校，皆斟酌復之，則無一民一物之不得其
　　　　所，是之謂王道。不然者不治。

顏元早在二十四歲時，便有法三代治道的想法，所提及之井田、封建等制度，也都是假於古道而行，其〈學校〉篇有言：

　　　　浮文是戒，實行是崇，使天下群知所向，則人材輩出，而大法行，
　　　　而天下平矣！故人才王道爲相生。倘仍舊習，將朴鈍者終歸無用，
　　　　精力困於紙筆，聰明者逞其才華，《詩》《書》反資寇糧。無惑乎家
　　　　讀堯、舜、孔、孟之書，而風俗愈壞；代有崇儒重道之名，而眞才
　　　　不出也。可勝嘆哉！

顏元受到時代影響，實學習行的觀念，在此時便已成形，雖然尚未接受理學的修習與後來的反動，但是浮文虛行等紙上談兵的工夫，則早爲其所厭棄，又於文中嘗道：「大學教以格致誠正之功，修齊治平之務，民舍是無以學，師舍是無以教。」等可知他對於所學應實踐於政治上的達用，已有定見。

故思想形成期中，顏元學習積累的工夫，爲後來批判理學而崇尚習行實學等方向，奠定了學術方向與基礎，亦說明其學術淵源是其來有自，而非猝然轉變。

第二期，接受理學時期。二十四歲時，除了作《王道論》以論時政弊端之外，則開始學習陸王學，並於隔年作〈大盒歌〉、〈小盒歌〉等參雜陸王學思想的詩篇，摘錄其〈小盒歌〉有云：

> 如何捧定無失卻，如何持盈御朽索，忽而千里向誰覓，返而求之惟
> 孔老。識得孔叟便是吾，更何乾坤不熙皞。

小盒歌內容是形容一個「極樂」的人道世界的固守本持之道，與大盒歌「盤古」天地是相容且又相對。歌中云欲持盈此人道，唯一方法便是回歸儒家孔道。只要能由心性天理處反躬之，吾心便與孔道相同，天地乾坤亦得以運握於掌中。簡言之，此乃吸收王學「致良知」思想而來，只要能恢復本心固存的良知，爲善去惡，則可知性知天命。此蓋與二十九歲時作〈求源歌〉有異曲同工之妙，夫歌云：

> 六經註腳陸非誇，只需一點是吾家，廿史作鍬經作鑊，誠敬桔橰勿
> 間歇。去層沙壤又層泥，滾滾源頭便在茲，漑田萬傾鈞沾足，滌盪
> 污塵如洗厄。小子勿驚言太遠，世爲關塞負一畚。

此係由陸象山所云：「樂苟知本，六經皆我註腳」而來，也就是指入德的工夫端賴個人，學以「知本」爲要，此「知本」能從主體中顯見其道德價值，而不假於外，所以只要能守持本體良知，則經義要旨無不藏於胸中。〔註4〕二十六歲時得《性理大全》一書，由陸王轉而從程朱之學，其間嘗記載道：「歸立道統，正爲伏羲至周、孔，配位顏、曾、思、孟、周、程、程、張、邵、朱，外及先醫

〔註4〕在辛未年顏元五十七歲後，顏元嘗追錄此歌與大小盒歌有云：「此與大小盒歌，乃予參雜於朱、陸時所作也，幾許虛憍，幾許幻妄，周、程所謂『孔、顏樂處』，陸王所謂『先立其大』、『致良知』，與釋氏之洞照萬象，自謂『極樂世界』者，想皆以此也。一追憶之，堪羞堪恨，使當日而即死也，豈不爲兩間妄誕之鬼哉！堯、舜、周、孔，自有正途，錄之以爲同病者醒，而彼三途者，亦不得以此誤人矣！」詳見《年譜》二十九歲條記載。

虞、夔。」「行禮畢，靜坐觀喜、怒、哀、樂未發時氣象，覺和、適、修、齊、治、平，都在這裏。」「九月三日，晚坐側，覺即正坐；又猛履行，即覺納。定日功，若遇事寧缺讀書，勿缺靜坐與鈔《家禮》。蓋靜坐爲存養之要，《家禮》爲躬行之急也。」〔註5〕此時顏元以程朱爲周孔道統正傳，開始觀中和之未發氣象，開始著重心性內聖工夫的修養。〔註6〕然而，這僅是片面地認爲顏元學術由第一期的轉向，實際上，在平日生活中，他仍能表現出躬行於事的態度，甚至早再三十四歲之前，便已開始思索空學無用的問題，誠如三十一歲時有記載：「與王法乾言：『六藝惟樂無傳，御非急用，禮、樂、書、數宜學，若但窮經明理，恐成無用學究』。」又同年錄記他與王介祺談經濟〔註7〕，石卿與之曰：「性皆善，而有偏全厚薄不同，故曰：『相近』。義理即寓於氣質，不可從宋儒分爲二。」問文輔天文諸事等。雖然顏元此時仍信服於程朱，卻已漸漸覺得光是窮經明理，恐無法達用於世。〔註8〕此外，從他與時人對話中，亦可以發覺顏元關心諸如經濟、天文等實學實用的議題，與僅以心性之學爲重的理學家頗有差別。當然，這也許是一時興之所致的想法，並未成學理，可是這樣思惟的開啓，與著《王道論》等關懷經濟政治的言論所出，足以見得他在思想上與純治理學間的別異，甚且，這些論點也都在往後學術思想中一一被提出探討。

第三期，反理學時期。三十四歲爲顏元學術的重大轉折點，時朱媼逝，爲之居喪，本一尊朱子《家禮》，後覺有違性情〔註9〕，悟周公之「三物」與

〔註5〕 此三例第一例見於《年譜》二十七歲條；二、三例見於三十歲條。

〔註6〕 一如其三十歲甲辰年所著〈柳下坐記〉有道：「仰目青天，和風泠然，白雲散聚，遂朗吟『雲澹風輕』之句，不覺心泰神逸。覆空再厚，若天地與我外更無一物事。……惜也，工力尚淺，一念不敬，即一念不仁；一念不仁，即一念不如聖；一念不如聖，即一念不如天；以當前即是者，如隔萬層山矣！吾心本體豈易見也哉！聖人之化，化此也……謹天人之動，密克復之功，如天之行健不息，即聖人之純亦不已，豈不常如此時哉！還齋爲〈柳下坐記〉。」詳見《習齋記餘》，卷二。此時顏元受到程朱影響，故常以修本體之心性照觀天道，甚至認爲此乃聖人所化而上應天理的本然之道。其以內聖功夫作爲求道之幾可見一般。

〔註7〕 顏元論經濟，在內容上以《大學》、《孟子》爲本，並以其《存治編》爲心得，其著於三十一歲〈答五公山人王介祺〉一文有道：「至於經濟，某以爲次第在《大學》一篇，施爲在《孟子》井田、王道諸篇，故近閒每晝夜三復聖經，將求經濟之本也。所撰有《存治》一書，將備經濟之用也，未審是否？」參見《習齋記餘》，卷三。

〔註8〕 李塨評此事有云：「此時正學，以露端倪矣！蓋天啓之也。」

〔註9〕 戴望，《顏氏學記·習齋一》云：「初，先生居喪，守《朱氏家禮》惟謹。《古

孔子文、行、忠、信四教等方爲正學，而宋儒之靜坐讀書惟禪學，自此開始明周孔之道爲己任。「三物」的提出並非於此時，早在《存治編・學校》章便有提及道：「以鄉三物教萬民而賓興之」，故此時是更確立學術的方向與內涵。三十五歲著《存性編》，認爲性皆爲善，而無氣質之惡，並認爲惡乃出自於後天引蔽習染而來。後覺「思」不如「學」，「學」必以「習」〔註 10〕，故更書齋名曰「習齋」。同年七月，學習數；八月，位王法乾書《農政要務》，十月，學習冠禮，凡此種種皆得見顏元在學術上的轉型，此一學術基礎也非蹴幾而致，乃是先前奠基有成。十一月著《存學編》，言明爲學非惟靜坐空談，此乃禪學事，而主張學再躬行實習，如〈上太倉陸桴亭先生〉有言《存學》、《存性》著書宗旨道：

> 某爲此懼，著《存學》一編，申明堯、舜、周、孔三事、六府、六德、六行、六藝之道，大旨明道不在《詩》、《書》章句，學不在穎悟誦讀，而期如孔門博文約禮，身實學之，終身不懈者。著《存性》一編，大旨明理氣俱是天道，性、形俱是天命，人之性命，氣質雖各有差等，而俱是善；氣質正性命之作用，而不可謂有惡，其所謂惡者，乃由「引、蔽、習、染」四字爲之祟也。

由此可明顏學大旨。顏元以習行道德爲學，故所學終不在虛文誦讀；論性則有天生厚薄之分，只是一皆爲至善無惡。惡非如宋儒形軀氣質之性而來，乃是後天受到環境影響所致。又三十六歲條，將人倫六藝等道德價值與宇宙論合觀有道：

> 齊泰階曰：「天下之元氣在五倫。」先生曰：「元氣虛矣！何以壯之？」

禮》：『初喪，朝一溢米，夕一溢米，食之無算』，《家禮》刪去『無算』句，先生遵之，過朝夕，不敢食，當朝夕，遇哀至，又不能食，病幾殆。又《喪服傳》曰：『既練，舍外寢，始食菜果，飯素食，哭無時』，《家禮》改爲『練後止朝夕哭，惟朔望未除服者會哭，凡哀至皆制不哭。』先生亦遵之。既，覺其過抑情，校以古喪禮非是，因歎先王制禮，盡人之性，後儒無德無位，不可作也。」

〔註 10〕 「習」者，許慎，《說文解字》釋云：「習，數飛也」；段玉裁《註》云：「月令鷹乃學，習引申之義爲習熟。」故「習」有學而後嫻熟某一事物或技巧之意。此處顏元將書齋名由思古齋改爲習齋，即有嫻熟之意，誠如《四書正誤・論語》，〈學而〉釋「學而時習之」有云：「既云學者『效先覺所爲』，習者『學之不已，如鳥數飛』」學爲學聖賢之道，習者則是履行此聖道而臻至嫻熟自如的境地。原「思古」是強調思古聖之道，後爲「習齋」，乃是著重在行動上的落實與踐行，故雖同爲復古聖先賢爲原則，其意境上已有殊致。

「六藝，所以壯之也。如父慈子孝，豈託空？言：自有父子之禮，
四倫皆然。故禮序此五倫者也，樂和此五倫者也，射、御、書、數，
濟此五倫者也。舍是而言倫常，即爲空虛，即爲支離。」

氣爲天下萬物生生的契機，然氣體虛空，須有充其內者，人稟受天地精華而
生，而氣聚於仁則生性，性以四端充之，而人際間的親親等差關係，即爲倫
常〔註11〕，而又以禮樂等六藝供作序和倫常之依憑。換言之，氣體凝聚而生
人性，人與人間的關係形成倫常，此乃天地自然所成，如云：「此乃天地間自
然有此倫類，自然有此仁，自然有此差等，不由人造作，不由人意見。」〔註12〕
是也。而此五倫是「質」，必須經由六藝等「文」的習行，使發於內之「質」
與外顯的「文」得以相濟並兼，使發自於本性倫常的四端之心，能有節文，
而不致亂倫常之等差也。

　　此一時期，顏元學術已大致定型，《存學編》、《存性編》的先後完成，也
將其學術思想大旨，作一歸結而自此確然底定。

　　第四期，五十七歲以後，判然二分孔孟、程朱之思想完成期。第三期中，
顏元的學術思想已大致完成，到了五十七歲時南遊中州後，在態度上，更確
然將孔孟與程朱之學劃分爲二，《年譜》五十八歲條云：

然予未南遊時，尚有將就程朱，附之聖人支派之意；自一南遊，見
人人禪子，家家虛文，直與孔門敵對，必破一分程、朱，始入一分

〔註11〕 顏元云盈宇宙天地二氣與化生萬物之德有道：「知理氣融爲一片，則知陰陽二
　　　　氣，天道之良能也；化生萬物，元、亨、利、貞四德之良能也。知天道之二
　　　　氣，二氣之四德，四德之生萬物莫非良能，則可觀此圖矣！萬物之性，此理
　　　　之賦也；萬物之氣質，此氣之凝也。……至於人，則尤爲萬物之粹，所謂『得
　　　　天地之中以生』者也。二氣四德者，未凝結之人也，人者，已凝結之二氣四
　　　　德也。存之爲仁、義、禮、智，謂之性者，以內在之元、亨、利、貞名之也；
　　　　發爲惻隱、羞惡、辭讓、是非，謂之情者，……人之性，即天之道也。以性
　　　　爲有惡，則必以天道爲有惡矣！以情爲有惡，則必以元、亨、利、貞爲有惡
　　　　矣！以才爲有惡，則必以天道流行乾乾不息者亦有惡矣！其勢不盡取三才而
　　　　毀滅之不已也。」陰陽二氣爲天道生化萬物的良能契機，氣之生生象徵了乾
　　　　卦所表現出天道剛健不息，流轉生復的宇宙之德。此德先人而存於宇宙間。
　　　　人爲萬物之精粹，故德之於人所顯像者，則爲《孟子》所謂四端也。此四端
　　　　發自於天地自然，而由本性生出惻隱等四端之情。故由此可知，顏元認爲天
　　　　道二氣的生化之理，係稟承於宇宙間自然而有的道德使然，人賦此理而性爲
　　　　純粹至善無惡，亦無天地與氣質之分。引文詳見《存性編·渾天地間二氣四
　　　　德化生萬物之圖》之解說部分。
〔註12〕 參見《存性編·因引蔽習染一端錯誤之圖》之解說。

孔、孟，乃定爲孔、孟、程、朱判然兩途，不願作道統中鄉願矣！學術的判然二分，實質便是否決了程朱傳承道統之地位，這是態度上的表態。六十二歲時往漳南書院講學，茲引其書院規模，以總結顏元治學之道：

> 建正廳三間，曰「習講堂」。東第一齋西向，牓曰「文事」，課禮、樂、書、數、天文、地理等科。西第一齋東向，牓曰「武備」，課黃帝、太公以及孫、吳諸子兵法，攻守、營陣、陸水諸戰法，并射御、技擊等科。東第二齋西向，曰：「經史」，課十三經、歷代史、誥制、章奏、詩文等科。西第二齋東向，曰：「藝能」，課水學、火學、工學、象數等科。……門內直東曰「理學齋」，課靜坐、編著、程、朱、陸、王之學；直西曰「帖括齋」，課八比舉業，皆北向。以上六齋，齋有長，科有領，而統貫以智、仁、聖、義、忠、和之德，孝、友、睦、婣、任、恤之行。……置理學、帖括北向者，見爲吾道之敵對，非周、孔本學；暫收之以示吾道之廣，且以應時制。

顏元治學講學分別著重於「文事」、「武備」、「經史」、「藝能」等四科，內涵無一不以實學實用之科目爲尚，而歸本於六德與六行的實踐躬行。夫「文事」重禮儀與天文地理；「武備」爲兵事攻守；「經史」講經典、歷史與政治奏議之文；「藝能」講究民生養民之用，此等學術內容皆繫於家國之達用。至於「理學」、「帖括」雖爲顏元所輕視，但順應時勢需求不得不列，亦只不過是暫時而非常道。

二、思想的淵源與傳承經典

　　思想家學術思想的形成，必有其可依循的軌跡，顏元學術雖然到第三期，即三十四歲以後才逐漸定型，不過從其學習歷程中的師承與交遊中，可見得與他交往對象中，已逐漸引領他走向經世之學的歸趨。在上點中，我們從他治學歷程與學術思想的舉隅，內在性的說明不同時期思想轉折與表現，而本點則將由他週遭的師承、交遊起論，並分判他們與程朱陸王學間的異同，以釐清顏元學術脈絡與傳承。

　　先由師承觀之，顏元於八歲時拜師於吳洞雲，又於十九歲時拜賈端惠先生學，後於《年譜》三十一歲條有云：「顏先生嘗謂生平父事者五人：刁文孝、張石卿、王五公、張公儀與先生也。」此處的「先生」，乃指後學高足李塨之父，李明性。茲舉數例，以略述其師友相交關係，其云賈端惠先生有言：

> 隨材施教，寬嚴適宜，嘗輕箴片語，令人泣恨，不能自己。篤上儉

約，每饌，市餅四枚，蔬一盂，外設皆不筋，曰：「即此是實學。」……
又重義輕利，弟子入學，不效俗人索謝。……一日謂元曰：「二對，
吾志也。」「不衫不履，甘愧彬彬君子；必信必果，願學硜硜小人。」
「内不欺心，外不欺人，學那勿欺君子。說些實話，行些實事，作
個老實頭兒。」〔註13〕

賈惠端時以文名，其教學態度予以顏元的影響，便在於一「實」字。從平日
起居的儉約樸實，重義輕利，教學的因材施教，都顯示出他自律甚謹，以行
動踐行所學的態度。雖然這與顏元後來體證由己而及人，以政治達用爲目的
之學術思想仍有差距，不過其重「實」的態度則深爲影響之。又如其《習齋
記餘・祭祁陽刁文孝文》云：

嗚呼！先生固明季孝廉也。耿耿丹心，挺挺勁節，當有史氏錄之。
然斬衰服報亡國主，士籍矢不二操，護遺髮，來監司之罟，拒賓興，
致州牧之訏，烈哉志乎！

由此可見刁包不侍二主的決心，呈現出明末遺老忠君愛國的氣度。又《年譜》
三十一歲條記載與張石卿事云：

十二月，往見石卿，石卿言：「性皆善，而有偏全厚薄不同，故曰：
『相近』。義理即寓於氣質，不可從宋儒分爲二。」

此時顏元學術仍受程朱影響，然石卿便已告知性爲一而全善，而義理之性必
憑藉於氣質之上而顯發，故二者是一。這與顏元後來論「性」的有相侔之處，
茲如其《存性編・性理評》有道：「氣質拘此性，即從此氣質明此性，還用此
氣質發用此性。何爲拆去，且何以拆去？」正指氣質與義理性間的體用關係
而說。

除師承外，《清儒學案》也提及當時與他同時的並世鉅儒有李二曲、孫奇
逢、陸桴亭等人〔註14〕，茲列舉〈上太倉陸桴亭先生書〉，說明其學術近似之
處：

降自漢、晉，濫觴於章句，不知章句所以傳聖賢之道而非聖賢之道
也；妄希於清淡，不知清談所以闢聖賢之學，而非聖賢之學也。虛
浮日盛，而堯、舜三事、六府之道，周公、孔子六德、六行、六藝

〔註13〕 參見《習齋記餘・賈處士傳》，卷五。
〔註14〕 《清儒學案・習齋學案》：「貽書友人，諍李二曲之失，孫夏峰爲同郡先輩，
上書以所得者相質，請爲提倡。惟陸桴亭學旨相近，稱爲同調焉。」

之學，所以實位天地，實育萬物者，渺不見於乾坤中矣！……故僕
妄論宋儒，謂是集漢、晉、釋、道之大成則可，謂是堯、舜、周、
孔之正派則不可。

又《清儒學案》引《思辨錄》輯要云：

古者六藝，學者當皆學之。今其法不傳，吾輩苟欲用心，不必泥古，
須相今時宜，及參古遺法，酌而行之。且今人所當學者，正不止六
藝，如天文、地理、河渠、兵法之類，皆切用於世，不可不講。俗
儒不知內聖外王之學，徒高談性命，無補於世，此當世所以來迂拙
之誚也。……或謂：「『居敬窮理』四字，是吾子宗旨否？」予曰：「儀
亦不敢以此四字為宗旨，但做來做去，覺得此四字為貫串周市，有
根腳，有進步，千聖千賢道理總不出此。然亦是下手工夫得力後始
覺得，非著意此四字為入門也。入門之法，只真心學聖人耳。」

顏元第一次見到陸桴亭的學說時，是於二十七歲遊祁時，刁包介紹給他的。〈上
太倉陸桴亭先生書〉中並有云：「此間有陸桴亭者，才為有用之才，學為有用
之學，但把氣質許多駁惡雜入天命，說一般是善，其〈性善圖說〉中有『人
性之善正在氣質，氣質之外無性』等語；殊似新奇駭人！」刁包之語，一則
說明了陸桴亭學術走向，一則也表明自己的學術殊路。當時顏元仍處於接受
理學的階段，此將氣質與天地之性並言而無形上形下善惡之別的分野，對於
顏元後來的學說的轉型，與張石卿語同樣有啟迪之功。再由上述三段引文觀
二者相似之處，可以發現他們皆重視儒學在實質層面，亦即是由道德躬行處
來實踐聖賢之道。顏元反對漢代魏晉以來章句清談以至於宋儒靜坐而觀心性
的理學，特以宋儒批評尤甚。故學術上主張從堯舜周孔以來的帝王事功之學，
將文字記載付諸於實行。陸桴亭則認為世代有變，不一定要拘泥於復古，應
以「時宜」兼容古法，取其精華而行，云六藝者之外，舉凡切用於世的經世
學問都應有所修習，不應只高論性命而遺外王之功。又人問「居敬窮理」是
否為其學術宗旨時，實際由下手工夫學時，方覺得並不以此四字的修養心性
工夫為入門法則，實際之道是在誠意效法聖人。故此聖人之學由內聖而外王
的工夫上尋。由上以觀，顏元與陸桴亭間，在經世之志追求上有著相同志趣，
皆認為學應落實於外王之用，非空於讀講與坐觀心性。只是為學宗旨上，桴
亭仍恪遵程朱而未改初衷〔註15〕，顏元後則態度一反理學；而於經世之用，

────────────────

〔註15〕如《清儒學案‧桴亭學案》云：「其學恪守程朱，以居敬窮理為歸，身體力

桴亭的習與踐行，未因貴古而賤今；而顏元則悉尊古道〔註16〕，此二者爲差異之處。

第一點生平的縱向觀察中，可以看出顏元治學歷程的轉折與承繼，特別是經世思想之於顏元的影響。雖然三十四歲以後思想才逐漸定型，不過，在此之前躬行於學的態度，都爲後來學術定型，起了一定的漣漪。師友間的往來，則是橫向在不同時期中，分別於處事態度與學術砥礪上，逐步建立其人格特質與學術趨向。〔註17〕

另外，顏元學術上傳承的經典，則是直接影響立論呈現與所學依據，《習齋記餘‧大學辨業序》有道：

> 孔子而前持世者，凡繼天子民之事，皆日長日盛，而氣運以日升，堯、舜、湯、文、武、周、孔成己成物之法，遞明以備，夫人而知之也。孔子而後持世者，凡於古聖成己成物之事，皆日消日衰，而氣運亦以日降，夫人而知之；夫人不盡知之也。昔者孔子歿而諸子分傳，楊、墨、莊、列乘間而起，鼓其詖說；祖龍遂毀井田、封建，焚書阬儒，使吾經世之法，大學之制，淪胥以亡。兩漢起而治尚雜霸，儒者徒拾遺經爲訓傳，而聖學之體用殘缺莫振。浸淫於魏、晉、

行。……平生心得，備見於《思辨錄》一書。始於二十七歲時，讀書有得，隨錄以《大學》八條目爲則，天文、地理、河渠、兵法、封建、井田、學校無不論列，積成鉅帙。」

〔註16〕誠如梁啓超，《中國近三百年學術史》有云：「我們對於習齋不能不稍爲缺望者，他的唯習主義，和近世經驗學派本同一出發點，本來與科學精神極相接近，可惜他被『古聖成法』四個字縛住了。一定要習唐虞三代時的實務，未免陷於時代錯誤……雖然，以此責備習齋，畢竟太苛了。第一、嚴格的科學，不過近百餘年的產物，不能責望諸古人；第二，他說要如古人之習六藝，並非說專習古時代之六藝，如學技擊便是學射，學西洋算數便是學數，李恕谷已屢屢論及了；第三，他說要習六藝之類的學問，並特專限這六件，所以他最喜歡說『兵農禮樂水火工虞』，總而言之，凡屬於虛玄的學問，他無一不反對，凡屬於實驗的學問，他無一不贊成。」頁137。由梁啓超的說法來看，他認爲顏元的問題與錯誤在於一味習古，未能知時代變遷且因時制宜。不過實際上，顏元的「習」實已涵括了當時如西洋傳進的學術；或由其立意觀之，他所強調的「實學」也是合乎實驗精神的。故若暫時撇開「復古」一說而微觀其說法，就某一層次而言，仍具有時代性，至少在強調唯實主義的精神而言是如此。

〔註17〕姜廣輝，《顏李學派》（北京：中國社會科學出版社，1987年12月）中對於顏元師友關係、承襲宋代諸如：胡瑗、陳亮、王安石、張載等思想家的淵源有詳盡描述，詳參頁17～21、33～39。

隋、唐，訓詁日繁，佛老互扇，清談、詞章，譁然四起。禍積而至
五季，百氏學術一歸兵燹，堯、舜、周、孔之道，更孰從而問之乎！
宋代……相率靜坐頓悟「驗喜、怒、哀、樂未發時氣象」，曰「以不
觀觀之」，暗中二氏之奸詭，而「明明德」之實功涸矣！相率讀講註
釋，合清談、訓詁為一堂，而習行禮、樂、兵、農之功廢，所謂「親
民」者無其具矣！又何「止至善」可言乎！

顏元謂大學之道者有道：「蓋吾儒原是學為君相、為百職。便是庶人，誰無箇
妻子、兄弟、僕從？以道治吾身便是明，以道治他們便是親，明親到十分滿
足便是至善。」〔註18〕他認為儒者學道，近則以修身為「明」，遠則以道治於
黔首百姓為「親」，而明、親須兼備方得以是至善。他以孔子作為治世分野，
孔子以前能成己成人的明親治道，是遞階而明，終以孔子彰明禮樂儀法之教
為最為備明之盛；其後則聖道漸衰，人已不盡然能知聖道之明。及孔子歿後，
諸子興起，秦始皇毀古制、焚書坑儒，盡使大學之道淪喪。兩漢、魏晉、隋
唐以降，儒學從訓詁、清談、雜揉佛老，皆未能明儒道之大用，儒學愈趨直
下。宋代以後更總集前代之失，不由下學習躬處作起，自然輕忽周孔以來的
「親」道，亦未能完成儒家至善之道。可知顏元認為儒家至明至親的成己成
人，內外皆治之道乃成於孔子以前，其根本之經典傳承與學術基礎亦由此而
發，其《存學編・性理評》有言：

「博學於文，約之以禮」，乃孔門祖述堯、舜，憲章文、武之實功，
明德親民百世不易之成法也。……如孔門之「博學」，學禮，學射，
學御，學書、數以至《易》、《書》莫不曰學也，〈周南〉、〈召南〉曰
為也；言學言為既非後世讀講所可混，……孔門之「約禮」，大而冠
婚、喪祭、會同，小而飲食、起居、衣服、男女，問老聃，習大樹
下，……以此約身，即以此約心，出即以此約天下，故曰：「齊之以
禮。」此千聖體道之作用；百世入道之實功。

「禮」是顏元認為孔門祖述先聖實功之不易成法。故「博學」範圍兼涵眾經
典，而「約禮」則是由博學收束到禮節儀文上的實踐，小自個人起居生活，
大至人際間往來，一皆依於理則而行，故夫禮之用，內由身形而塑於心性；
外則由身形以至於衡天下。這裡強調的是學須致用，將經典所學實際應用於
世，才是真的傳承、致用經典，又如云：「蓋四書、諸經、群史，百氏之書所

〔註18〕參見《四書正誤・大學》，卷一「大學之道」節。

載者，原是窮理之文，處事之道。然但以讀經史、定群書爲窮理處事以求道之功，則相隔千里，以讀經史，訂群書爲即窮理處事，曰道在是焉，則相隔萬里矣！」〔註19〕顏元並不反對涉略經典，當中以道德規範的「禮」作爲統攝與兼及內外之道。又經史之功效不在文字章句的誦讀，故於傳承之外，顏元更講究經典在實際運用的發揮，他的直指經典本意，與理學家憑藉《四書》、《易傳》以探儒道心性，其爲學本質與目的便已有殊異。

第二節　李塨生平概述及顏李學術傳承辨析

一、生平及其治學概述

　　李塨，字剛主，號恕谷，蠡縣人。父親李明性以學行，爲鄉里人所法式，而顏元常受業於明性，蓋自云爲生平父事之五人之一。〔註20〕二十一歲時與李毅武拜顏元學，時顏元四十五歲，《李恕谷先生年譜》記載此事云：

> 習齋謂先生曰：「尊君老成簡默，僕學之而未能；內方外和，僕學之而未能。夫學問富於胸中，而視之若一愚人，豈人所可即耶？足下歸庭訓可也。」先生自此深以爲習齋學習六藝爲是，遂卻八比專正學。

此時李塨已開始受到顏元影響，雖然當時並未直接收爲學生，可是學術上以六藝爲學而屏時文八股的啓迪，則由此時開始。二十二歲時，又往謁習齋，而與之學曲禮。自此而學習齋立日記自省，其〈日譜凡例〉有道：

> 一、以習六藝爲學，日有常工，不備書。一、身之過惡，直書。一、孝之難也，日訂求孝，往往悖越得罪，必書。一、記不書人過，若

〔註19〕參見《存學編・性理評》。
〔註20〕《顏習齋先生年譜》，三十一歲條常有言「二月九日，訪塨父問學。」另又記載李明性先生事蹟有云：「李先生諱明性，字洞初，號晦夫，蠡縣人，明季諸生。事親孝，日雞鳴，趨堂下四拜，然後升堂問安，親日五、六食，必手進。疾，侍湯藥，潔拂廁牏，夜聞輾轉或寱噫咳，則問睡苦若何，思何飲食，比三月如一日。……初，崇禎末，天下大亂，先生方弱冠，與鄉人習射禦賊，挾利刃、大弓、長箭，騎生馬疾馳，同軰無敵者。甲申變後，闇然歛晦，足迹不履市闤。念聖學以敬爲要，顏其堂曰『主一』。慎獨功甚密，祭必齊，盛暑衣，冠必整，力行古禮。讀書乏膏火，則然條香映而讀。晚年益好射，時時率弟子値侯比耦，目光箕張，審固無虛發。……曰：『文武缺一，豈道乎！』」李明性學術尚實而重古禮，重視學術的文、武合一，此對於顏元學術的形成，有一定的影響。

他人言行有可法，則書之。一、言行纖悉，不書；有關身得失者，
必書。

其日譜所記以德行之事爲主，以自身德行的修養，作爲躬身反省之道。態度
上則採嚴以律己，寬以待人，凡身有過、有得失者必記而改之，他人有善者
亦必書之，獨人有過者則不書。又同年另有記載一事道：

語李毅武曰：「讀盡《論語》非讀《論語》也，但實行『學而實習之』
一言，即爲讀《論語》。讀盡《禮記》非讀禮記也，但實行『毋不敬』
一言，即爲讀《禮記》。故學不在誦讀。」……曰：「君誤視學文矣！
文，《詩》、《書》六藝也，誦《詩》作樂，能言考《書》，知政練事，
習禮、樂、射、御、書、數以致用，非佔畢也。」

由此可知李塨爲學不以讀誦爲認知之道，經典的達用是在政事之上，故《詩》、
《書》、六藝等學術修習是爲了致用而來，此係受顏元影響而致。二十三歲時，
經由顏元介紹而認識王五公，「問邊外守邊，河外守河，江外守江之法」，又
於二十四歲時，拜王五公爲學，論經濟，學兵法。此時李塨學術雖以顏元爲
宗，但仍有未逮之處，如李塨爲顏元《存學編序》有道：

乙丑歲，晤李子剛主，語予曰：「子知讀書，未知爲學。夫讀書，非
學也。今之讀書者，止以明處理、記空言爲尚，精神因之而虧耗，
歲月因之以消磨，至持身涉世則盲然。曾古聖之學而若此！古人之
學，禮、樂、兵、農，可以修身，可以致用，經世濟民，皆在於斯，
是所謂學也。書，取以考究乎此而已，專以誦讀爲務者，非學也，
且以害學。」予幡然大呼，如醉而醒，如夢而覺。

顏元的觀念中，讀書是爲了致用，只是「工具價值」，他反對以書作爲目的論
的學習。而況書的功用只是在考證事理，故學宜以禮、樂、兵、農等實事爲
主，近以修身，遠則經世濟民。李塨記載此事，必其學術有未盡，而顏元予
以矯之。三十九歲時拜見毛奇齡〔註21〕，學樂律，時與之論及顏學，奇齡有

〔註21〕茲略述毛奇齡生平與治學如下：

奇齡於兄弟中行四，其母張太君生奇齡時，夢番僧寄以度牒，四邊有五蛇相
啣，遂取郭璞〈游仙詩〉：「奇齡邁五龍。」之句，命名爲「奇齡」。西河少穎
悟，四歲，母口授大學即成誦。明亡，哭於學宮三日。山賊起，竄身城南山，
築土室，讀書其中。負才任達，善詩、歌、樂府、填詞，與人坦然無所忤，
賢者多愛其才，暱就之；亦以才見忌。晚歲林居講學，海內稱西河先生。
清兵平定東南後，文士踵習前代，好結詩社，西河品目嚴峻，爲人所不喜，
於是怨家誣陷西河聚眾殺營兵，乃改名王士芳，亡命浪游。及事解，以原名

道：

> （奇齡）曰：「顏習齋好言經濟，恐于存養有缺，存心養性之功不可
> 廢也。」先生曰：「顏先生省心之功甚密，每日習恭數次，所謂『居
> 處恭』也。……但其存養欲內外並進，非惺惺恁地之說耳。」河右
> 曰：「予所言者，恐體用有一不全，則世儒議其偏。賢者不觀《大
> 學》乎？《大學》以修身爲本，修身則內而格致誠正，外而修齊治
> 平，無一缺失。」先生曰：「謹受教，適所言內外並進者，正此意
> 也。」

毛奇齡對於顏元並不全然贊同，他認爲顏元偏重於事功外王學，反而於存養
修身有缺，並舉《大學》的體用兼備以論。西河先生認爲心性的身修，與外
於身的齊、治、平，是由本而末的工夫，而有道：

> 是以學者用功從格物始，但就物之本末而度量之。知明德先于新民，
> 修身、正心、誠意，先于齊家、治國、平天下，而知先之，學全在
> 知本，所謂格物也。

> 心意最要認得分明，認得分明，即知也。如存時爲心，發即爲意，
> 全于存發見心意。……學者于此體驗，時時觀察此心此意，本體或
> 存或發，但令知覺，則心自不易動，意自不易發，即發亦易於爲善
> 而不爲不善，知之時用大哉！〔註22〕

入國學。康熙十八年，薦舉博學鴻儒科，試列二等，授翰林院檢討，充《明
史》纂修官。自此免去流離，側身於文學侍臣之林，但立身大節也就不免爲
後人非議。康熙二十四年，充會試同考官，尋假歸，得痺疾，遂不復出。康
熙四十二年聖祖三巡至浙，西河隨制撫諸臣候安於朝門，聖祖加以慰勞，命
起立勿跪，並賜御書。因此西河引康熙爲生平知己。
治學上，奇齡淹貫群書，所自負者在經學，然好爲駁辨，他人所已言者，必
力反其詞。又爲學態度深受當時學術背景影響。一則對理學流弊大加撻伐，
並思對王學加以改造。一則重視經學，其治經態度有：註經必藉實據、以經
證經、博引諸子百家之說爲旁證、融會貫通、勇於疑經等。《四庫全書總目·
論語稽求篇》、《四書賸言》二書有略言其經學態度有道：「《朱子四書章句集
註》研究文義，期於愜理而止，原不以考證爲長，奇齡學博而好辨，遂旁採
古義以相詰難。」「奇齡說經，善考證而喜辨論，故詮釋義理，往往反覆推衍，
以典籍助其駁詰，支離曼衍，不顧其安，至於考核事實，徵引訓詁，則偏僻
者固多，而精核者亦復不少。」由此可顯現西河治經的謹慎態度，此態度與
日後乾嘉學派的考據精神相契合，足見其開創風氣之先，對清代經學之復興，
亦有推波助瀾之功。

〔註22〕以上二例參見毛奇齡，《大學知本圖說》。

毛奇齡認爲大學之道應以心體認知爲首途，能持本體之善，時時觀察心體與意念動發處是否合乎於善道，先知德而修己，然後才能論身外的齊治平等達用的工夫。亦即明本體之「知」，先於將德「行」於外是也。可是顏元卻說：

> 故吾斷以爲「物」即三物之物，「格」即手格猛獸之格。……故予嘗曰：「不解聖人之行者，證之聖人之言；不解聖人之言者，驗之聖人之行。試觀孔門，身通六藝者七十二人，周公以三物教萬民而賓興之，不可見大學首自行習下手乎？」〔註23〕

顏元是由「行」爲下手工夫，由踐行爲先，而後從行中體悟知曉聖人之道。即由「行」先而「知」後，與奇齡相異。西河評顏元於存養有缺者，可能亦是由此而發，進而認爲應先存心養性而後於行，非行先後知也。可是李塨仍謹守顏元教誨，而認爲顏學尤有兼顧體用，只是他後來知行觀也漸而背顏元之說，此是後話。

李塨受毛奇齡影響尤大者，是在他詮釋註譯經典上。年譜六十一歲條云：

> 塨《傳註》之文，實授於毛河右先生。先生曰：『註經必宜潔古，古則理足而辭易明，斷不可如宋人禪語鄉談，一概污穢拉雜。』故河右註經，皆行以古文法。

毛奇齡註經態度，特別重視訓詁考證的工夫。藉由古代經典爲證據的依憑，喜以經典本旨以相詰後代的詮釋。而李塨受到影響，故其《傳註》一類以古代經典爲註解對象的文章，皆由古訓下手，此乃別異於顏元者，《清儒學案·恕谷學案》小序即有言：

> 習齋之學，自創宗旨，如初闢蠶叢，恕谷益修治疏通之。說經則實事求是，取諸毛西河者爲多。其時宋學極盛而將衰，漢學初興而未熾，顏李之學在培人材，濟實用，與專講訓詁考證者不同，而漢學家因其與宋儒立異，亦不廢其說。

李塨說經在取之於毛奇齡的情況下，逐漸由義理轉趨於考證，也正是宋、漢學轉承過渡期的代表。不過，就爲學目的上看，顏李的義理思惟還是一致的，著重在經世致用之學，而與純粹漢學的章句訓詁終究有別。總的來說，終李塨一生所學，得力於顏元、毛奇齡者多，顏學至他而發揚光大〔註24〕，可是

〔註23〕參見顏元，《四書正誤·大學》，卷一「古之欲明明德」節。
〔註24〕如《清儒學案·恕谷學案》云：「習齋厓岸甚峻，足跡稀出閭巷。先生則屢館

在學術上，他並未全然信守於顏學，除了一般治道等支微末節觀點有所不同外〔註25〕，由上述可知，他在認識論與治學方法上，是有別於顏學的。

從認識論上觀之，顏元強調先行而後知，李塨則說：

> 顏先生謂：「格物」之「格」如之，謂親手習其事也。物，「物有本末」之「物」也，即明德親民也，即意心身家國天下也。然而謂之「物」者，則以誠正修齊治平皆有其事，而學其事皆有其物。格物者，謂大學中之物，如學禮學樂類，必習其事造其極也。「致知在格物」者，行先以知而知在於學。故〈學記〉曰：「人不學，不知道。」董仲舒曰：「勉彊學問，則聞見博而知益明。」徐幹曰：「白日照則所求見」學者心之白日也，故先王立學，教以六德、六行、六藝，皆此謂也。

李塨認為「致知在格物」的「格物」，是從「學」開始做起。從禮樂等六藝之學學起，「學」是作為「行」的指導原則，只是所學為何？仍有疑異，倘若是學書中知識，則有背顏學重躬行之旨；若是從習行六藝中學，則行又似乎先於學。順由文意來看，他認為「學」能使見識通博而明而得「知」，「知」明而後方為「行」，形成「學」、「知」、「行」先後序列的認識論。此亦與西河先生知行觀不同，毛奇齡重心性身修的本體之「知」為先，格物由心上格；可是李塨的「格」，是在事理上的格物。總此來看，李塨認識論雖為其創見，但歸本而論，依舊是在顏學習行觀念下的開展，而非單從心性修養而論。其次，治學方法上，即受到毛奇齡影響轉而著重註經時的考據訓詁工夫，顏元對此是極不贊成的，如其告知李塨有道：

> 子固書至，規刊書無關經濟，先生復書言吾友恐予蹈書生文士之習，誠為雅意。然天下之無經濟，由學術差、辨學，正經濟天下萬世之事也。

> 京師，遠游西至關中，南及吳越，徧交賢豪，上接公卿，下至驅卒，言必稱習齋，故習齋之名，亦因之遠播。」

〔註25〕關於治道方面的異於顏學，如其所寫《四存編・存治編書後》云：「及塨出遊四方，辯證益久，謬謂鄉舉里選，行之或亦因時酌略，而大體莫易。井田則開創後，土曠人稀之地，招流區畫為易，而人安口繁，各有定業時行之難。意可井者井，難則均田，又難則限田，與先生見亦頗不參差。惟封建以為不必復古，因封建之舊而封建，無變亂，今因郡縣之舊而封建，啟紛擾……於戲！此係位育萬物參天地之事，非可求異，亦非可強同也，因書於後，以待用者。」

謁習齋質學，習齋曰：「此行歷練，可往也。惟勿染南方名士習耳！」
習齋囑以勿作無益詩文。〔註26〕

又《習齋記餘‧寄桐鄉錢生曉誠》，卷三有道：

歲前剛主旋鑾，稱得人於桐，出吾兄諸冊見示。……及讀《存學後
編》、《壁書辨僞》、《中庸辯》、《孟子疑義》，又嘆曰：「今何時哉！
普地昏夢，不歸程、朱，則歸陸、王，而敢出一派與之抗衡翻乎？
……」然而惜也，惜吾兄天資傑出，輕費有用心力於無用也。惜不
與天下明習行經濟，而爭書生、文人之非儒也。……故樸謂古來
《詩》、《書》不過習行經濟之譜。

綜合上述可知，李塨治學方法與顏元著意於「經典唯用」觀點已有不同。受
到毛奇齡，甚至是他個人認識論知行觀的影響，「習行」前的「學」與「知」，
都是能做爲指導行的認知工夫，故從事考據訓詁，是能知經典本意的方法，
並由以此落實於行。只是對顏元而言，「行」以躬本道德的重要性多過於「知」
經典義理而未行，成爲在治學之道上根本的差異性。

從學術繼承上看，李塨思想已非完全從顏元而來，其中雜揉了毛奇齡與
個人的體會；但從顏李學派的傳承上觀之，李塨的存在，彰顯了顏學當時的
知名度，甚至經由章句訓詁註經形式，著以顏學精神，則使得顏學在不重註
解形式下的經典詮釋，有了較爲客觀的依據。而有關經典詮釋體例與內涵的
說明，則將在第三章第二節中說明之。

二、顏李學派的傳承與別異

顏元李塨在學術觀念上，明顯是以程朱陸王等心性之學作爲反省的對
象，並屢針對學術間的別異，提出批判。誠如徐世昌《清儒學案‧習齋學案》
小序介紹有道：

自宋以後，皆以宋儒之學術治天下，程朱陸王門戶雖分，本原非
二，習齋崛起，直揭其於周孔之道體用猶未大備，此兩千年學術之
轉關。當時漢學諸家，亦思力矯宋儒，而仍囿於章句，顏李之說，
引而未申，使推闡其說而昌大之，禮樂兵農，工虞水火，胥顯其用，
即歐西之科學哲學，亦不能出其範圍。

徐氏歸顏學爲漢學，並以此與宋學等心性儒者作區隔。他認爲宋學雖分程朱、

─────────────

〔註26〕以上三例分別見於《李恕谷先生年譜》，三十七歲、三十九歲條。

陸王二系，然而其本源則一，故顏元所揭之周孔之道，顯然與此相對爲二。在作學方式上，則採行確切利於民生法則之道而行，與當時諸家學者困於章句形式不同。又如《清史稿・李塨》，卷四八〇道：

> 塨學以實用爲主，解釋經義多與宋儒不合，又其自命太高，於程、朱之講學，陸、王之證悟，皆謂之空談。蓋明季心學盛行，儒學淸雜，其曲謹者又闊於事情，沿及順、康朝，猶存餘說，蓋顏元及塨力以務實相爭。

此與上述類同。大抵皆以「實用」、「務實」的觀點由顏李學術反觀宋明理學，而得到學術分歧的結果。除此之外，卻也有將顏李學歸本於陽明的看法，且見《四庫全書總目・子部儒家類》，總卷九十七評《存性編》云：

> 其學主於屬實行，濟實用，大抵源出姚江，而加以刻苦。亦介然自成一家，故往往與宋學立同異，是書爲《四存編》之一。大旨謂孟子言「性善」，孔子言「性相近，習相遠」，語異而意同。宋儒誤解相近之意，遂使惡者諉於氣質，不知理即氣之理，氣即理之氣。

這裡認爲顏元學出姚江，恐有二旨，一是贊許陽明建立的事功之學；一是由陽明反觀宋儒氣質與天地之性的二分，而許其心即理，心性皆爲至善。然又如同卷評〈存學編〉有道：

> 以辨明學術爲主，大旨謂聖賢立教所以別於異端者，以異端之學空談心性，而聖賢之學則事事徵諸實用，原無相近之處。自儒者失其本原，亦以心性爲宗，一切視爲末務，其學遂與異端近，而異端亦得而雜之，其說於程朱陸王皆深有不滿。蓋顏元生於國初，目擊明季諸儒崇尚心學，放誕縱恣之失，故力矯其弊，務以實用爲宗。

由此或可知顏元深疾之者，乃是不務實事且流於空談的心性之學。故此處評其學術與程朱陸王間的別異，是在本原上重視心性與著重於事功的不同。故可知《提要》所認爲學術的宗陸王，乃應由事功上言。又清代錢林所輯《文獻徵存錄》評顏元有道：

> 元論學雖宗王守仁，加以清剿潔愻，自爲一家之說。嘗論孟子性善，即孔子「性相近，習相遠」，意同而語異，時人追味以爲知言，又矯後儒學心學放恣之弊……又謂聖人無心學而有其學……而以古文禹謨，李氏《周官經》所云「六府、三事、三物」爲節目，彷彿班王學，限年責功之說，而心學闕焉。

錢林認爲顏元出於陽明，但對於心學末流放恣之弊，亦有所矯弊，然而這裡
所宗的王學，其旨亦不脫在事功上的展現，至於心性之學則有闕。故歸結而
論，上述對於顏李學術傳承的歸本，並不以姚江心學爲宗，而是以姚江事功
建立上的稱許。不過顏元自己卻頗不以爲然，其《存學編‧明親》有言：

> 或曰：「諸儒勿論，陽明破賊建功，可謂體用兼全，又何弊乎？」余
> 曰：「不但陽明，朱門不有蔡氏言樂乎？朱子常平倉制與在朝風度，
> 不皆有可觀乎？但是天資高，隨事就功，非全副力量，如周公、孔
> 子專以是學，專以是教，專以是治也。」

顏元認爲體用兼全的事功，應如周孔將畢生學術一皆置入其中，以此爲己之
「學」、爲「教」他人、爲「治」天下百姓的功夫。如陽明與朱子事功的建立，
這只是天資聰穎，順事而有功，並未將全副精力放於其上。換言之，他們雖
有事功的成就，不過卻未嘗以此「教」、「治」他人，甚至是全力「學」此，
故顏元並不以爲此乃體用全然的功夫，又如《習齋記餘‧閱張氏王學質疑評》
云：

> 評「六經皆我註腳」，曰：此是陸子最精語，亦最眞語。我者，天生
> 本體也，即「萬物皆備於我」之「我」，六經是聖人就我所皆備者畫
> 出，非註我者何？……有不必註腳之我，堯、舜五臣是也，有讀盡
> 註腳，全不甘於我，歷代文人是也，有習行註腳，即盡其我，周、
> 孔三物之學也。……雖致良知者見吾心眞足以統萬物，主敬、著、
> 讀者認吾學眞足以達萬理，終是畫餅望梅。

這裡有條件贊同陸象山的「六經皆我註腳」。他認爲天生人之本體爲「我」，
人得天地之全而能化育萬物，故「六經」爲聖人成就人主體價値而錄記者，
是爲彰著道德之「註」我者。可是此一「註」須以「習行」爲註腳，也就是
要以道德價値的躬行，以至於教化政治達用方爲「註」之道，而與陸子學苟
知本的本體自覺之知相異。故他認爲如王學的致良知或主敬、讀著等，係皆
是坐妄而談，未落實於實際。

　　然而，當顏元極力撇清學術上與程朱陸王的牽扯時，有另一派學者則在
理學與顏李學間，找出其關聯性，他們觀念是建構在學術內部的正反相對，
諸如：朱、王學；以及不同學術思潮流轉生滅之際，對於前一期思想的反動
之上，而謀圖找出當中聯繫性，以供作顏李在學術承繼接合時的合理性。這
樣的看法，前者以錢穆爲主；後者可以大陸學者馬序爲代表。錢穆在《中國

近三百年學術史》中言：

> 《四庫提要》評習齋《存性編》，亦謂「其學大概源出姚江而加以刻
> 苦」，是當時館臣，已有見及此者。方望溪〈鹿忠節公神堂記〉（《文
> 集》，卷十四）謂：「自明之季，以至於今，燕南、河北、關西之學
> 者，能自豎立，而以志節事功，振拔於一時，大抵聞陽明氏之風而
> 興起者也。」余論習齋學風，淵源夏峰，其蹊徑之近陽明，自可推
> 見。

錢穆先生所論及的原因之一，上述中已推論出顏元出於姚江係只事功而非心
性。其次引方望溪而認爲顏學「應」出自孫奇逢，然而就《顏習齋先生年譜》
三十六歲條與孫徵君書論學中所論，意仍在辨周孔的「鄉三物」實學與宋儒
氣質之性的不同，旨則是分辨事功與心性之學的不同〔註27〕，故若僅以方望
溪語而認爲顏學悉皆出於奇逢，似流於薄弱。〔註28〕又錢穆先生認爲顏學與
陸王近似處有三，一是尚習行；二是反對讀書；三是文盛實衰之弊。此三者
除第三點反對虛文觀念上有契合外，其他尤有爭議。尚習行者，他認爲陽明
嘗言「知行合一」工夫理論，可是卻忽略此一論述重點是放在良知本體而言，
如《傳習錄·徐愛錄》，條五，卷上有道：

> 愛曰：「如今人儘有知得父當孝，兄當弟者，卻不能孝，不能弟。便
> 是知與行分明是兩件。」先生曰：「此已被私欲隔斷，不是知行的本
> 體了。未有知而不行者。知而不行，只是未知。聖賢教人知行，正

〔註27〕《顏習齋先生年譜》，三十六歲條：二月，與孫徵君書論學，略曰：「某思宋儒
發明氣質之性，似不及孟子之言性善最眞。將天生作聖全體，因習染而惡者，
反歸之氣質，不使人去其本無，而使人憎其本有，晦聖賢踐形、盡性之旨。
又思周、孔教人以禮、樂、射、御、書、數，故曰：『以鄉三物教萬民，而賓
興之』，故曰：『身通六藝者七十二人』，故諸賢某長治賦、某禮樂、某足民，
至於性天，則以其高遠，不陵等而得聞也。近言學者，心性之外無餘說，靜
敬之外無餘功，與孔門若不相似然。」

〔註28〕若夫姜廣輝，《顏李學派》中有云：「孫奇逢爲學『以象山、陽明爲宗，晚更
和朱子之說。』(《先正事略》，卷二十七)顏元對他學行十分景慕，曾以私淑
弟子師事奇逢。三十六歲時致書論學，略言《存學》、《存性》要旨。時顏元
已步入新途，因而對奇逢調合朱陸亦有微詞。此後顏元不再稱許奇逢學術。
但對奇逢爲人，始終未減敬仰。如顏元六十三歲在《四書正誤》一書中，曾
引用孫奇逢的話『赴的湯蹈的火，才叫做的人』並說『畢竟此老好』。」頁18
～19。
按：關於《四書正誤》的編寫年代考證，詳見第三章第二節〈顏李論語相關
著作概述〉第一點。

是要復那本體。」

陽明本意是指良心本體與行間原是合一的，只是被意念所發出的私欲所阻隔，而導致知行二途。聖人欲恢復的知行之道，便是要固守良知本體，由意念發動處的「行」開始歸於善道，使上下知行一如；其次，關於反對讀書之「六經皆我註腳」一句，上述已分明，不再贅述。最末，錢先生舉《傳習論‧達顧東橋》條一四二，卷中的「拔本塞源論」認爲此章所言，係陽明事功學的表現，而有與顏元雷同之處，不過卻無彰著本文之旨乃在於文中所言：

> 蓋其心學純明，而有以全其萬物一體之仁。故其精神流貫，志氣通達，而無有乎人己之分，物我之間。譬之一人之身，目視耳聽，手持足行，以濟一身之用。目不恥其無聰，而耳之所涉，目必營焉。足不恥其無執，而手之所探，足必前焉。蓋其元氣充周，血脈條暢。是以痒疴呼吸，感觸神應，有不言而喻之妙。此聖人之學所以至易至簡，易知易從，學易能而才易成者，正以大端惟在復心體之同然，而知識技能，非所與論也。……世之儒者，慨然悲傷。蒐獵先聖王之典章法制，而掇拾修補於煨燼之餘。蓋其爲心，良亦欲以挽回先王之道。

陽明認爲心學能純明，則可超越物我界限，成爲易簡而持治天下的方法。聖人之學易，方能以簡御繁，而易裁成萬事萬物，其論以復心體同然爲端旨，以此心簡之握持而御萬事之繁，心體可明，則天下事理可盡。故陽明認爲知識技能非其所關注而論者，惟心性方是。後世儒者從先典章制度的收集涉獵，亦是爲了求本心知善，而挽回先王道法而使之然。由此以證之，拔本塞源旨意是欲由恢復心性掌握，而作爲聖人聖學安、治天下的根本之道。〔註29〕這與顏李躬行實踐道德方式並不相同，他們強調由德行以臻及天下達治，陽明則著重心性本體修養而後能治天下，故於道德實踐方法上有別異。至於錢先生所言：「自漢以來，訓詁、記誦、詞章之學，習齋所深斥者，陽明已先及；虞廷盛治，禮樂政教、水土播植，習齋所力倡者，陽明亦同之；各就其性分

〔註29〕此誠如陳榮捷，《王陽明傳習錄詳註集評》（台北：台灣學生書局，1998 年 2 月），佐藤一齋引陳龍正曰：「拔本塞源論，乃先生直接道統處。智略技能，至先生極矣！然一毫不恃，盡擘破之，而唯求復心體之爲貴。解悟靈通，至先生極矣！然一毫不恃，盡擘破之，而唯師行五倫之爲貴。其心則唯欲安天下之民，惟共成天下之治。道學一點眞血脈，先生得之。恐後世以頓悟而疑其爲儒之禪，以事功而疑其爲儒之雜，不可不辨也。」頁199～200。

之所近，專治一藝以成才，而靖獻於天下，陽明、習齋所論無異致。」這是從企欲達到理想目標的一致性，由目的論以反觀二者間近似之處，可是他們在方法論上的分歧別異，卻也昭然明著。錢先生從陽明與顏李的事功學上比較二者異同，作爲理學體系內部程朱與陸王學間分峙對越的對比。此係出於認爲明末清初儒學乃源出理學導正，而清初學術亦不脫理學內朱、王兩大體系所作的詮釋說明。〔註30〕

另一說則認爲顏李思想乃是學術思潮流轉之際，奠基於前期思想反動基礎之上，欲從其中的聯繫性以作爲學術承繼時的合理說法。大陸學者馬序稱此爲「理學別傳。」首先他認爲理學有別於前期思想的學術基本特徵有四：（一）以四書五經爲尊，肯定思孟學派爲儒家的道統眞傳；（二）有論述本體與宇宙論的理氣觀；（三）能由宇宙論的基礎下，分辨異於禽獸的人性觀；（四）將三代作爲理想的社會模式，而將此一希望寄託在當時的政治理念中。又從方法論上觀之，理學是由身心性命的「修己治人之實學」，對內要求格、致、誠、正，對外擴充到修、齊、治、平之道的「內聖外王」學。由此「四觀一論」而構成了以「天道」、「天與性」間的哲學體系，意即在道統觀、宇宙觀、人性觀、歷史觀、節欲論的同一。然而此一學術與前代學術區隔有四：（一）先秦以降到魏晉以來，都未將《四書》列爲官方經典，也無把握理、氣範疇，亦無將人性觀、歷史觀提升到宇宙觀的高度；（二）非理學的宋代儒者未將思孟學派列爲儒家正統；（三）佛、道二家追求出世；（四）各家皆無完整的節欲論。

馬序據此認爲顏元學術對照於理學特徵而言，有其一致性。一是顏元終身奉行四書五經爲圭臬；二是顏元宇宙觀奠基於《易傳》氣化論而來，並以理、氣間體用關係當作宇宙論；三是顏元的人性論同樣以宇宙觀爲基礎；四是其歷史觀同樣也是天道循環往復的過程，而皆以三代爲宗。至於顏元學術中幾個重要的觀念，如重「實行」、「實學」，講「事功」，以「六德、六行、六藝」及兵、農、錢、穀、水、火、工、虞等學術教門人，馬序則認爲，第一點，理學家定義的「實學」，是由《中庸》以「敬」爲體現「立其本」、「致其知」、「踐其實」等以修身爲本的「實學」，可是顏元「實學」卻不一定指學術的學，有時是當述語動詞中，學作某的學，有力行某道之意，故以此批評

〔註30〕有關錢穆先生對於顏元與王學間異同的觀點，詳參氏著，《中國近代三百年學術史》（台北：台灣商務印書館，1996年7月），頁204～212。

程朱，是利用「學」字在屬性間的差異，以此而評彼，將本屬於立本而躬行其實的實學，斷定與堯舜周孔不同；第二點，他認為顏元並未實際有事功的建立，以此批評朱子，亦難服眾，而且《存性編》所論，也是有關心性的論述，故顏元的實學也是理學；第三點，「六德、六行、六藝」的施行，他認為這同樣也是主張淑世思想下的節欲理論。故以此看來，由顏元領導的顏李學派，學術仍不離理學思惟下的探討。當然，馬序的說法並非獨創，他亦徵引清代以來許多學者探討顏李而歸於理學的觀點，作為論證依據。〔註31〕

　　可是當我們溯源的由他個人論點的審視，可以發現其立論也未盡然正確。第一，從學術基本特徵來看，他後設的認為四書五經為宋代以後儒家道統與官方經典，卻忽略了這也受制於客觀環境，諸如：科舉制度到唐代以後才成形，且四書合併為考科，更是在元代以後的事。而況〈中庸〉、〈大學〉獨立於《禮記》也是發生在宋代以後，故以後者反觀前者，有邏輯上的謬誤；第二，理學特徵本來就是精微了儒家形上部分的理論，若以此質疑何以之前所未有，這是忽略了儒學在歷史上的演進發展；第三，又如其所謂佛道家的出世觀，各家無完整的節欲理論等，這幾乎都是由後設的角度，由宋代反觀前代學術上的不同。當他把顏學與理學作比對時，則採取相同的模式，即以宋代理學為中心，而將顏李當作對照組，從中採取相同處說明顏學本為「理學別傳」的理由。這樣的方式卻只能由相同處加以比對，至於批評與攻擊理學的部分，則在著重由修己立本等講求內聖即可外王的觀點，涵蓋了顏學不過是在此一範疇下的展現，以及顏元本身「習行」亦無事功的觀念下，囫圇帶過，無法完整說明到底顏學與理學間的別異為何。由此可知，馬序的觀點是強調在理學「範疇」涵攝下，顏元亦不能免於依附在此範疇下所建立出自

〔註31〕馬序的說法可詳參氏著，《顏元哲學思想研究》（甘肅：蘭州大學出版社，1991年5月），頁89～98。其所徵引而認為顏李乃承繼理學的說法，有道：「總的來看，雖然在根本上顏元與程朱『歸本無歧』（方苞語），程朱理學大師張伯行甚至屬意李塨，請他到自己家裡相會，『言陸王害道，宜遵程朱』（《李恕谷先生年譜》），但一般還是把顏學當作『矯王氏而過於正』（曾國藩《書學案小識後》）的王學變種。例如：《四庫全書總目提要》對《存性編》的評價是……清末譚獻在戴望《顏氏學記》成書後據以認定：『顏為遺老巨儒，洞見道體，推究人事，門徑略似蘇門孫先生（即孫奇逢）』（《復堂類稿・日記》，卷一）而在張之洞的《書目答問》裡，顏元等人已被當作『有實際而論定者』堂而皇之地納入《理學家・理學別傳》條下了。」頁97～98。由此可知來對於顏李學在理學內的歸類判定，多所爭議，不過上述學者見解可以肯定的是，他們都認定顏李應納入理學體系加以認知。

己的學術理論，只是過分強調範疇，卻也容易忽視個別的差異性。

　　錢、馬二氏都極欲表達顏李學派與前代學術間的連續與接合性，他們立基於學術間傳承的觀點，認為顏李實未屏除理學範疇，故從溯源觀點上看是繼承，只是假於不同形式對理學範疇中的內容物，作出立異於宋明理學家的詮釋。此雖證明了顏李確然在範疇上無法脫離理學，但也易矇於居間學術論點的差異殊別性。反觀之前以顏元當下觀點看學術間的別異，則是著重其間差異性以突顯自己學術的殊貳。前者橫向性質的比對詮釋與後者縱向反溯性詮釋，不同論述角度都形成了別異與傳承間的分野。顏李學術在範疇上，確實有承繼理學之處，可是倘若據此直接推斷他們同為宋明理學的一脈，反而易輕忽他們提倡鄉三物等「習行」「實學」，與回復周孔以前治道等時代影響下，迥異於前代學術的經世特質；可是一味的分判其別異，則又難明學術之間的關聯性，是故兩種說法各有其侷限，而應併觀，方得見顏李學術特徵的全貌。

第三章 經典暨《論語》的時代詮釋

第一節 詮釋學觀點下《論語》之釋義目的

　　《論語》被視為是儒家創始者孔子的言行紀錄，更為後世儒者小自個人修養，大至治國平天下奉行的圭臬；從思想與學術價值來看，它是儒家理論依據的基礎；經學價值上，則是通曉諸經的入門書。當我們廣闊地探究經典之能亙古長新，超越時空侷限為歷代重視時，已經不僅僅是外在客觀政治或科舉考試需求得勉強而來，更廣泛牽涉到經典客體與主體價值間相互影響的關係。論及「儒學」與「經學」兩種範疇，同樣是儒家學術義理及章句闡發，在泛指儒家一切學說、學術，與專依儒經詮釋等別異下，有著既分殊又密切的關係。經學家專注於經典詮釋前，必須依個人儒學根基及身處時代背景作為前理解，其思維含括於儒學之中，並以經學註疏作為表達形式。是故經學家成為經典與讀者間的媒介，雖然他們自身也是讀者，卻能提出個人見解及分析，並付梓形成書面閱讀資料，在一定範圍中，左右著當時及後世的閱讀視野。經典詮釋的名義很多，表面上皆是註疏之學，實則依學術屬性，有訓詁、義理等面向〔註1〕，在不同學術需求下，保存了龐大的學術史料。這些史

〔註 1〕 從經典詮釋的著述形式作區分，訓詁部分約有以下數種體例：（一）「傳」：即傳述之意，解釋經文、闡明經義，另有三種基本形式，一是依經文逐句解釋者，如：毛亨《毛詩故訓傳》；二是闡明經典中之「微言大意」者，如：《春秋公羊傳》、《春秋穀梁傳》；三是對經典記事的補充和描述，如：《春秋左氏傳》。（二）「注」：對經文中難解的字句加以解釋、疏通者，如：鄭玄《周禮注》、《儀禮注》、《禮記注》，趙岐《孟子注》。（三）「箋」：為引申、發揮或補充、訂正前人的傳注，如：鄭玄《毛詩故訓傳》所附的「鄭箋」。（四）「疏」：

料歷經時代綿延與詮釋者主觀思維，不盡然能恢復經典原貌，卻在依附於經典文字的原則上，開展出即殊別即個人的詮釋。

詮釋學（Hermeneutics）一詞，出自於希臘動詞的 "hermēneuein" 及名詞的 "hermēneia" 此三字都可譯為「詮釋」之意。在希臘古代「詮釋」的字根，即有表明了「帶入理解」（bringing to understand）的過程，特別是以語言及文字作為媒介。詮釋學原理中，有三個不同的指向，第一是將詮釋作為「說話」。這是一種「表達」（to express）、「斷言」（to assert）、「說話」（to say）之意，也就是「發布」（announcing）的功能，換言之，「說話」就是一種詮釋的形式。此一指向，著重在口頭語詞的音聲功能，有別於書面形式，它強調著語言的「表現性」，聆聽比書面閱讀更容易被理解。口頭詮釋不是複製，而是創造，它為了表達某物而有必要去理解它，而這理解本身，則來自於一種「釋讀」（interpretive reading）——表達。引申言之，經典閱讀可當作是口頭詮釋的隱蔽形式，原本被意味著應聲響化、聆聽化，進而實踐的聲音，透過書面來呈現。當其成為視覺形式時，其部分功能意義已經消失，但是我們做解釋時，則應將平面文字還原成立體形式的聲響，忠實的把握其語詞的客觀性。

其次，詮釋可作為「說明」（to explain）。「說明」強調的是理解，對某一

此乃魏晉以後出現的「義疏體」。其特點是依據一家之說，對經文逐字逐句，逐章串講，一如講義式的講疏，如：皇侃《論語義疏》。唐代以後，因漢以前經文與傳注的深奧難解，不僅需要正文的解釋，還需要給別人傳注的再註解，如：賈公彥疏鄭玄注《周禮》、《儀禮》，徐彥疏何休注《春秋公羊傳》。（五）「正義」：唐初各家傳注歧義紛繁，於是貞觀年間孔穎達等奉敕整理五經義疏，名為「正義」。而「正義」方法是每經只採一家註解為主，撰述義疏採取「疏不破注」的原則，不雜他家之說，作為標準本。另如：清劉寶楠《論語正義》之註文則從刑《疏》而來。（六）「集解」：此一體例興起於魏晉，特點是匯集眾說，不主一家之言，如有不妥之解釋亦加以指正，亦在取諸家之言以自成一書，如：魏何晏《論語集解》。（七）「章句」，這類體例除了釋詞，還種在解釋章句、段、篇章大意，如：漢趙岐《孟子章句》，除此之外，每章皆有「章旨」，通釋全章正文的大意。
而義理之學的詮釋有以下四種體例：（一）「義」：闡明經文中某部分的意義，如：《禮記》的〈冠義〉、〈昏義〉即解釋《儀禮》的〈冠禮〉、〈昏禮〉而來。（二）「記」：對經文中某一問題的闡釋，說明、補充，如《禮記·坊記》、〈學記〉等。（三）「論」：分析和說明某一事理，如：唐徐勣《周易新論》。（四）「說」：多指前人的傳註、義疏之外的新見解，提出一家之言者。另外尚有「制」、「解」、「問」等不同名目。
上述內容詳參夏傳才，《十三經概論》（台北：萬卷樓出版社，1996 年），頁 26～34。

事物做出說明，而非表達。這種詮釋處理的，關乎建構一個眞的陳述過程，亦即將理解帶入陳述之中。分析是一種詮釋，需要分析時的情感也是詮釋，經由主體情感外放形成的分析，是一種派生形式，受制於主體觀感，從「說明」的過程中，爲理解提供了活動的場所，故這種依附經典的分析，導出原意，不僅是重複陳述，一方面說明了經典，另一方面假經典說明了自己的意圖。

　　第三種指向，詮釋可作爲「翻譯」（to translate）。翻譯是「帶入理解」基本詮釋過程中的一種特殊形式。從空間而論，翻譯是經由語言的媒介，傳輸至另一種語言的詮釋；時間上的翻譯，則要通過歷史的綿延，以詮釋者當下的語言，對早期經典加以翻譯。〔註2〕總結以上三種指向，可歸結出詮釋學上的兩種基本規則，一爲「說明」，強調的是將經典本意引導出來，並剖析說明；其次是「帶入理解」，由主觀者角度，將個人背景的前理解與主體觀點帶入經典中，來表達己意。前者重視客觀「釋出」，後者著意於主觀「釋入」。〔註3〕經典詮釋時，此三種指向的二種基本原則，無可避免會影響到詮釋時的態度問題。將此觀點加諸中國經學的反思，亦有異曲同工之妙。

　　經學的書面化，記載著先民智慧與文化典章，《論語》有云「頌《詩》三百，授之以政，不達；使於四方，不能專對，雖多亦奚以爲。」「興於《詩》，立於《禮》，成於《樂》。」「不學《詩》，無以言！」「不學《禮》，無以立！」「《詩》，可以興，可以觀，可以群，可以怨，邇之事父，遠之事君，多識於鳥獸草木之名。」〔註4〕等語可知，光是讀頌不足以知經典原意，更要實踐躬行，才是眞知其大用。原本意味著須口頭闡釋，親身力行的內容，一但變成書面形式後，原本被賦予的「表達」功能，因此被阻隔。後人閱讀時，本身的閱讀行爲，乃基於個人前理解基礎下將主觀意識「釋入」於經典中，已不再完全複製經典原意了；此外，經典的重新詮釋，也象徵著一種「翻譯」行爲。語言在時空綿延中不斷地被創新或改造，不合時宜的語彙則被淘汰，繼

〔註2〕 以上詮釋學三種指向的觀點，參考帕瑪著，嚴平譯，《詮釋學》第二章〈hermēneuein" 和 "hermēneia"：它們古代用法的現代意蘊〉（台北：桂冠出版社，1997 年 5 月），頁 13～35。

〔註3〕 關於詮釋學的兩種基本規則，參照魏師元珪，《老子思想體系探索》上冊，第一篇第十三章〈從解釋學原理論老子道德經之釋義問題〉，頁 197～204。

〔註4〕 例一參見《論語・子路》，例二見於〈泰伯〉，例三、四見於〈季氏〉，例五見於〈陽貨〉。

而走向滅亡。詮釋的結果在歷經時空隔閡及詮釋者理解能力的多寡下，都會造成影響，故主觀「釋入」著重將一己觀念帶入詮釋之中，並加以翻譯；至於「說明」的詮釋，則重視將經典的原意作出理解及說明。歷代經學家的解經之舉，無論是訓詁或義理顯發，目的不外是透過分析、說明，客觀的「釋出」經典本義，這種依經詮釋，性質上雖著重於客觀分析，仍不免受到詮釋者主體觀感及能力所囿。經學家註解諸經秉持的意念，不外上述三種指向。「說明」本意上是偏向客觀的，但在「說話」與「翻譯」時，個人前理解、生存年代背景、學派分殊等，皆成為解經的設準，因而添加了主觀成分。故由此可知，詮釋時主客間皆不可偏廢，亦不能拘泥任何一方。

除了個人理解的差異，尤不能忽視環境與歷史造成的不同詮釋。解經家判斷標準受到外在客緣因素的影響，使得經典詮釋不可能找到一固定不變的法則。如狄爾泰曾云：「唯有通過歷史而非通過反省，我們才會最終認識自己。」其所指「歷史性」（Geschichtlichkeit）有兩種內容，一是：人通過生命的具體化而非內省來理解自己：這是說明人必須透過過往歷史的表現，才能理解自己；二是人的本性並非一固定的本質：即人並未決定自己將會成為什麼，其所意想的東西，須有待歷史的裁決。〔註5〕按照狄爾泰之說，人對自己的認識是源自於歷史，換言之，歷史構成了生命價值與判斷準的，故人無一陳不變的判準。因此，解經家生存時代背景及個人經歷，也主導著詮釋目的與結果。經學得以傳承而歷久彌新，即仰賴著它獨具的開放性詮釋性質，在思潮凝聚的「時代課題」下，不斷地重新闡述創造，一則可以假經典申訴己志，二則透過詮釋將經義時代化，符合時勢所趨，進而作為身修治世的根本原則。

是故作為開放性文本的經學而言，解經家皆可以時代為依傍，個人理解為中心，謀尋主觀下的最佳詮釋，其標準即在解釋文本的可信度與有效力。〔註6〕唯有經典上書寫過的文字，為他們必須遵循的客觀文本，在不同解釋背景下，有著既個人化，且富有時代意蘊的詮釋。以下撰者將以時代為前提，廣泛探討明末清初經世觀點下經典詮釋的意涵；其次縮小範疇，以本論文中

〔註 5〕參見帕瑪，《詮釋學》，第八章〈狄爾泰詮釋學中「歷史性」的意義〉，頁132～134。

〔註 6〕就詮釋學一辭的希臘涵義可知，詮釋是傳遞著宙斯的信息，並使人相信傳遞者能如實地傳達宙斯的意見，是以詮釋仍然有對錯可言，其標準就在解釋文本時的可信度與效力，亦即最能自圓其說的詮釋者。此符合了真理的融貫說，否則詮釋學將落入主觀主義之下。

心主旨的《論語》學，作爲討論的第二步驟，以明當時《論語》學走向及其
所以然之理。

一、經世觀點下經典的再詮釋

　　在第一章中，撰者透過外緣背景與明清之際儒學課題的發展等兩大面
向，以論說儒學由偏重心性走向經世實學的原因。從社會層面來看，當時政
治倫理的紛擾敗壞，當權者私慾貪婪，使得政局陷入一片不安定的狀態。隨
著上層利益間強取豪奪民脂民膏，導致以農業爲主的經濟制度瓦解，社會呈
現一片紛亂的景象。環境的動盪不安，激起了儒者們價值觀的革新，一則開
始重新省思先秦孔孟之儒以民爲主的觀念，分別由制度面、道德價值觀等向
度，倡言仁政觀念；二則由經濟制度轉型的過程中，從而以義利可兼得的情
況下，正視工商經濟的合理需求。其次，以儒學發展課題脈落省視，宋明以
來「尊德性」的理學，至明代中期以後日趨極端，混知識與道德爲一的心性
之學，無法與社會現狀相結合，亦不能解決時政的雜嚷；復因心性之學發展
至極端，學術流於空談不切實際。在此內外因素交互影響，且面臨民族存亡
之秋，明末清初學者開始對理學提出反省，間以經世致用爲訴求展開個人的
儒學思維。

　　依經論述，明經達用，乃當時學者作爲儒學反思、政論依附的憑藉之一，
透過儒家經典賦予時代意義，一來可爲自己論點作出佐證，加強說服力；二
來經典經由不斷流傳註疏，得延續本身價值以符合世需，形成一種時代學術
的共同意識。顧炎武《顧亭林文集·與人書三》，卷四曰：

> 孔子刪述《六經》，即伊尹、太公救民於水火之心，而今之注蟲魚命
> 草木者，皆不足以語此也，故曰：「載之空言，不如見諸行事。」夫
> 《春秋》之作，言焉而已，而謂之行事者，天下後世用以治人之書，
> 將欲謂之空言而不可也。愚不揣有見於此，故凡文之不關於六經之
> 指，當世之務者，一切不爲。而既以明道救人，則於當今之所通患，
> 而未嘗專指其人者，亦遂不敢以辟也。

顧炎武的文學觀以「文以載道」爲主，認爲文章須合於世用，這是經世觀念
萌生的思想。後人評此章明確點出其經學觀在於實用，倘若經書只是章句名
物註解，則無法發揮其實際「救民」的功效。這裡明確指出經典功能應落實
於政治上，並以救民爲依歸，甚至是寫作爲文，其目的也應是合乎於明道，
切於當世之務。儒經「明道致用」形成經世學者的共同意識，他們鑒於民族

存亡而對宋明理學偏重章句註解，載之空言而深感不滿，唯有如何能突破經典的書面文字，並與當前時勢現況相結合的應用，方爲著重所在。另於《顧亭林文集‧與友人論學書》，卷三則曰：

> 竊歎夫百餘年以來之爲學者，往往言心性，而茫乎不得其解也。命與仁，夫子所罕言也；性與天道，子貢之所未得聞也。性命之理著之《易傳》，未嘗數以語人。其答問士也，則曰：「行己有恥。」其爲學，則曰：「好古敏求。」……愚所謂聖人之道者，如之何？曰：「博學於文，行己有恥」，自一身以至於天下國家，皆學之事也；自子臣弟友，以至出入、往來、辭受、取與之間，皆有恥之事也。……嗚呼！士而不先言恥，則爲無本之人，非好古而多聞，則爲空虛之學。
>
> 以無本之人，而講空虛之學，吾見其日從事於聖人而去之彌遠也！

此段進一步論述了學術如何落實之方。聖人之道的實踐，廣則博覽知曉天下國家之事，近則注重個人人倫間的往來相受，舉度皆能合宜，行己有恥。他除了將章句之學視爲虛學，對於心性之學當作孔孟道統，亦不贊同，唯有將聖學落實於世，以百姓福祉爲依歸，方乃眞正聖人之道。此處可見得經世學者普遍具備的淑世性格，認爲生命應由形而上且須無止境修養的心性之學，落實到形下生活之中。

與心性之學相較，經世學者以禮則舉度等人倫之理來作爲修身依據，至於如何形成這些人倫之道的所以然之理，則非深入探討的課題。其經義詮釋乃爲了關懷現實生活中種種問題而萌發，非由心性境界的本體論著眼，發展出立異於宋明理學家的觀點。而宋明儒者重視本體義的體悟，無論是程朱由外而內窮究事物之理以致本心之知，或是陽明由內而外致本心的良知，皆是將心性作爲道德體證及知識認知的第一義，著重本體義思惟發揮；至於經世學者則從實際功夫始論，把「聖人」境界從德性修養轉化成形下以救民救世爲主的淑世者。又如唐甄有云：

> 唐子曰：「學道何如？」（大邾）曰：「儒者，世之宗也；身者，人之表也；心者，事之本也。君子欲易世，必立其宗；欲正人，必端其表；欲善人，必務其本。諷頌《三詩》，定卦，索象，秉《禮》，道《書》，合《春秋》之邪正，皆所以閑身也，皆所以養心也；審人倫之則，探性命之微，根於誠信之地，而往來仁義之塗，堯舜雖遠，趨焉如躡其跡也，立焉如合其影也。……此古人所以日夜孳孳，至

於老死不倦也。」唐子曰：「子之言信美矣！雖然，聖賢之言，因時
而變，所以救其失也；不模古而行，所以致其眞也。昔者先師既沒，
群言乖裂。自宋以來，聖言大興，乃從事端於昔，樹功則無聞焉！
不此之辨，則子之美言，猶爲虛言也夫！」〔註7〕

大瓠認爲儒者爲世人宗法對象，故須由心立本，並以五經作爲養心修身之道，
透過其中義理之顯發，進以明人倫，從而探求性命之幾，以誠信仁義爲立身
處世的根源。聖人儀則雖遠，德性仍見於經典，儒者可依此循跡尙友聖賢，
並重現聖人風範；然而，聖賢之言乃循世風之缺而作，會因時、地之別有殊
異，倘若一味模仿，反而誤解聖賢之訓，也不敷實情所需，而況近世理學家
只重個人修身，無事功建樹，與眞正聖賢所距甚遠。大瓠以心性之學說明儒
者應行之「道」，並以儒經爲典範，作爲遵循依據；唐甄則從經世實用的社會
觀點，省視聖人之道不僅是個人獨善其身，更應實踐經典中的「治道」，積極
實踐躬行，建立爲民所需的事功之學，故文中復云：「儒之爲貴者，能定亂，
除暴，安百姓也。若儒者不言功，則舜不必服有苗，湯不必定夏。」以德性
爲基礎，利民厚生爲目標，倡導兼及人民百姓公利的事功之學，雖未直接明
言經典價值，然其贊成「明經達用」昭然若揭。

　　孟子曾稱孔子爲「聖之時者也。」〔註8〕「時」有適時之意，指稱孔子能
因時制宜而有合理的舉動。不拘泥古法，順時而行，這是聖人行事準則與態
度，至於以前代之事爲殷鑑，是希望藉著歷史的痕跡，作爲後世儀則舉度。
唐甄不是不重視聖人心性修養，而是認爲能將德性廣披於民愈形重要，故倡
事功；經典如同歷史明鏡可供行事準則，卻不只是當作恭捧誦讀，高言空論
的依據。「時」與「用」方爲學者依經詮釋應遵循的方向。又曰：

夫講者，非辨文析義之謂也，所以淑其身，明其心也。若日取五
經之文而敷之，日取諸儒之言而討之，日取孔孟之言而述之；使
聽之者如鐘鼓之蕩於胸，如琴瑟之悅於耳，群焉推之以爲當世之大
宗師，君子則鄙之。其鄙之何也？以爲無益於人之身，無益於人之
心也……是何異於謝莊之塾師乎！謝莊之塾師，教章句，解文字而
已。〔註9〕

〔註7〕參見唐甄，《潛書・辨儒》。
〔註8〕參見《孟子・萬章下》。
〔註9〕參見《潛書・講學》。

師者講學非以文義辨析爲主，乃要「明心」、「淑身」，即使是以五經、諸儒與孔孟之言的探討，也不過是摭取經書之空言，無異於章句之學。至於眞正的學問，則應爲師友間實際生活的相互切磋，從做中學，互爲對方借鏡。故唐甄所謂的明心淑身者，是從現實生活中做起，這也是清初經世學者所特別重視的。

　　從上述可以得知，「聖賢之道」在清初經世學者的觀念裡，已經從宋明理學家的心性之學走向經世致用之道。然而，這並不表示他們不重視個人道德修養，而是在德性基礎上，將個人身修轉爲對天下百姓的熱愛，以大眾福祉爲欲臻及的終極目標。作爲「聖賢之道」下書寫的經典而言，自然肩負起這個神聖任務，故經世學者將其視爲一種傳達聖學之音的憑藉。秉持先秦時代政教合一的觀念，將經典當作治國施政應遵循的準則，卻更深切體會到「時」的重要。他們在朝代更替中體悟到「時」的變遷，故視經典爲一種精神意義上的價值。事隨世變，應著重眼前世界的變化而提出改革之道，唯有先聖先賢淑世救人精神，才是該信守的原則。因此，時代更替牽動了學者的共同意識，以經世實學爲基礎的「時代課題」一反前代，別異於前代的註疏紛紛出籠，標榜著能眞傳孔孟之道，又富有經世意蘊的註疏，則成爲經典再詮釋的充要條件〔註10〕，誠如李塨〈論語傳註序〉云：

> 《論語傳註》成，作而歎曰：「於戲！吾乃今而知孔子之所以爲萬世師也。孔子承堯、舜、禹、湯、文、武、周公之傳，所自居者好古敏求，斯文在茲。其教人學則詩、書、禮、樂、兵、農，行則孝弟、仁義、忠信、篤敬，莫可易矣！而其爲後世坊，又何知之神慮之遠也。不語上，不語性天，罕言命、仁，則知後世專以講性談天事者，誤矣！其論誦《詩》也曰：「雖多，亦悉以爲。」則知專以誦讀爲學者在矣！且存心養性，並不之及。惟教之言忠信、行篤敬，存養自在其中。又子夏以灑掃應對進退之末爲始，以本爲卒，是不惟上達不輕傳，即下學亦循循有序，則知立本，以及末與本立而末自舉之說，皆過矣！使後之儒者世守其傳而不變，少則習幼儀，務謹信；長則禮樂不斯須去身，求志以此達道，以此不騖高遠，不徒佔畢，禮樂何由亡？躬行何由衰？異端何由昌熾？民物何由沉淪？而學術

〔註10〕明末清初的經典詮釋，不盡然悉數是在經世觀念下所產生，亦有依循科舉制度或恪遵朱王學傳疏體系而來。故經世實學之於經典詮釋有推波助瀾之效，但並非構成當時詮釋的必要元素，而僅能以充要條件視之。

道傳何以日歧而日墮也哉？

李塨爲《論語》作傳註，目的不外是後世儒者不解聖人本義，是故有必要再詮釋以明聖人本旨。他繼承顏元「習行」的事功之學，強調由實際功夫的下學做起，並引以爲孔子之精神所在。其與《論語集註・讀論語孟子法》引程子：

> 讀書者當觀聖人所以作經之意，與聖人所以用心，聖人之所以至於
> 聖人，而吾之所以未至者，所以未得者。句句而求之，晝誦而味之，
> 中夜而思之，平其心，易其氣，闕其疑，則聖人之意可見矣！

從書中文字以玩味，精神領悟以探求聖賢至道的做法，大相逕庭。故由此可知，作爲開放性文本的經典，註解會隨著時代推移而賦予新義，延續其亙古常新的特質。形而上本體體證與形下經世等兩種不同思維的分殊，成爲宋明理學家與經世學者間懸殊的距離，進而對聖賢之道與經典詮釋有著卓然不同的理念。也基於他們的學術回顧，我們看到了時代課題下對前期理學家思維的批判，及其企盼經由經典的再詮釋，構築出以經世實學爲目的的價值觀。

除了時代課題下對前期理學的修正，儒學自身特質也可能影響了經世學者選擇依經詮釋，作爲學理實踐的依據。從儒家的歷史觀來看，他們對「歷史」的概念，呈現出一種「可逆」性與古今可互爲主體的特質。前者是指儒家對於「時間」的觀念，在「過往」與「現在」間可以交互影響；後者則是指儒家常爲了批判「現在」或引導「未來」，而回顧「過去」的歷史經驗，而「古」是主體也是客體，它的經驗可塑造「今」，而又爲「今」所詮釋。「今」也可以是主體及客體，因爲「今」從「古」演化而來，又可以賦予古代新義，因而二者相互依存且互爲創造與被創造的。〔註11〕故進一步說來，儒家將歷史的軌跡，當作一種理性的演化，歷史上治亂相乘規律性的更替，則可作爲人生與政治所依循的指標。因此，無論身處於何時何地，現在或未來，歷史殷鑑早已必然性的存在於當下，其理性原則是守恆不變的，並交錯於時間洪流的古往今來之間；過往的歷史經驗，在理性特質賦予下，供作當下與未來

〔註11〕以上參考楊儒賓、黃俊傑編，《中國古代思維方式探索》一書中，黃俊傑撰〈中國古代儒家歷史思維的方法及其運用〉一文，頁1〜16。黃先生主要將古代儒家的歷史思維中的「時間概念」分成兩大點作論述，論述重點如其前言所云：……古代儒家「時間」概念具有兩項特質：（一）可逆性（reversibility），指「時間」在「過去」與「現在」二極之間往復運動，使「過去」與「現在」夠成既分離而又結合的辯證關係。（二）古與今的互爲主體性（inter-subjectivity），「今」既爲「古」所塑造，但又能賦「古」新義。

的的引導，故以「古」爲基準點往「今」看，其理性經驗爲「今」的借鏡，故爲主體。反之，「古」的價值不在史料堆砌，而在於「今」的詮釋以賦予其價值呈現，故爲客體的敘述對象；再從「今」往「古」反視，透過「今」的詮釋，歷史意義重新被喚起，故以「古」爲主體的歷史被創造，「今」假客體角度作描述。相反的，立足於「今」的一切背景，是在「古」的歷史教訓下建構而來，故以「今」爲主體，「古」爲架構的客體。

上述繁複的主客關係說明了儒家史觀主張，乃是古今與主客間涵融並包的。儒家學者透過歷史治亂相生的循環，並以遠古聖賢與所傳經典爲師法對象進行詮釋，分布在歷史長流中的「理性原則」，則源自於聖賢本性之純善不惡，及其淑世於天下的成就。以上說法在清初經世學者的著述態度與方式下，得到了證明，從對宋明理學的反省與檢討中，認爲所言非爲聖賢之道，於是拋開理學束縛，上承原典，直接從經典內涵探求其本旨，並於明清之際紛擾的時代中，建立出一套特有的經世學術。於是乎「今」之經世學者，對歷史展開新的詮釋，特別是合乎當時代需求的部分，作了最肯切的疾呼，不僅是爲學術，也是實現經世理想與抱負。從「古」的歷史脈絡來看，經典再詮釋是賦予其新生命的展現，經世學者將經典內容融入時代與環境裡，使詮釋開始有了時代生命，更是一種再創造。然而，理學的痕跡並非全然被抹滅殆盡，只是他們選擇以當時整體環境爲優先的前提之下，以古寓今；理學範疇的部分內容，則成爲第二序的討論，並成爲比較與批判的對象。

總之，經典在經世實學觀點下的再詮釋，不外乎是時代環境塑造與儒學內部歷史史觀等內外關係所雜揉而成的現象。從普遍性通則來看，經典能流傳不綴，最大原因即仰賴學術源源不絕的傳承、閱讀、詮釋，甚至宛如一種信仰。可是我們探討僅限於經世觀點下的視野，此一範圍是否廣爲當時文人所接受，亦或只是一部份有志之士理想政治觀的展現，將再下點中繼續討論。

二、由朱熹至清初《論語》學的時代詮釋

唐代以前，儒者雖多以周孔並稱，然而政府立於太學者，則以五經爲科舉考試的定本，此時《論語》尚不能與五經等同而觀。至北宋初期，經義註解仍多尊唐人舊說，《論語》則仍以何晏《集解》，皇侃《義疏》、邢昺《疏》爲主。至二程以後，則將《孟子》、《中庸》、《大學》三者與《論語》並重。其云：

子程子曰：《大學》，孔氏之遺書。而初學入德之門也。

子程子曰：「不偏之謂中，不易之謂庸。中者，天下之正道，庸者，天下之定理。」此篇乃孔門傳授心法，子思恐其久而差也，故筆之於書，以授孟子。

程子曰：「學者當以《論語》、《孟子》爲本。《論語》、《孟子》既治，則《六經》可不治而明矣！」〔註12〕

夫《朱子語類・大學一》，卷十四云：

問：「欲專看一書，以何爲先？」曰：「先讀《大學》，可見古人爲學首末次第。且就實處理會卻好，不消得專去無形影處理會。」

亞夫問《大學》大意。曰：「《大學》是修身治人底規模。」

《中庸》的重視，早在周張之時，而《大學》義理彰顯，出於二程。二程將《大學》從《禮記》中單獨提出，並定爲孔子遺書，使其價值得以提昇；復次以《大學》首要之途在於修身治人，進而爲進取論孟之道的綱領骨架，以見其解經義理取向，乃由德性學習開始，因而置於《論語》之前，重要性不言而喻。再則，將《論》、《孟》作爲讀經書之前的旨歸要義，則可從兩方面解讀：一是讀經之前應先掌握儒學大旨，由淺入深，方能深入研究五經經義；一是指《論》、《孟》收攝了眾經精華，倘若不知宗旨，經讀得再多，也是枉然。自此《論》、《孟》地位提昇至經書之前，爲解經入門書。又《朱子語類・論語一》，卷十九：

《論》、《孟》工夫少，得效多；六經工夫多，得效少。

《論》、《孟》用三二年工夫看，亦須兼看《大學》及《書》、《詩》，

所謂「興於詩」。諸經諸史，大抵皆不可不讀。

朱子所言「工夫少」，即承二程先掌握《論》、《孟》要約而來。至於得效多寡，宜指讀書下手工夫淺深比對而言，非經效用果眞不如，故朱子也特別申明諸經諸史仍是不可不讀。

故《四書》的重視始於二程，朱子時合併定名，後於宋寧宗嘉定五年立《論》、《孟》於官學；寶慶三年將《四書》全部列於官學；元仁宗皇慶五年則定爲取士標準〔註13〕，自此爲明〔註14〕、清〔註15〕兩代所沿用，《四書集

〔註12〕以上三例分別見於朱熹《四書集注》之〈大學章句序〉、〈中庸章句序〉，及〈讀論語孟子法〉。

〔註13〕宋濂，《元史・選舉一》，「科目」，卷八十一，志三十一：「至仁宗皇慶二年十

註》則成爲往後五百多年來取士的定本。伴隨著《四書》發展到了清初，「論語學」的詮釋註解亦日亦蓬勃，至今尚存其書及存目者不下百家。當我們探

月，中書省臣奏：『科舉事，世祖、裕宗累嘗命行，成宗、武宗尋亦有旨，今不以聞，恐或有沮其事者。夫取士之法，經學實修己治人之道，詞賦乃摛章繪句之學，自隋、唐以來，取人專尚詞賦，故士習浮華。今臣等所擬將律賦省題詩小義皆不用，專立德行明經科，以此取士，庶可得人。』帝然之。十一月，乃下詔曰：『若稽三代以來，取士各有科目，要其本末，舉人宜以德行爲首，試藝則以經術爲先，詞章次之。浮華過實，朕所不取。……考試程式：蒙古、色目人，第一場經問五條，《大學》、《論語》、《孟子》、《中庸》內設問，用朱氏《章句集注》。其義理精明，文辭典雅者爲中選。第二場第一道，以時務出題，限五百字以上。漢人、南人，第一場明經經疑二問，《大學》、《論語》、《孟子》、《中庸》內出題並用朱氏章句集注，復以己意結之，限三百字以上。』」

〔註14〕明初成祖時，曾命翰林學士胡廣纂成《四書大全》一書，作爲科舉考試標準本，其中章句義理則不脫朱《註》要旨，《四庫全書總目·四書類二》，《四書大全》條云：「明永樂十三年，翰林學士胡廣等奉敕撰。成祖御製序文，頒行天下二百餘年，尊爲取士之制者也。其書因元倪士毅《四書輯釋》稍加點竄。顧炎武《日知錄》曰：『自朱子作《大學》、《中庸章句或問》，《論語》、《孟子集注》之後，……永樂所纂《四書大全》，特小有增刪，其詳其簡，或多不如倪氏……蓋頗講科舉之學者，其作輯釋，殆亦爲經義而設。故廣等以夙所誦習，剽剟成編歟？初與《五經大全》並頒，然當時程式，以四書義爲重，故五經率皆自度閣，所研究者惟《四書》，所辨訂者亦惟《四書》，後來《四書》講章，浩如煙海，皆是編爲之濫觴。蓋由漢至宋之經術，於是始盡變矣！』特錄存之，以著有明一代士大夫學問根柢句在於斯，亦足以資考鏡焉！」此處不僅說明了《四書大全》一書內容大要，更重要的是，藉由顧炎武《日知錄·四書五經大全》之語，道出了有明一代士子的讀書風氣，並簡略說出《四書》註解何以多如過江之鯽的理由。科舉偏重與士子需求，五經在當時不受重視，《四書》經義一躍而成學術所宗，然而註疏者雖眾，卻多以《四書大全》爲宗，故其不得不歎嘆云：「自八股行而古學棄，大全出而經說亡」了，詳參《日知錄·書傳會選》，卷十八。

〔註15〕《四庫全書總目·經部·四書類二》，清聖祖康熙著〈日解四書解義〉條云：「自朱子定著《四書》，由元明至國朝，懸爲程試之令甲，家絃戶誦，幾以爲習見無奇。實則內聖外王之道備於孔子。孔子之心法寓於六經，六經之精要括於《論語》。而曾子、子思、孟子遞衍其緒。故《論語》始於言學，終於堯、舜、湯、武之政，尊美屏惡之訓；《大學》始於格物致知，終於治國平天下；《中庸》始於中和位育，終於篤恭而天下平；孟子始於義利之辨，終於堯、舜以來之道統。聖賢立言之大旨，灼然可見，蓋千古帝王之樞要，不僅經生章句之業也。」當時《四書》流播之廣，不僅是士子們科舉考試所必讀，也深入民間一般百姓生活中。不僅被視爲內聖外王的依據，進而認爲是千古帝王施政應依循之樞要準則，故有必要彰顯其要義，故作《日講四書解義》一書，由此可知當時統治階層的重視程度。

究「論語學」之何以發達於明末清初之時，應先從《論》、《孟》的關係談起，夫《朱子語類・論語一》，卷十九：

> 孟子教人多言義理大體，孔子則就切實工夫處教人。
>
> 孔子教人只從中間起，使人便做工夫去，久則自能知向上底道理，所謂「下學上達」也。孟子始終都舉，先要人識心性著落，卻下功夫做去。

朱子拈出了其中學術差異在於代表孔子思想的《論語》，習以實事實理爲教化憑藉，從行動體會聖人至道，以達天道。〔註16〕孟子則是工夫與本體兩端共論，特別是要人先識本體心性，從存心養性中體證天理，行爲自能合乎於聖道。孟子雖然進一步由心性處著手，但朱子看來，卻不如孔子的「實」，反而容易誤會掌握心性便能知事理，流於空疏，故云：「《論語》不說心，只說實事；《孟子》說心，後來遂有求心之弊。」〔註17〕二者工夫雖異，以聖人爲終極準的則一。至於朱子《四書》閱讀排序將《論語》置於前，即有從事中求理之意。此處撰者假朱子之語，以表《論》、《孟》間義理趨向的別異，這並不能代表經世學者觀點下的經典詮釋視野，因爲雙方身處時代所形成的前理解，觀念差異頗大，只是暫由《朱子語錄》的劃分，以道出《論》、《孟》學理上的不同爾。〔註18〕《論語》中的孔子，從道德倫理、政治經濟、教育文

〔註16〕此處「下學上達」按程朱之說，爲下學人事，以達天道之意也。語出《論語・憲問》「子曰：『莫我知也夫！』子貢曰：『何爲其莫知子也？』子曰：『不怨天，不尤人。下學而上達。知我者其天乎！』」，朱《註》云：「不得於天而不怨天，不合於人而不尤人，但知下學而自然上達。此但自言其反己自修，循序漸進耳，無以甚異於人而致其知也。然深味其語意，則見其中自有人不及知而天獨知之之妙。蓋在孔門，惟子貢之智幾足以及此，故特語以發之。惜乎其猶有所未達也！程子曰：『不怨天，不尤人，在理當如此。』又曰：『下學上達，意在言表。』又曰：『學者須守下學上達之語，乃學之要。蓋凡下學人事，便是上達天理。然習而不察，則亦不能以上達矣。』」又宋・趙順孫《四書纂疏》引《語錄》道：「下學上達雖是兩件，理會得透，廝合只是一件。下學是事，上達是理，理在事中，事不在理外。一物之中皆具一理，就那物中見得箇理，便是上達。如：大而化之之謂聖，聖而不可知之之謂神，然亦不離乎人倫日用之中，但恐人不能盡所謂學耳！能學，安有不能上達者？」由引文可知，程朱下學是由《大學》格物以致知工夫所開出，透過窮究事物所以然之理的下學工夫，將事理一。其內涵不離道德哲學範疇，將知識論與道德論混同而論，而與經世實學家力主躬行實踐，兼得內聖外王的下學工夫殊途二分。

〔註17〕參見《朱子語類》，卷十九，論語一〈語孟綱領〉。

〔註18〕經典開放性的特質，使其能不斷的被詮釋，重新賦予新生命，例如《潛書・

化等現實人生的角度，教化弟子。追求古代聖賢之道，是其終身學習的目標，故有云：「我非生而知之者，好古，敏以求知者。」所謂「古」者，兼融了人文社會的一切道理，他要人從聖賢遺留的經典中，學習治人處世之道。並以「仁」爲中心思想，忠恕爲「仁」表現，所謂「己所不欲，勿施於人」、「推己及人」等忠恕之理的躬行，則成爲成德時的最爲具體的工夫實踐。因此，「論語學」在明末清初盛行，並爲當時學術所重，已不僅是科舉考試需求能一筆帶過，在時代脈動裡，透過新的詮釋，《論語》因而被賦予著經世的新生命。

目前學術界針對於清初「論語學」相關資料中，較爲重要的計有二篇：一是 1989 年，政治大學中國文學研究所王鵬凱的碩士論文《歷代論語著述綜錄》，該書以時代爲主軸，細屬自漢代以至清季《論語》書目綜錄，間以類別爲緯，將同時代者依其屬性予以分類。其採取其目錄學的作法，將書籍從類別中，找出共通點以劃分其類，並摘當中代表書目之提要，略述該書大旨；其次爲 1992 年逢甲大學中國文學研究所張清泉碩士論文《清代論語學》，此書將時代限定於清代爲研究對象，並依據王鵬凱研究基礎加以發揮，特別的是他專引《論語》之傳註爲對象研究，舉凡以《四書》爲題者，咸略而不談，類別以漢、宋學及間採二者等三類作劃分。透過以上兩書歸類，可清楚將清初乾嘉以前「論語學」風貌做一完整描述，撰者將從其著述爲底本，除將概略性描述當時「論語學」發展，更欲追究其學術形成的所以然之理。〔註19〕

蓋由他們的歸納，可將清初論語學分成：尊崇朱熹的時文之作、非時文之作而尊朱熹者，與朱學立異者、崇王陽明者、反王陽明者，調停朱學王學

宗孟》云：「心體性德，既已自修；天地萬物，何以並治？必措之政事而後達。襲者堯舜治天下，風之則動，教之則率，不賞而勸，不刑而革。後世風之而多頑，教之而多犯，賞之罰之而不以爲懲勸，於是爲政者又罔知所措矣！孟子則告知曰：『堯舜之治無他，耕耨是也，桑蠶是也，雞豚狗彘是也。百姓既足，不思犯亂，而後風教可施，賞罰可行。』於是乃求知者乃知所從焉。」宋明理學著重於孟子心性本體論的發揮，於個體成德以達天道的觀念中，相互辯論，到了經世學者如唐甄者，他所觀察到的孟子，已經從個體心性修養擴及至政治知達用的層面。同爲對孟子的理解，卻有著兩樣結果，經世學風的灌注，讓明末清初學者於經典詮釋歷程中，有著既實際又有時代性的解讀。故朱子確然地道出《論》、《孟》間的差異，而其中詳細的分判，則又非簡短數語所能道盡，假朱子之語僅在劃分二書學理的不同，特予說明之。

〔註19〕本文將不一一羅列當時，即乾嘉時代以前的《論語》詮釋書目，僅就重點書籍作概要的介紹，餘者請詳參王鵬凱，《歷代論語著述綜錄》，頁 261～274。當中巨細靡遺的記錄了當時《論語》以至於《四書》著述的全貌。

者等六類，歸結後約可區分出時文之作類、尊崇朱王之學類、與朱王學立異等類。以下將提綱挈領的分述之：

（一）時文之作類

該類指清初羽翼科舉考試者之作，此種書籍數量非常多，目的是爲了方便考生應試而作，內容不脫朱《註》之語，鮮有發聖人義理章句之精微處，故其學術價值有限。然而，我們卻可從這些爲數眾多的書籍中，推究當時科舉考試的盛況而知其所學，如：黃宗羲嘗云：

> 科舉之弊，未有甚於今日矣！余見高曾以來，爲其學者，《五經》、《通鑑》、《左傳》、《國語》、《戰國策》、《莊子》、八大家，此數書者，未有不讀以資舉業之用者也。自後則束之高閣，而鑽研於蒙存淺達之講章。又其後則以爲汎濫，而說約出焉。又以說約爲冗，而圭撮於低頭《四書》之上，童而習之，至於解褐出仕，未嘗更見他書也。此外但取科舉中選之文，諷誦摹倣，移前綴後，雷同下筆已耳。〔註20〕

科舉以《四書》爲定本，成爲明代以後士子鑽研標準，目的在功名利祿，並非確有義理思維的彰顯。取才在於能間負起國家重責大任，將經典之微言大義束之不觀，只從《四書》中諷誦摹仿八股時文，士子們溺於此而投身國政，非特《四書》義理不能深探，更遑論經典大義之學？是故黃宗羲慨然批判八股舉才之弊。〔註21〕從清初時文「論語學」著述之盛，則突顯出當時代

〔註20〕 參見黃宗羲，《黃宗羲全集》第一冊（台北：里仁出版社，1987年4月），《破邪論·科舉》，頁204～206。

〔註21〕 顧炎武對時文之弊亦有云：「『四書疑』，猶唐人之判語，設爲疑事問之，以觀其學識也。『四書義』，猶今人之判語，不過得之記誦而已。苟學識之可取，則劉蕢之對，止於一篇已足。蓋一代之才，徒以記誦之多，書寫之速而取其長。……亦何裨於經術，何施於國用哉？」上述乃針對明代科舉取士發其論，然而清初取士亦延用八股，故其語多可採之爲證。學者在八股格式與《四書》範疇限制下，可擬作爲題者不過數十道，可先於家塾中私作一篇，記誦後應試，因而稱此不過「記誦之學」，復以「明初之制，可及本朝時事，以後功令益密，恐有藉以自炫者，但許言前代，不及本朝。至萬曆中，大結止三四句，於是國家之事周始周終，在位之臣畏首畏尾，其象已見於應舉之文矣！」等思想的箝制，爲了科舉而讀書，已徒爲一種形式，擷取《四書》語句以阿諛獻媚，更背離聖人著經的原意。顧氏之說，使當時科舉取士弊端清晰可見，故以申述補充之。以上引文前者見於《日知錄·經義論策》，卷十六；後者見於同書同卷〈試文格式〉一篇。

另一種極爲現實的詮釋角度，功名誘惑驅使下，《論語》被當成工具價值而存在〔註22〕，從學術角度而言，這些書籍透顯的文字意義，不過是抄撮之學，疏甚有解釋特出者〔註23〕，故對義理及考據研究者來說，研究價值幾微；但若從史學觀點視之，則象徵著一種迥異於經世使命感的新詮釋，也證明了當時尚有著別異於經世實學思潮的存在；復以版本學觀點審視，書籍付梓出刊盛衰，代表著應用的頻繁度與需求性，甚至是印刷科技的發達流行。故此類詮釋形式價值雖不在於義理，卻仍在其他學術觀點中，同樣有其時代意蘊的展現。

（二）尊崇朱王之學類

顧名思義，此類著述詮釋的方式，是依循程朱或陸王一系傳承而來。詮釋者精神上受到了宋明理學的感召，或從程朱，或陸王，繼而闡述其學術遺續，以至於加以修正，符合經世需求。如：《四庫全書總目》評陸隴其《松陽講義》：

> 以四書不能遍及，蓋隨時舉示，非節節而爲之解也。隴其之學，期於潛修自得，不甚以爭辨爲事。惟於姚江一派，則異同如分黑白，……

〔註22〕《論語》被當成科舉考試的利用工具，如：《四庫全書總目·四書類存目》，卷三十七，清·魏裔介，《四書大全纂要》條下云：「是編以明永樂間所著《四書大全》泛濫廣博，舉家鮮能窮其說，乃採其要領，俾簡明易誦。然大全龐雜萬狀，沙中金屑，本自無多，裔介所摘，又未能盡除枝蔓，獨得精華，則亦虛耗心力而已。」清·刁包，《四書翊註》條云：「然其去取是非，總以朱子之說爲斷，不必自有所見。」清·紀克楊，《麗奇軒四書講義》：「其書不錄正文，每章約詁數語，大旨爲科舉所作」。這類科舉考試用書，內容不外以朱《註》或明·胡廣《四書大全》爲主，擇其要而刪枝蔓，方便士子歸納誦讀，終極目的是爲了舉業，而非義理精研，其著書形式則有類抄撮，而無己見。

〔註23〕以時文之作而有精闢義蘊闡揚者並不多見，如《續修四庫全書提要》引呂留良《四書講義》云：「留良學宗朱子，深疾禪學，以陽明之陽儒陰釋也，並疾之。又留良雖舉諸生，未幾棄去，於滿族入關，尤茹隱痛，國人甘心臣服而莫之異也。由於大義不明，蚩蚩者無論矣！號稱讀書之士子，溺心科第，時文之外，不知其他，留良有見於此，因而用之，故一寄其意於批選時文，與講解四書，以士子非此不觀也……留良之意，以爲欲明孔孟之道，必求諸朱子之書，故書中悉就朱注發揮，然體會有得，多有比朱注更精更切者，時亦自出己意，不能盡合朱子，亦或過於迴護朱子，不能盡衷於是，要之自成爲呂氏之書。」留良雖以朱注爲宗，而能提出己見，並將民族情感灌澆於《論語》詮釋中，詳參頁1395。又如江永《四書典林》、《四書古人典林》及方婺如《論孟考典》等書，雖爲科舉考試而作，然能於《四書》中人物、典章制度處詳加考核，是有助於對《四書》的考證也。

蓋朱子一生精力盡於《四書》，隴其一生之精力盡於章句集註。故此
編雖得諸簿書之餘，而抒所心得，以啓導後生，剴切詳明，有古循
吏之遺意，較聚生徒，刻語錄以博學之名者，其識趣固殊焉！

評李顒《四書反身錄》曰：

容之學本於姚江。書中所載，如大學格物之「物」，爲身心意知家國
天下之物，即物有本末之物。又謂明德與良知無分別。念慮微起，
良知即知善與不善，知善即實行其善，知惡即實去其惡，不昧所知，
心方自慊云云。其說皆本於王守仁。

又評孫奇逢《四書近指》云：

是編於四子之書挈其綱領，統論大指，閒引先儒之說以證異同，然
旨意不無偶偏……蓋奇逢之學，間採朱陸，而大本於窮則勵行，出
則經世，故其說如此。雖不一一皆合於經義，而讀其書者，知反身
以求實行實用，於學者亦不爲無益也。〔註24〕

以上例子分別代表三種不同詮釋類型，共同點是承襲宋明理學遺續，故這些
詮釋者的書寫文本，並非《四書》經典原旨，乃是基於宋明理學觀點下的再
詮釋。換言之，即以朱、王思想爲詮釋者的前理解，並將個人體會加以申述，
以建構其詮釋觀點。其中不盡然全是抄襲之作，如：孫奇逢便將時代思潮下
的經世思想滲入其中。有別於經世學者的是他們不反對朱王之學，而是將其
學術融入經世觀點來探討，俾能符合時代需求。

此類與前一類以科舉考試爲主的註經風格，有其異同。同者乃皆爲宋明
理學家《四書》章句義理的再詮釋爲主，只是時文之作僅從朱子學而來，而
遵從朱王之類者可細分成上述三類，尊朱只是其中一類；殊處可由詮釋目的
加以分別：爲時文而詮釋者乃是方便士子們舉業考試而作，目的既非身修，
也非治國平天下，只爲了成就功名，故闡發義理章句之精蘊者少，徒爲裁融
章句形式者多，以便於參考讀誦；至於承繼朱王之學者，多著重朱、王學對
自身啓發有感而作，內容或有墨守其學說，或有所闡發而檢討糾正及考辨補
充其說者〔註25〕，惟其著述大旨仍不脫宋明理學精神下的再詮釋。

〔註24〕以上三例皆見於《四庫全書總目・經部・四書類》，卷三十六。
〔註25〕此類能闡發而檢討糾正及考辨補充朱《註》者甚多，如：《續修四庫全書提
　　　要》引王夫之《讀四書大全說》云：「是書析理極精，於大全所引朱子之說，
　　　有絕非出自朱子，而爲門人所假託者；有雖爲朱子之說，而專詁某章，不
　　　可移之他章者；有的爲朱子之說，而亦不可從者。或意甚是，而說不詳者，

　　羽翼之作在漫漫時代中，爲理學於清代初年的傳承作了見證。程朱學的傳承，可視爲儒學內在體系在明清之際經世學說盛行外一種延續的聲響，同時也身受朝廷科舉以朱《註》爲定本的影響，翩然成爲理解《四書》的大宗。陸王學的接續，雖不爲朝廷所重而沒落，然仍有少數接其遺續者，如：李顒、孫奇逢等人。他們雖重視王學，卻已經能從勵行經世等思潮加以修正，以符合時代思潮所尙。由此可知，他們與經世實學家對於理學的詮釋，不是絕對對立而存在，反而在註經過程中呈現相融的局面，也印證了環境與時代等客體存在影響了詮釋者與經典生命的延續性。只是這些詮釋在學術史上多未受到重視，推究其原因有三：一是他們只羽翼了宋明理學思維，而理學又在朱、王手中達到全盛，故後學不過承襲而未有新觀點提出，成就未能超越前者而爲世所重；其次，縱使融入了經世實學的時代課題，在學術成就的影響上，難免爲了尊崇朱、王而有所限，反不如提出反省來得直接與深入；又其次則是乾嘉以後考據學盛行。在清廷文字獄興熾之下，學者們開使從事章句訓詁之學，以義理專長的宋學，相較之下愈形沒落，少爲人重視。〔註26〕

　　上述的觀點同時也證明了明末清初學術範疇中，以經世觀點爲「時代課題」所包含的兩種寓意：一是把經世觀點作爲一種派別，即先前論述的經世實學。從派別分立可知，經世學術下的視野僅代表部分學者思維，尙有爲數不少學者仍舊銜繼了朱、王之學；二是將經世觀點視爲時代思潮。以實學爲主的思潮已遍及當時，承襲朱、王之學者亦不能免俗將此番思潮灌注其中，使能普遍爲當時人接受。故清初以朱、王之學作爲「論語學」以至於「四書學」的解經家，說明了理學與清初經世之學間關係的密切性，只是他們選擇一條不同於經世學者詮釋的路數，卻也在依附的過程中，成就其時代意義與價值。

　　　而諸儒之說，又互有是非，皆一一爲剖辨之，駁正之，引申之。至於釋瓦
　　　狂謬解姚江偏見，分別尤嚴，曲盡洞達，詞暢而理無不顯，不徒爲《大全》
　　　諍友也。」又如其《四書稗疏》、《四書箋解》等書多能於朱《註》有所指
　　　正，詳見頁 1381～1384。其他書目則可參見王鵬凱，《歷代論語著述綜錄》，
　　　頁 265～269。

〔註26〕同上書有云：「清代學術史是以考據學獨精，大盛於乾嘉時期，以標榜漢學爲
　　　主。論者或以對明末王學之反動，對清廷文字獄之逃避爲其產生之原因，實
　　　則清康雍乾三朝盛世，編書、校書、刻書、編書目種種學術工作，使大批學
　　　人有安定而恬靜之環境，得以專心致志於研究，方是促成考據學發展至極盛
　　　之最直接而密切之原因。……自漢幟大張，學者承流向風，於是『家家許鄭，
　　　人人賈馬』，理學之作，至是乏人問津。」頁 274。

（三）與朱王學立異類

在科舉制度尊崇程朱之學下，尚有一派學者既不尊程朱，也不尊陸王。他們雖不崇尚朱、王而攻其說，但在詮釋角度上也非完全創新，而是站在立異的立場，加以辯駁，如：《四庫總目提要・經部》，卷三十七評毛奇齡《四書索解》條：

> 是書爲其子遠宗所編，本名《四書疑義》，有問有答。奇齡沒後，遠宗裒輯成書，存所疑而刪所解，名曰疑案。……其旨在於駁註，而其迹乃似於攻經，且據錫所序，其解已散見奇齡各書中，亦何必更出此書，蹈禪家機鋒之習？則非欲詁經，直欲駭俗耳！漢晉以來儒家無此體例也。

又評李塨《論語傳註、大學傳註、中庸傳註、傳註問》條曰：

> 是編解釋經義，多與宋儒相反。蓋塨之學出於顏元，務以實用爲主。故於程朱之講習，陸王之證悟，凡不切立身經世者，一概謂之空談，而於心性之學，排擊尤甚。其解《四書》，亦即此旨，……《論語》多用古義，亦兼取毛奇齡之說，如以無所取材，從鄭康成作桴材，偏其反而從何晏作反經合道之譬，則不免故相違迕，有意異同。……《傳註問》則仿朱子《或問》之例，一一辨其去取之所以然，辭氣多不和平，徒以氣相勝而已。

此類專務駁正者，學術態度多不贊同宋明理學以心性爲第一序討論的觀點，或如毛奇齡長於考證訓詁，或如顏李學派以經世實學的義理相詰等，以反映出當時對於朱、王學術不滿的聲響。爲求反駁理論有根據，於是上探朱、王學之前的古註，諸如：鄭康成、何晏之解，甚至直接由五經經義爲旁證，藉以作爲理學家詮釋觀點的比對標準，加以批判。在某種程度上，他們的詮釋可能更貼近古義，能較爲精詳的還原經典原貌，可是時空因素猶不免影響判準，多少也將時代思潮融入了經典註釋之中。

而這類詮釋容易起爭議的關鍵即在於：一來是他們不尚宋代以來的詮釋傳統，但理學所討論的議題，諸如心性、理氣等卻又在討論及辯駁範疇內，故究竟是作爲理學反動，或應視爲整體儒學內部結構的改變；其次，在以古證今的詮釋方法下，何者是承襲唐以前古註的觀點？或是當時代思潮下的產物及個人見解，也是亟欲區分釐清者；三既是站在相異於朱、王學立場設論，其立論客觀性與否等問題，也有待檢驗。

　　綜合上述爭議，實質上構成了此類詮釋價值所在，正因爲對古註的重視，得讓後世在宋學義理之外，能從不同觀點切入闡述《四書》；再者，學者態度上是以時代思想來駁正理學，更能突顯出思潮下所衍生的時代課題。故本論文以顏李學派「論語學」爲探討對象，廣義目的即是欲透過當時經世實學家的學術聲浪，以窺得清初儒學史的承繼與發展。不過，該類「論語學」發展終究是曇花一現，無法細水長流，考究其原因有三：一是這些學術只爲師徒間的私相授受，非科舉考試所必須，影響所及有限；二是理論雖有創新，卻不夠特出，如：論義理不若宋明儒精細，談章句詁訓又不若乾嘉學術的後出轉精，故漸趨沒落〔註27〕；三是時代思潮與課題有「時空」限制，當詮釋理念被後來學術取代，必然遭到淘汰的命運。

　　必須釐清的是，以上三種詮釋類型皆代表了時空環境下的不同表現，與「經世實學」觸及的討論範疇並不相同，不能等同而論。姑且只能由詮釋觀點中找出如「尊崇朱王之學類」的王夫之、孫奇逢，及「與朱王學立異類」的毛奇齡、顏元、李塨等解經家，乃是從經世實學爲基礎進行經典的再詮釋，以證明「論語學」與「經世實學」間的部分重疊兼融處，並間接說明「經世實學」之於儒學傳承裡，僅佔其中一類，而非全部。〔註28〕總之，從宋代理學家併論《四書》以來，其義理思維廣及元、明、清初三代，於乾、嘉考據學熾盛後方逐漸式微。期間無論是反對或羽翼者，都無法完全脫離理學家們討論的範疇。而生於明清之際的經世實學家們，面對著客觀環境與儒學體系演變，開始反省理學弊端，並考探經典原旨而加以駁正，不僅要以古註糾正宋明理學，更是鑒古喻今，吸取早期儒家詮釋精神以符合時代所需。

〔註27〕經世實學家善於從古註或其他經典的旁證，以求證經典本旨，並與理學家的詮釋作區隔。以「復古」作爲當時詮釋的共相，由某一層面來看，經世學者的「創新」，只是依循古註而賦予經典時代的意義而已。而況其註經目的是「明經以達用」，如何將經典旨意用於世，才是最關注的焦點。故他們在形上義理的詮釋不若宋明理學，而唐以前章句訓詁乃至乾嘉學術的發揚光大又未能及之，相形之下，在「論語學史」上確實不如其他時期來得有特色。

〔註28〕無論從思想史、哲學史、經學史等史學著作中，對於明末清初以至於乾嘉以前的學術，多以「經世實學」爲當時時代課題而一筆帶過，實則不然。從上述對「論語學」詮釋的分析可知，經世思想不過是當時儒學中的一部分，而非全貌。只是史學概略性輪廓的描述，與經世觀點下經典新銓的特別性，皆代表著當時學術新風貌的興起，故容易因此而失彼，忽略其他儒學思惟的呈現。

第二節　顏李《論語》相關著作概述

　　孔子死後，儒學分為八，在文獻考徵上較為具體而得其全者，則為孟、荀兩家。其中《孟子》在宋代以後不僅被立為學官，也由子部提升到經部。宋明理學家尤重其義理顯發，喜從性善、養氣等處發揚儒學精義，從自我立心開始做起。無論是程朱以形下氣心的明覺，透過格物致知功夫來照見本性；或是陸王心性是一，將心體視為道德心靈的感發融通，其論述大旨多不離本體、宇宙論之探討。明清之際，心性之學已不足以應付政經情勢的紛雜，有志之士如：明末東林學者、清初經世實學家等紛然併立，或像前者朝廷直諫，後者在野批判，都主張以「經世」為思想脈落的學術表徵。在此時代思潮影響下，上探經典原旨並加以新詮，成為學者們認知古聖賢之道的方式。作為孔學入門書《論語》的重要性，則更加被注意。

　　顏李學派反對程朱陸王之學，直指經典及唐以前古註來駁正理學之說，其學術復古跡象，可由宋以後的孔、孟並稱又恢復至周、孔並稱略見端倪。他們推崇周公制禮作樂為周代奠基與習行實踐的功夫，對於天人之際的問題的探討，不願深究〔註29〕，唯有將內在理性透過德治主義的政治實踐，方是關注所在。因此，記載孔子以至三代聖賢德行的《論語》，其價值性更超越了宋明儒心性觀點詮釋下的《孟子》。周孔與孔孟合論的不同，非只是表面尊崇差別，而是整體學術特徵的轉向。周、孔並稱強調周公於禮樂制度的建立，孔子則是春秋時代禮樂崩解後，承繼周公維繫封建制度的守護者；孔、孟合述，則著重孟子之於孔子所少言內在心性理路拓展。孔子下學以盡人事之理固是求道一途，宋明理學家更重視孟子「盡其心者，知其性也，知其性則知天矣！」立心一路。前者從禮樂制度面的社會哲學角度著眼；後者由形上的心性本體哲學處掌握，故學術途徑判然二分。所以顏李重視《論語》，有時代性與合理的需求性，合論其《四書》詮釋意旨固然可一窺其學術梗概，單從其論語著述的探討，則可深入探究其學術性徵矣！

　　顏李《論語》詮釋計有：顏元《四書正誤》及李塨《論語傳註》、《論語傳註問》等三部，以下將分別由註經年代及體例、詮釋方法、詮釋目的等面向，以了解各書詮釋大要，獨義理部份於第四至六章再行分述，本節將略述之。

〔註29〕顏李學派重習行，對於天人之際等超越性的形上課題多罕言之，即便談論到相關課題，也多從形下躬行處理解，詳見第六章。

一、顏元《四書正誤》〔註30〕

（一）註經年代及體例說明

《四書正誤》共六卷，書前後並無序文，亦無說明書成於何時。惟於《顏習齋先生年譜》五十八歲壬申年（1692）條記載有云：「七月，錄《四書正誤偶筆》，皆平日偶辨朱子《集註》之誤者，至是命門人錄爲卷。」又於六十五歲己卯年（1699）條云：「草堂名復禮，淑行好學，初年調和朱、陸，晚見益邃，著《四書集註補書正誤》，駁朱《註》訛謬，內入顏先生說。」此二條約略說明了成書最早應在壬申年後，至於其門人所錄《四書正誤偶筆》是否即爲今所見之《四書正誤》？又王草堂所據何本？「內入顏先生說」者指稱爲何？則未言之。

其次，按《四書正誤》，卷三〈述而〉篇云：

> 丙子七月十日卯，坐漳南書院南齋，思歲已秋矣！而吾學無成熟之時，真愧天哉。

卷二〈中庸原文〉，「子曰人皆曰予知」節云：

> 丁丑二月，儼講此章。予嘆曰：「夫子時猶勝今日也。試觀天下學者，莫道期月守否，知擇《中庸》者誰乎？莫道能《中庸》否，能均天下、辭爵祿者誰乎？」

其中丙子、丁丑的年份，則是顏元六十二、六十三歲時，即西元 1696～1697 年。與年譜相比較，丙子年四月顏元確然應邀前往漳南書院講習，至於丁丑年與學生顏爾儼講此解之事，則闕而未載。故由年代上的差距可證《四書正誤偶筆》非今本《四書正誤》，故此書完成時間也必然向後推延至丁丑年後。

復次，《正誤》屢提及顏元與王法乾論學，如《正誤·泰伯》，「子曰三年學」章：

> 嘗與法乾論此章之理最難者，因古人之學，都是做禮、樂、射、御功夫，到三年之久，便成許多經濟本領，鮮有不欲食其報者。若後世之學，雖終身不至穀，亦易事。

又〈先進〉，「子張問善人之道」章：

> 王法乾曰：「『不踐迹，亦不入於室』二句，一氣畫出箇善人來。註：

〔註30〕本點雖以顏元，《四書正誤》爲目，討論時則剋就其《論語》部分引申說明，不另討論其他。另外，以下引用《四書正誤》者，除須明辨討論者外，皆簡稱《正誤》。

『雖不必踐舊迹，而自不爲惡』，多轉了。」

按《顏習齋先生年譜》王法乾於己卯年（1699）四月十八日卒〔註31〕，他的卒逝說明了《正誤》內容應不至晚於己卯年後。不過，此推論須預設一個立場，即記載內容與成書年代必須同時完成。就目前資料來看，我們無法得知此書是否以追敘手法完成，倘若是，上述王法乾事可能是顏元追憶昔日舊事，除了關於兩人論學的條目可確定不晚於己卯年外，其他仍無法證明；倘若否，即內容記載與成書同時，方得證明《正誤》「應」在己卯年左右完成。

按上述三點推斷，可得出幾個結果：一是《四書正誤偶筆》應爲《四書正誤》所據之底本，而非同一書。今所見者已爲修定過的版本，增潤部分爲顏元自著或由門人紀錄，不得而知。因爲《習齋記餘‧寄桐鄉錢生曉誠》中言：「僕讀《四書》諸經亦有《正誤偶筆》，然不欲成書示人，尤而效之也」，若以此爲據，《正誤偶筆》可能僅是作爲辨朱《註》的紀錄而已，並未成書付梓，且倘若顏元一直秉此「重之以體驗，使可見之施行，……更不必分心力讀一書、著一說，斯爲眞儒之學」的態度，則該書更有可能係由他人所完成，而非假其手；二是由內容觀之，全書付梓年代應於丁丑年後，以其過世之甲申年（1704）爲下限，至於確切年份爲何，未有定論。

該書共六卷，卷一爲〈大學〉，卷二爲〈中庸〉，卷三、卷四爲〈論語〉、卷六爲〈孟子下〉，至於卷五〈孟子上〉已遺佚。其註經體例類似以「說」的方式來闡述己意，即於前人的傳註、義疏之外來表達己見，特別是針對朱《註》及宋明理學家言行所發的議論。註解形式上也非按條逐一闡述，而是舉其中欲說明及反駁之條目加以陳述。內容紛雜，義理與考據甚至是情緒性言語兼而有之〔註32〕，頗似其講學之筆記，而非刻意所著，是故該書所陳者，並無

〔註31〕《顏習齋先生年譜》，己卯年條：「四月，之恒心喪已闋，以未得往哭，猶不忍歌笑爲樂。十八日，王法乾卒，先生慟哭！爲之持緦服，朔望祭禮俱廢。五月，送法乾葬，爲謀家事，託其門人王懷萬，敎遺孤溥。」

〔註32〕情緒性言語如卷三〈論語正誤‧公冶長篇〉，「夫子之文章」條云：「朱先生門下想皆顏、曾乎？即皆顏、曾，能必皆自幼便顏、曾乎？何開口輒言性道乎？又何讀解至此全不悔過改圖乎？其註解經書之功，不敵其廢亂聖學之罪。讀講之弊，與晉人之清談同譏，流而爲浮文。誣世祕民之禍，先生不得不分其責。」又「子曰甯武子」章條云：「武子當邦有道之智，自當就立朝、議政、事君、持身上說，夫子必有所見，未可以書籍無明文而妄爲測度也。朱子竟以『無事可見』爲『智之可及』強解，可笑。新安陳氏又附會『行所無事』上講，是必欲毀孔就朱也。」

一定欲說明之理，而是以《四書》爲憑藉，將己意「釋入」者爲多。

（二）詮釋模式

顏元透過《論語》的註解，重新詮釋孔子義理思維，採取模式主要有以下三種：一是透過訓詁陳述己見，以駁朱《註》之誤；二是透過與時人的對話，以明經典之意；三是藉經典本意，直抒讀後心得。〔註33〕以下分述之：

1.透過訓詁陳述己見，並駁朱《註》之誤者

顏元對於朱《註》以訓詁及字義解釋的方法詮釋經典，大加撻伐，並駁斥訓詁作爲詮釋方法的謬失，如云：

> 試觀孔門論列人才，可以見孔子之教矣！亦可以悟吾人之學矣！至章句、靜坐之儒興，而孔子之道亡。莫道德行、政事全不可問，並言語、文學亦只在紙上，非復孔門之舊矣！
>
> 宋家諸先生學術，既失孔門之舊，流爲訓詁，訓詁又好插己意，添書中所無，使聖賢書都就自己學術。〔註34〕

又其《朱子語類評・訓門人類》第四十二條又說：

> 朱子言：某病此番甚重，向時看文字也要議論，而今都怕了。諸友可自努力，全靠某不得。
>
> （顏元評曰）：只說「看文字」，只說「要議論」，至死不悔。孔門經濟全廢，獨無一悔時乎？哀哉！「都怕了」三字可歎，更可憐。平生耗盡心神肺氣，可不早怕？

對於朱子的抨擊，顏元見解集中在學術致用上而言。在他的觀念中，爲學目的是爲了經世，而非鑽研文字詁訓，況且朱《註》著力處本在義理上天道觀與人性論關係的建立，與經世爲宗甚至是《論語》本義已有殊異，這都是顏元亟欲批判者，這不僅是表面對訓詁詮釋方法的異議，深度的意涵則在於對朱《註》義理解讀的不滿。可是，依經詮釋本來已包含解經家思維及身處時代的前理解，顏元也終未能背離此種詮釋方法，只是立足點的不同，因而解讀也有不同。〔註35〕如其云：

〔註33〕 由於此書似顏元講學筆記，內文詮釋方法駁雜不一，難以一統歸類。因此本點僅設限在他如何闡發個人思維以解經與駁辯朱《註》的部分，其餘支微末節則不述。

〔註34〕 前例參見《四書正誤・先進》，卷四；後例見同卷〈顏淵〉篇。

〔註35〕 曾素真，《顏元四書學研究》（台北：政治大學中國文學系碩士論文，1996年

〈子路〉：定公問：「一言而可以興邦，有諸？」孔子對曰：「言不可以若是其幾也。人之言曰：『爲君難，爲臣不易。』如知爲君之難也，不幾乎一言而興邦乎？」

《集註》：註幾云：幾，期也。《詩》曰：「如幾如式。」言一言之間，未可以如此而必期其效。

《正誤》：幾者，幾微僅就之辭，北方方言也。燕人於事物所爭不多，而僅成僅不成者，動曰「幾乎」。「其幾也」、「不幾乎」，正相呼應。「期」字之訓恐不似。

案：唐以前古註，如何晏《論語集解》「幾」者解釋爲：「王曰：『以其大要一言，不能正興國也。幾，近也。有近一言可以興國也。』」皇侃《論語集解義疏》也云：「幾，近也。然一言雖不可即使興，而有可近於興邦者，故云其幾也。」訓爲幾者，有近之意，全段解釋爲：定公問是否有一言可以興國之正者？孔子回答：「有一句話雖不能立即使之興，而有可近於興邦的原則，即人所云『爲君難，爲臣不易。』假若人君能知道爲君難所以然之理的話，那此段話不幾近是可以興邦了嗎？」古註是根據《爾雅‧釋詁》「邇、幾、昵，近也。」而來，朱子則依《詩經》將幾訓爲「期」。期者，有期待、期望之意，故朱《註》孔子回答定公之意變成是：「一語之間，未必能興邦而期待效用的展現。然則若能知『爲君難，爲臣不易』的道理，則必然會戰戰兢兢，而不輕忽職守。知此原則，豈不可以期待邦國之興乎？」前者是說明知此語而近乎可興邦，後者則以此爲興邦原則，二者解釋並不相同，也各有所據。至於顏元則採方言角度詮釋，認爲幾者是「幾微僅就之辭」，其義與古註訓爲「近」者相類，故「幾乎」有近乎之意。雖然其切入角度與古註不盡相同，但字義

6月），提及顏元反對朱《註》觀點可細分成三點：一是傳註詁訓，二是以心性之學訓解古籍，三是妄改經義以合己意，參見頁47～73。此三點按詮釋學觀點來看，反而是形成朱子解經特色所在。解經家受到客觀環境與個人理解能力的影響而有著殊別的詮釋，這如同經典再創造，而賦予了經典的新生命。故朱子由考據、義理等向度著手，一則把經義融入自己的理論體系中，將時代感「釋入」經典裡，二則藉由文本的客觀性「釋出」經典原義。顏元的批判，主要是因爲時代課題不同所致，同時也是經世實學的「復古」精神中，對朱《註》態度客觀與否的質疑。而朱子掌握的兩項詮釋方法——考據與義理，就方法而論，實則兼具了科學性的考探與時代性的思考脈動，合於自古兩大註經派別漢、宋學的詮釋法則，故顏元只能從朱子爲學態度上作反動，詮釋方法尚不免沿用之。

詮釋上則近之。又如：

> 〈子路〉：……（子貢）曰：「今之從政者何如？」子曰：「噫！斗筲之人，何足算也。」
>
> 《集註》：今之從政者，蓋如魯三家之屬。噫，心不平聲。斗，量名，容十升。筲，竹器，容斗二升。斗筲之人，言鄙細也。算，數也。子貢之問每下，故夫子以是警之。
>
> 《正誤》：註曰：斗受粟，筲受水。斗筲者，猶言飲食之人耳，非言容受少。

案：《集解》僅云：「筲，竹器，容斗二升。」皇侃《義疏》未作解釋。朱子則從《集解》之訓釋筲，後以斗筲引申爲今之從政者之氣量狹小。顏元不採朱《註》，而採斗筲本義爲飲食之具，藉以形容今從政者乃是尸位素餐而無德，後學李塨《論語傳註》進一步解釋爲：「……蓋量粟，盛飯之具也。今之從政皆飲食之人耳！本既不立，守亦不堅，何論德才？不足數也。子貢蓋不滿於今之從政者，故問士而歷及之聖賢，砭俗立教之意嚴矣！」從整段句義分判，子貢三次等下而問何者可稱之爲士？孔子回答一等之士使於四方，爲國而不辱君命；其次能稱孝弟於鄉里間；又其次是自己之言行一致。又問今之從政之人如何？孔子回曰：斗筲之人，不足算數。朱子從士之氣度識量爲詮釋基準，故將斗筲引申爲容量大小；而顏元從經濟習行觀點釋入，認爲從政者須德才兼備，即「行己有恥」之體與「不辱君命」之用需一如，而今之政客卻無才德，皆是只知飲食，尸位素餐之人。故可知二者釋「士」，朱子著重於士的品德修養，顏元則是修養與事功並重。

由上可知，依經闡明義理的思想家以訓詁爲詮釋方法，可以證明自己義理思維的憑據，而非空言。顏元反對朱子訓詁，在反對其專注於文字註疏之表，廢孔門實行之質〔註36〕，爲了駁正朱《註》，仍不免要假訓詁方法來闡釋

〔註36〕 其註〈泰伯〉篇「子曰禹」章時有言：……故曰：「有訓不如無訓，有詁不如無詁。」爾儼問：「若無註，人何由解惺？」予曰：「漢、宋諸先生只要解惺，教人望世亦祇要他解惺，故罄一生心力去注疏，去集註。聖人說出只要人習行，不要人解惺。天下人盡習行，全不解惺，是道明於天下也。天下人盡解惺，全不習行，是道之晦於天下也。道明於天下，堯、舜之民不識不知，孔門三千徒眾性道不得聞；道晦於天下，今世家講而人解。」顏元認爲聖人本義在習行，而非在文字上大作文章。另其〈存學編・由道〉章云：「聖人學、教、治，皆一致也。……故罕言性命，自處也；性道不可得而聞，教人也；立法魯民歌怨，爲治也。他如〈予欲無言〉、〈無行不與〉、〈莫我知〉諸章，

經義。

2.透過與時人對話，以明經典之意

通常註經時，解經家會採用其他善註，一則可佐證己之觀點，二則可保留其他解經家的詮釋，以茲參考。可是顏元卻甚少直接引用他註旁證，多是透過與門人朋友間的問答，申明其解經之意，如：

〈先進〉：子曰：「先進於禮樂，野人也；後進於禮樂，君子也。如用之，則吾從先進。」

《正誤》：問修己「『禮樂不可斯須去身』，夫子何日不用禮樂，怎說『如用之』？」對：「不解。」予曰：「是就出身行政、用禮樂化民成俗說，聖人酌所從，以挽文勝也。至今世，禮樂蕩然，莫道先進文質得宜之風不可見，求如周末文過其實，聊存一纖之餼羊，何可得乎？元與法乾家力行一二禮文粗迹，樂遂不可得聞矣！傷哉！」

案：何晏《集解》引包咸曰：「先進後進，謂士先後輩也。禮樂因世損益，後進與禮樂俱時得中，斯君子矣！先進有古風，斯野人也。將移風易俗，歸之淳素，先進猶近古風，故從之。」皇《疏》云：「此孔子將欲還淳反素，重古賤今，故稱禮樂有君子野人之異也。……先輩，謂五帝以上也；後輩，謂三王以還也。」又朱《註》引程子曰：「先進於禮樂，文質得宜，今反謂之質樸，而以為野人。後進之於禮樂，文過其質，今反謂之彬彬，而以為君子。蓋周末文勝，故時人之言如此，不自知其過於文也。……孔子既述時人之言，又自言其如此，蓋欲損過以就中也。」何晏與皇侃認為先進與後進之別，在於後者能因世損益，使禮樂合乎中道，而前者雖未能因世損益，卻也能知曉禮樂，有野人質樸之古風。孔子為能移風易俗，使民歸於素樸，故採先進之道。程子則視先進為合乎禮樂的標準，後進文過於質，故以古為尊而賤今。二者別異，存乎先後進對禮樂認知的不同，前者視禮樂至後進而完備，卻失去質樸古風，著重在時空差異性而導致移風易俗的可能；後者視愈古早之禮樂為完備，後來者重文失其質，特重道德觀念上的貴古賤今。

顏元解釋此章非依經文逐一解析，而是與修己的對話間接闡述。他認為禮樂乃賢士君子化民成俗之用，而聖人斟酌所用者，在於文、質間的中庸之

何莫非此意哉！當時及門皆望孔子以言，孔子惟率之以下學而上達，非吝也，學教之成法固如是也。」聖人之所以稱聖，乃緣於其治民、教民之功，故顏元重視下學之功若此也。

道。其後感嘆今世禮樂蕩然無存，將經典詮釋引申至現實中，酌以情意抒發，參入了時代性意義，有類讀後心得。又如：

〈衛靈公〉：衛靈公問陳於孔子。孔子對曰：「俎豆之事，則嘗聞之矣；軍旅之事，未之學也。」明日遂行。

《正誤》：儼問：「兵、農、禮、樂，吾儒本業也。靈公既問陳，夫子何不告之，而言未學乎？」予曰：「春秋時王章尚可舉，只兼并已開其漸。一種爭地城殺機，君子聞之疾首，觀其任用王孫貫，必已儘力講究此道，夫子又忍揚其波乎？況聖人治國，至理要道當訪求者多矣！而開口便問陳，可知其不足行吾道矣！故『明日遂行』。」

案：衛靈公問軍事陣法於孔子，對曰：「俎豆等治國行禮義之事，嘗有所聞，軍旅征伐之事則未學。」鄭《註》、刑《疏》云爲本末之事，即「治國宜以禮義爲本，軍旅爲末，本末立，則不可教末事也。」〔註37〕顏元不直接援引經典原文，而由弟子顏爾儼的請益，從歷史演進作回答，其意在於春秋時禮樂典章等制度尚可行，兼併之風雖已開其漸，對欲恢復三代以前聖王時代，以德治爲職志的孔子而言，又何忍講諸兵陣之事，衛靈公開口便問兵事，足見其道不同，因而隔日遂行。

鄭、刑註疏認爲軍旅甲兵者，同爲治國之具，賦予了兵事在德治思想中的合理性與需求性。兵、農皆爲顏元平日教導弟子習行之事，他逡巡的從史學觀點說明禮義於當時猶可爲，頗有治國宜以禮義爲本之意，有類於古註；平時教弟子所習行之軍事陣法的不可偏廢，也富有當時經世的時代性，寓古於今之道可見。

由上可知，透過對話的詮釋方法，將重點處的問答作爲解經時紀錄，是刻意地突顯經文或其教學歷程中應被關注的焦點。此方法在內容上已超過依經逐句闡釋侷限，而是在解釋過後，徵詢對方是否能知曉其意以舉一反三，或是時人解經疑難的再發問。顏元回答也不再按經文逐一發揮，而是依問題內容作進一步引申性解釋，故以主觀釋入其意者多，實際依經者微，其義理之殊別性也易由此展現。

3.藉經典本意，直抒讀後心得者

最後一種是透過經典本意，來直抒讀後心得。這種詮釋主要以個人體會程度爲主，由於不再依經文內容的逐句解釋而偏於主觀思維的興發，容易彰

〔註37〕見於《十三經註書本·論語注疏》，〈衛靈公〉篇，卷十五。

顯詮釋者的詮釋背景，其危險處則可能因為背景的預設，主導了義理走向，使得詮釋者視野侷限了闡述的客觀性。《正誤》多數義理詮釋即採此類，從中更可係分成兩子類，一是單純讀後情感的興發，二是情意兼得義理揚發者，資舉例如下：

〈子張〉：子張曰：「士見危致命，見得思義，祭思敬，喪思哀，其可已矣。」

《正誤》：觀「可已」二字，孔門所謂人品學術可想矣！後世不曰多讀、善作，則曰心性、天道，其實只是文人、禪宗，非吾儒也。僕于「致命」未逢其會，不敢信也，以下三者，四十年來拳拳不敢自棄矣！

案：《正誤》解子張所云「士」的四個立身之大節，無一從經文處詮釋之，而僅扣「可已」二字總結上述。通其意約略可知其讚揚者，乃是士於行為舉止的致命、思義、思敬、思哀四點，並據以為攻理學家只知讀書言天道性命之理，其後顏元以生命躬行的體會，道出其對思義、敬、哀的堅持與不敢棄守。通篇只記載他對子張語的讀後心得，後來讀者只能從心得與其學術大旨中，揣想顏元對此立身之節操的實踐，而無法透過文字的傳遞，表達對經文意涵的詮釋。又例：

〈季氏〉：孔子曰：「見善如不及，見不善如探湯。吾見其人矣，吾聞其語矣。隱居以求其志，行義以達其道。吾聞其語矣，未見其人也。」

《正誤》：「求志」，求其所志者也。謂當隱居之時，便汲汲用力，將致君澤民如兵、農、禮、樂等本領都作成片段，以待用。《註》下一「守」字，千里矣！蓋因其學與孔門別，故處處相齟齬也。

案：蓋隱居者，《正誤》認為隱居非如長沮、桀溺之流的辟世之士，應如孔子縱使道不行，也不忘有救天下之心。故顏元云「求志者」，是指隱居時以養儒者經世治國所志之志，從事兵農禮樂等軍政、財用、教化等功夫的學習，以待有朝能為國所用。無可否認地，顏元受到明清之際政局與經世實學影響而作此解，有其時代意涵，而「致君擇民」之條目乃出自他平日習行所學，不過皇《疏》引顏特進云：「隱居所以求志於世表」，似頗類其旨。至刑《疏》云：「謂隱遁幽居，以求遂其己志」其意未明。朱《註》云：「求其志，守其所達之道也。達其道，行其所求知志也。」顏元擊其「守」字，雖未明言，

從他對程朱學一貫的態度視之，應是對其持守心性等道德修養的內聖之志不滿所由發，即二曲云「志既與古人異」，並與孔學判爲兩途。此一子類的直抒胸臆語，未淳然是心得情感的抒發，而是依經文衍生出義理的引申，較易循其語意而知其義理脈落，莫如前者一味批判，徒以氣勝爾。

究此一「藉經典本意，直抒讀後心得者」之詮釋法，多是顏元對經義貫通了解後而抒其意，著重在己意的發揮，而不是就經文之意，逐一明析條釋，讀者若不能預先理解顏學的學術精神，則無法就其《正誤》作爲解經時的依據，因爲過多的主觀引申詮釋，目的是由經典內文以佐證自己的學術依據，而非單純只是解釋經文而已。此與前類詮釋方法的精神類似，多以己之詮釋背景「釋入」經典爲多。

《正誤》詮釋方法以經世實學爲出發點，極力駁斥朱《註》之謬誤，以期恢復古聖賢之學。其採取重點式，筆記式的摘其認爲重要處加以論述，有時亦不免僅纂述批評謾罵的情緒性語言，流於義氣之爭。通篇觀之，可推斷該書誠如《年譜》所載，爲顏元命弟子記其平日評朱《註》成《偶筆》一書，後增補成此帙。〔註38〕

（三）詮釋目的

顏元以實學爲出發點，重構孔學的義理思維，他對於論語學的論述，主要是針對宋儒講求內聖之學與批佛禪之虛無捨離人世所發，如云：

> 觀夫子論士與《家語》論儒，可謂悉矣！何不靜坐、讀講、著書之士、之儒耶？且「行己有恥」，必兼「不辱君命」，則本體、作用必不缺一。後儒冒認「行己」句謂可混也，「不辱君命」全不做功，全

〔註38〕曾素眞，《顏元的四書學研究》，第五章〈顏元的四書學評述〉中分述了《四書正誤》的六大價值貢獻與七點缺失，頁 105～135。在貢獻上，如義理之闡發、經義的實踐、史實典制名物之考證、文句的疏通、以經證經、洞識妄改經典之弊等，皆是顏元對朱《註》不滿的修正，然則另如孤證、流於義氣之爭、蔑視文字之商榷等，則是在主觀詮釋下產生的問題。其中值得注意的是，該文提及評點之泥古不合宜、或有曲解朱子爲禪學者，是由後設眼光評價，而顏學精神即在復先秦三代以前之古，其所謂泥古或視朱爲禪者，反而是他欲建構的理想政治藍圖與批判虛無之精神，其義理思維依循的精神可依此展現，至若梁啓超云習齋「他的唯習主義，和近世經驗學派本同一出發點，本來科學與精神極相接近，可惜被他『古聖成法』四個字縛住了。一定要習唐虞三代時的實務，未免陷於時代錯誤。」則是以評論整體顏學的角度出發，故泥古與批朱爲禪是否爲詮釋缺失，應端看顏元詮釋方法與學術背景所從之。梁啓超語引自《中國近三百年學術史》，頁 137。

不掛口矣！豈非孔門士外之士，儒外之儒哉？舉世罔覺，是以滅聖
道，誤蒼生，至此極也。鄉問一秀才曰：「兄看今世尚有一儒否？」
答：「無之矣！」嗟乎！至舉世無一儒，猶循靜坐、講著之覆轍而不
易乎？可以覺矣！〔註39〕

後世之士，既不學農圃，作小人事，又不好禮、義、信，坐大人事，
只好靜坐，好說話，好著書，好假聖人操存、慎獨，坐禪家心頭上
工夫，故不惟吾民之不敬服、用情，且致四方之侮害並至，不忍言
矣！請有心者淨眼一辨，尚是孔門之儒否？真於小人、大人之外，別
有一流儒生矣！又何怪世人夷儒於仙、佛，而並稱三教也！〔註40〕

顏元對於理學家與佛道仙家的批判，語意嚴厲而肯慨，目的是將理學家靜坐
慎獨，體認天理等即內在即超越的修養工夫，與孔學劃清界線。理學家固然
以孔孟道統自居，將理學從道德倫理的範疇提升為宇宙本體和普遍性的展
現，但對於實踐主義者的顏元來說，儒學強調經世濟民之博愛精神，「行」的
價值過於「知」。天人之際非不可言，只是非屬第一序之理，《存性編・圖跋》
云：

或曰：吾儒不言性道，將何以體性道，盡性道？余曰：「吾儒日言性
道而天下不聞也，日體性道而天下相安也，日盡性道而天下相忘也。
惟言乎性道之作用，則六德、六行、六藝也；惟體乎性道之功力，
則習行乎六德、六行、六藝也；惟各究乎性道之事業，則在下者師
若弟，在上者君臣及民，無不相化乎德與行藝，而此外無學教，無
成平也。」

顏元論述性道作用在於躬體力行。性道的體現普遍充斥於宇宙之中，惟獨習
行方得以知性，理學家鎮日追求的內聖之學在他看來，與佛老尋求人世間的
超脫之道並無二致，故書中多加撻伐。〔註41〕

〔註39〕本段參見《四書正誤・子路》，卷四「子貢問曰」節。經文如下：子貢問曰：
「何如斯可謂之士矣？」子曰：「行己有恥，使于四方，不辱君命，可謂士
矣。」

〔註40〕本段參見《四書正誤・子路》，卷四「樊遲請學稼」章。經文如下：樊遲請學
稼，子曰：「吾不如老農。」請學為圃。曰：「吾不如老圃。」樊遲出。子曰：
「小人哉，樊須也！上好禮，則民莫敢不敬；上好義，則民莫敢不服；上好
信，則民莫敢不用情。夫如是，則四方之民繈負其子而至矣，焉用稼？」

〔註41〕若如《續修四庫全書提要》言《四書正誤》題解云：「元為學主實用，惡宋儒
之空談心性，其言曰：『漢宋儒專以讀講著述為學，自幼少歷老壯，即一生心

顏元企圖藉由《正誤》闢佛老、批宋儒,他從《四書》中找尋證據,佐證經世理論的確然性,承繼孔學中經世道統。批判過程中,其思想特殊性油然而現,在經世時代課題風潮下,他勇於提於出見解駁正朱子《集註》不合潮流之處,惜爲科舉制度盛行及其識見所圍,終未能爲世所重。

二、李塨《論語傳註》與《論語傳註問》

(一)註經年代及體例說明

李塨《論語傳註》共二卷,根據《李塨年譜》並未明確記載成書於何時,不過其《論語傳註》前序云:「康熙五十七年冬十月己酉蠡吾後學李塨頓首拜撰」及凡例「己亥仲夏」,己亥爲康熙五十八年(1719),前一年應爲戊戌年,何來己酉年之說?據年譜己酉(1729)爲李塨七十一歲時,已至雍正七年,令人質疑序文究竟是李塨誤植,還是後人付梓刊刻之誤。考其相近年代,卻也無記載《論語傳註》撰寫及成書年代的蛛絲馬跡,只能以該書正確之年代記載,即凡例所寫,康熙五十八己亥年暫作成書時間的下限推斷。又《李塨年譜》於是年條云:

> 方靈皋遵宋儒者,而閱愚《傳註》,曰:「明潔簡快,有物有序。」
> 因自嫌其《春秋註》不文,欲重訂改。孟子曰:「讀其書。」論說傳
> 註,當令可讀,宋人語錄無論,朱子《集註》已有若干不可上口者,
> 豈可效焉?教長人曰:「學求有用,當人先求有用。目盡明之用,耳
> 盡聰之用,心盡睿之用,以至言貌皆然。若視聽言貌思,塊然頹然,
> 不端不靈,不大不遠,雖日講經濟,無所用之。」思身已衰矣!行
> 道無望矣!廣布聖道,傳之其人,是余責也。

此謂《傳註》者,不確然爲何,然其註經至今所存者共有《周易傳註》、《詩經傳註》、《春秋傳註》、《論語傳註》、《大學中庸傳註》等五部,就成書年代區分,《周易》、《詩經》等傳註成書於己亥年前,而《春秋傳註》則於戊戌年始註,至雍正四年(1726)方定稿。故方苞讀李塨之「傳註」者,不知是否爲《春秋傳註》,亦或是其他之作。又其《詩經傳註》題辭有言:

> 力爲之,故發明確透者亦多,然路徑不同,下手亦異,凡遇著實用功處,便
> 含糊脫略過去,或說向精微遠大處,更無親切開豁語。」。又曰:『宋儒正孔
> 門所謂小人儒,故其立言皆爲自己地。』又曰:『平生最厭宋儒,於聖賢書中
> 所無,添補己意。』又曰:『朱先生注解經書之功,不敵其廢亂聖學之罪。』
> 觀此可知是書之大旨矣!」頁 1393~1394。

　　至於五十始衰，自知德之將耄，功之不建矣！於是始爲《周易傳註》，
續之《四書傳註》成，甲午年惲子皋聞遠來。

甲午年爲康熙五十三年（1714），李塨五十六歲時。此段說明李塨《四書傳
註》成書最早將不早於其五十歲戊子年（1708），最晚下限則在甲午年前，可
將推測年代縮小至西元1708～1714這六年間。不過，今四存學會所編之《顏
李叢書》與《四庫全書總目經部・四書類》皆未記載其《四書傳註》。而《四
庫總目》云：「中惟《孟子》註未成。」至於惲鶴生〈李恕谷先生傳〉則明確
紀錄李塨有《孟子傳註》一書。〔註42〕又《年譜》乙未年（1715）一月，五
十七歲條記載其有「註《孟子》」一事，與《四書傳註》成書年代矛盾矣！
〔註43〕故此《四書傳註》是否爲《論語傳註》、《大學中庸傳註》、未付梓之《孟
子傳註》的總稱，亦如顏元《四書正誤偶筆》爲《四書正誤》底本而日有增
補，未有定論，惟《四庫全書總目》併其《論語》、《大學》、《中庸》傳註及
傳註問共述，約略可見其義理之一貫性耳，故由以上推論，暫推斷成書於1708
～1714年間。

　　依《論語傳註》凡例所云，李塨註經意旨大抵有三端，一是聖道遠而道
術晦：因爲漢唐註疏詳於訓詁，宋明儒多講性天，凡經世體用、禮樂制度等
聖道未彰顯，故有此註；二是聖人之旨未闡明：周孔之言辭達而旨遠，後人
於聖言未發，或雜註未能通經典原旨；三是不棄舊註：論註時不捨舊註而時
附註之善者，不好辯論，旨在好學。又如上引《年譜》五十七歲條所說，其
《傳註》受到毛河右先生的影響，極重視宋明以前古註，不以宋人之註解爲
滿足。該書不單從義理處詮釋，也重視文字章句的訓詁，蓋李塨認爲章句文
字考探有助於釐清聖人旨意，經世之禮樂制度、地考官名也可致其用以明時
代價值，不得略而不述，故其註經體例與顏元《四書正誤》大不相類。形式
上，《論語傳註》乃按經文逐條分析，經在前而註在後。註解時先以章句、制

〔註42〕惲鶴生所著，〈李恕谷先生傳〉，請參見清・馮辰、劉調贊撰，《李塨年譜》（北
　　　　京：中華書局，1988年9月），附錄二，頁229。
〔註43〕李塨，《恕谷後集・送古季子西歸秦中序》，卷二則云：「華州古子季榮以今歲
　　　　乙未二月來問道於予。予衰老頓訥無以益也。……季榮不以爲非，將予之《四
　　　　書傳註》、小學與禮樂射御書數諸書皆鈔錄其貌，……中秋節屈季子謀歸，元
　　　　酒酹月，實聞茲言。」李塨明白表示其有《四書傳註》一書，當季榮請益與
　　　　鈔錄其著作時，已是二月以後之事，其謂註孟子爲一月事，即有可能完稿在
　　　　此時，至於後來何以《孟子傳註》會遺失或如《四庫全書總目》的「未註成」，
　　　　則有疑義。

度、人名、文字詁訓等考證於其前，義理詮釋與陳述己見在後，由於不廢舊
註及其他善註，故凡兼採他人之說必註明其出處，若非與經世實學相牴觸者，
亦不斥朱子《集註》，而非一味守顏元語。除字義解析，尤重視禮樂制度而多
加旁徵博引詮釋解說，可供作理解《論語》時的佐證。該書詮釋傾向雖受到
顏元經世習行與毛奇齡重視訓詁的影響，大致仍能客觀吸收古註良善者而有
所發揮，就詮釋學基本規則論之，較爲重視文本客體的「釋出」。

　　《論語傳註問》共一卷，《年譜》亦未記載成帙時間，書序落款題爲「庚
子端月」，庚子年是康熙五十九年（1720），與《論語傳註》撰述年代相距不
遙，據此推測其成書年代應與《傳註》同時或稍後，爲同時期著作。該書仿
朱子《四書或問》體例，以時人有疑於《傳註》註解之問答而作，書序云：

> 愚註《論語》講經，論而不辯，意謂閑聖衛道，凡有心目者可知，
> 非樂一一與先儒辯也。既而思宋註異同漢唐，其時觀者駭，如今又
> 異同宋註，駭者必多，須明辯之，使其心帖。況先儒論道，原屬大
> 公，偶有譌誤，必樂反正，辯亦何傷？與馮樞天曰：「諸子當有説。」
> 樞天曰：「唯特拙難，難驟成經。」隨註隨有人取觀問者，應之無暇
> 錄記，既而又思雖賢詰發明，後此無窮，而當前主客，何爲隨言隨
> 湮也，乃間錄之。後衡水王宗洙閱《傳註》有所質，已而面談，豁
> 然歸一。宗洙曰：「非詳説，人未必盡解也。祈如朱子《或問》，逐
> 章剖之，因不得已，陸續爲《傳註問》。」

《傳註》論而不辯，旨乃傳聖賢之聖道，故於經世實學與顏學基礎下，躬承
父師之學而註，由註解方式傳遞學術，其中有疑難者則闕有未論〔註44〕；至
於《傳註問》則是用來說明解釋《傳註》註解依據的所以然之理，以明辨與
宋儒的分別，尤其是朱子《集註》的駁證。此外，李塨以聖人之道既具有客
觀普遍的特質，後人如有理解的偏差，若能改正，亦無損大道，據此爲其《傳
註問》成書，提出合理的理由。復次，提及了著書是源於李塨註解《論語》
時，應時人所問而思彰顯其註經本旨，因而隨時紀錄，至王宗洙與李塨論學
《傳註》後，乃陸續將所論逐章剖析成書。故書序點出了該書與《傳註》間
的差異，同時說明了著書的因由與成書時間，按此論述可知，是書產生年代

〔註44〕 〈論語傳註序〉著書傳承而曰：「塨承先孝愨命，遊顏習齋先生之門，教以從
　　　　事下學，今忽忽老矣！乃見聖道如此。故妄言之，以俟後之學者、傳者謂有
　　　　所受也。自孔門傳論聖道後散，考之先儒而躬承於父師也。注，註也。果聖
　　　　道不入歧路，則因文註釋如水之注地，霈然而相通也。」

應晚於《傳註》完稿以後，但內容卻是累積平時註經而來。撰者嘗試將其著書年代，由《傳註》成書下限的甲午年，至書序的庚子（1714～1720）年間，從《李塨年譜》中找尋他與王宗洙論學紀錄，發現己亥年（1719）條八月云「至棗強，宿鄭宅，晤王宗洙，為講《論語・入則孝》數章。已而諸生多來謁者，皆以聖學誘接之。」此一旁證或可作為他始著《傳註問》的上限，並推敲出該書的撰述時間為何。〔註45〕

體例上，該書採問答方式，問者摘其註與朱子《集註》之異處相責，由李塨回答。每章選其重要處加以駁辯，非逐條一一回應，由於以辯論形式就教《集註》，故語氣多不和緩。

（二）詮釋模式

1.《論語傳註》兼及古註與訓詁考證的詮釋法

《論語傳註》詮釋法較為單純劃一，以章句註解於前，義理闡述於後，若義理思維無須多加延伸者，則剋就章句詁訓等作解釋。闡述時人與徵引古說時，亦多能註明出處，一則可依此辨明其思想脈落，二能示其詮釋根據，而非憑空泛論，茲引證如下：

〈為政〉子游問孝。子曰：「今之孝者，是謂能養。至於犬馬，皆能有養；不敬，何以別乎？」

《傳註》子游，弟子。姓言名偃，吳人。言但以能養口體為孝，則雖不常供者，至於犬馬皆能有之，割烹以養父母，但不敬親，則無別於今人矣！《訪記》子曰：「小人皆能養其親，君子不敬，何以辯正？」與此同故。（唐）馬氏疏云：「臣少失父母，犬馬之養，已無所施。」（宋）王豐甫〈表〉云：「犬馬之養未伸，風木之悲累至。」皆言犬馬養親，無作人養。犬馬者何？註誤也。又包咸舊註：「犬以守禦，馬以代勞，皆養人者。」蓋漢魏間皆以犬馬養人比人子養親，其說亦通，故人臣亦因用之。汲黯曰：「臣嘗有狗馬病是也。」

案：唐以前古註何晏《集解》即云：包曰：「犬以守禦，馬以代勞，皆養人者。」一曰：「人之所養乃至於犬馬，不敬則無以別。《孟子》曰：『食而不愛，豕交之也。愛而不敬，獸畜之也。』」而皇《疏》亦云：「犬能為人守禦，馬能為人負重載人，皆是能養而不能行敬者，故云『至於犬馬，皆有能養。』」到了

朱子《集註》引申《集解》有云：「養，謂飲食供奉也。犬馬待人而食，亦若養然。言人畜犬馬，皆有以養之，若能養其親而敬不至，則與養犬馬者何異？甚言不敬之罪，所以深警之也。」「能養」與「犬馬」者，自古有二解，一如包咸所言：以犬馬喻為人子，養為扶養之意，即若人子養親，只是養而不敬，則無異於犬馬之服養人了。二解較廣為人知，養作飲食解，即犬馬之養以食，比之父母若養犬馬而無敬意，二者無別矣！蓋李塨此註承毛奇齡《論語稽求篇》而來。〔註46〕先羅列二說以明其旨意，後則以包咸古義與毛奇齡之詮釋為尚，並徵引其他證據，以駁從何晏「一日」以來的註解。又如：

〈八佾〉：孔子謂季氏：「八佾舞於庭，是可忍也，孰不可忍也？」
《傳註》：謂，私謂也。《魯論》凡無「曰」字者，皆私謂，如：子謂子產，子謂子賤之類也。有「曰」字者，皆面謂，如：子謂顏淵曰、子謂仲弓曰之類也。王草堂說佾，舞列也。春秋隱公五年，眾仲曰：「天子用八，諸侯用六，大夫四，士二。」杜預、何休謂：「八佾，八八六十四人，六則六六三十六人，四則四四十六人，二則二二四人。」服虔謂：「六八四十八人，四八三十二人，二八十六人。」王草堂曰：「春秋襄公十一年，鄭伯賂晉女樂二八，晉侯以一八賜魏絳。」是古人舞列，不論貴賤，皆以八人服說是也。季氏僭分至此，尚可容忍，孰不可容忍者刑疏，傷當時君之無權也。古廟有室在戶牖之內，其前為堂，在戶牖之外。堂前有階，階下為庭，歌在堂上，故雍徹曰：「於堂，舞在堂下。」故佾舞曰於庭。

〔註46〕毛奇齡，《論語稽求篇》註云：「今弟以養為能事，若論養，匪特子能之，即犬馬皆能之也。彼所不足者，獨敬耳，此是舊註正說。若人養犬馬，此何晏邪說之最不通者，不知朱子《集註》何以反遵何說而屛舊說，不一及真不可解。或疑犬馬為能養人？舊註『犬以守禦，馬以負乘。』皆養人者。古文云：『諸橫生盡以養諸縱生。』橫生指畜，縱生指人，養者，服侍之謂也。若人養犬馬，則人服侍犬馬矣！何可？先仲氏曰養有二義，一是飲食，一是服侍。曾子養曾皙必有酒肉，此飲食也。……至〈檀弓〉事親左右就養。註作扶持，舊嘗疑之，即事君事師亦曰『就養』則未聞。君就食于臣，師可往教，如：近世延師供膳者，然後知養為奉侍，非飲食也。」又《論語正義》節錄其《稽求篇》而云：「唐‧李嶠〈為獨孤氏講陪昭陵合葬母表〉云：『犬馬含識，烏鳥有情，寧懷反哺，豈曰能養？』……故馬周上疏有云：『臣少失父母，犬馬之養，已無所施。』……即至宋‧王豐甫〈辭免起復表〉亦尚云：『犬馬之養未伸，風木之悲累至。』」毛奇齡援引古註說明養為服侍奉養，犬馬指人子之意，而駁何晏以降謂尊古義之失，至若李塨乃採毛奇齡之註，明矣！

案：八佾者，何晏《集解》云：「天子八佾，諸侯六、卿大夫四，士二。八人爲列，八八六十四人。魯以周公故受王者禮樂，有八佾之舞。」朱子《集解》則云：「天子八，諸侯六，大夫四，士二。每佾人數，如其佾數。或曰：『每佾八人。』未詳孰是。」何晏僅述及八佾者爲六十四人，並未言及其他，朱子則羅列兩種說法，一是每佾人數與佾數同，及杜預、何休所謂「八佾，八八六十四人，六則六六三十六人，四則四四十六人，二則二二四人。」另一說是每佾有八人，其結果則如服虔的「六八四十八人，四八三十二人，二八十六人。」然朱子未能辨何者爲是，故疑之。李塨則引《春秋》襄公十一年，鄭伯賂女樂二八一事，以證服虔之說，並據從之。

其考證並非無稽而論，能旁徵博引古注與時人語，通其義而爲己之見解。然時以毛奇齡之見爲前理解，而刻意比較朱《註》之異同，爲其詮釋特徵矣！

2. 《論語傳註問》與時人問答，闡述經義的詮釋法

《傳註問》係對朱子《集解》之疑義而有所闡述，爲明辨與理學的區分而著。蓋李塨先由《傳註》彰明其詮釋意旨，後以《傳註問》釋其所以然之理，詮釋方法則是透過時人的問答，辯明朱《註》之訛誤，以突顯其義理或訓詁之異同，例如：

〈學而〉：子夏曰：「賢賢易色，事父母能竭其力，事君能致其身，與朋友交言而有信。雖曰未學，吾必謂之學矣。」

《傳註問》：問：「賢賢易色從邵氏說，何也？」曰：「舊註謂好賢人，不即下文交友事乎？易訓變，謂變好色之心以好賢，則但一色字，何以添出好色之心？《中庸》曰：『去讒遠色。』豈曰遠其好色之心乎？君子之道，造端夫婦，邵氏說似有關也。」

案：自何晏、皇侃以降，包括朱子解釋「賢賢易色」者，莫不如何晏《集解》所云：「易色，言以好色之心好賢則善也。」李塨《傳註》則採邵子昆之語云：「易，輕也。賢賢，重其德也；易色，輕其色也。此敦夫婦之別也。」顏元《四書正誤》亦註爲：「或云：此章是敦倫之學，『賢賢易色』是就夫婦說，不就好善，亦通。」前者釋「易」爲「變」解，將「賢賢易色」一語總括下面事父母、事君、與朋友交等倫理之事；後者將賢賢者，以夫婦間的關係當作人倫聚合之首，成爲對等關係構成的複句，由夫婦間的重德輕容貌，乃至事父母孝、事君忠、與朋友交信，形成具有先後次序等差之倫理關係的演進。《傳註問》解釋了爲何引用邵氏註的理由，即「色」字如何能轉變爲好色之

意，但終究未明言「色」自明確的意涵，此推證只從反面推論古註之誤，而未能確切爬疏其義，恐是推論舉證過程的省略，亦或是義理推證的遷強，則未可知耳。〔註47〕又例：

〈爲政〉：子曰：「由！誨女知之乎？知之爲知之，不知爲不知，是知也。」

《傳註問》：問《集註》：「是知，無自欺之蔽，不用何也？」曰：「自欺，不誠也。孔子以子路不明而教之明，非以其不誠而教之誠也。子路忠信見重於鄰國，安有自欺？但恐其兼人無前，誤認不知爲知，以自蔽耳。」

案：蓋皇《疏》云：「若不知云知，此則無知之人耳。若實知而云知，此乃是有知之人也。」朱《註》則承上而論；《傳註》有云：「子路粗率，或有認不知以爲知者，故子誨以知之之道如此，不然本不知之，而誤居於知，心之翳蔽孰甚焉。」解釋亦近乎上者。而《傳註問》則僅剋就朱《註》「如此則雖或不能盡知，而無自欺之蔽，亦不害其爲知矣！」發論，以「自欺」作「不誠實」解，認爲知與不知是教以明，而非教之誠，故否定朱《註》，其言下之意恐是將形下行爲層的「知」與道德層的「誠」分疏而論，故認爲子路於忠信等德性之「誠」無缺，其個性衝動，兼人無前的行爲則有待教之以明，因而作此解。然則朱《註》「自欺」者，是否應如李塨所謂作「誠」解，亦恐未必〔註48〕，頗有強詞奪理而爭氣之強也。

〔註47〕陳祖范，《經咫》云此條：「此夫婦一倫言。賢賢如〈關雎〉之『窈窕淑女，君子好逑。』〈車舝〉之『辰彼碩女，令德來教。』易色如所謂情欲之感無介乎容儀，宴私之意不形乎動靜。在婦爲嫁德不嫁容，在夫爲好德非好色也。」又宋翔鳳，《樸學齋札記》：「陽湖劉申受謂『賢賢易色，明夫婦之倫也。』〈毛詩序〉：『〈周南〉、〈召南〉，正始之道，王化之基。是以〈關雎〉樂得淑女以配君子，憂在進賢，不淫其色。哀窈窕，思賢才，而無傷善之心焉。是〈關雎〉之義也。』此『賢賢易色』指夫婦之切證。」蓋作此解者，多從《詩經》解其義，以夫婦之匹貴在好德，而非好容色，而人道始於夫婦的結合，故貴賢德。將「賢賢易色」作夫婦之倫解者，尚有劉寶楠、康有爲等人，詳見程樹德，《論語集釋‧學而下》（北京：中華書局，1997年10月），卷二，頁31～32。

〔註48〕朱子，《中庸章句》傳第二十章釋「誠者，天之道也；誠者，人之道也。誠者不勉而中，不思而得，從容中道，聖人也。誠之者，擇善而固執之者也。」有云：「誠者，眞實無妄之謂，天理之本然也。誠之者，未能眞實無妄，而欲其眞實無妄之謂，人事之當然也。聖人之德，渾然天理，眞實無妄，不待思勉而從容中道，則亦天之道也。未至於聖，則不能無人欲之私，而其爲德不

　　由上述可知,《傳註問》的詮釋態度明顯以朱子《集註》為駁斥對象,並透過時人發問以蒙發己意也。由於以辯證為詮釋方法,往往直訐朱《註》而批評,反不若《傳註》的引證精詳,也因為舉證不充分,使人有感其徒以氣勝而理論過於勉強之弊。但該書本以錄記時人疑問所著,故須配合《傳註》同覽,一則可解《傳註》之未盡,一則補充《傳註》所未揚發引申之意。尤其《傳註》以解經為重,思惟的闡發,則有賴《傳註問》,二者相輔成也。

(三)詮釋目的

　　李塨承繼了顏元的習行實學與毛奇齡的訓詁經學思惟,著成《論語傳註》與《傳註問》二書,藉由其〈論語傳註序〉〔註49〕,可知李塨傳述之目的有三端:一是傳孔子之聖道,即「詩、書、禮、樂、兵、農,行」之類。然此類學術不在吟詠誦讀之中,而是以務實的習行之學為要,須親自躬行體認;二是不語性、天等形上語。蓋顏李學派尚躬行實踐,認為周孔之道盡在下學中體會,非如理學家究天人之際以道孔門之學;三是躬行實踐須當下做起,由少而長永不停歇。下學功夫須持續守恆,由淺而深,由習慣成自然,若云:「少則習幼儀,務僅信;長則禮樂不斯須去身,求志以此達道。」是也。故李塨認為,道德不是憑空玄想或獨善其身即能滿足,而是要能兼及普羅大眾。身為有道君子的責任,即在修習治人之道,此道隱於經典禮樂,藏於兵農之中,有待君子發掘,進而學習它,運用它,所以道德須靠下學功夫以實踐,非以心性體認天道即可。

　　此二書付梓與《四書正誤》有二十多載差距,從詮釋方法比對,由早期純顏學的躬行實踐,與筆記式的教學紀錄,到訓詁義理兼具註解式的巨篇,都可看出顏元與李塨二人對於《論語》的不同見解與堅持。依照本章註一所謂經典詮釋的著述形式作區分,《四書正誤》與《論語傳註問》的形式有類於義理之學「說」的部分,即在前人傳註外參酌己意的新銓,呈現一家之言;至於《論語傳註》則是訓詁之學的「傳」類,即依經文逐句解釋經文、闡明

　　能皆實。故未能不思而得,則必擇善,然後可以明善;未能不勉而中,則必固執,然後可以誠身,此則所謂人之道也。不思而得,生知也。不勉而中,安行也。擇善,學知以下之事。固執,利行以下之事也。」聖人之德與客觀而超越的天理同德,故可不思而得,從容行中道;至若平常人,則須「謂反求諸己而所存所發」。此「誠」作為修身之道解,故不誠者,即指修身未能真實而無妄,與李塨由「自欺」解不誠者,大相逕庭。

〔註49〕 〈論語傳註序〉引文請參見頁98~99。

經義。由此可知，顏元詮釋目的是依經典發揮其主觀觀點的「釋入」，至於李塨《傳註》則是將義理建構在經文訓詁詮釋上，凡事講求實證，而偏重於經典客觀的釋出；然《傳註問》則充分表現出李塨義理思維的展現，不過其對象非直接從經典本身而來，而是對朱子《集註》的再詮釋與批判。李塨受了毛其齡影響，在治學方法上開始注重考據功夫，如云：「取其經義，猶以正我道德經濟。」這和顏元排斥文字之工〔註50〕，有了些許距離。不過在李塨重證據的詮釋基礎下，則使其論點有了依傍與根據，間接地，也在發揚顏學的過程中，將未及的理論一一補註分析，讓顏李學派「論語學」更加完備。就詮釋學來看，被當成開放性文本的經典在時空綿延歷程中，不斷被賦予著新的意義，也因此得以長存不朽，顏李二人「論語學」的闡釋，亦是在某一時空因素的和合上所形成，而反映了明清之際經世實學氛圍下的詮釋特徵，而這正是我們所亟欲探求的。

〔註50〕 如顏元，《朱子語類評‧訓門人類》「朱子言：『求文字之工，用許多工夫，費許多精神，甚可惜。』（顏元評曰）：『文家以有用精神，費在行墨上，甚可惜矣！先生輩舍生盡死，在思、讀、講、著四字上做工夫，全忘卻堯、舜三事、六府，周、孔、六德、六行、六藝，不肯去學，……千餘年來率天下人故紙堆中，耗盡身心氣力，作弱人、病人、無用人者……』。」

第四章　《論語》解經思想中的政治觀

　　明末清初的政治環境，是在一個背景相當複雜的歷史氣氛中形成的。明代覆亡，滿清以邊陲少數民族入主中原，象徵著不僅是皇室間的異姓，而是以異族身分統治了長久以來漢民族生活的土地。這樣的情況，對當時知識份子的影響頗深，尤其是以明代遺老自居的經世實學家。本章即從「經世實學家的政治關懷」始論，分別從「時代氛圍下的氣節表徵」與「經世實學家的政治理念」兩部分，廣泛地探討當時學者們的政治關懷，前者將藉由「隱居避世」與「講學救世」兩種矛盾對立統一的政治感受，照見他們在政局混亂下忠孝氣節的堅持；後者則從經世政治理念所透顯的時代課題，作一番陳述，故此節著重藉時代爲經緯，鋪陳出時代的共相。其次，「《論語》中經世政治觀的分析」則先分述《論語》解經思想中有關政治議題的部分，並從顏李思想特徵中突顯其政治理念的特殊性，進而探究此一時期顏李二者解經思想異同處。最後，「政治觀解經思想的批評及平議」乃從顏李對朱《註》的批判與平議等兩個面向作論述，前者是從顏李學觀點，對朱《註》以至於整體理學的批評加以說明；後者以時代與環境作爲詮釋的前理解，以明時代課題所導致解經不一的可能性，進而判別顏李政治觀點上的復古詮釋是否允當，亦或是時代課題的反照。

　　本論文論述至今，始終未明確分別經世實學思潮起迄點爲何，主要是因爲一個思潮形成，必有醞釀的歷程，此時期正主導著新思潮的萌芽，但也有可能代表著前個思潮衰落的開始或結束。若斷然以時間上下限劃分，撇開醞釀與衰落期略而不述，區隔出活躍於此時的學者爲代表，反易忽略了受到該思潮影響，卻又非屬此一時空限制內學者的學術成就，故撰者一直以較爲寬鬆的標準來看待「明末清初」時期的學術風潮，而非以年代限定爲區分標準。

〔註1〕可是，年代分隔亦有其可行與必然性，因為它彰顯思潮的成熟期，將時代課題發揮至極，更能表現出思潮特徵，倘若是不設限的寬鬆界定，反倒容易模糊焦點。簡言之，寬鬆界定適合綜向探討某一學術生、住、異、滅的歷史，後者則能於空間定向中闡揚其學術課題的精萃，各有其優缺。

故四至六章的敘述，將較為精細區分經世實學思潮的確切年代，以便於整理出其課題的共相。以往以明末到清初為一寬廣的範疇，也將縮小從清兵入關的這一年（1644）之後為起點，作一分期，特別關注於明亡後，對當時知識份子所產生的影響與衝擊。至於迄點，歷來看法不一〔註2〕，將採取學者林聰舜的看法〔註3〕，作為以後篇章舉例時，經世實學家思想的分期界限，特

〔註1〕撰者所謂寬鬆的標準，係從晚明萬曆年間東林黨爭興起，以至於乾嘉學術興起前的這段期間，即從經世實學的醞釀期以至衰落等這段期間而論。

〔註2〕對於清初學術應以何時為迄止點，有著各種不同的看法。依經學史的分期，如皮錫瑞《經學歷史》與馬宗霍《中國經學史》，皆以乾隆年間為分期點（1736）。從思想史上看，如王茂、蔣國保等著的《清代哲學》則將時代定於清康熙末年，約是 1640～1710 年；勞思光《新編中國哲學史》雖未明言確切年代區隔，但大致則以戴震以後為乾嘉學風的代表；韋政通《中國思想史》以顏元為清初最後一位思想大家，但也將顏元後學李塨納入其中。清初學術的迄點模糊難定，顏元是出生於明末最後一位思想大家，死於 1704 年；李塨出生已經是清初順治時，亡於 1733 年。大抵可知，清初學術在顏元以後漸入衰落期，學風因為時代已趨穩定的影響，開始轉變，故撰者認為 1704 至 1736 年這段約三十年的模糊地帶，它可以界定為經世學風衰落期以至於考據學醞釀期的交界時刻，誠如第三章提及李塨《論語傳註》已開始偏向訓詁考據，但思想上又承襲顏元而來，此一矛盾斷然區隔出時代上下界限，反有顧此而失彼之憾。

〔註3〕上述起迄年代參考林聰舜，《明清之際儒家思想的變遷與發展》（台北：台灣學生書局，1990 年 10 月）有云：「本論文所謂的『明清之際』是指十七世紀後半期而言，更確切的年代則是始於清兵入關（1644），終於顏元、唐甄之卒（1704）。這是一個年代屬於清初，而學界代表人物多為晚明遺老，學術精神又與清代專門漢學截然有別的年代，故以明清之際稱之。其中以清兵入關之年作為起點，是強調明亡對知識份子思想的衝擊性，而且在這一年，梨洲是三十四歲，亭林是三十二歲，船山是二十六歲，密之是三十四歲，乾初是四十一歲，這正是諸大儒的思想由醞釀期進入成熟期的時刻；以顏元、唐甄卒年為終點，是因為到了這一年，晚明遺老已全部謝世，學風又邁入另一新階段了。」詳見頁 1。此分法大旨有三個重點，一是強調思想的衝擊性，二是學者身分必須是晚明遺老，三是以遺老卒年為學風的迄止年。分法率以學者身分為劃分標準，主要是欲確立學者思想已於清初成熟，而曾歷經亡國之禍者。其做法能清楚呈現學者經世理念的淵源；缺憾在於立場已預先屏除了「易忽略了受到該思潮影響，卻又非屬此一時空限制內學者的學術成就」者，難免有遺珠之憾，無法顧及經世實學家的全貌。不過大致說來，林氏分期涵融的對象，是純粹因為亡國而學術思想有所感染者，較其他分法來得綿密精細，故採其說。

此說明之。〔註4〕

第一節　經世實學家的政治關懷

　　本節將有別以往直接由政治主張，來探討經世學者的政治關懷。準備由側面書寫的方式，從生活態度與文學觀來突顯明清朝代更迭之際，對於自我生命的安頓與社會關懷。首先，「隱居遯世」與「講學救世」兩種矛盾對立的思想，正是他們當時面對政治易主的態度，前者消極應對，是無可挽回局面中，堅守勿事二姓的忠義節操；後者積極講學，則是身為知識份子使命感下，呈現出的一種時代反省。他們從儒學內部系統中以心性之學為主的程朱、陸王學為義理反省對象，並對現實情境提出改革建言，甚至是親自修習兵農禮樂等能實際運用於世的實體之學。他們目的是亟欲從經歷的亡國痛楚中，透過儒學的入世精神，將此一民族情感傳至同儕與後進，期能維繫住這份民族精神，以待反清復明的機會。其生命價值的體現，也就在抱存這樣一絲希望中，與現實的政治環境從矛盾而達到統一。其次，撰者將進一步論述他們經世的政治理念，而這樣理念的提出，勢必是以時代、環境作為前提下的思考，當然也寬闊地透顯出其經世政治觀的共相表現。

一、時代氛圍下的氣節表徵

　　有明之初，士大夫們最重視氣節表徵。受到了宋代以來文官制度影響，其立國之基與科舉考試人才的拔著，都是以儒家禮樂教化為標準，是故大臣官員也都是由受過儒家文化洗禮下的文官所擔任。同時，明代又是一個君權專制發展極至的朝代，明太祖一統天下後，在政權上，先是以左相胡惟庸叛亂之名，廢除丞相制度，形成一人獨裁的局面，後雖行內閣制〔註5〕，然大權

〔註4〕　若按註三時代區分，生於順治十六年的李塨，便不能屬於此時的思想家了。
　　　　其思想承襲顏元一脈而來，雖受到同輩學者如毛奇齡等人影響頗深，在經世
　　　　習行的思維則大同小異。本論文主旨意在探討顏李《論語》註經成就，故將
　　　　以學派為處理的第一要素，並接受註二的分期說法。只不過為求舉證時的客
　　　　觀明確，故採他家之說旁證經世潮時，則採顏元、唐甄以前思想家的義理
　　　　為準。
〔註5〕　傅樂成，《中國通史》（台北：大中國圖書公司，1995年7月）云：「明初的中
　　　　央政府，大體承襲元制，以中書省總理政務，以左右丞相主之，下統六部（吏、
　　　　戶、禮、兵、刑、工）。洪武十三年（1380）正月，誅丞相胡惟庸，遂罷中書
　　　　省，廢丞相之職，由皇帝親統六部。……（1382）十一月，仿宋制設殿閣大
　　　　學士，內閣制的政體於此開始。……從英宗時起，宦官權盛，司禮監漸奪內

仍爲君主獨攬。在思想上，則仍舊承襲元代以來程朱理學思維，並作爲選舉人才的準的。不過在試法上，則略有不同，且見《明史‧選舉志二》，總卷第七十一，志四十六云：

> 科目者，沿唐、宋之舊，而稍變其試士之法，專取四子書及《易》、《書》、《詩》、《春秋》、《禮記》五經命題試士。蓋太祖與劉基所定。其文略倣宋經義，然代古人語氣爲之，體用排偶，謂之八股，通謂之制義。

又〈選舉志一〉云：

> 諸生應試之文，通謂之舉業。四書義一道，二百字以上；五經義一道，三百字以上。取書旨明晰而已，不尚華采也。

由上可知，八股取士科目限定在儒家經典四書五經，形式上則以八股排偶爲限〔註6〕，甚至在字數上，亦有所限制，爲文風格則取其旨意明晰，不尚華采。八股取士重書寫的型式規格，囿於內容與風格侷限於四書五經的情況下，士子文人爲求功名利祿，思想也必爲此風所制。就明代封建制度觀點來看，科舉爲國家選舉人才的標準，以儒家禮樂教化爲內涵，而儒家教化在封建制度過程中，卻又受到大興文字獄與政權壓抑箝制，導致了文人思想上的侷限〔註7〕，生活在如此環境的循環影響下，面對於君權威嚴，士大夫們心理

閣之權，成爲太上內閣。大學士既須聽命於宦官，與眞正的宰輔地位，相去更遠。因此明代內閣的地位，始終表現著一種畸形的狀態。」詳參頁704～707。

〔註6〕所謂八股者，葉慶炳，《中國文學史》下冊（台北：台灣學生書局，1997年6月），第二十九講〈明代文學思想與散文〉解釋云：「八股者，破題、承題、起講、提比、虛比、中比、後比、大結是也。破題共二句，道破全題之要義。承題伸明破題之意。起講一曰原起，一篇開講之處。提比一曰提股，起講後入手之處。虛比一曰虛股，承提比之後。中比一曰中股，爲全篇之中堅。後比發揮中比未盡之義。大結爲一篇之總結。」參見頁257。

〔註7〕儒學被定於一尊，從學術上看，思想確實會受到箝制，不過其優劣亦可從不同角度作審視，如苗潤田，《中國儒學史‧明清卷》（廣東：廣東教育出版社，1998年6月）提到：在思想文化方面，明初統治者也採取了一些有助於加強中央集權的統治措施。朱元璋和他的幕僚們，從元朝滅亡的歷史教訓中經過對儒、釋、道三教的反覆比較和選擇，認識到要「申明我中國先王之舊章，務必父子有親，君臣有義，夫婦有別，長幼有序，朋友有信」（朱元璋《御制大誥》），要建立和諧有序的社會秩序，鞏固和加強君主專制制度，儒學仍然是最有效的思想武器。也唯有倡導綱常名教的儒學，尤其是對封建等級倫理關係的「天然合理性」作出充分論證和說明的新儒學──程、朱理學，能夠最大限度地滿足這種現實的需要。所以，他們便很自然地把崇尚儒學及程朱

性格的相對保守，是可以預見的。

在學術思想定於儒學爲尊的年代裡，士大夫氣節操守也應然的提昇，縱貫明初歷史而論，方孝孺可視爲一忠義的典範，當明成祖朱棣攻進北京，欲奪成王之祚時，孝孺不屈而辱罵成祖之景，躍然見於史書：

> 先是，成祖發北平，姚廣孝以孝孺爲託，曰：「城下之日，彼必不降，幸勿殺之。殺孝孺，天下讀書種子絕矣。」成祖頷之。至是欲使草詔。召至，悲慟聲徹殿陛。成祖降榻勞曰：「先生毋自苦，予欲法周公輔成王耳。」孝孺曰：「成王安在？」成祖曰：「彼自焚死。」孝孺曰：「何不立成王之子？」成祖曰：「國賴長君。」孝孺曰：「何不立成王之弟？」成祖曰：「此朕家事。」顧左右授筆札，曰：「詔天下，非先生草不可」孝孺投筆於地，且哭且罵曰：「死即死耳，詔不可草。」

> 成祖怒，命磔諸市。孝孺慨然就死，作絕命詞曰：「天降亂離兮孰知其由，奸臣得計兮謀國用猶。忠臣發憤兮血淚交流，以此殉君兮抑又何求？嗚呼哀哉兮庶不我尤！」時年四十有六。其門人德慶侯廖永忠之孫鏞與其弟銘，檢遺骸瘞聚寶門外山上。孝孺有兄孝聞，力學篤行，先孝孺死。弟孝友與孝孺同就戮，亦賦詩一章而死。妻鄭及二子中憲、中愈先自經死，二女投秦淮河死。〔註8〕

方孝孺不屈服於權威，將儒家捨生取義氣節表現發揮至極，不僅其取義，其家人也慷慨赴死，以表爲人臣子忠膽不仕二主的決心。明代中期以降，統治階級的敗壞，宦官與士大夫合流貪污弄權，強取民財，朝廷綱紀疲弊，明帝

理學作爲一項基本的治國之策。開國之初（洪武元年，1368），明太祖下詔說：「天下甫定，朕願與諸儒講明治道。」（《明史》，卷二〈太祖紀二〉）和尚出身的朱元璋對儒學給以高度重視，欽定《四書》、《五經》等儒家經典爲士子的必讀書，要學者「以孔子所定經書誨諸生。」（《南雍志》，卷一〈事紀〉）明確規定科舉考試必須以《四書》、《五經》的文句命題，「國家取士，說經者以宋儒傳註爲宗。」（《松下雜鈔》，卷下）……永樂年間，明成祖朱棣又命胡廣、楊榮等人修《四書大全》、《五經大全》、《性理大全》，……進一步強化了儒學（理學）作爲社會統治思想的地位。一般認爲，明初統治者所採取的這些措施，實際上是一種文化專制，極大地束縛了人們的思想，造成了思想僵化和學術停滯的嚴重後果。但歷史地看，儒學（理學）被定爲一尊以後，有了統一的指導思想，和政治上的專制主義相配合，有效地促進了國家的統一和社會秩序的安定……詳參頁2～3。

〔註8〕詳見《明史》，卷一四一，列傳第二十九。

國漸趨衰微。萬曆年間，朝臣各自結黨私營，以顧憲成、高攀龍爲首的在野勢力「東林黨」興起，透過黨議方式，與朝廷諸黨等非東林黨者相抗衡，在學術上，他們反對流於空談的心性之學，政治上，則以議政左右朝野政局。神宗至光宗朝的「三大案」〔註9〕，則將黨爭趨於激烈，而後魏忠賢吸收朝廷諸黨，作書《三朝要典》言此三案，並將東林黨人一一誣害而慘死。〔註10〕

　東林人不畏死而直諫的精神，縱使因觸怒皇帝或黜或廷杖，亦相繼不絕，其捨生就義的精神一如方孝儒的忠貞。黃煜編《碧血錄》一書〔註11〕，將熹宗天啓年間東林黨人從容赴義前的絕筆詩文編纂成冊，其後附錄〈天人合徵紀實〉一文描述黨人在獄中被凌虐之慘狀，令人不忍卒睹〔註12〕，另〈就逮

〔註9〕三大案分別是「梃擊」、「紅丸」、「移宮」三案。傅樂成，《中國通史》（台北：大中國圖書公司，1995年4月）簡敘三案經過有云：一、梃擊：神宗初寵鄭貴妃，欲立其子常洵爲太子，後以廷臣反對，乃立長子常洛。萬曆四十三年（1615），有男子張差持梃闖入太子宮，因而被捕，自言爲鄭貴妃宮內太監所指使。於是輿論大譁，東林黨主張嚴究，非東林黨則以張差微爲瘋癲，結果鄭貴妃得以無事。二、紅丸：四十八年（1620）七月，神宗死，太子常洛嗣位，是爲光宗。既而光宗有疾，九月，鴻臚寺丞李可灼進紅丸，而疾益劇，次日遂死。東林黨主張嚴辨，非東林黨反對，爭論不已。三、移宮：光宗死，皇長子由校繼位，是爲熹宗。而光宗所寵的選侍李氏，意欲聽政，仍留居乾清宮。御史左光斗、給事中楊漣等，以選侍既非熹宗嫡母，又非生母，不應居正宮，上疏力爭。當時東林黨主移宮（左、楊均被目爲東林黨），非東林黨反對，結果李選侍移居別宮，頁639～640。

〔註10〕有關三案與黨禍之事，可參見第一章註16。

〔註11〕《碧血錄》今收錄於《東林始末》一書，頁75～164。

〔註12〕未知其名而屬名「燕客」者所撰〈天人合徵紀實〉一文，以日記型式記載了東林黨人於獄中受虐的經過，茲引其中數日之記載，以錄當時刑求之可怖：十三日，比較。午飯後，六君子到堂，顯純辭色頗屬，勤五日一限，限輸銀四百兩。不如數，與痛棍。左顧曉曉置辨，魏周袁伏地不語，楊呼眾人至腋下，大聲曰：「汝輩歸，好生服事太奶奶，分付各位相公，不要讀書。」是日，各毒打三十棍，棍聲動地。嗣後受杖諸君子骨肉俱腐，各以帛急纏其上，而楊公獨甚。十五日，爲楊公誕辰，諸君子各裹巾揖賀。是日，公始知瑞意不可回，每晨起，多飲涼水以求速死；兼貽書家人，索腦子甚苦，前此猶望生還也。

十九日，比較。楊、左、魏俱用全刑：楊公大號而無回聲，左公呦呦如小兒啼。周顧各受二十棍，栳敲五十。袁栳，敲五十。魏呼家人至前，謂之曰：「吾十五日已後，聞穀食之氣則嘔，每日只飲寒水一器，蘋果半隻而已。命盡想在旦夕，速爲吾具棺；然家甚貧無能得稍美者，差足掩骼可也。」家人首其言，以十五金買柏棺以殮。

二十四日，比較。楊、左、魏各全刑，顧栳，敲五十。刑畢，顯純呼牢獄前張目曰：「六人不得宿一處。」遂將楊、左、魏發大監。客聞之，以問獄吏，

詩〉云:

　　〈痛親〉:生來氣體弱,父母倍情憐。妖夢頻紛若,慈顏意慘然。無

　　心逃密網,有恨負重泉!赤岸松杉邈,諸孫好護□。

　　〈示兒〉:諸兒初了了,長大竟無成。世事渾如夢,貽經累後生。覆

　　巢寧有卵?刈草豈流萌?幸得收吾骨,還須隱姓名。

以上未具名之就逮詩共十首,乃被閹黨所執分別寫給親人好友的訣別詩,詩
風肯切而悲涼淒滄,呈現出作者對現實的不捨與壯志未酬的感慨。〈痛親〉首
聯率以「體弱」二字鋪陳,寫出父母關愛之情,頷聯以「妖夢」形容奸佞殘
害不斷,漸次的使原本憂心不已的父母更加惶惶不安,意境由疼憐轉爲哀傷。
而後頸聯透過時空壓縮,從一生羸弱,黨爭的加劇,到當下被執,重重壓迫
與親情牽絆,終在此時「恨」字的呼出,將所有情緒一股腦宣洩出來,不僅
恨奸邪殘害,也恨親恩不得報之憾。恨意綿綿無期直至黃泉,怨忿之久長,
又將時間自當下的緊迫連延至身後不絕。最後腹聯以景抒情,視域空間邈遠,
象徵自己遠離,殷切囑咐兒孫看照長輩,將濃濃激憤的恨意化作憂心。詩人
親恩難報、家國仇恨等情緒的反覆糾葛可見矣!另一首〈示兒〉首聯從兒子
們能力的今昔對比,以明今不如昔,但其中意味深長,在「無成」感嘆中埋
下伏筆。頷聯描述對象由第三人稱轉向自己,喟然長嘆人生如夢,得以流傳
後世者,唯有能經世達用的經書而已。經者,一方面呼應了諸兒的碌碌無成
而有所期許,同時也爲畢生精力工夫畫下總結。而後從前四句對諸兒的期許
轉爲身後事的囑託,似乎詩人也預見了未來生還機會的渺茫,於是囑咐後人
若能收屍則收,不僅如此,還要隱姓埋名,以妨奸人除根之害。上述二詩字
句血淚,終篇不多言激情,卻在平淡中將悲涼憾恨裊裊道出,哀痛之情不言
而表。又如〈高景逸先生絕筆〉有云:

　　〈遺表〉:臣雖削奪,舊係大臣。大臣一辱則辱國,故北向叩頭,從

　　屈平之遺則。君恩未報,願結來生。乞使者執此報皇上。

　　〈別友柬〉:僕得從李元禮、范孟遊矣!一生學力到此亦得少力。心

　　如太虛,本無生死,何幻質之足戀乎?諸相知統此道意,不一一也。

　　三月十六夜,高攀龍頓首。

吏嗟吁曰:「今晚各位大老爺當有壁挺(方言死也?)者。」是夜,三君子果
俱死於鎖頭葉文仲之手。葉文仲爲獄卒之冠,至狠至毒;次則顏紫;又次則
郭二,劉則眞實人也。

〈遺表〉為高攀龍欲以故臣身分上呈皇帝之奏表。攀龍於絕筆時不言私情，法先秦屈原臨終向北，君所在處叩謝君恩，只遺憾今生君恩未能報，並其待來生的可能。〈別友柬〉則是臨終時寫給朋友的訣別信，前述可與故友同遊，看似豁達之情，實則將死別寓於其中矣！「心如太虛，本無生死」者以佛老解脫語安慰在世友人，有種慷慨就義的味道。此比前者〈就逮詩〉多了一份灑脫，卻也流露出些許未償凌雲壯志的悲哀。東林黨未能挽回明末政局衰頹，這股文人死守道義的氣節精神，卻於稍後明清之際經世實學家身上再現。東林政治的堅守清流，與學術反對王學末流空疏之弊，咸為經世實學家所傳承，只不過時空境遇與家國山河變色，處事態度也應然而變。

　　從消極面來看，經世學者在明亡後，對清廷採取了一種不合作的「隱居避世」態度。清初順治、康熙之時，多所徵明耆老以授與官職，這種收買人心的舉動並未為學者動心，反而更堅定隱居避世的決心，如《清儒學案·夏峰學案》云：

> 崇禎十五年，攜家入易州五公山，結茅雙峰，門生親故從而相保者數百家，修飭武備，為守禦計。暇則講學，擾攘之中絃誦不輟。明亡，歸隱。順治初，巡按柳寅東、侍郎劉餘佑先後以人才薦。祭酒薛所蘊疏陳其學行，以比元之許衡、吳澄，薦以自代，以病辭。因田園被圈入旗，移居新安……率子弟躬耕，四方學者歸之，亦授田使耕，所居成聚，居夏峰二十五年，屢徵不起，學者稱夏峰先生。

又如〈南雷學案〉云：

> 康熙戊午，詔徵博學鴻儒，旋詔修《明史》，先生皆力辭以免。命取所著書關史事者，宣付史館，徐健菴尚書侍直，上訪及遺獻，徐以先生對，且言：「曾經臣弟元文疏薦，惜老不能來。」上曰：「可召至京，不授以事。即欲歸，當遣官送之。」徐對：「以篤老無來意，上嘆息不置，以為人材之難。」先生雖不赴徵車，而史局大議必咨之……先生受業蕺山，時頗為氣節一流人，所得尚淺。患難之餘，始多深造，於是胸中窒礙為之盡釋，而追恨為過時之學。

再如〈亭林學案〉云：

> 順治己酉，南都亡，奉母避兵常熟。崑山令楊永言起義師，先生及歸元恭從之，魯王授為兵部司務。事不克，幸脫。母不食卒，遺命戒勿事二姓。……清初學有根柢者，以先生為最。世稱亭林先生。

　　會詔開博學鴻辭科,又修《明史》,大臣爭欲薦之,以死自誓,乃

　　免。

除上述之外,其他如陸世儀、朱舜水,皆在明亡後隱居不出或流亡海外矣!
〔註 13〕又如李塨者,出生時已至清初,亦嘗爲康熙庚午時舉人,之後滿人一
再以官職相授,亦辭之不授。〔註 14〕經世學者明亡後隱居推辭不赴清廷所
徵,與東林學者之別,乃東林學者以在野身分,透過直諫方式的清議,形成
一種輿論壓力,與朝廷勢力相抗衡,後者則是不與新朝廷有所接合,秉持不
事二姓的氣節,過著隱居生活,這番差異實導因於時空環境迥異而然。前者
侍奉對象猶爲明王朝,東林黨人以一片愛國赤誠,亟欲撥亂反正,且當中不
乏位居權重者,有參與朝政議事的影響力,儼然以最大在野黨身分與非東林
黨者相抗衡。後者經世學者活躍時代已至清初,滿人的入關他們也曾極力反
抗,如:顧炎武、王夫之等人嘗依附南明勢力起兵反清。〔註 15〕顧炎武有詩

────────────────────

〔註 13〕明末儒者朱舜水於明亡後流亡於日本,不願在清的統治下生存,張斐〈祭朱
　　　　先生文二〉云:「嗚呼!中原陸沉,天傾地坼,狂瀾一瀉,九州盡決。既胥溺
　　　　而莫救,何大海之不可涉?奮一往而輕身,去故鄉以永別,寒孤蹤而至止。
　　　　懷綱常于無缺,況忠信之所孚,又此邦之多傑,咸儼師而敬友,復尊德而樂
　　　　業,管寧渡遼而俗化。」餘詳參朱舜水,《朱舜水全集》(台北:世界書局,
　　　　1956 年 2 月),頁 328～329。

〔註 14〕如《清儒學案・恕谷學案》:「……康熙庚武舉人,……安溪李文貞公官直隸
　　　　巡撫聞其學行,將薦之,固辭。時相索額圖,及明珠之姪,皆欲延教其子,
　　　　不就。皇十四子撫遠大將軍用兵西陸,再聘參其幕事,婉謝之。晚銓通州學
　　　　正,甫浹月,即以母老告歸,還居博野,建習齋祠堂,收召學者,治農圃以
　　　　終。」

〔註 15〕嚴文郁編,《清儒傳略》(台北:台灣商務印書館,1990 年 6 月)有云:「少負
　　　　雋才,讀書十行俱下。年二十四與兄同舉崇禎壬午鄉試,以道梗不赴會試。
　　　　明亡,舉兵衡山戰敗,知事勢終不可爲,隨決計巖穴。其後漫遊浯溪、彬州、
　　　　耒陽、晉寧連邵之間,所至人士慕崇者眾,輒辭去。最後歸衡陽得湘西蒸左
　　　　之石船山,築土室,名曰觀生居,杜門著書,蕭然自得。先生治學以漢儒爲
　　　　門戶,以宋五子爲堂奧。治經於《易》致力最深。論史每有特識,開拓學者
　　　　心胸。身既終隱,不爲世知,乾隆中,始採訪及之,得以著錄四庫。國史入
　　　　〈儒林傳〉。光緒三十三年(1907)從祀文廟。曾國藩重刻其船山遺書於金陵
　　　　書局,共五十八種,二百八十八卷。」頁 12～13。
　　　　梁啓超,《清代學術概論》云:「衡陽王夫之,生於南荒,學無所師承;且國
　　　　變後遁跡深山,與一時士夫不相接,故當時無稱之者;然亦因是戛戛獨有所
　　　　造。其攻王學甚力,嘗曰:『侮聖人之言,小人之大惡也,……姚江之學,橫
　　　　拈聖言之近似者,摘一句一字以爲要妙,竄入其禪宗,尤爲無忌憚之至。』〈俟
　　　　解〉又曰:『數傳之後,愈徇跡而忘其眞,或已鉤考文句,分支配擬爲窮經之
　　　　能,僅資場屋射覆之用,其偏者以臆測度,趨入荒杳』〈中庸補傳衍〉遺書中

云：

　　〈精衛〉：萬事有不平，爾何空自苦；長將一寸身，銜木到終古？我
　　願平東海，身沉心不改；大海無平期，我心無絕對！嗚呼！君不見
　　西山銜木眾鳥多，雀來燕去自成窠。

精衛，古代神話中的一種鳥，引申有恨必報，不畏艱險之意。〔註16〕首四句
言精衛填海之事，一、二句「萬事」與「空」、「苦」的對比，申言明知不可
為而為的感嘆，並為以下埋伏筆；三、四句「一寸」與「終古」，由身長短與
時間長的差距，更突顯出填海的不可為。然而可為與不可為無絕對，故中間
四句詩人說出了願意平東海之心，同時借喻了反清復明，不願屈服而無謂艱
苦的心志。最後以西山眾鳥與雀燕構巢形容投降清室的士人，與精衛執著作
一比較。當南明勢力被逐一衰亡，經世學者仍不願屈服投降，為了表示不事
二姓的忠耿，歸隱山林不復出仕。不過，他們與魏晉時人尋求解脫而會通儒
道，透過飲酒與服五食散麻痺自己等安頓生命方式大不相同。〔註17〕他們是
在明亡檢討反省聲浪中，於反清復明的志向下，假以政治經濟的討論，非如
嵇康〈贈秀才入軍〉所喜：「俯仰自得，游心太玄。嘉彼釣叟，得魚忘筌。」
或如阮籍〈大人先生傳〉所嚮往大人之「乃與造物同體，天地並生；逍遙浮
世，與道俱成；變化散聚，不常其形」等以道家養生超脫現實人生苦痛的心
境。除上述諸先生外，另如陸世儀、顏元等人皆從此道，而記載有云：

　　〈桴亭學案〉：……抱康濟之志，於古今政治因革，兵農禮樂及鄉國

此類之論甚多，皆感於明學之極敝而生反動；欲挽明以返諸宋，而於張載之
《正蒙》，特推尚焉。」頁32～33。

按：王夫之，字而農，號薑齋，先世為江蘇高郵人，明永樂間於湖南衡陽，
遂定居。五十七歲後久居於石船山下湘西草堂，學者稱為船山先生。生於公
元1619年（明萬曆四十七年），卒於公元1692年。其幼承家學，經、史、子、
音韻、文學無所不涉，年輕時，常與夏汝弼、李以默、文之勇等相往來，參
與結社活動。二十四歲中式第五名舉人。其後遇李自成作亂以及清兵入關等
情事，雖一再欲起兵復明，然終不可為。三十五歲起，知復明之夢幻滅，始
決心引遁，終至老死。

〔註16〕《山海經·北山經》，「精衛」：「發鳩之山，其上多拓木。有鳥焉，其狀如烏，
文首、白喙、赤足，名曰精衛，其鳴自俊。是炎帝之少女名曰女娃，女娃游
於東海，溺而不返，故為精衛，常銜西山之木石，以堙于東海。」後喻為有
恨必報，不畏艱險之意。

〔註17〕關於魏晉時人在當時政治下所表現出避世，而透過「服藥」、「飲酒」兩種途
徑尋求形軀與心靈的解脫之事，可詳見江淑君：《魏晉論語學之玄學化研究》
（台北：國立師範大學國文研究所博士論文，1998年1月），頁129～140。

利病靡不觀其通。見天下大亂，尤急兵事，戰守、形勢、陣法皆所究心，兼肆技擊。嘗上書南都，不能用。有招之出者，不赴。南都亡，乃避世終隱，築桴亭居其中……先生自明亡無心用世，託諸論述，皆有功於世道人心。尤關懷鄉邦利弊，救荒治水，長吏咨而後行。知州白登明，循吏也，濬劉河為百年之利；巡撫馬祜、濬吳淞、婁江，皆用其規畫。〔註18〕

又如《四書正誤・論語》，卷四〈季氏〉釋：「隱居以求其志，行義以達其道。吾聞其語矣，未見其人也。」節有云：

「求志」，求其所志者也。謂當隱居之時，便汲汲用力，將致君澤民如兵、農、禮、樂等本領都作成片段，以待用。

桴亭於明亡前，有著濟世之大志，因而習兵農禮樂，以至軍兵之事，期能為已傾圮之明室有所助益，明亡後雖隱居無心用於世，然其用心於「懷鄉邦利弊、救荒治水」等事則為當時官吏所用，影響了百姓民生與生存所需，間接表現出其經世之志。顏元所謂「隱居」者，更明顯是期待未來能為世所用，此非為清所用，而是對反清復明的希望，故「隱居」是為了起義經世而準備，非消極隱遁以服佛老休養生息之路，其中兵農禮樂為應習之內容，誠然是為了救世而論。由上可知，清初經世學者「隱居遯世」與「講學救世」於鼎革之際的兩種矛盾思惟，在身為明末遺老的氣節堅守下，使他們不願出仕為清廷服務；另一方面受到東林學者學術與政治上重實抑虛的啟迪，平議時政，著述講學，經由明末滅亡的諸多原因，提出革弊之道，並在「隱遯」與「救世」間得到心靈慰藉與寄託。

在文學表現手法上，同樣也顯現出當時學者們的經世性格，如：《日知錄集釋・文須有益於天下》，卷十九云：

文之不可絕於天地之間者，曰明道也，紀政事也，察民隱也，樂道人之善也。若此者，有益於天下，有益於將來，多一篇，多一篇之益矣！若夫怪力亂神之事，無稽之言，勦襲之說，諛佞之文，若此者，有損於己，無益於人，多一篇，多一篇之損矣！」

顧炎武講究文學的社會作用與時代意義，文學的存在，是將道德人倫、政治與世俗百態，一一詳述記載，以樂道人之善為目的，故為文強調經世效益，

〔註18〕見於徐世昌編纂，《清儒學案》（台北：國防研究院、中華大典編印會合作出版，1967 年 10 月），頁 67。

而非掉弄玄虛或玩乎麗辭繡句，又云「末世人情彌巧，文而不雋，固有朝賦〈采薇〉之篇，而夕有捧檄之喜者。苟以其言取之，則車載魯連，斗量王蠋矣！……其汲汲於自表暴而爲言者，僞也。《易》曰：『將叛者其辭慚，中心疑者其辭枝，失其守者其辭屈。』《詩》曰：『盜言孔甘，亂是用餤。』夫鏡情僞，屛盜言，君子之道。興王之事，莫先乎此。」〔註 19〕顧炎武將文學形式與內容畫上等號。對他而言，文學美感不過是競詞藻，巧彙文字賣弄文學的技巧，並無眞情流露；反倒內容的彌倫經世，將聖人微言大意與經世政治理念廣爲流播，這才是爲文應循宗旨。其次，他認爲文學之盛衰消長與時代間有著密不可分的關係，時代衰危之際，世俗人心流於空泛，連帶文章也崇尚華巧而不切眞實，辭不盡意，文質傷矣！其實，無論是馳騁在美感或實質內容的追求，皆屬文人心志的不同表徵，經世學者選擇文學實用化，實則是受到時代因素的考量，即透過書面文字的傳導功能，供作施行經世政治理念的媒介工具。又如唐甄《潛書・非文》則說：

> 古有文，典禮、威儀、辭命皆是也，不專以名筆之所書。筆之所書謂之言。若書傳之言謂之文者，數之曰：「文成幾何」，蓋指六書而言。六書有義，故謂之文，非緣飾其辭而謂之文也。說如其事，辭如其說。……古之善言者，根於心，矢於口，徵於事，博於典，書於策簡，采色焜燿。以此言道，道在襟帶；以此述功，功在耳目；故可尚也。……文必有質。今世求文之弊，盡失其質矣！……物有象，象有滋；取則爲書，有蝌蚪、篆、籀之文。迨於末世，變爲俗書，媚容佻姿，盡亡其制矣！……若夫文，流爲曲工，流爲末技，以取悅諧俗，使人心輕氣佻，竊譽失眞，道喪於此，其亦百十之十一也！

所謂「文」者，包含了禮儀、辭命之類等文化範疇的表現；落於書面文字一概稱爲「言」。凡書傳之言而稱爲「文」者，則指有意義的六書而言，非藻飾詞彙的文章可稱之，是故「言」須有意義者方可名爲「文」。善爲「言」者，其意根本於心而發，考徵博采於事典，並書於簡策，而道在其中矣！故爲文重視實質內容的充實，若只重視文字華采而無眞心，則不過是肖其形而不可廣爲久傳。唐甄亦重視文學實用性，文學須根源於心志感發與博徵世情，而非徒口空言。夫爲文目的是爲了流傳百世，久爲世用，因此文須有物有質。

〔註 19〕見《日知錄集釋・文辭欺人》，卷十九。

不過，惜其未能正視文章的時代性，尚復古而鄙近，而以本末判定文學價值，故云「是以秦以上之言如肉臠，唐以下之文如荼羹。秦以上之言雖少也，重於鈞金；唐以下之文雖多乎，傾於車羽。」又鍾錂編纂《顏習齋先生言行錄・齊家第三》，卷上，則云顏元「文」觀如下：

> 「君子以文會友，以友輔仁」二句，串講爲是，字字著重，倒提豎放，則瞭然矣！君子所求者仁也，非友無以輔之；輔仁者友也，非文無以會之。故君子之會友也必以文，或與之講習六藝以通日用之實務，或與之誦說《詩》、《書》以考聖賢成法，或與之討論古今以識事理之當然，則文章之道相感。……不然，會之不以文，則所聚者必皆「群居終日，言不及義」之徒，焉能得友？……

顏元以「君子以文會友，以友輔仁」一句，將文、友、仁等三者串聯，作爲君子交友求仁之道。君子欲求仁，須友以輔成，友能以文會之。此謂文者，含括了六藝、詩書之屬。君子的文以相交，在於六藝講習、考徵聖賢成法及通究古今事理相感發，其中關鍵仍緣乎實用與否，無論是誦讀或議事理，咸應以經世爲目的，爲世事而謀，非徒坐空言。又云：「儒道之亡，亡在誤認『文』字。試觀帝堯『煥乎文章』，固非大家帖括，仰豈四子、《五經》乎！文王『經天、緯地』，周公『監二代』所制之『郁郁』，孔子所謂『在茲』，顏子所謂『博我』者，是何物事？後世全誤。」〔註20〕其謂「文」者，一如唐甄以廣義的文化義盡含之。他認爲孔顏以前而臻及三代以前聖賢者，文以經緯天地，建立禮教，扶導風俗爲目的，尚實用而不在虛談浮論，凡文非若此者，則一概爲誤。至若李塨申引其意，且見其《恕谷後集・孫氏詩鉢序》，卷二論詩有道：

> 顏習齋先生嘗言：「詩、文、字、畫爲乾坤四蠹。」或者疑之曰：「他无論，如三百篇，先王所傳，孔子所刪，後之吟哦者皆祖焉，可謂之蠹乎？」顏先生曰：「子不見今之爲詩文者乎？梁王繹敵兵臨城，猶君臣唱和爲詩，及敗降魏，焚圖書十四萬卷；吳三桂畔聘一名士主軍謀，則善字畫鐫圖章者也，……問以軍事，睨而不言，無何被擄死，詩文之禍至此其極也。」……詩者，言之有韻者也，去詩是去言也。長言之，咏嘆之，而形爲舞蹈，節以金石絲竹是爲樂，去詩是無樂也。

詩的功能在於言志以興發情感，《論語・泰伯》有云：「子曰：『興於詩，立於

〔註20〕見鍾凌，《顏習齋先生言行錄・學須十三》，卷下。

禮，成於樂』」，詩爲情感流露，情意自然的表徵；情感已發，個人情感在團體中須約定成俗，禮制因此建立。《荀子‧樂論》云：「禮以別異，樂以合同」，禮從「理」上言，故以別異；樂由「情」論，故爲合同，二者應相互調劑，《禮記‧樂記》亦云：「樂自中出，禮自外入」，在理智與情感間作一平衡。對個別生命的小我而言，此三者爲文化慧命的顯發；對全體生命的大我來說，則是社會秩序賴以建立的憑藉，顏李視此爲詩文學的存在價值。至於後世以詩文歌頌吟哦者，則不復古人「在心爲志，發言爲詩」者，故他們反對這類純文學的藝術價值，仍以文學的實用性爲主，誠如顏元言《詩》價值有道「爲者，歌其詩，奏其樂，則效其義意，率修其事實也。如爲《關雎》於房中，其詞韻之溫雅，律呂之和平，既足以感一室之和……聖門所謂學《詩》，與『爲』字同。」〔註21〕

由上述可知，受到客觀環境山河變色與學術思潮流於空泛的影響，經世學者以文學爲傳道媒介，並將文學價值與社會實用性等同齊觀，尚質而抑文采。其經世文學批評，乃於先聖先賢道義基準下，對社會現狀的平議與論述，故在精神上則崇尚復古主義，並引爲經世思潮下的文學批評共相。〔註22〕自

〔註21〕參見《顏習齋先生言行錄‧法乾第六》，卷上。

〔註22〕王運熙、顧易生主編，《中國文學批評通史‧清代卷》（上海：上海古籍出版社，1996年12月），總論明清之際文學批評的特點有云：「明末興起的經世致用思潮，經過明、清易代的劇變，更呈聲勢浩大，波瀾狀闊，這也必然地從文學批評中反映出來。許多批評家本身就是積極投身抗清運動的志士，強烈呼籲文學對社會現實的全面介入，抨擊空懸虛浮的文風。後來隨著清人入主中原大勢的逐漸確定，他們中不少人將主要精力用於著述，以探究明朝覆亡的教訓，開展文學批評又是其中有機的一個組成部分，冀望形成一種有益於世道的文風。一手握管，兩眼觀世，心中縈繫的依然是經天緯地的高大情懷。這使此階段的文學批評在思想內容方面具有特別鮮明的政治和道德主題。重視文學的時代意義、社會作用，強調詩文經世致用的目的和提倡批判現實的精神，是這一時期文學批評中最強的音符。……由於時代的風雲變幻，自然導致了士人以名節相標榜的風氣，故明清之際文人大多非常強調人品修養，反映在文論中便是十分注重詩文品格和人格的統一，要求表現眞性情。他們所說的性情，其具體內涵往往與時代精神、現實內容相結合……明末清初思想家對晚明文人的異端傾向和當時文學中有悖儒家義理傳統的成分做了猛烈抨擊，認爲這是導致社會衰頹乃至引起明朝覆亡的一個重要原因。所以他們在『返經歸本』的口號下，開始對儒家學說大規模地闡釋和恢復，對『時風眾勢』進行全面反撥。」詳見頁2～5。從上可知，明清之際文風受到經世理念影響，開始強調文學實用性與道德性的展現，其特點大抵有三：一是重視文學經世實用的精神，著重現實情境的批判；二是品格氣節的修養，著重人

明初以降，儒者政治態度的氣節操守，深爲繼起之士大夫所傳承，及至中期以後朝政腐敗，也仍舊有一批願意誓死守道與宦官相抗衡的東林學者，爲後來鼎革之際經世學者立下典範。他們不以險惡的客觀環境爲苦，反倒在這遍頹唐政治氣候中，激起堅守儒學正統的節操。政治態度上則亟欲追求儒家大同之治的淑世關懷，將小我生命安頓在捨生取義中，有著隨時可從容就義的渾大氣魄。然而，現實環境的無奈，不得不以「隱遁」明志節，不過這只是暫時權宜，因爲反清復明的共同信念，使他們積極講學平議時政，並反思明覆亡之因，並構築出其政治理念的藍圖。這將在下點繼續申論之。

二、經世實學家的政治理念

　　明清更迭之際，經世學者在時代氛圍與儒學內部衍化等交錯影響下，對於現實政治，提出剴切的政治觀察。有別於魏晉儒者選擇以消極休養生息的玄學思維作爲應世態度，轉而積極從經學或史學等不同觀點切入探討當時社會情狀，在反清復明心理預期下，以剖析時政方式，表達出對現實層面的關懷。如前點所述，江山易主後，整體統治階層爲滿人掌控，他們秉持著儒家治國平天下鵠鴻之志，思圖以一身經世理念報效黔首百姓，但卻不齒於異族統治下求官進爵，這種志不得申的矛盾，與東林學者奮不顧身拚命與閹逆抗衡的情景，已不相仿。他們將這份實學態度走入學術的傳承，希冀透過教化的傳遞，將經國之志留芳於後，故在此意念下的志向趨歸，實已超越了反清復明的藩籬，繼而以濟民淑世爲最終目的。

　　他們以歷史殷鑑爲經，將治國理念寓於復古主義情懷中，透過時間可逆性，將歷史與現實情境的關係往復爲主體，寓古於今。並在歷史綿延裏，分別從經典微言與歷史盛衰成敗的史實中，找出更多證據，以證明施政成敗是有跡可循，也藉此構築出他們嚮往恢復古制的態度，並作爲對當下時政與未來發展的繩墨。他們政治觀最大的進步，是將先秦以來政治原理的付諸實際政事的討論。從整體儒學的演進觀之，除先秦以外，漢儒雜柔陰陽五行，魏晉學者儒學玄學化，宋明理學講求心性等，皆有不同面向的發展，可是，一

文一如與現實相結合的表現，個人風格表微不若整體意識的顯著，並與晚明公安竟陵等小品文學區隔；三是「返經歸本」的復古主義，他們極力糾正明末以來，包括文人與思想家流於放縱的價值觀，以復三代以前治世的古。在傳統爲體與現實爲用的理念下，藉由經典透顯出微言大義的詮釋，以明己志，使得晚明頹唐與個性化的文學思潮能夠有所箝制與平衡。

但涉及儒學如何致治國之大用，卻少有具體而微的論述。這並不表示明清之際以前少有政論提出，只是這僅屬於文人士子們關心的範疇，與學術思想討論的範圍不一。這種現實與學術分殊的情況在經世學者手中合一，使他們兼具了思想家與政治家的雙重身分，並進而從制度面探討政治課題，諸如：兵制、財政、官吏……等，而不再游走於原則性與道德層次的概念之間，能更爲深刻地提出他們對政治、社會的觀感與建議。此因時代背景產生的學術特質，則構成了他們在儒學體系特殊性與思想中最大的成就。如顧炎武〈初刻日知錄自序〉云：

> 蓋天下之理無窮，而君子志於道也。不成章不達，故昔日之得，不足以爲矜，後日之成，不容以自限。若其所欲明學術，正人心，撥亂世，以興太平之事，則有不盡於是刻者，須絕筆之後，藏之名山，以待撫世宰物者之求。

〈與人書二十五〉：君子之爲學，以明道也，以救世也，徒以詩文而已，所謂雕蟲篆刻，亦何益哉！某自五十以後，篤志經史，其於音學，深有所得，……而別著《日知錄》，上篇經術，中篇治道，下篇博聞，共三十餘卷。有王者起，將以見諸行事，以躋斯於世於治古之隆，而未敢爲今人道也。

《日知錄》爲顧炎武論道濟世的總結。他認爲君子志於道，其學應以明道救世等經國大業爲要，而非徒溺於詩文鏤刻之中。故《日知錄》三十卷，首明經術之梗概，以經典內容考證其經世的可行性；其次言治道，從時政、社會禮俗與歷史文化等現況評判中，假以歷史史實爲殷鑑，提出見解；末則博聞，博采天下事以錄記之。凡此三篇無一空論泛談者，皆是通究社會實情作出的評斷。他著書目的則是將未申之志付諸管墨，期待後之王者起而能用，將此治道還施於民，以達上古大道盛行之世，其復古之義明矣！另潘耒〈日知錄原序〉則說：

> 有通儒之學，有俗儒之學。學者，將以明體適用也。綜貫百家，上下千載，詳考其得失之故，而斷之於心，筆之於書，朝章國典，民風土俗，元元本本，無不洞悉，其術足以匡時，其言足以救世，是謂通儒之學。若夫雕琢辭章，綴輯故實，或高談而不根，或剿說而無當，淺深不同，同爲俗學而已矣。……崑山顧寧人先生，生長世族，少負絕異之資，潛心古學，九經諸史，略能背誦；尤留心當世

之故，實錄奏報，手自鈔節，經世要務，一一講求……然憂天閔人
之志，未嘗少衰，事關民生國命者，必窮源溯本，討論其所以然，……
先生非一世之人，此書非一世之書也。魏司馬朗復井田之議，至易
代而後行；元虞集京東水利之策，至異世而見用。立言不爲一時，《錄》
中固以言之矣！

潘耒率以通儒、俗儒間志向區隔。通儒講求明體適用，能涉略百家之言而通
歷史故實，留心考察其間的成敗得失，學術廣博兼通諸道能洞悉世情；俗儒
則專注僅在文章詞采的雕琢，或高言性命之道，而不知世事百態所須。故爲
儒者宜學通儒而不作俗儒，顧炎武即爲通儒代表，他關心當世社會實情，將
所聞者紀錄成冊，以待後之賢君聖王能有所用。其立言著書，是期待能扶持
君王立萬世基業，解民困所須，而非逞一時之興；藉古喻今的方式，乃是由
史實尋找當中治亂間的通則，並爲後世提出一個可依循憑藉的準則。

　　黃宗羲則用《孟子》治亂相生之道，質疑何以三代以後有亂卻無治世，故
著《明夷待訪錄》，以史學觀點鑑古知今，提出政治現象觀察。其書大抵分成以
下幾點論述：一是君權與臣權的劃分，如：〈原君〉、〈原臣〉、〈置相〉、〈胥吏〉
等章。君權上，他認爲後世之君爲己私而謀，荼毒天下，故造成禍亂產生的根
源〔註23〕，且君權至高無上，階級分明，縱使臣下有心，亦不足以勸，故爲君
者宜思基業草創時扶世救眾的本心；臣位之設，不是爲君而是爲天下黎庶立命，
故臣非君之下屬，宜以萬眾之憂樂爲憂樂，爲君之師友提出建言。中央有「相」
總理政事，地方有胥吏，官吏設置與職權都應有明確規劃，以避免職權未分及
用人不當。其次是法制與民生制度的建立，如：〈原法〉、〈田制〉、〈兵制〉、〈財
計〉等篇屬之。黃宗羲認爲君主專制下的法制，是後代懲前世滅亡原因，所制
定利己政權永祚的私法，非以天下公利百姓所欲而訂定。所以他以三代政治完
備美善爲師法對象，倡言「有治法而後有治人」，推翻以往「有治人而無治法」，
由法令訂定使有治之人有所從，而不致因法律的漏洞，使有心治天下者爲此窒
足難行〔註24〕；至於其他民生兵制等法制之論，乃鑑於明代制度缺憾，提出如

〔註23〕故《明夷待訪錄‧原君》云：「古者以天下爲主，君爲客，凡君之所畢世而經
　　　　營者，爲天下也。今也以君爲主，天下爲客，凡天下之無地而得安寧者，爲
　　　　君也。……其既得之也，敲剝天下之骨髓，離散天下之子女，以奉我一人之
　　　　淫樂，視爲當然。」
〔註24〕即〈原法〉云：「即論者謂有治人無治法，吾以謂有治法而後有治人。自非法
　　　　之法桎梏天下人之手足，即有能治之人，終不勝其牽挽嫌疑之顧盼，有所設

恢復井田等復古制度的檢討。三是學校與取士的培養，如：〈學校〉、〈取士〉二章。學校不僅是養士場所，也是監督行政的場所。在校修業者，不是僅爲功名，而應對執政當局提出建言，因爲「天子之所是未必是，天子所非未必非」、而不得「天下之是非一出於朝廷。天子榮之，則群趨以爲是；天子辱之，則群擿以爲非」〔註25〕；取士則應貴經史，免除八股時文等無益於世，僅重誦讀的取士方法。〔註26〕末則如〈建都〉、〈方鎭〉等章，則是對封建制度的反省等。另有〈奄宦〉是對明代宦官干政所釀成之禍，繼以漢唐以來宦官爲患等史實，提出廢宦官的說法。黃宗羲採取史學議時政，雖與顧炎武以經學的切入觀點不同，但是他們以天下經世與復古論政的志趣則一〔註27〕，蓋如顧炎武與宗羲〈與黃太沖書〉云「天下之事，有其識者未必遭其時，而當其時者，或無其識。古之君子所以著書待後，有王者起，得而師之。」可知其論天下時政之大旨，非爲得志於朝政，誠爲天下百姓立命，以待後世君主能起用也。

　　顏元著有《存治編》，即是他對治道看法的總整理，李塨替其書作〈存治編序〉云：

施，亦就其分之所得，安於苟簡，而不能有度外之功名。使先王之法而在，莫不有法外之意存乎其間。其人是也，則可以無不行之意；其人非也，亦不至深刻羅網，以害天下。故曰有治法而後有治人。」

〔註25〕參見《明夷待訪錄·學校》。

〔註26〕〈取士上〉云：「故時文者，帖書、墨義之流也。今日之弊，在當時權德興已盡之。向若因循不改，則轉相模勒，日趨浮薄，人才終無振起之時。若罷經義，遂恐有棄經不學之士，而先王之道，益視爲迂闊無用之具。余謂當復墨義古法，使爲經義者，全寫注疏、大全、漢宋諸儒之說，一一條具於前，而後申之以己意，亦不必墨守一先生之言。由前則空疏者絀，由後則愚蔽者絀，亦變浮薄之一術也。」

〔註27〕蕭公權，《中國政治思想史》（台北：中國文化大學出版部，1993年11月）比較顧黃兩家政治思想的異同有云：「黃顧二家同主學以致用，而其思想之根本態度有異。梨洲受王學之影響，亭林並朱陸亦隱加抨擊。故二家同爲道學之反動，而後者更爲徹底。二家並生明清之際，處相同歷史環境之中，故其政論亦復大體相近。然梨洲申民本之義以攻擊君主專制，亭林求矯正過度集權之流弊，而無取於貴民之說。此殆由梨洲緣陽明以上接孟子，亭林則注重實際政事之利病，而無意爲原理上之探索發揮，故有此顯著之歧異歟。」頁623。蕭氏之說，係從學術源流處作考察。以黃宗羲受王學影響，而緣孟子民本論以論時政；顧炎武則實際「遍游黃河以北各省，捨諸華陰，以財力主南北各名都匯券交通，廣興耕牧，墾荒生聚。」而從實際政治層面著手，故有歧異；至於通究其論述內容觀察，則顧炎武善以經史和論以議時政，黃宗羲則由歷史實處著手，二者雖結論多有類似，然各有其趣。

唐、虞、三代復見於今日乎？吾不得而知也；唐、虞、三代不復見
於今日乎？吾不得而知也。謂復見於今，則漢、唐、宋、明以來政
術風俗奚爲而日降？謂不復見於今，彼古聖賢之所謂「人定勝天」、
「挽回氣運」者果何物哉？……七制而後，古法漸湮，至于宋、明，
徒文具耳，一切教養之政不及古帝王。而其最堪搤腕者，尤在於兵
專而弱，士腐而靡，二者之弊不知其所底。……士子平居誦詩書，
工揣摩，閉戶偭首如婦人女子；一旦出仕，兵刑錢穀渺不知爲何物，
曾俗吏之不如，尚望其長民輔世耶！

顏元論治亦旨在復唐虞三代之古。他認爲自漢代以降政術的日趨衰微，原因
有二：一是兵弱，如唐黃巢之亂，明李自成、張獻忠等人擁兵自重，導致寇
強而國弱的情狀，皆是不知復三代時田賦出甲，民皆須習兵使然；二是讀書
人埋首書堆，吟詠唱和，只知紙上論功夫，卻不知學習兵刑錢穀等世事所
需，未必以知，何況於行，故倡學用一體，以學爲用，用即所學也。另李塨
有《平書訂》、《擬太平策》等專著，也是針對時政提出的應對之策，其論舉
凡分民業以明政教、正經界分封土地、建官取士、論田制財用、修武備訂刑
罰、論禮樂等之屬，內容方面或與顏元有異〔註28〕，然論述宗旨不離恢復古
制爲尙。

　　從上述舉證經世學家的政論可知，其論學有兩個共同趨向，其一是以經
世爲宗旨。無論是顧炎武經史之學、黃宗羲史學、顏李派的經學入論，他們
爲學著述都是以時政和社會民風爲探討課題，希冀能以史實爲鑑戒，矯正當
時政治、財賦、取士、兵制等弊端。也經由這樣的論述，讓我們得以知曉明
末清初時，在政治制度上產生的疏漏；其二是以復古爲取向。經世學家論政
依循的矩墨，是以三代以前的治世爲目標，他們浸淫在孔孟「法先王」觀念
中，故極欲恢復上古時代的大同之治，於是包括田制、兵制、舉士等法，都

〔註28〕如顏元贊成實施井田制，而李塨《平書訂・制田上》則云：「且夫井田可以行
　　　　乎？曰：『師其意而不必師其法。』井田之法，方方則利平壤，不利曲狹；利
　　　　於整，不利於散棄地多，概用之恐不便，有井有不井法不一，不一則亂，請
　　　　仿牧田之法，爲壘田。六百畝爲一壘，長六十畝，廣十畝，法用縱橫之則，
　　　　原隰曲狹無不宜。中百畝爲公田，上下五百畝爲私田。十家受之各五十畝，
　　　　地分上中下，戶亦分上中下，受各以其等，年六十則還田。」顏李二人田制
　　　　看法是講究均平爲原則，不過井田爲方形分割土地，恐不利於曲狹之地，故
　　　　李塨改用周時的牧民之法，即將土地劃爲長形，以或縱或橫的切割方式均分
　　　　土地。其均平原則與恢復古制的態度不變，然看法各自有見解。

以古法為尚，但是卻忽略了時代演進的因素，而這些制度正是在時代長流中被淘汰的。他們雖然對於君權無上提出了懷疑，但在復古情懷中，卻無法從中尋找出真正民主的基礎，最終還是得回到賢人政治範圍，步武傳統，以匡助輔佐君主專制政治體系的架構下加以討論。

世局動盪不安，是積極想回到太平無爭上古之治的主因，積極論學態度，貴在尚實，此一思潮不僅在行動與立言著書的實踐，也反映於經典解釋之上，開出一條不同於宋明，乃至於魏晉南北朝的經世詮釋路數，下節中將以顏李學派的「論語學」為中心，逐條分析討論。

第二節　《論語》中經世政治觀的分析

當時經世思維已經影響到經典的詮釋，這同樣反映在《論語》解釋上，宋儒以《論語》為初入經學之門，後世更以《四書》為科舉考試的科目，其重要性可見一般。明清之際詮釋《論語》者眾，卻大抵依循在前期理學家的概念下羽翼其學，獨顏李學派能一掃前學餘思，將其經世理念釋入經典，形成立異於俗流的詮釋系統。以下將逐一分析，並在最後加以綜論。

一、諸註分析

（一）為政者涖世與修身態度

〈里仁〉：子曰：「君子懷德，小人懷土；君子懷刑，小人懷惠。」

《正誤》：君子、小人，《四書》中多有就位言者，亦有德、位兼得者，非盡以善為君子、惡為小人也。如此章便是德、位兼言。懷德、懷刑是做聖賢底常情，亦是做大人底常情；懷土、懷惠是做不肖底常情，亦是做百姓底常情。懷，只是著之胸中，思念不忘之意。人曾愛我以義，謂之德人。曾恤我以財，謂之惠。若如《註》說，不惟解惠為利不通，將一懷字解四樣：存也，溺也，畏也，貪也。然則亦可謂貪刑乎？其無理可笑，更甚于為仁誤二己、論政誤二信矣！……懷刑亦不是專畏犯刑。先曾經過底刑，亦終身拳拳不忘。如元十一歲時，便受吳先師三十朴，今三十餘年，感惕未敢忘也。管夷吾不敢忘檻車，亦一端也。君子念念進修道德，小人念念求田問舍，亦通。

案：朱子《集註》註云：「懷，思念也。懷德，謂存其固有之善。懷土，謂溺

其所處之安。懷刑，謂畏法。懷惠，謂貪利。君子小人趣向不同，公私之間而已。」皇《疏》則云：「君子者，人君也。小人者，民下也。上之化下，如風靡草。君若化民安德，則民下安其土，所以不遷也。人君若安於刑辟，則民下懷利惠也。」又何晏《集解》：「懷，安也。懷土，重遷也。懷刑，安於法也。包曰：『惠，恩惠也。』」何晏解釋君子所安在於德性與法制，小人溺於安定而重遷與恩惠，此僅言二者所懷之志向不同，並無實質地位的劃分。皇侃則以地位的區隔，以間上位者與下民間的不同。上位君子須以德化下民，民則因君主之德，風行草偃以從之，若是君刑屬於民，民則趨惠利而無德，故「刑」的解釋已非法制，而是刑罰。何晏猶在君子與小人對等而平行形式的屬性加以判別；皇侃則以因果關係串聯君子與小人間的不同，更尤重上位君子以德化民之效，句意上主從關係可知。朱子文句上從何晏解，將君子與小人間趨公或私的趨向予以疏解，並不從政治取向言。直至顏元《正誤》，則又從皇侃政治性之詮釋。不同的是，他兼採德、位二義說明此條，皇侃「君子」僅取「位」而言，德為君子附加之物，「君子」也有可能安於刑辟而導致民叛，如其引李充語云：「夫以刑制物者，刑勝則民離。以利望上者，利極則生叛也。」〔註29〕至於顏元所視之上位君子與下位小人間的殊異，亦於公私之間。君子須以德治，位與德乃一體兩面，明白表現出他對在位者內在修為的重視，而這也是人治政治觀念的基礎。

　　至於顏元批評朱子「懷字解四樣：存也，溺也，畏也，貪也。」實有欠公允，朱子已將「懷」釋為「思念」，《說文》亦如斯解，為動詞。然顏元曲解其意，將形容德、土、刑、惠等四字的形容詞，刻意說成是「懷」字的解釋，頗有不當。另外在「刑」字詮釋上，若將「德」與「刑」同為聖君所懷，

〔註29〕江淑君，《魏晉論語玄學化研究》釋李充註云：「道家的道化治道，重視消極意義的『去礙』，『礙』即由於不自然的虛偽、造作所產生。道家以為刑罰制度的強調，是割制人民心靈最直接的外加物，最足以使百姓斲喪純樸自然本性。因此，最完美的理想政治，並不需要這些煩瑣的刑罰制度。此與王弼注《老子》三十六章所云：『刑以利國，則施矣。』意正吻合。」頁157～159。魏晉南北朝受到玄學影響，政治觀崇尚無為的自然之道，而刑罰等人為枷鎖，自為當時所厭惡。故以刑制民，刑盛則民心背離，其因即在於此皆違反自然法則之事。蓋皇《疏》又云：「此言君導之以德，則民安其居而樂其俗，鄰國相妄而不相往來，化之至也。」此頗有道家玄意，其與今本《老子》第八十章所言「小國寡民」形容的「甘其食，美其服，安其居，樂其俗。鄰國相望，雞犬之聲相聞，民至老死，不相往來。」如此民心純樸的理想政治相同。由此亦可知當時《論語》被賦予玄學化的詮釋。

那較貼近何晏作「法制」解，即君子行政既安於內在修爲，又能兼顧客觀法制，情、理、法俱治矣！然而他又認爲懷刑不是「畏」犯刑，而是懷記因刑罰所受過的教訓，以供後來進德修業或求功利之資，此「刑」已非君子獨俱，而小人亦有之。

此條顏元說明了在位者內俱之德與客觀法制的不應偏廢。再則，「刑」亦是大人小人進取的標準，更以懷土、懷惠爲小人「常情」，雖不讚許其行爲，卻開始正視他們民生與功利的合理需求。

〈雍也〉：子貢曰：「如有博施於民而能濟眾，何如？可謂仁乎？」子曰：「何事於仁，必也聖乎！堯舜其猶病諸！夫仁者，己欲立而立人，己欲達而達人。能近取譬，可謂仁之方也已。」

《正誤》：這立字便是「可與立」、「立於禮」、「患所以立」等立字。凡在下而立心、立身、立家、立業，在上而立政、立功、立位、立社稷、立國邑，皆是。我欲成立，誰不想成立？便推欲立之心去立人。這達字便是「在家必達」、「在邦必達」、「賜也達」、「不成章不達」、達道、達德、達尊等達字。我欲通達，誰不想通達？便推欲達之心去達人。這一欲字，把千古帝王、百代聖賢、愚夫愚婦心事都通同無隔。這立、達二字，把帝典王道千百事功、千百政務、聖人一貫、成己成物千百作用都統括無遺。晦菴好註，而到此立達二字片言不加。其禪學去此遠也，強訓亦不切。「夫仁者」節

《正誤》：看「因民之所利而利之」，井田學校等佈置，則博施濟眾，聖人之功用與？「雖博施濟眾，亦由此而進」二句，不攻自破矣！「能近取譬」節

《傳註》：仁，生德也，而布生德於人，即以己之生生者及之。今曠然遠思，曰：「博施濟眾也，則必如《書》言：『乃聖乃神，爲四海君，庶幾能之。』然堯舜，聖也。而遽自信曰：『吾言不及義，放辟邪侈也，好行小慧，機械變詐也，難矣哉！』言無成而立敗也。」

案：此章總言行仁的方法，也是論仁道的總綱，夫仁者，即應視人如己，屏除私欲，而且是主體由內而顯發的，具有主動機能。夫朱《註》引程子有云：「醫書以手足痿痹爲不仁，此言最善名狀。仁者以天地萬物爲一體，莫非己也。認得爲己，何所不至；若不屬己，自與己不相干。如手足之不仁，氣已不貫，皆不屬己。故博施濟眾，乃聖人之功用。仁至難言，故止曰：『己欲立

而立人，己欲達而達人，能近取譬，可謂仁之方也已。」欲令如是觀仁，可以得仁之體。」仁者大公無私，以天地萬物爲一體之全，聖人之心是將此一仁道推己及人，乃至於宇宙萬物，以成天道之周流而無間。顏元以「立」字切入，並與〈子罕〉子曰：「可與共學，未可與適道；可與適道，未可與立；可與立，未可與權。」〈泰伯〉子曰：「興於詩，立於禮，成於樂。」；〈里仁〉子曰：「不患無位，患所以立，不患莫己知，求爲可知也」等共觀。他認爲的「立」，須有所立之憑藉與進程，此憑藉是禮，以爲學適道有先後次第爲進程，故在個人要立於心、身、家、業，在上須立於政治、功業、家國與社稷天下，他取材《大學》八條目由己推及於外，以修身爲本，政治功業平天下爲終極之道。其釋達爲「通達」，達之道須由己心做起，以達於人，無論立與達，皆有順序次第。至於立、達二字之成就，是聖人將周身之聖德推及於黔首，因而立己與立人爲一體工夫，僅有本末而無分立之別，其方法是透過政務事功的建立。其復次以朱子引呂氏語曰：「雖博施濟眾，亦由此進」而批之，即認爲將本末二分矣！又李塨釋仁爲生德，仁德應普遍周及於民，然成能博施濟眾者，爲聖賢之德所能施行之，而成敗之間則在實踐躬行而非妄言。其與顏元之說似也。

程朱以仁者之心能推及於萬物而使天理遍全無缺，以心性本體的持守爲行仁之術，顏李二人則著重推及後的「立人」與「達人」之方，故重政治功利的建立，將仁德廣及。前者重視主體仁的內在主動性的顯發，故重仁者德性的建立；後者是假禮樂制度等規範節度，將仁廣及於民，故重仁者之德該如何彰顯，差異頗大，當然，這和他們詮釋的前理解有關。剋就顏元「立」與「達」字的解釋視之，此二字應爲中立屬性的動詞或形容詞，不過他將其與作受語的名詞共觀，成爲有意義的動名詞，這種詮釋的客觀性與否，讓人有所質疑，然則其解經意識已透過古籍傳遞，形成一種集體意識的成形，而非能以客觀或正確與否來一語斷定了。

〈憲問〉：子路問君子。子曰：「修己以敬。」曰：「如斯而已乎？」曰：「修己以安人。」曰：「如斯而已乎？」曰：「修己以安百姓。修己以安百姓，堯舜其猶病諸！」

《傳註》：修己以敬，正心以修身也。以者，用也。安人，安百姓則齊家治國平天下矣！以者，即修己以推及也。人對己言，百姓有二：一指有功德而賜姓者，如：〈虞書〉百姓昭明是也，故下復言黎民；

　　一指姓氏分衍，盡天下之人，言即民也。夫盡天下之人而安之，雖
　　堯舜在上，保無一夫，有祁寒暑雨之咨者者乎？故猶病也，甚言修
　　己以敬，可盡君子而不得以爲少也。按：以敬即修己之功，安人安
　　百姓皆修己中事。皆以敬，所謂行篤敬，執事敬也。後儒離修己安
　　人安百姓，而但言主敬，又名曰主靜，效佛氏蒲團、靜坐爲敬，以
　　直內而陽儒陰釋。異端害道之禍烈也。

案：君子聖人修己之道，在於修己而立人。皇《疏》引郭象曰：「故修己者僅
可以內敬其身，外安同己之人耳，豈足安百姓哉？百姓百品，萬國殊風，以
不治治之，乃得其極，若欲修己以治之，雖堯舜必病，況君子乎？今堯舜非
修之也，萬物自無爲而治。」此爲魏晉時受了老莊影響的詮釋，認爲堯舜之
治在於無爲，萬物將順自然之道而自化。〔註30〕

　　蓋朱《註》云：「人者，對己而言。百姓，則盡乎人矣。堯舜猶病，言不
可以有加於此。以抑子路，使反求諸近也。蓋聖人之心無窮，世雖極治，然
豈能必知四海之內，果無一物不得其所哉？故堯舜猶以安百姓爲病。若曰吾
治已足，則非所以爲聖人矣。」又引程子云：「君子脩己以安百姓，篤恭而天
下平。惟上下一於恭敬，則天地自位，萬物自育，氣無不和，而四靈畢至矣。
此體信達順之道，聰明睿知皆由是出，以此事天饗帝。」程朱所謂修己安百
姓者，偏重己修的層次，尤其是上位君子的德性備修，百姓自能風行草偃從
之，萬物能自我化育。郭象說法強調上位者無爲順自然以治民，程朱則重視
上位者的內修之道，前者尚重治道，後者從身修著眼。李塨不採古說，敬以
修身，以者，用也，採顏元之說而來。〔註31〕是故修己是用於安人安天下，
此皆爲修身份內事，一體而然，故行篤敬者，爲大人執事所應存的態度。

　　李塨以「敬」貫穿修身與外王，如同前例，二者不過是本末次第的一體

〔註30〕 江淑君，《魏晉論語玄學化研究》評郭象註云：「『以不治治之，乃得其極』、『萬
　　　　物自無爲而治』，皆是道家的政治思想。郭象此解乃順其註《莊》而來。〈逍
　　　　遙游篇〉郭象注云：『能令天下治，不治天下者也。故堯以不治治之，非治之
　　　　而治者也。』……觀郭象注義，其言『若欲修己以治之，雖堯舜必病，況
　　　　君子乎！』反而謂有爲而治，堯舜必病，因此強調『無爲而治』以至『無病』」，
　　　　頁163。
〔註31〕 顏元《四書正誤》解此條云：修己以敬，己字兼該了。仲子輕視了脩敬二字，
　　　　只看作嚴肅持己，似宋儒伎倆，夫子方發出「以安人」。還把人字小看，夫子
　　　　方說「以安百姓，堯、舜猶病。」三「以」自大有作用。說到堯、舜，便見
　　　　得「君子」二字自是君相本色，非後世主一無適，假此「敬」字衍禪宗之儒
　　　　生所可冒也。

工夫，故對執事大人而言，安民安百姓同樣是己之身修的一部份，不應區隔有別，而顏元《顏習齋先生言行錄・學問第二十》釋「敬」則云：「孔門之敬，合內外打成一片，即整飭九容是也。故曰：『修己以敬。』百事無不精詳，即堯、舜和三事，修六府，周孔之六行、六藝是也。故〈堯典〉諸事皆『欽』，孔門曰『敬事』，曰『執事敬』。」其謂「敬」者，也是融合個人主客體的內外，並以敬爲治事態度，一如馬融釋〈堯典〉「放勳欽明，文思安安」句云：「威儀表備謂之欽，照臨四方謂之明，經緯天地謂之文，道德純備謂之思。」即述若堯之功化於天下四德，乃由修己德爲始，以至於經緯天地，遍照四方。至於對理學家強調主體的身修，則斥爲異端，而採政治實踐的手段與目標，完成執事者身修平天下之職志。

　　〈泰伯〉：子曰：「不在其位，不謀其政。」

　　《正誤》：「不任其事」是程子特見。若吾儒隱居求志，凡兵農禮樂，
　　爲君、爲相、爲百職職掌機宜，那一件不去理會。觀《大學》及「知
　　爾何以」、「患所以立」等章自明。無志小儒、章句禪寂之士，不得
　　假此以文其陋。

案：此章最可看出從政者權分的劃分。〈子路〉篇云：「名不正，則言不順；言不順，則事不成；事不成，則禮樂不興；禮樂不興，則刑罰不中；刑罰不中，則民無所措手足。」政治秩序的建立，需要由權利與義務劃分爲基礎，正名與正位，並非崇尚虛名或如子路云之迂者，而是先立於權份的分立，再行所當宜。凡越權而行事，師出無名，名不能端正，義與禮未能符合名分而行使，自然無以爲繼，故所謂「不在其位，不謀其政」者，積極義即是正名，消極面則是恪遵本分而不越權，然《集解》云：「欲各專一於其職也」。又程子註云：「不在其位，則不任其事也。若君大夫問而告者則有矣！」皆有此意。〔註32〕顏元從當時經世學家隱居以待世的態度批程子。經世學者的隱居，不

〔註32〕又如日人竹添光鴻《論語會箋》，云：「此言居官之道也，只是不相侵越職分
　　之意。莊子〈逍遙游〉『庖人雖不治庖，尸祝不越樽俎而代之矣！』即此義
　　也。……國家設官以分職，各不相兼，不徒明分守而已。正欲專其責於當事
　　者，使無所借以自諉耳！世唯有越權自逞者，反生當事者觀望之念，不徒生
　　其觀望之念，亦且予以掣肘之患，唯謀不出於位之外，則人人各專其責，各
　　治其事，國家既免侵官之患，亦無曠官之弊矣！況天下事惟親歷始明，常有
　　旁觀見以爲利，而身試乃知其害。」竹添光鴻以官位的分權設置等細目，以
　　明居官之道的不相侵越。侵權者不守其分的越僭他職，不但使當事者難以行
　　事，也因此不守己分而失職，兩相爲害而無利也。詳參《叢書集成續編》第

是歸隱田野，不問世事，而是在等待能報效國家，反清復明以安天下的機會，故隱居是不得已的手段，並非人生目的。凡屬治國之具與政治盛衰傾覆的所以然之理，皆是他們研究與學習躬行的要目，所以顏元從隱居態度處看問題，非由居官行事處著手，二者有別矣！然程子又強調曰：「若君大夫問而告者則有矣！」此語難以判斷他所謂的「不在其位」者是否由居官或隱居處論事，然按顏元之見，則似由隱居處作評斷。

（二）理想的政治

〈陽貨〉：子張問仁於孔子。孔子曰：「能行五者，於天下爲仁矣。」
請問之。曰：「恭、寬、信、敏、惠。恭則不侮，寬則得眾，信則人
任焉，敏則有功，惠則足以使人。」

《傳註》：恭、寬、信、敏、惠，仁之分名也。能行於天下而不侮，
得眾人，任有功，使人修己安人。安百姓之道盡矣！任，倚仗也。

案：子張問仁，孔子以恭、寬、信、敏、惠五目以告，此強調居官任事的原則與態度，也是仁政施行總綱。朱《註》云：「行是五者，則心存而理得矣。於天下，言無適而不然，猶所謂雖之夷狄不可棄者。……張敬夫曰：『能行此五者於天下，則其心公平而周遍可知矣，然恭其本與？』」朱子認爲此五者乃心所操存而行之於事，凡心能守持此一仁道，心存天理，放諸天下可無所不治。〔註33〕李塨雖也視此爲行於天下之道，不過卻更重視五要目實踐在政治家個人的修爲、拔擢人材、使民惠民等實際政治方面作解釋，對於仁者心性天理之操存是否爲得天下等形而上的修養，則不論之。

李塨較爲著重五要目在實際政治的發揮，以作爲施政原則而遵守。由恭以待人而不見侮始論，修己以至於安天下百姓，此五者皆是仁道的分名，即各爲仁道一端。然朱子拿心氣之靈的存養作爲首要事，心存理得後，則事物

三十六冊（台北：新文豐出版公司，1989 年 7 月），頁 582

〔註33〕《四書纂疏》進一步引他說而證之：「黃氏曰：『心主於五者，則無非僻之雜
而心之德常存，以五者而施之事，則無悖繆之失，而事之理常得。』輔氏曰：
『五者，皆吾心所具之理而仁之發也。蓋恭則仁之著也，寬則仁之量也，信
則仁之實也，敏則仁之力，惠則仁之澤也。故能行是五者，則心存理得，而
仁不外是也。』胡氏曰：『心主於五者，則本心不失，故曰：心存以是五者，
施之事則揆之於理而合，故曰得理。』」綜合上說，咸以心爲、恭、寬、信、
敏、惠等五要目之主，且認爲本心的操存不失，繼而能揆度於事，此皆從本
體處往外看，著重在本心之德的修養，只要本體能掌握，施之於事則無礙，
詳見頁 1412～1413。

皆可治了，故以「仁」為應遵循的理則，五要目只是仁分殊下，以遵行的形下原則。若能先掌握仁的本質，五要目則可順由此而開出行天下之道矣！由此可知，前者重視政治上知與行的合一，唯有修己與治人本末先後的順序，略除形上、形下間的區隔；後者則認為應從本體的修養認知做起，行於後，若能持本，則末亦治。此說忽略了原則性之知與實際行事間，仍有現實與不可抗拒的突變發生，故持本是否能治末？恐有未逮。

〈堯曰〉：……寬則得眾，信則民任焉，敏則有功，公則說。

《傳註》：合言之曰：執中，分言之則一曰寬如天之溥博也，一曰信如四時之不爽也，一曰敏如風雷之震奮也，一曰公如天地無私覆載日月，無私照臨也。此總論帝王之治也。

案：此章可與上章同觀。這裡提出施政原則五要目的「寬」、「信」、「敏」以及「公」加以申言。《集解》云：「孔曰：言政教公平，則民說矣！凡此二帝三王所以治也，故傳以示後世。」又皇《疏》云：「為君上若能寬，則眾所共歸，故云得眾也。君行事若儀用敏疾，則功大易成，故云有功也。君若為事公平，則百姓皆歡悅也。」李塨承古說而論，總言寬、信、敏三者分論時，乃各司仁之一端，合論即是執中道而無偏私，末以「公」總結三者。帝王施政於民，宜抱持著人飢己飢，人溺己溺的同理心，寬懷臨下，以己欲立而立人，己欲達而達人的無私精神治理百姓，以仁為中心指導的所以然之理，施之於行事舉措節度的彰顯則在中道，亦即大公無私的表現，故《傳註》以此為治事臨民之至道，也是總論帝王之治的最高信守原則。

又竹添光鴻有云：「寬則得眾，寬者在上第一之德度，故先舉之。秒陶九德，寬為第一。子曰：『居上不寬。』吾何以觀之哉？」他將施德順序詳加細分，蒞民需先得眾，而以寬為第一德度。又云：「敏則有功，《詩》云：『農夫克敏。』《書》曰：『務時敏。』子曰：『敏於事。』皆敏疾汲汲之意。……皆不啻才敏。功者，民功也。君奭曰：成文王功于弗怠。雖有寬信之德，不昧且丕顯，以勤勞民功，無以遠其德也。」其次敏為勤敏，在上者勤敏於政事而弗怠，則易成功。至於「公」，乃是為治天下，行教化的終極之道，故云：「萬民之主，不阿一人。是言政教宜公平也，公平則舉措刑賞皆得其宜，民服於上，故說也。」〔註34〕又其總結此段而有云：「寬、信、敏、公四者，是

〔註34〕「信則民任焉」一句是否存在，自古有疑義，多認為是〈陽貨〉篇所誤植誤增耳！竹添云：「『信則民任焉』，漢石經無此句，皇本、足利本、正平本、南

言治法，非言心法也，然治法不在心法之外。」是之也，李塨《傳註》亦強調此四者或上條五者治法上的功效，不若朱子等理學家之重心法。不過治法實踐亦賴在位君子德性修爲，二者僅有本末先後之別，非有所偏倚。

（三）施政總綱及要目

〈學而〉：子曰：「道千乘之國：敬事而信，節用而愛人，使民以時。」

《正誤》：「敬事」非爲政之事乎？「信」非政令不欺乎？所「節」非國用乎？所「愛」、所「使」非國之人若民乎？何謂之「所存而已」，何謂之「未及爲政」？真夢語！

案：《集解》云：「包曰：爲國者舉事必敬慎，與民必誠信也。節用者，不奢侈也。國以民爲本，故愛養之也。作事使民，必以其時，不妨奪農務也。」又皇《疏》云：「爲人君者，事無小大悉須敬，故云「敬事」也。〈曲禮〉云：『毋不敬』是也。又與民必信，故云『信』也。雖富有一國之財，而不可奢侈，故云『節用』也。雖貴居民上，不可驕慢，故云『愛人』也。使民，謂治城及道路也。以時，謂出不過三日，而不妨奪民農務也。然人是有是識之目，愛人則兼朝廷也。」上述皆以此乃從政爲君者的治民之道，而分述其要目。大凡涖事宜敬而慎，行政令與民相交時宜誠信。又於財政宜量入爲出，而國以民爲本，故應愛之。〔註35〕使民作事，則應按農時而不妨之而行。此處論述的，咸爲政者施政時應有的根本態度，與前兩章有異曲同工之妙，如：敬而恭，言信則民信任之，節用讓民得惠，愛人與使人以時能寬而得眾等。

然朱《註》引曰：「楊氏曰：『然此特論其所存而已，未及爲政也。苟無是心，則雖有政，不行焉。』胡氏曰：『凡此數者，又皆以敬爲主。』」楊氏不以此章所言爲政事之論，胡氏主「敬」以總論以下數要目，其皆欲以本體心性的存養，使政治能隨心性之理而得治，故顏元深斥之，從古註之解。又如李塨《傳註問》解楊氏語而云：「曰：事則本末必舉矣！顏習齋先生曰：『明示治國之政而曰未及，爲政先儒斷不多烘至此。其源則以重惺覺，卑事功，

宗本亦無。疑因〈陽貨〉篇子張問人張誤增入耳。」亦可見於《論語集釋》，頁 1367～1368，有羅列眾家的說法以供參考。

〔註35〕「節用而愛人」一句，依何晏與皇侃之說，乃分述而論，「節用」即財政的量入爲出，節用而不奢侈；「愛人」則是以百姓黔首爲國之根本，則宜愛而不棄，態度宜和而不驕慢。另如朱子引楊氏云：「蓋侈用則傷財，傷財必至於害民，故愛民必先於節用」，將二者並論，亦無不可。然按顏元《正誤》所言，以「節」釋國用財政，「愛」與「使」同觀，則與古註同而未採朱說。

不知不覺遂爲此語也。』」他以宋儒重心性與鄙事功的態度，而評楊氏與朱《註》守本，卻忽略了事功的重要。

〈堯曰〉子張問於孔子曰：「何如斯可以從政矣？」子曰：「尊五美，屏四惡，斯可以從政矣。」子張曰：「何謂五美？」子曰：「君子惠而不費，勞而不怨，欲而不貪，泰而不驕，威而不猛。」子張曰：「何謂惠而不費？」子曰：「因民之所利而利之，斯不亦惠而不費乎？擇可勞而勞之，又誰怨？欲仁而得仁，又焉貪？君子無眾寡，無小大，無敢慢，斯不亦泰而不驕乎？君子正其衣冠，尊其瞻視，儼然人望而畏之，斯不亦威而不猛乎？」子張曰：「何謂四惡？」子曰：「不教而殺謂之虐；不戒視成謂之暴；慢令致期謂之賊；猶之與人也，出納之吝，謂之有司。」

《傳註》：傳帝王之道者孔子，故以論政，繼爲因民所利而利之，井里樹畜之政也。擇可勞而勞，兵役之政也，易曰：「何以守位？」曰：「仁。」欲仁得仁，生生之德也。無眾寡小大，無敢慢，修己以敬也。正衣冠，尊瞻視，儼然人望而畏，莊以莊之也，五美宜尊者也。不教而殺，謂無禮樂以教民而遽殺，不軌也。不戒視成，謂有所興作，不三令五申而遂考成功也。慢令致期，爲微取號召，慢其令於前，剋其期於後也。出納之吝，謂財物之當用者，不出之吝嗇達也，四惡宜去者也。欲仁則非貪欲矣！敬則人事各理泰矣！而何驕賊害也。有司莞財而不得自專者。

案：子張問政於孔子，孔子答以「尊五美，屏四惡」，其下復解釋何爲五美。惠而不費者，乃順民所欲之利而利之，故上位者無所損費，如皇《疏》有云：「因民所利而利之，謂民水居者利在魚鹽蜃蛤，居山者利於果實材木，明君爲政，即而安之，不使水者山居，渚者居中原，是因民所利而利之，而於君無所損費也。」勞而不怨者，即使民有時，而且要適才而用，而民無怨言，如皇《疏》說：「言凡使民之法各有等差，擇其可應勞役者而勞役之，則民各服其勞而不敢怨也。」欲而不貪者，皇《疏》有言：「欲有多塗，有欲財色之欲，欲仁義之欲，欲仁義者爲廉，欲財色者爲貪。言人君當欲於仁義，使仁義事顯，不爲欲財色之貪。」依皇侃之說，欲爲本能之事，有向仁義者，也有向財色者，端看人君的態度而有廉、貪兩種不同結果，若循此而論，仁義者反由外鑠而非內在先天的存有。又《會箋》有云：「欲而不貪者，以正心言

也。〈大禹謨〉：帝舜曰：『俾予從欲以治，四方風動，惟之乃休。』〈曲禮〉曰：『欲不可從，唯聖人從欲，亦欲而不貪故也。』汲黯謂：『漢武內多欲，而外施仁義。』汲黯所謂欲者，即貪之謂，與此言欲不同。」這裡道出「欲」的雙重性，聖人之欲乃從本體即超越即內在的仁義而來，一般的欲乃是指天生動物性本能的欲望，此處提及「欲而不貪者」乃從前者，故可釋為凡仁義內在，若能以愛仁、欲仁之心以教民，由己而及人，則民皆好義而可抑本能求財貨美色之欲了；泰而不驕者，指在上君子處事待人應無有差別心的對待，不怠慢且無倨傲之姿，如此則能從容應事而無凌人的傲氣，蓋皇《疏》以財貨權位之寡眾言曰：「言不以我富財之眾，而陵彼之寡少也。又不得以我貴勢之大加彼之小也。我雖眾大，而愈敬寡小，故無所敢慢也。能眾能大，是我之泰；不敢慢於寡小，是不驕也。」威而不猛者，則指君子衣冠儀容的莊重無邪，看似莊嚴卻即之也溫，故不猛也。此五美為大人聖君為政態度，而不外乎待民以「仁」與使民以「公」二者。

　　四惡者的虐、暴、賊、有司四者，皆是君主不教、不告誡、與民無信而慢期、吝於將貨物釋出與民分享等自私行為下的惡狀，此惡者宜去之也。然李塨《傳註》論此章，也是藉此以明帝王之道在於尊上述五美而屏四惡了。

　　　　〈顏淵〉：子貢問政。子曰：「足食。足兵。民信之矣。」子貢曰：「必不得已而去，於斯三者何先？」曰：「去兵。」子貢曰：「必不得已而去，於斯二者何先？」曰：「去食。自古皆有死，民無信不立。」
　　　　《正誤》：「民信之矣」是說這民要把信實教他，如富之、教之之類。「矣」字是對上兩「足」字而歸重口氣，猶言為政之道食要足，兵要足，至於民，則更要信實之矣！若作「民信服於我，不離叛」解，則於「民無信不立」不通，故朱《註》前後相左，解末句費許多力，終不似，也說約。劉上玉雖文人，亦已見及此，但其說未大暢，故予申言之。
　　　　《傳註》：足食，井里裕足，兵武備修，民之信矣！謂上以信教民，而民亦興於信，無攜貳矣！此政之全也，無可去也。然而有常有變，時勢倉卒，三者難兼，如：韓信驅市人以戰，非素拊循士卒，是謂去兵。時勢窮促，食信不可並得，如：張巡捋腹，致死而守睢陽，是謂去食。蓋食足信孚，雖空拳持梃，可使捷堅，君民一心，雖羅雀掘鼠，可與圖存。如其無信，則子棄其父，臣背其君，喪無日矣！

　　何立之有？聖人論政，圖安則無危，盡常則弭變。至於安危，常變
　　而皆有道以處之，非子貢之智，何以發焉？

案：此章子貢問政，《集解》註曰：「孔曰：『死者古今常道，人皆有之，治邦
不可失信。』」又皇《疏》云：「人若不食，乃必致死。雖然，自古迄今，雖
復食亦未有一人不死者，是食與不食俱是有死也。而自古迄今，未有一國無
信而國安立者。」大抵皆是說明爲政者無信不立的道理，又如《集註》曰：「民
無食必死，然死者人之所必不免。無信則雖生而無以自立，不若死之爲安。
故寧死而不失信於民，使民亦寧死而不失信於我也。」則相同矣！

　　顏元《正誤》認爲「信」是應直接將信實教予百姓，爲政之道在於食足，
兵足，對民更要有孚信。又《傳註》倡言其意，食足與兵武的備修，能使民
對執政者的信賴，是故上以信實取信於民，民亦以信回報之，即信實乃建立
在實質的物質與身家安全之上，三者一體而全。若三者不能兼得，又以信實
爲要，因爲信實使臣上臣下間一心而共濟，縱死而無悔；若失卻信實之俱，
倫常間早已內鬨而相背叛，立政之資已蕩然無存，危而無所立。

　　由上可知，行仁政王道的次序，先是須滿足物質需求而後教化可行，蓋
如《孟子·梁惠王上》有云：「無恆產而有恆心者，惟士爲能。若民，則無恆
產，因無恆心，苟無恆心，放辟邪侈，無不爲已。及陷於罪，然後從而刑之，
是罔民也。焉有仁人在位，罔民而可爲也？是故明君制民之產，必使仰足以
事父母，俯足以畜妻子，樂歲終身飽，凶年免於死亡。然後驅而之善，故民
知從之也輕。」亦即《管子·牧民》所言：「倉廩實則知禮節，衣食足則知榮
辱。」道德與民生間的平衡，在於先要解決民生所需，此方是施行道德教化
所應具備的基礎，故顏李二人認爲此乃一體之事，只要兵武備修，恆心即能
因恆產充足而建立。

　　〈子路〉：樊遲請學稼，子曰：「吾不如老農。」請學爲圃。曰：「吾
　　不如老圃。」樊遲出。子曰：「小人哉，樊須也！上好禮，則民莫敢
　　不敬；上好義，則民莫敢不服；上好信，則民莫敢不用情。夫如是，
　　則四方之民繦負其子而至矣，焉用稼？」

　　《正誤》：壬申四月十五日，爲弟子講此章畢，嘆曰：「小人者，百
　　姓也。學農、學圃，百姓事也。上者，君相也。好禮、好義、好信，
　　君相事也。士，學爲君相者也。故孟子曰：『大人之事備矣！』士好
　　大人之事，不但得吾境內之民敬服、用情，方且四方之民皆繦負而

至。後世之士，既不學農圃，作小人事，又不好禮、義、信，作大人事，只好靜坐，好說話，好著書，好假聖人操存、慎獨，作禪家心頭上工夫，故不惟吾民之不敬服、用情，且致四方之侮害並至，不忍言矣！請有心者淨眼一辨，尚是孔門之儒否？真於小人、大人之外，別有一流儒生矣！又何怪世人夷儒於仙、佛，而並稱三教也！」

《傳註》：……古分士、農、工、商四民，農、工、商皆細民，士則仕也。居上未仕而學也，亦學居上者，禮、義、信之事，非業細民業矣！

案：樊遲詢孔子以學農稼，孔子嘆言其志小而不知學大人治民之事，章旨一則明辨大人與小人事間的差別，二則言禮義忠信對於治民的重要。夫朱《註》云：「楊氏曰：『樊須游聖人之門，而問稼圃，志則陋矣，辭而闢之可也。待其出而後言其非，何也？蓋於其問也，自謂農圃之不如，則拒之者至矣。須之學疑不及此，而不能問。不能以三隅反矣，故不復。及其既出，則懼其終不喻也，求老農老圃而學焉，則其失愈遠矣。故復言之，使知前所言者意有在也。』」是也。事有大人事與小人事，人不可兼以得之，故《孟子‧滕文公上》云：「勞心者治人，勞力者治於人。治人者食於人，治於人者食人。」事有分工，然樊遲游於孔子之門，不學治民等為士之大人事，而屈於農圃等農工百姓之細事，故孔子嘆然。論及治民，不外禮、義、信也，此三者乃內心「仁」與「公而無私」的躬行，上若能好此而行於民，不僅能收國中百姓的心誠悅服，亦能歸服四方之眾，如《會箋》云：「上好禮則民莫敢不敬，三好先禮者，禮有品節，君子小人所以分，帝王綱紀天下惟禮。人生視聽言動亦惟禮，無禮則怠惰放肆，故化民成俗莫如禮。上好信則民莫不敢不用情，情如軍情病情之情，好惡之誠，無所欺隱，故古註曰：『情實，禮義信俱兼，本之身心而達之政事者言。』」禮以分節度；情實則好憎之情無所遯隱，誠意因而由發；上者行事合宜則民服，此皆為大人治民應具備之德與施事所據。

　　然顏元李塨者，亦認為事有分工，故君相治人者與小人百姓等治於人者，皆應各守其職分。然後世之儒若宋明理學家者流，以心性工夫的操存以達天理，只知修身反而忽略政事實踐，故以駁之，更屏棄在大人、細民之外，而與重捨離的仙佛二教共觀。

　　〈雍也〉：子曰：「雍也可使南面。」仲弓問子桑伯子，子曰：「可也簡。」仲弓曰：「居敬而行簡，以臨其民，不亦可乎？居簡而行簡，

無乃大簡乎?」子曰:「雍之言然。」

《傳註》:……行簡,施行政事崇大體,去繁文也。居簡,身心簡略
也,如是而行簡,勢必大綱細目皆簡略矣!曰可,曰大簡正從可也,
簡之言而辨之也。此於夫子僅可之,意雖未盡,喻而論簡之得失,
確矣!故子深然之。按漢後言治道有三:一王道:堯、舜、周、孔
之所傳也;一清靜:蓋公、曹參所傳黃老之學是也;一刑名,申韓
是也。……刑名勝於寬縱,養奸如徐偃、王梁、武帝者,然弊必酷
烈土崩,《論語》「民免無恥」、「毋乃大簡」二章,洞陳其弊矣!王
道則當清淨亦清淨,所謂「臨下以簡,寧失不經也」;當刑名亦刑名,
所謂「威克厥愛,允濟也」。但如漢武重儒術,而但知變服色,改正
朔;孝元重儒術,而但在經義文辭,至於道德居敬之君,極選舉教
養之王政,未之有聞也,則雖曰「儒術」,未也。

案:孔子認為仲弓有人君之氣度,可以居人君尊位以鄰民。而仲弓以簡問孔
子,又不欲孺子桑伯子之過簡,故問於孔子而辨之說,故朱《註》云:「言自
處以敬,則中有主而自治嚴,如是而行簡以臨民,則事不煩而民不擾,所以
為可。若先自處以簡,則中無主而自治疏矣,而所行又簡,豈不失之太簡,
而無法度之可守乎?《家語》記伯子不衣冠而處,夫子譏其欲同人道於牛馬。
然則伯子蓋太簡者,而仲弓疑夫子之過許與?」能以敬自處,則內心有主而
自治嚴謹,先能自治而後施政於民,則能不擾民,故可;若自約以簡而非敬,
反因過簡而疏漏太多,則心玄蕩而無法度,行為易流於放縱無狂妄,若以此
行政於下,則太簡而無法度,仲弓固有所疑復問,而孔子許之。

　　李塨提及漢以後治道有三:一為儒者聖賢的王道,其次是黃老的清淨無
為之治,復次則是刑名之術。然他所謂仁政王道者,兼及黃老與刑名,即當
於清靜不擾民時,則應清靜,如:使民以時,若使於農忙之際,則是擾民而
民不安生;刑名可有效革除寬縱之禍,然一旦過分酷厲,則成為養奸的溫床,
所以王道儒術有其其寬靜與法制兩面,宜交互用之。以上乃從治法面而論王
道政治觀,然這是否表示李塨的政治觀雜揉了黃老與刑名,固有所疑。若以
顏李學派重視功利主義的態度來看,他們贊同無害於團體的私欲與合理功利
的獲得,在政治態度上,則以增進百姓福祉為最高的指導原則。所以他們一
方面並不反對經濟發展對於民生的需求,二來主張仁政王道必須能維護民眾
的安全與民生發展。而李塨治道亦即建立在此種功利思惟上,黃老與刑名僅

是達到平天下的方法與手段，而非目的。

〈泰伯〉：子曰：「民可使由之，不可使知之。」

《傳註》：顏習齋先生曰：「此治民之定法也。」修道立教，使民率由乎三綱五常之路，則會其有極，歸其有極，此可使者也。至於三綱五常之具於心性，原於天命，使家喻而戶曉之，則離析其耳目，惑蕩其心思，此不可使知也。後儒聖學失傳，乃謂不能使之知非，不使之知於是爭，尋使之知術，而學術、治道俱壞矣！

案：何晏《集解》云此章：「可使用而不可使知者，百姓能日用而不能知。」又皇《疏》云：「爲政以德，則各得其性，天下日用而不知，故曰：『可使由之。』若爲政以刑，則防民之爲奸，民知有防而爲奸彌巧，故曰：『不可使知之。』言爲政當以德，民由之而已；不可用刑，民知其術也。」其指爲政有二途，一是以德行於下，則人能各安其性，百姓日用之而不知所由也，只因順理之當然如此；若以刑行之，是爲防民而設，非由衷愛民，民知有防而愈奸巧，故刑以治民者，不能使之知其術，然而爲政時，宜從前者。

朱《註》則云：「民可使之由於是理之當然，而不能使之知其所以然也。程子曰：『聖人設教，非不欲人家喻而戶曉也，然不能使之知，但能使之由之爾。若曰聖人不使民知，則是後世朝四暮三之術也，豈聖人之心乎？』」程朱之意乃在於聖人之道深遠幽渺，其本心不易爲百姓所知，但卻能使民能日用其道而不知其故，刑《疏》亦若此解。皇侃強調以德治民，民順理之當然而行，故曰行而不知所以然之由，朱《註》則讚嘆聖道的高遠深妙，不易爲民所知，前者重治而後者重聖人之德修，分然不一。

《傳註》認爲聖人修道立教，可使民行三綱五常等倫常之教，此倫理之德存乎心性與天命中。若鎭日談心說性，不思個人當守之職責本分，則民心蕩越空虛，徒以口舌爭論於天下，學與治道皆壞。故宜直接行三綱五常之道，而非徒使知所以然之理，避免民心浮蕩不實。蓋顏李之說，特別申言學、治、教三者的一致，以孔子下學而上達之教爲「治民之定法」〔註36〕，與程朱、古註不同。

〈衛靈公〉：衛靈公問陳於孔子。孔子對曰：「俎豆之事，則嘗聞之

〔註36〕《存學編·由道》：「聖人學、教、治，皆一致也。『民可使由之，不可使知之』，是孔子明言千聖百王持世成法，守之則易簡有功，失之徒繁難而寡效。故罕言命，自處也；性道不可聞，教人也；立法魯民歌怨，爲治也。」詳細解說可與第六章第二節天道篇「子罕言利與命與仁」章同觀。

矣；軍旅之事，未之學也。」明日遂行。

《正誤》：儻問：「兵、農、禮、樂，吾儒本業也。靈公既問陳，夫
子何不告之，而言未學乎？」予曰：「春秋時王章尚可舉，只兼并已
開其漸。一種爭地城殺機，君子聞之疾首，觀其任用王孫賈，必已
儘力講究此道，夫子又忍揚其波乎？況聖人至國，至理要道當訪求
者多矣！而開口便問陳，可知其不足行吾道矣！故『明日遂行』。」

案：此章言孔子於兵事的看法。《集解》曰：「鄭曰：『……軍旅末事，本未立，
不可教末事。』」又刑《疏》則云：「此章記孔子先禮後兵之事也。……孔子
之意，治國以禮義爲本，軍旅爲末，本未立，則不可教以末事。」而朱《註》：
「尹氏曰：『衛靈公，無道之君也，復有志於戰伐之事，故答以未學而去之。』」
由上述分別可知，二者詮釋著重以兵陣之事問於孔子，故以禮樂征伐有先後
本末答之；朱子詮釋重在衛靈公問兵陣一事，而以其無道好戰伐，孔子求去。

顏元假爾儻之問以答，並未直接闡釋本章章旨，卻可看出他對於儒者本
業的看法。他認爲兵、農、禮、樂四者，皆儒者所應學之事，於兵事有言：「……
門人記夫子慎戰，夫子自言：『我戰則克』。冉求對季氏，戰法學于仲尼，且
夫子對哀公，亦許靈公用治軍旅者之得人，豈眞不學軍旅乎？」〔註37〕慎戰
出自〈述而〉：「子之所慎：齋、戰、疾。」凡兵旅之事，牽涉人命與國家存
亡，故應特別謹慎，儒者習兵不爲好戰，而是禦侮。至於農事者，〈子路〉「樊
遲請學稼」章已表明大人與細民事應分工而各司其份，又何以認爲儒者應學
之農？此繫顏元學術淵源使然，其學術道統上承三代，讀書論學以《尚書·
大禹謨》「六府三事」爲尚，並以此九功爲養民之本〔註38〕，凡其中如利用、

〔註37〕出自《四書正誤》，卷四〈衛靈公〉章，釋「衛靈公問陳」節。

〔註38〕「六府三事」出於《尚書·大禹謨》云「俞地平，天成六府三事，允治萬世，
永賴時乃功。」此乃禹陳九功而嘆美之言。六府指金、木、水、火、土、穀；
三事指正德、利用、厚生。《疏》解釋此有言「所謂德者，惟是善於政也。政
之所爲在於養民。養民者使水、火、金、木、土、穀六事惟當修治之；正身
之德，利民之用，厚民之生，此三事惟當和諧之。修和六府三事，九者皆就
有功，九功惟使皆有次敘。」又釋「六府」云：「下文帝言六府，即此經六物
也。六者，民之所資，民非此不生，故言養民之本，在先修六府也。府者，
藏財之處；六者，貨財所聚，故稱六府。襄二十七年《左傳》云：『天生五材，
民並用之。』即是水、火、金、木、土，民用此自資也。彼惟五材，此兼以
穀爲六府者。穀之於民尤急，穀是土之所生，故於土下言之也。」釋「三事」
云「正德者，自正其德。居上位者，正己以治民，故所以率下人；利用者，
謂在上節儉不爲糜費，以利而用使財物，殷阜利民之用，爲民興利除害，使

厚生者，皆爲古帝王當修治以蒞下之事，故於農事者悉皆應知悉。

　　然「學」與「治」間有其分際，帝王習兵農之事，乃爲厚生富民禦外侮，此係總爲政全貌所視；一但實際治理時，君主不可能身兼百事，故須分工，即勞心者治人，勞力者治於人。其討論關注焦點不同，不得等同而論。

〈季氏〉：季氏將伐顓臾。……孔子曰：「求！君子疾夫舍曰欲之，而必爲之辭。丘也聞有國有家者，不患寡而患不均，不患貧而患不安。蓋均無貧，和無寡，安無傾。夫如是，故遠人不服，則修文德以來之。既來之，則安之。今由與求也，相夫子，遠人不服而不能來也；邦分崩離析而不能守也。而謀動干戈於邦內。吾恐季孫之憂，不在顓臾，而在蕭牆之內也。」

《正誤》：「均無貧」是聖人富國法，「和無寡」是聖人強國法，「安無傾」是聖人定國法。

案：此章乃孔子論魯卿季氏專恣征伐之事。季氏欲伐顓臾以自益，冉有、子路仕之，孔子認爲顓臾爲社稷之臣，不應伐，冉有將責任指向季氏所欲攻，而己無力阻擋。然身爲輔世之臣，當能持危，若不能，何以爲相？故孔子疾之，且以聖人治國之法告誨，並論季氏自亂於內，謀自操干戈於室，恐未來亂非起於外侮，而在蕭牆內。《集解》云：「孔曰：『不患土地人民之寡少，患政理之不均平，憂不能安民耳。民安則國富。』包曰：『政教均平，則不貧矣！上下和同，不患寡矣！小大安寧，不傾危矣！』」治國貴在施政與教化的均平，如此百姓安寧而不起非分之心，民能安於生，國即能富強。均平者，存乎施政之「公」也。又朱《註》云：「季氏之欲取顓臾，患寡與貧耳！然是時季氏據國，而魯公無民，則不均矣！君弱臣強，互生嫌隙，則不安矣！均則不患於貧而和，和則不患於寡而安，安則不相疑忌，而無傾覆之患。內治修，然後遠人服。有不服，則修德以來之，亦不當勤兵於遠。」其申何晏之說而認爲治國貴均，均而後能和，和則能相安，安則能不相猜忌無傾覆之患。治國以內政的治修，而近悅遠來服四方，若有不服者，則修德以費，而非窮兵黷武，以兵力恫嚇。

不匱乏，故所以阜財。阜財謂財豐大也；厚生謂薄征徭，輕賦稅，不奪農時，令民生計溫厚食豐足，故所以養民也。」又總云九功而言：「知六府三事之功爲九功，惟敍者，即上惟修惟和爲次序，事皆有敍，民必歌樂君德。」由上引所知，六府爲民生所必須之資，三事爲治民大人者正己而後治民之法。摠此九功是爲治者蒞民之道，此乃從實際治民原則處說治者應循之道。

視「均」、「和」、「安」三者為先後一貫的治國之理，又《纂疏》說：「是時季氏據魯國之半，而公室無尺地，一民之勢，不均甚矣！不均則臣疑其君，而以貧為憂矣！憂貧而求富不已，則君疑其臣而至於不和矣！不和則臣益自疑而常懼於眾少矣！憂寡而求眾愈甚，則君益疑之，而至於不安矣！以臣尤君，而不安至此。則雖欲長保其祭祀而無傾危之患，其可得哉？」其反面立說，君上的不均而貧，使諸侯憂貧欲求富。過富而凌越於君上，則君又疑臣之不軌，上下猜忌不和。不和而臣欲糾眾自保，然君臣間猜忌更深，國政因此不安，有傾危之患。顏元《正誤》分述三者，一是「均無貧」，能均平財富而不斂，而民不爭，國自可富；二是「和無寡」，富而後能和，能和而不亂，國則可強；三是「安無傾」，百姓相處居安和平無爭，國祚自然能安定。三者一脈而承，富而後能強，強而後能定，當中關鍵即聖人君子理政的「公」而無私。

二、綜 論

經由上述分析，我們可以發現顏李兩位解經家在時代氛圍下企圖對《論語》解釋的重構。對於魏晉南北朝與宋明以來兩種詮釋系統，他們並未完全採納，特別是朱子《集註》，更是希冀矯弊的對象。他們將經世學術「躬行實踐」的理念，確實地灌注在政治詮釋中。諸如：〈泰伯〉「不在其位，不謀其政」章，提及隱居時，凡兵農禮樂皆應有所習；〈憲問〉、〈學而〉言「敬」尤重在蒞民時應有之敬慎態度，與朱《註》重視本體心性的修養不同。然則《論語》文本實未涉及到深奧的政治理論，而僅以原則性理念說明以德治為主的政治觀，它強調為政者德性修養與政治關係的一體，若〈顏淵〉篇云：「政者正也，子帥以正，孰敢不正。」〈子路〉：「其身正，不令而行」皆然。 [註39] 此原則性理念只點出了政治觀點的方向，並無確切施行細則與政策討論的牽扯，因此後世進行解讀時，不免留下許多開放性的詮釋空間，憑藉著不同時代課題展延，作出富有時代意蘊的詮釋。

〔註39〕這種德治觀念產生的背景，是源於周代宗法制度而來，因為周代社會是以「宗族」為單位，宗法制度中大宗小宗之別，乃是層層身分階級的區分，劃分的區別就是禮。故此宗法制度下階級與階級間的關係，不過是大小權限不等的家長。一旦脫離了此一社會基礎，則不免與現實政治觀脫鉤。漢代以後，為政以德的觀念被君主專制取代，政權在「治」與「德」間形成拉鋸，甚至是「治」權凌駕在「德」之上，形成有德者不一定有位，治者不一定有德的情況。

　　所以從魏晉南北朝、宋代、顏李學派等三個時期的主要詮釋中，我們可以分判出他們對於大人君子論政目的的不同看法。就魏晉南北朝來說，這時崇尚道家「以不治治之」、「無爲而治」等順法自然時令運行的政治觀，故主張用消極無爲而治的態度治民，百姓與萬物皆能自化；朱子從聖人主體之德而論，註解往往不涉及實際政論，反覆在爲政者應所秉持之德性下探討，以仁道爲政治實現的根本，只要能聖人能誠意正心，主敬存養以修德，風行草偃則天下人莫不歸從順服，如此即足以大治﹝註40﹞；即至顏元李塨一洗前說，他們以朱《註》爲檢討對象，積極從實質面詮釋，諸如〈泰伯〉「不在其位」章、〈子路〉「樊遲請學稼」章……等。這並非意味著他們對道德本體的不重視，而是在經世惟用的時代氛圍中，將實際政治理念加諸於《論語》詮釋中。顏李如同其他經世學者一般，認爲政治是達成平天下的手段，可是空由本體心性原則處言治道，反而是坐井觀天，不足以知實際政治面臨的問題爲何，如顏元〈大學正誤〉釋「所謂齊家節」云：

> 後世之爲治者，全不從平好惡上做正、修工夫，故末梢上做許多事業，畢竟會差，所以爲霸術。後世之爲學者，離了治情講心性，離了平好惡講治情，離了待人接物講平好惡，所以爲禪宗。春秋、戰國、秦、漢亡大學之道者，霸術也。唐、宋、元、明至今世，亡大學之道者，禪宗也。然霸術之亡道易見，禪宗之亡學難見，故吾惡禪宗也，甚於惡霸術。

上述提及之治人者必須符合兩項條件，一是從自身誠正修齊的修身工夫做起，其次是需有治功的建立，此二者以修身爲先，然後方可言治國，缺一不可。顏李論治道，仍以儒家傳統人治爲先，故爲治者須先身修，由己德修起，

﹝註40﹞ 蕭公權，《中國政治思想史》比較程朱政治哲學有云：「伊川考亭均以『窮理』爲見道之方。伊川謂進修之術『莫先於正心誠意。誠意在致知，致知在格物。格至也，如祖考來格之格。凡一物上有一理，須是窮致其理。窮理亦多端，或讀書明義理，或論古今人物別其是非，或應事接物而處其當，皆窮理也。』『今日格一件，明日又格一件。積習既久，然後脫然自有貫通處。』則道之全體可明矣！朱子亦謂『天下之事莫不有理。爲君臣者有君臣之理，爲父子者有父子之理。爲夫婦、爲兄弟、爲朋友，以至於出入起居、應事接物之際，亦莫不有理焉。有以窮之，則自君臣之大以至事物之微，莫不知其所以然與其所當然而無纖介之疑。喜則從之，惡則去之，而無毫髮之累。』……蓋程朱之政治哲學大體上以《大學》一書爲根據。表面視之，固遠承先秦儒學之正統。然就歷史背景論，則程朱之言正心修身，又與孔孟之意義有異。」頁510～511。

己能正而後行事自然能得宜合義公平，如此則天下可治。倘若失去身修一途，心術不正，行事必導致偏頗，治者不爲公利而循個人私欲而行，縱使建立許多治功事業，卻只是依強力霸道勉強而行，人民畏於其威而順服，然非出於自願；相反地，若離了治情單從心性本體言，姑且不論是否與禪宗同途，治者的身修能否就能夠直接影響人情世故，而不需從治術等技術層面以應世，這也是顏李提出最大的疑問。所以，爲治者身修足以影響待人應物判斷，是無庸置疑，可是如何作出實質層若如：選舉取才、財政稅賦、農業兵事等現實問題的決策判斷，就需仰賴政事參與，非可獨由心性修身而能解決了，故顏李重視心性與事功的建立及其一體性，只有本末體用序列差異，無分疏而論的可能。

　　無可避免地，會擁有這樣迥異於前代《論語》的詮釋，必定有其發展成因。從結果處往上溯源地看，此一詮釋仍舊不脫時代衝擊及宋明理學家們治學態度的不同所導致，甚至是孔子應如何定位而形成的差異使然，這些問題將在下節中一一探討。

第三節　政治觀解經思想的批評及平議

一、政治原理與顏李之前《論語》解經觀念的商榷

　　論及政治觀實踐，不免涉及到政治理想與政治現實間的距離。理想的政治可以視爲政治理念中最美善的境地，治人與被治者間沒有利益衝突，社會充滿了公義與和平的祥和之氣。無論是老子形容的「小國寡民」，儒家大同之治，其道雖殊，最終希冀達到公而無私，民心純樸之政治目的則一；可是現實政治面臨情境涉及了治術，亦及該如何治的問題。這和前者應如何治有了選擇性與抉擇性的差別。抉擇具有確然方向性，在政策施行的損益間，找出最能符合多數民意的期待，卻無可避免要犧牲少數人權益。再則，縱使制度立意是良善的，卻也無法抵擋時代變遷造成不敷世情所需的窘況。所以，當現實政治面臨到政治現實的結果，就是它不可能符合所有人的預期，一旦離開了時效性，陳腐的政策將勢必遭到淘汰。至於理想政治，方東美先生曾說道：

　　　　中國先哲所蘄求的國家應具有道德的、教育的和文化的優點，方能產生理想的政治。所謂理想政治標準，即在完美生命之具體的實現，一切政策、政綱都應由道德動力推進之，教育大計普及之，文化價

> 值固守之。赤裸裸的或虛僞掩飾的實際政治絕不能奠定國本。……
> 中國經子古籍解釋政字，都說政者正也，政者教也，或政者法也，
> 可知率道德之正，教化之正，法本之正，以正其不正，實爲政治的
> 本義，所謂政令、職能、刑禁之政，只是政治的申義。〔註41〕

具體政策固然可以作爲施政綱領，不過理想政治所追求的，是在形式組織基礎上，能夠完成生命整體價值的場域。它廣含道德涵養、材能教育、文化創造等價值呈現，即一切政策應以道德爲動力加以推動，其中蘊含教育及文化的普及與實現，可知中國傳統理想政治，是從道德本源處的涵養開始掌握，如原始儒家與道家的德治觀即由此展現。至於實際政策的實踐，則端賴道德觀下作選擇，故從源流處看理想政治，它確實有實現的可能。然而，理想與現實間應如何妥協，這是歷來論政者所不斷希望能解決的課題。

以民爲主的政治觀，是明清之際經世學者企盼達到的目標。可是這種民主觀與現今民主政治並不相同，它是建立在賢人政治底下的民本觀念，究竟賢人政治與民主政治（Aristocracy and Demotocracy）間差異爲何，桂崇基先生判分二者有云：

> 英文 Aristocracy 一字的含義，通常係指政權由少數人行使的一種政體。這些少數人或爲受有高深教育，具有豐富經驗，保有高尚品德者；或爲擁有財富者；或高踞社會地位者；或同具有皇家血統者；或掌握軍事實力者；或在宗教居於領導地位者。本章所論，係指前一種意義而言，故曰賢人政治。中國各家政治哲學充滿著：「任官惟賢能」，「建官惟賢，位事爲能」，「惟仁者宜在高位」一類話……實則他們係以「賢」爲首要，而「能」尚居其次。蓋古代社會政簡刑輕，爲官者只要能做到「清」、「愼」、「勤」三個字，便爲好官。而這三個字，都指品德而言。季康子問政於孔子（丘），孔子對曰：「政

〔註41〕 參見方東美，《中國人生哲學》（台北：黎明文化事業公司，1982 年 12 月），頁 59～60。方東美認爲理想政治趨向，應於具體政策、政綱、政略外，更進一步追求國家存在之理由。又可分成四點來看：（一）國家是實現一部份人類完美生命的場合，一切重大設施，都是要保障人民共同生活的安全與幸福；（二）國家不僅是一種軍事、政治和經濟的形式，乃是藉此種組織以實現道德理想的園地；（三）國家是一個完備的學校，對於人民生活技藝，應盡力培養發展，以全其知能才性；（四）國家又可說是文化價值的區域，除卻政法體制外，更須爲人民確立一個完善的機會，使人人於忠誠參政之餘，各發揮其特殊才能，以增進文化的創造。

者，正也。子帥以正，孰敢不正。」「正」更是品德的最高表現。孔
子在另一地方《大學》又特別指陳：「誠意」、「正心」、「修身」、「齊
家」、「治國」、「平天下」，次序井然，完全是内聖外王的道理。……
可見古代所謂賢，乃指聖哲之士。

主張民主政治者與主張賢人政治者，其信念根本不同。主張賢人政
治者認爲人類的智力、體力均係天賦不平等的，僅少數有才智之士
始應居於國家之高位，以統治萬民。而主張民主政治者則相信自由、
平等之說，認爲人類之天賦才智雖難免互有高下，但其行使之政治
權力則不能不使之一律平等。且以廣大群眾爲基礎之政府，較諸以
少數人爲基礎之政府，必更能公正而有效的爲民服務。……以上諸
人都是從自然法，天賦人權或社會契約說以闡發民主政治的理論
的。另有一批學者則從功利的立場以擁護民主政治。這批功利主義
者認爲政府之目的不外爲其社會每個組成份子謀求幸福，並且每個
份子的幸福應與其他份子無所軒輊，所以國家的組織與政策均應促
進人民的利益，保護人民的權利，擴展人民能力與機會，以完成最
大多數人的快樂。〔註42〕

賢人政治與民主政治最大差別，在於前者政權係由少數人掌控行使，自身所
具備德性的特質，是他們能夠成爲領導者之首要條件。賢人政治以品德爲首
要，亦即崇高品德能開展出大公無私的精神，所以任官只要能清廉，勤敏於
政事，便能近悅遠來，四方來歸。而況賢者之德是爲民眾表率，故上能行德
則民莫不順服依歸，天下因此得治，故這種内聖即能外王的政治思惟，正是
賢人政治本質所在；民主政治則不同。民主政治保障著任何一位民眾在參政
權上的平等，無論在德性、知識、能力的高低不一，至少在參與公共事務決
定時，其權利是平等的。民主政治理論有兩種基型，一是從天賦人權，由自
然法則角度形成的民主觀念，如：中國道家以天道自然爲宗，政治之至善在
於能順應自然之道。另一是功利主義思惟的民主觀，即認爲政府存在目的就
是以謀求社會百姓最大福利爲宗旨。無論是何種民主觀，其必然只能以多數
人意見爲行政依據，可是多數是否即代表正義合理，還是利益分贓下妥協的
結果，這正是反對民主主義者抱持的觀點。由賢人政治與民主政治比較可知，

〔註42〕以上詳參桂崇基，《政治思想之問題與趨勢》（台北：台灣商務印書館，1981
　　　　年4月），頁37～57。

前者強調統治者主體道德價值感的呈現，與中國傳統人治政治觀相侔，即一般人不必知政治的所以然之理，只消依循賢人足履各安其職份，即得天下太平；後者則須以法治爲基礎，在平等原則下保障人民參政權，如此則能謀求大多數人的福祉。

由前所述可理解，理想政治與現實政治間，往往存在著該如何治的必然抉擇性的問題，因爲現實包含了時空與可變動難以掌控的分子，涉及了治術的抉擇及施行後必須承擔的後果，反觀理想政治雖也需憑藉治術以達其理想境地，但在儒家一貫「法先王」思惟下，普遍斷定三代以前施行之政策就必然是良善的，卻刻意忽略了時空因子與人文活動的不確定性。而賢人政治即是儒家達到理想政治的手段與目的，從孟子以至於歷來儒家提倡的民主，正是立於賢人政治下以民爲本的觀念。這和眞正民主不同，因爲它並非建立在法治與參政權平等下的民主，而是透過賢人統治下對民意的尊重，以民心所欲爲己之所欲。由此以觀魏晉以降到顏李《論語》詮釋，便可看出他們政治觀點立意上的分歧。

普遍說來，魏晉以至於朱子詮釋，純屬於賢人政治觀點下對理想政治的闡述，他們僅著重在聖人修爲與施政關係之描述，對於該如何治的治術問題，則懸而未論。魏晉南北朝崇尚無爲而治的順應自然觀，其解經著重聖人本體修爲而不言治術，其意可理解；然而朱子解經的觀點，可藉由牟宗三先生提到孔孟並稱問題時，作一說明。其道：

> 由宋儒開始，才了解孔子的獨立價值，了解他在文化發展中有獨特的地位，不能簡單地由他往上溯，而作爲堯、舜、禹、湯、文武、周公的驥尾。……孔孟並稱，則孔子本身可以開一個傳統，……到了孔子，開始政教分離。假定以堯、舜、禹、湯、文、武、周公爲主，就是以政治事業爲主，以業績爲主。孔子並沒有作皇帝，沒有稱王，有其德而無其位。所以我們可以籠統地說，到了孔子，是政教分離；孔子的地位是「教」的地位，不是「政」的地位。所以孔子本身含一傳統。宋儒就把握了這一點。在內聖外王中，「教」的地位主要是指內聖。這是宋儒所共同承認的，……內聖的工夫是每個人都能作的，……外王就不一定了，……朱夫子是理學家，以道統自命，而道之所以爲道，是在內聖方面，不在外王或業績方面。〔註43〕

───────────────────

〔註43〕參見牟宗三，《中國哲學十九講》，頁 397～398。

牟先生認爲孔孟並稱的過程中，孔子地位的獨立開創了政教分離傳統，即以「教」而非「政」的地位言政治。所以他講究內聖，以內聖之道德品格作爲第一序之理，因爲外王可遇不可求，內聖卻是當下立即可行的。宋儒包括朱子，便掌握了這樣的孔孟道統，於是以內聖自持之學當作求聖道的第一義。此說正可爲朱子《論語集註》詮釋何以著重心性修爲解套，也間接表明與顏李學派詮釋上的差異。

二、顏李《論語》政治觀批評與平議

顏李在《論語》政治觀詮釋上，對宋儒只重心性而不重實際躬行的態度，提出批判。不過透過前點政治原理的分析，則可明顯看出顏李政治觀點不同於前人處。他們身處於兵燹瀰漫的明清之交，明末政治腐敗與學術間互不相屬，讓他們倍感政教分離所帶來的政治危機。因而一方面強調學術與政治間的不可分割性，並對前代經典詮釋作出批判。從政治原理上觀察，他們實未跳脫賢人政治範疇，但已經開始正視現實政策的弊端，從上古經典中找尋解套的可能。在此復古情懷趨向下，他們不再將內聖之學看作是可直通外王之道的方法，而是直接從政策執行面，尋謀解弊之道。〔註44〕以民爲主是此一經世學術思惟的共相，不過終究未能建立以法治爲基準的政治觀，而這份民本觀念到底還是在賢人底下呈現。對於理想政治境界的完成，他們仍抱持著期許，認爲只要一概回復上古政令的施行，便可以將現實政治情境的問題解決，不過卻似乎沒將時代與人爲因素加以考量，形成現實與理想間的差距。以下將整合顏李《論語》詮釋的政治觀，並加以平議。

顏李政治觀可分成爲政者蒞世與修身態度、理想的政治、施政總綱及要目等三方面說明。從蒞世與修身的態度來看，他們重視「德」與「刑」間的不可偏廢，爲政者固然以德爲內具之質，但是客觀刑罰具有懲戒效果，可資警惕，如顏元〈存治編・靖異端〉嘗云：

> 古之善言靖異端者，莫如韓子。韓子之言曰：「人其人，火其書，明
> 先王之道以教之。」……考古謀今，靖之者有九：……四曰清蘗，
> 有爲異言惑眾者誅。五曰防後，有窩佛老等經卷一卷者誅，獻一卷

〔註44〕如陸寶千，《清代思想史》（台北：廣文書局，1983 年 9 月）云：「夫儒者之學本兼內聖外王之道，自宋儒競言心性，內聖之學大明，而外王之道忽焉。迨明室既亡，異族入主，移民痛辮髮之辱，咎明政之失，各盡其智，以求長治久安之計，外王之理，因是闡發。」頁 6。

者賞十兩，訐窩者賞五十兩。六曰杜源，今碩儒多著闢異之書，深
明彼道之妄，皆謂「火其書」也。……九曰明法，既反正之後，察
其孝行或廉義者，旌表顯揚之，察其愚頑不悟者，責罰誅戮之，皆
所謂「明先王之道以教之」也。

顏李排斥佛老的虛無捨離，異於儒道者一皆視爲異端。故對於尚異端者，主
張嚴刑以對；至於能敬己以德者，則應表揚其德行。這顯然和重視德性化育
的原始儒家及宋明理學家不同；其次，強調內聖與外王事功的一體皆然。內
聖只是聖人本體修爲，須藉政治事功建立以達安民治天下之道，如子路嘗問
「君子」，孔子答以「修己以敬」、「修己以安人」、「修己以安百姓」，李塨則
用「敬」貫串修己與事功的本末一體之道。他們並以此作爲對理學家的反控，
認爲他們僅著重本體心性，卻忽略事功政務等施政之具；至於權位間的劃分，
顏李由當代政治現況反觀，無論權位可得與否，學者經世之志不可或缺。縱
使隱居而志未得申，也應於平日加以修習，以待一朝爲世所用。

　　恭、寬、信、敏、惠是爲政者居官任事的原則，同樣也是理想政治實踐
應具備的綱目。此五者爲仁道分名，以「公」、「執中」爲其本質與通性。「恭」
是修己，亦是接人應物的工夫；「寬」指蒞民態度的寬容有量；「信」乃對民
承諾有信實而無欺；「敏」指應事勤敏迅速勿耽誤；「惠」即適時適量施恩於
民，以讚美慰勞其辛勞。凡此種種由內修以至外王，咸以賢人應具備的施政
條件作爲理想政治實踐基，即其思想仍屬賢人政治下的引申，係由領導者統
治態度決定了國政的命運。仁道應如何施行，由領導者公而無私的行事作決
定，這當然也關涉到理想政治是否可行的根據。對於被治於人的黎庶細民來
說，他們無須有參政權，只要治人者能順此五德施政於下，則皇路自當清夷
承平，王綱自然能扶持。當然，此理想政治的施行以至能躋幾天下清晏盛平，
居間關鍵則在賢人的內聖修爲，此由本而末的一體工夫，是顏李所堅持的。

　　顏李的《論語》詮釋與前代最大的不同，便是在施政要目的提出，而此
亦爲解經思想中的特出之處。從施政總綱宏觀，如：〈學而〉「道千乘之國」
章、〈堯曰〉「子張問於孔子」章等提及的敬事節用愛民與五美四惡者，特別
強調爲政者的臨事態度。其認爲君主應內存對百姓的虔敬尊重，並直接表現
在行事上，以民意所需作爲施政依歸，如：以信實施行政令，使民宜避開農
時，節國用以蓄民財等皆然，而此皆爲實際政事施行時的態度。由細目作微
觀，其於《論語》中論述的施政要目有以下二大項：一是政教與兵農並重。

政教合一，是原始儒家的政治理念，也是理想。他們透過道德教育的施行，將德治的賢人政治觀與教育觀結合。孔子認為強力不足以服眾，惟有透過教化，方得服民心，如〈季氏〉「季氏將伐顓臾」章言「故遠人不服，則修文德以來之。」又〈顏淵〉「子貢問政」章可去兵去食卻「民無信不立」，此皆須從教化開始內修而推及於人，由己欲立達於人者。對於兵事，由〈衛靈公〉「衛靈公問陳於孔子」可知他不好尚談此道，不過〈憲問〉篇云：「陳成子弒簡公，孔子沐浴而朝，告於哀公曰：『陳恆弒其君，請討之。』公曰：『告夫三子。』孔子曰：『以吾從大夫之後，不敢不告也』。」孔子言兵乃因陳成子僭越禮分而弒簡公，其無禮在先，故聲討之以正綱紀，此係維護政治倫理而不得不然，並非孔子倡言軍事。至於農事，他則說「吾不如老農」，事有分工，孔子之學乃學治人之事，他與墨家「漫差等」不同，故批評樊遲志小不學大人事。可是顏元李塨則一概認為執政者對兵農之事都應該要了解，而將其全視為「吾儒本業」。其並非改從墨家之流而然，夫顏元曾強調以《尚書‧大禹謨》所倡言「六府三事」，《周禮‧大司徒》「三物」作為為學求道的實踐之道，其中如射、御及土、穀等一類事的學習，即以兵農作為執政者應備有的條件。故顏李解經思惟不全然僅從《論語》論孔子，而更由《書經》、《三禮》、《易經》等早出經典思惟參雜其中，並作為《論語》解經時的佐證依據。這種說法符合了以「周孔並稱」由孔子往上溯及堯舜三代的學術傳統，而以孔子作為此系統的尾驥。其次也符應了經世思潮上探經典本旨，而非如宋儒以降只重《四書》詮釋的原意。第二，重視民生發展與綱常之道。李塨註〈雍也〉「雍也可使南面」章提到漢以後治道有三，以堯舜以來的王道為善。顏李重視事功，顏元〈大學正誤〉註「孟獻子」節云：

> 以義為利，聖賢平正道理也。堯、舜「利用」，《尚書》明與「正德」、「利用」、「厚生」並為三事。利貞，利用安身，利用刑人，無不利。利者，義之和也。《易》之言「利」更多。孟子極駁「利」字，惡夫掊剋聚斂者耳。其實，義中之利，君子所貴也。後儒乃云「正其誼，不謀其利」，過矣！宋人喜道之，以文其空疏無用之學。予嘗矯其偏，改云「正其誼以謀其利，明其道而計其功。」

這裡事功並非單純從功利主義而言，利須憑藉義以調和，在義中求利而非以利求利，義還是求利所本的初衷。故王道之治即以公利為出發點，經濟發展是民生需求所必須，而刑名或黃老無為等治術只要無害於公，並以王道為基

礎，借爲達到理想政治的手段，也亦無不可。此外，以道德爲基礎的政治觀，本源於三綱五常之道，在〈泰伯〉「民可使由之」章顏元與李塨證明此點，並認爲此一倫理存乎先驗的心性與天命之中，即道德本性是與生所俱。他們認可人本質上的良善，然而心性欲能明白透顯，則應透過生命的實踐躬行，而不是談心說性的內聖工夫，這是他們不同於宋明理學家之處。

從詮釋切入角度來看，其解經非完整的「依經詮釋」，其中亦雜揉不少經世思惟以及擬古經典之旨意。經世思惟屬時空因子的介入，使詮釋富有時代意蘊，而況經世學者本欲「明經達用」議論時政，因此闡述經典時，免不了以己志雜入，此係理所當然。至於後者釋入《論語》詮釋的部分，從文本內容審視，孔子確實相當重視六經的教化功能，其學術也是承接此一「周文」系統而來，這提供了他們復古的憑藉，更是應以六經作爲最終依據；可是若單從《論語》文本來看，它本身即是一完整的哲學體系，雖然闡揚了經旨，卻也有其時代特性。在此矛盾複雜的關係中，顏李選擇了前者，並必然地與明清之交的政治實情結合，形成迥異於前代的詮釋理論。不過，他們顯然沒有注意到將主觀釋入詮釋，易流於失卻客觀評判標準。〔註45〕在詮釋內容上，他們選擇從政治現實面著眼，諸如兵農與禮樂並重等，這些實際需求有其時效性，一味上推於古非但已不能符契當時政經情勢所需〔註46〕，更何況是來者。是故取決於現實卻也造成限制。

總之，顏李《論語》政治觀最大的特點，即其時代性與現實面的描述。他們否定了朱子以來僅重心性闡述的弊端，以心性事功並重予以矯治。雖仍以賢人政治作爲施政理念，以儒家一貫大同之治作爲理想政治的目標，只是在這經世學風影響下，更深刻地體會出實際政治的無奈與現實。於是開始從行中求知，講究從事功建立，來證明理想政治實現的可能，可惜復古終非解決問題之道。獨其強調「公」與「執中」的政治精神，得以流芳於後。

〔註45〕 誠如鄭宗義：〈論朱子對經典解釋的看法〉，《朱子學的展開──學術篇》（台北：漢學研究中心，2002 年 6 月）云：「問題是通經致用的解經面向在追求用事的大前提下，往往會超越其文本的解讀，此則非文字所能範限、得魚忘筌之類的方法主張對經典超越其文本的解讀。」

〔註46〕 有關明清之際的時代背景，請參閱第一章第一節〈外緣背景之於儒學的影響〉。

第五章　《論語》解經思想中的教育觀

　　「教育」一詞從字面上看，可將「教」與「育」二字分開解釋。《說文》釋「教」有云：「上所施，下所效也。」釋「育」則道：「養子使作善也。」又引〈虞書〉曰：「教育子」。教有使人服從之意，而育則是透過化育，使能成道德之善。故二字並言有服從上者道德教化之意，即透過教育的方式手段，使人為善。換言之，教育目的不僅是知，而且還包含使人為善的道德意涵。

　　又「教育」與「教學」內涵也有不同。從定義上看，教育目的在於「成人」，也就是明白人之所以為人的道理，這和「文化」背景有關。而文化是一個複合概念，其定義甚廣，大抵說來可將它視為「人類對自己及對自然的改造創化之總體，旨在改善生活適應，追求更有價值的生命意義。」〔註1〕故文

〔註1〕　說法參考歐陽教，〈文化變遷與教育思潮演進〉，中正大學成人教育中心編印，《文化變遷與教育發展論文集》（嘉義：中國教育學會、中正大學成人教育中心主編，1993 年 6 月），對於文化的解釋有道：「文化是一個複合的概念（a complex concept），而且是一個多樣態的歷程（a polymorphous process），因此，『文化』這個概念的外延與內涵，雖不至一人一義，百人百義，卻著實難作清楚而明確的界定。不過，如果將『文化』及其矛盾概念『非文化』並列，就不難想到『自然』這個概念。『自然』就是天生如是，自自然然的歷程與存在。……沒有人為造化與教化，人只是自然萬物之一，無所謂文化。及至人想要適應自然、改造自然、希求更佳的生存，而漸有價值創造的活動，文化創造的根芽漸漸萌發……自然與文化是人類生命價值存在的兩大要素。粗略而言，自然給予人生命；文化給予人類價值。自然是人類的第一屬性，可說是天生的，文化是第二屬性，是後天的，頂多只是準先驗的。人有兩個自然，

化的創造兼及了物質與精神改善兩部分，它是群體意識的呈現。尤其是高度的文化，更是一民族通過長久歷史累積、創造的人文價值與理想，足以反映人之所以爲人以及人之爲精神存有的最高成就。所有不同形式文化的主要目的，均在建立一個思想與情感的感通世界。故文化是不同社群所創造的價值系統。當然，價值系統必須要傳遞於後代，傳遞方式則透過教育。沒有教育的歷程將前輩經驗傳給後輩，文化無法薪火相傳，沒有文化提供獨特的社會人群經驗，教育也失去其實質的內容，二者相輔相成；「教學」則涉及策略性專業考量，通常是指教學內容上包括知識、技能、態度的傳授。不過，這又關乎另一層面的問題，即接受者「學」的意願與動機。故教學呈現出的，是雙方面互動結果。教學貴在講究方法，也就是如何透過最好的模式，將資訊傳達給接受者，故教學是師生間如何達成有價值的學習目標爲標的。然而這樣的學習型態，牽涉的教學範圍，不僅只在純知識獲得，還包括了其他在生活上的認知學習。〔註2〕由此可知，教育與教學含涉範疇並不相同，教育與文化有關，廣義來說，它泛指了一切有益於文化發展的學習行爲；教學則侷限在傳遞者與授與者「教」與「學」的型態，重視如何傳遞內容的學習策略。

明末清初時的政經動盪，使得社會結構由純農業社會，開始轉型走入商

亦即人性有兩個，一是與宇宙萬物共有之自然，是謂第一自然。另一爲經過人爲加工改造的自然，即文化。」文化是人爲創造下的產物，用以適應於自然。不僅是物質生活的提昇，創造歷程中也開始思考人之所以爲人等精神層次的價值，故文化的改造，涵融了對自然物質生活以及精神創化下的整體改變，詳參頁52～56。

〔註2〕 教學的意義粗淺而言，便是由有知識技能的傳遞者，將資訊傳給缺乏此一資訊的接受者而言，並以爲達成此一活動而產生的互動關係。然而學習不一定是源自於教學，也可以是自學，故教學應鎖定在傳遞者的「教」與接受者的「學」上而言。故學習成敗非僅爲教師職責，學生亦須肩負其「習」的責任。故教學的意義有以下六點：（一）教學是「教」的活動加上「學」的活動；（二）教學是師生之間的互動；（三）教學是學生與教師、教學資源間的互動；（四）教學是爲達成有價值的學習目標之活動；（五）教學是指師生之間爲達成有價值學習目標的多樣態互動；（六）教學是需要妥善計畫相關要素和策略的活動。
教學涵蓋的範圍不僅止於「教書」而言，只要是「有價值的學習活動」都可以是教學的內容。而師生間互動的情況，則構成了教學活動是否成功的因素，故在教學計劃與策略上，都必須按學生需要與屬性來設計，以符合價值所需。所以「教學」在定義上，係指教者與學者間的活動情況而言，與教育不同。上述教學意義部分可詳參黃政傑主編，《教學原理》（台北：師大書苑，2000年3月），頁7～14。

品經濟；再者，學術思潮的轉變，也撼動著自宋代以來，主導長達數百年的心性理學思惟，走向關懷社會現實的經世實學。這種質變並非一蹴可幾，而是漸進式地於外在環境與內在學術相互影響下孳漫發酵，除了民間生活型態受到經濟活動變遷而有改變外，在學術與文化上，則有賴教育的傳導。反觀「教育」二字對於中華民族的意義，可以儒家哲學作為代表。這倒不是狹隘地認為儒家以外，而無其他家思想的存在，只是在漢代以後儒學挾帶著「獨尊」之名，成為歷代君主政治奉行的圭臬，發展出由政教合一與道德倫理建立起來的封建政權，〔註3〕即便是尊崇玄理、佛學的魏晉隋唐的政權，亦不能偏廢儒學維繫社會秩序的功能。

儒家領袖孔子是第一位將王室學問流入民間者，他提出一系統性的自覺理論，對於價值及文化問題，持有確定的觀點及主張。其教育理想並不是培養徒俱知識的「機器」，而是內具道德仁義，外能己立而立人，能淑世為最終目標的「君子」、「聖人」，建立出以「仁」為主的道德價值。「仁」的確立，有助於對中國傳統文化特重道德觀念的認知，但是這並不代表對於純知識的不重視，只是他關注的焦點，聚焦於周王室政權淪喪後，違反父子君臣等常倫之「周文疲痺」人心不古下，對社會現況的反省。所以建立道德倫理常規儀則成為首要之務，純知識反成為道德教化下的附屬品，形成以德化教育為主的教育觀。

本章「《論語》解經思想中的教育觀」即是以顏李《論語》解經思想下教育理念的解析，以教育內涵為討論主軸。首先，將廣泛地了解明末清初時期經世學者的教育理念；其次則進一步分析他們對於《論語》文本的詮釋，並比對魏晉以至宋代詮釋觀念上的差異；最後一總前述教育觀點與《論語》文本間的異同，並對顏李的詮釋提出看法，結束此章。

〔註 3〕　如任繼愈，《中國哲學發展史・先秦》（北京：人民出版社，1998 年 5 月）有云：「而到了漢代統一的封建國家形成之後，他的思想經過地主階級的改造，則有利於封建中央集權制度的鞏固。像孔子維護周天子的最高統治地位，主張禮樂征伐自天子出，反對僭越，嚴格等級制度，相信天命，維護忠孝等宗法倫理道德等思想，對於鞏固封建中央集權，反對割據也是有用的。這樣，孔子思想使逐漸被重視，成為封建大一統的統治思想。……為了使儒家更好地發揮鞏固封建經濟和政治制度的作用，歷代封建統治者及其思想家不斷地對它加工改造，逐漸使它完備細密，並在一個很長時間內，進行了儒學的造神活動……這種神學化了的儒教，把政治、哲學和倫理三者融合為一體，形成了一個龐大的儒教體系，一直在意識型態領域佔據著正統地位，對於鞏固封建制度和延長其壽命，起了十分巨大的作用。」詳見頁 160～161。

第一節　經世實學家的教育理念

一、崇實抑虛的教育觀

教育內涵與形式的轉變，與社會變遷脫不了關係，從社會學角度來觀察，「社會變遷」係指社會關係與社會結構之變動，即社會中人群的結合，由個人轉變爲人與人交往的人際關係；而「社會結構」則構成社會的靜態面組織，如人口結構的變遷等。將此一靜態橫切面與動態縱剖面相互的作結合，就形成了社會變遷，以上是就學理的角度言之，較爲平實的說法即是：社會變遷就是因爲外在環境以及內在人文因素的轉移之下，所產生的變化。李建興先生將社會變遷原因分成六項，其中生物因素、經濟因素、技術因素、政治因素等可以算是外在環境的變遷；至於心理因素、文化因素則屬內在人文的變遷。〔註4〕

社會變遷帶來了文明的進步與發展，但是變遷就一定是好的嗎？或許應用一個較爲客觀角度來詮釋，即「社會變遷」只是一個中立命題，本身並不涉於價值上的判斷。這裡所強調「社會變遷」只作事實的呈現，好的「社會變遷」固然對教育有莫大幫助，但是惡質「社會變遷」也會對教育產生莫大的負面影響。不過，到底是社會變遷影響教育，亦或是教育影響社會變遷，其先後序列難以斷定，只是這提醒了我們，教育不是被孤立於現實以外的產物，它代表著社會之於文化價值的表述。

明清之際經世實學的開展，便是社會變遷下衍生出的學術發展型態。從以往政治觀點僅著重原則性闡述轉變成實際政策的討論批判，他們逐漸走出純學術的研究，繼而以政論家姿態，由實際執行面來關懷政治民生。這種外顯政治觀與道德教化的合一，脫離了宋明理學僅著重在內聖修養的學術體系，揭露了現實人生所必須面對的社會議題。不過，政治觀僅是對於當下社會情境的考察，教育的紮根方是治本之道，以下將分別舉出幾位經世實學家的教育觀，以明當時教育理念的共相。

如顧炎武《日知錄‧求其放心》，卷七云：

> 「學問之道無他，求其放心而已矣！」然則但求放心，可不必於學問乎？與孔子之言：「吾嘗終日不食，終夜不寢，以思無益，不如學

〔註 4〕酌參李建興，《社會變遷與教育發展》（台北：幼獅文化事業有限公司，1989年6月），頁1～3。

也」者，何其不同耶？他日又曰：「君子以仁存心，以禮存心」，是
所存者非空虛之心也。夫仁與禮，未有不學問而能明者也。孟子之
意蓋曰：能求放心，然後可以學問。「使奕秋誨二人奕，一人專心致
志，惟奕秋之為聽；一人雖聽之，一心以為有鴻鵠將至，思援弓繳
而射之。雖與之俱學，弗若知矣！」此放心而不知求者也。然但求
放心而未嘗「窮中罫之方，悉雁行之勢」，亦必不能從事於奕。

這裡提到了學問與道德存心間的關係。透過道德內聖為體證的工夫，可將意
念與放失的心氣收束於心體中，以臻性體之至善。內聖是已然之理，欲窮究
內聖所以然之道，則不能假心性思慮處探求，而應進一步從形下之「行」中
學起。換言之，思固然可知得理，但未落實實踐，道德便僅在懸蕩空慮，無
益於學，亦不得彰顯於外。故心存之後還要學，從何處學，所學者何？同卷
〈不踐迹〉章云：

「服堯之服，誦堯之言，行堯之行」，所謂「踐迹」也。先王之教，
若〈說命〉所謂「學於古訓」，〈康誥〉所謂「紹聞衣德言」，以至於
《詩》、《書》六藝之文，三百三千之則，有一非踐迹者乎？善人者，
忠信而未學禮，篤實而未日新，雖其天資之美亦能闇與道合，而足
己不學，無自以入聖人之室矣！治天下者亦然。

「踐迹」乃建立於道德、德言、德行之上，包括了《詩》、《書》六藝等。所
學者為道德與禮采之文也，學習目的則是能踐迹而行。當中以道德為本，禮
的學習為末，本末相兼缺一不可。「文」指禮序儀則之文，為道德踐行於外顯
行為依循的準則，文質須相依且合乎中道，才不會如《論語·雍也》所云：「質
勝文則野，文勝質則史」的鄙略或誠意不足。由此可知，顧炎武的「學習」
程序以道德為基準點，經由詩書六藝等文采學習，達到小至個人道德踐行，
大至於治天下之目的。故學習動機出自於德性需求，以德為本的教育觀，又
如《顧亭林文集·答友人論學書》，卷六云：

聖人之道，下學上達之方，其行在孝弟忠信，其職在灑掃應對進退，
其文在《詩》、《書》、《三禮》、《周易》、《春秋》，其用之身在出處辭
受取與，其施之天下在政令教化刑法。其所著之書，皆以為撥亂反
正，移風易俗，以馴致乎治平之用，而無益者不談，一切詩、賦、
銘、頌、誄、序、記之文，皆謂之巧言，而不以措筆，其于世儒盡
性命之說，必歸之有物有則、五行五事之常，而不入于空虛之論。

聖人心性之道的成就，乃是躬行下學以上達。從與人相交孝弟忠信之「德行」實踐與個人日常生活應對進退之「職」的躬行，一皆以「修己敬人」之踐行心性；五經的學習，則以德行為基源，近則用於個人，遠則施於天下政令教化，故政令刑罰所出，宜以道德為出發點，經典所載之儀則為矩墨，而非為了私欲極權擴張而濫設，此係人治觀點下，對於法理的重視。然而其法源所出，畢竟是以道德常理為依歸，故對治者內聖的要求，可見其端倪，亦為賢人政治所必然。在文學觀點上，著書之大用是以有益天下為目的，舉凡一切的文學形式，都應以道德為思慮本源。以道德觀點為前提的下學觀，是當時經世學者共同理念與信仰，將道德與教育的融合，使其質文相依，並以政治觀為達用，以形成聖人己立立人之達道。又如唐甄《潛書‧講學》從講學者角度看教育有道：

> 夫講者，非辨文析義之謂也，所以淑其身，明其心也。若日取《五經》之文而敷之，日取諸儒之言而討之，日取孔孟之書而述之；使聽之者如鐘鼓之蕩於胸，如琴瑟之悅於耳，群焉推之以為當世之大宗師，君子則鄙之。其鄙者何也？以為無益於人之身，無益於人之心也。……是何異於謝莊之塾師乎！謝莊之塾師，教章句，解文字而已。夫教章句，解文字，童蒙猶有賴焉。茲之講者，無益於學者，殆不如彼之有益於童蒙也。

教者之責，非謂從書本中得道，而是以淑身明心等德性修養為依歸。聖人之道若僅是口講論述，而不由實際躬行中得道，則不過是學章句、解文字，德無法彰著於心，無益於修身，故曰此不過是童蒙之學也。是故〈勸學〉章云：

> 君子之於道也，敬以脩己，廣以誘民，文學事功皆備其中，豈可誣也！是故凡為士者，必志於道。何以志於道？凡所見之人，無貴賤，無小大，皆以學明倫也；凡所遇之事，無順逆鄙俗，皆以學盡義也；養僕妾，謀衣食，量米麥，權蔬肉，皆以學求仁也。草木必有根，舍是而為文學，必流於浮靡；構築必有基，舍是而為事功，必至傾敗而殃民。

此說與顧炎武類同。君子之學由己而外，文學與事功悉為應從事。而士人志道之幾，則由道德處開始學習。此道德之所由發，與人則序人倫，遇事則行所宜，至若生活民生所需，一以仁道為考量。大體而言，一切行事所學都必

須以德為基礎，並以構成文學事功基礎。故若文學無德，則恐僅是在競詞藻
而流於華靡；事功無德，則心性不正，恐治者流於私而未盡公義，故教育理
念的施行必須以德為基礎。顏元論講學亦有道：「即《詩》、《書》、六藝，亦
非徒列坐講聽，要惟一講即教習，習至難處來問，方與再講，講之功有限，
習之功無窮。」〔註5〕其尤重「習」之功。講是教如何習之道，故「習」方是
為學重點，由習以體證經典六藝要旨。另李塨《平書訂‧取士》有道：

> 平書曰：古之教士不外六德、六行、六藝。而上士、中士、下士，
> 皆士也。為國任事，分猷以備卿大夫之選，故多練達偉敏宏毅之才，
> 未有徒以讀書能文為士者。徒讀書能文，且不足為士，況所讀不過
> 八股之文，又出於唐、宋、明經進士之下哉？嗟乎！人才靡弱不振，
> 至宋已極，而明殆有甚焉！……舉凡德行道藝，與所以致治勘亂之
> 具，概置不問，一幸登科第，則政事聽之胥吏，心力用之營求貪富
> 貴，競門戶，而無事徇私以釀禍，遇變則置安危於不顧，……文字
> 除經史及禮樂、兵農、天文、地理、工刑、射、御、書、術、醫卜、
> 技藝諸正書外，凡詖淫子書，無用語錄、文集、四六時文，經書俗
> 下講章、小說、二氏邪說，俱宜焚而禁之。

前例中，李塨談取士不外是從六德、六行、六藝等實學工夫中選取有用之
才。此誠因一國之士職責以利天下之民為用，然而文章八股取士，僅在詞章
上取勝，以文采美盛為當官憑據，使得士子內無據德外無德行，及至治理天
下的事功之學，悉皆無有，非特無益於經世，而更有可能徇私而敗壞世風。
由於未內具道德仁義，故行事無行義，有可能避害畏禍而無擔當，故以此取
士，誤國誤民矣！至於所讀何書，李塨所列經史禮樂等道德文化之屬外、有
關科技的天文地理、兵農工刑之民生所需、醫卜技藝等，皆是應涉獵的「有
用」之書。不過與道德常倫及無關乎民生之美文、小說等純文學者，則視為
邪說。

綜合上述諸家說法，經世學者對於教育學習有著既定且一如的態度，便
是「崇實抑虛」。所謂的「虛」，不僅對宋儒只重內聖心性之學的排斥，更包
括了在文學上的態度。對他們來說，文學甚至是只要作為書寫的文字工具，
其責任便是在傳遞道德價值，故不應獨立於道德外的個體。儒家經典是他們
對於文學價值的最高體認，其本著聖賢初著經典之大用乃為彌倫經世之故，

〔註5〕見於《存學編‧總論諸儒講學》。

繼而認爲後世爲文都應以此爲標竿。經典的永垂不朽，誠係以道德爲基礎，治國平天下之達用使然，簡言之，經典亦不過是傳導工具，若除去其道德思惟意涵，而以訓詁文字等考據之學爲用，則其價值蕩然無存，故文學必須著意於經世，並以躬行實踐經典內涵爲教化的工夫。

「崇實抑虛」教育理念的興起必然與時代有關，從他們身處年代與政治觀淑世外王思想可知，明朝政壇種種衰敗跡象，如顏元所批：「論明政四失：設僧道職銜，信異端也；立宦官衙門，寵近倖也；以貌招選駙馬、王妃，非養廉恥也；問罪充軍，以武爲罪徒也，誰復敢愾！」〔註6〕都說明了明代重視虛浮表像而輕道德行義爲本的價值取向，復以官吏強取豪奪與原有經濟體制的崩解，一皆深刻影響了經世實學家的教育理念。最後，他們選擇復古的法先王之道作爲論政以及教育觀點爲師法對象，並由記載著聖賢之道的六經爲根據，故以下將從儒經之於經世學者的教育意義，繼續探討。

二、以儒經爲本的教育內涵

透過經典詮釋與認知了解，明經世思想的源流根據，爲當時經世學者所仰賴託古寓今的教育模式。他們一則上探古代政教合一制度原型，作爲當時政治教化的思考方向；一則透過經典新銓，藉其中透顯之義理價值，作爲修身內聖以至於治國平天下的精神依據。前者如：《清儒學案・南雷學案》，卷二有云：

> 先生受業於蕺山時，顏爲氣節一流人，所得尚淺，患難之餘，始多深造，於是胸中窒礙爲之盡釋，而追恨爲過時之學，蓋不以年少之功自足。恒謂「明人講學，習語錄之糟粕，不以六經爲根柢，束書而從事於游談，更滋流弊。故學者必先窮經，然拘執經術，不適於用，欲免迁儒之誚，必兼讀史。」又謂「讀書不多無以證理之變化，多而不求於心則爲俗學。」故上下古今，穿穴群言，自天官地志九流百家之教，無不精研。

黃宗羲認爲爲學必以窮經爲先。然而經書性質是原則性的內容表述，故有不適用於世者，尚須兼通歷史鑑往知今，以免拘泥於古不合時宜。此外，讀書宜廣而博，以此可證事理的衍伸變化，但多也必須求證於心，即以道德爲求學準的，否則將流於空疏而無用。其《明夷待訪錄》即以經史爲本鑑古寓今，

〔註6〕見《顏習齋先生年譜》，卷上，三十九歲條。

趨古道以論政治教化得失，只是這樣的以古證今，卻容易受限於經典與古史內涵制約，而未能實益於世，誠如朱一新《無邪堂答問‧評廖佩珣的明夷待訪錄書後》云：

> 梨洲言利弊多透徹，而其法可採者無幾。大抵知其一，不知其二，見一時之利而不思後日之害者爲多。須知三代井田、封建、學校之制，皆相因而及，經數聖人之手而後成，其相維相繫，固自有本末。兼舉之道，非可枝枝節節爲之也。辛乘之制出於井田，人才之多出於學校。苟封建而無學校以維之，適以供弱肉強食之資耳！東遷以後，學校既衰，兼并相向，即其明證。……若一切抹搬，而徒取古者不全不備之法，以施諸勢殊事異之時，其窒礙也宜矣！所貴學古者，謂其能取古人之精意，以施諸今日之實事，非謂泥其迹，而可爲治也。

宗義論學與政一皆推尊古法，可是卻未能了解時代因革，人情風俗轉變所可能帶來的不同，而況古代治法與教育誠乃一體而然的的本末之道，若支取其中一部份而推斷今應如何循古而行，則由恐會失道之眞意。故朱一新認爲貴古是取古治之精義概念，而不是拘泥古道而行。「以古爲尊」在清初屢見不鮮，如顏元《存治編》、《存學編》所言，饒是如此。〔註7〕後者則如唐甄《潛書‧五經》評論經典價值有道：

> 五經者，心之迹，道之散見，非直心也。仲尼之時，文籍或多，而其要者惟此五書。乃繫《易》以道陰陽，序《書》以明治法，刪《詩》以著美惡，脩《春秋》以辨邪正，定《禮》以制言行。於是學者力行之暇，有所誦習；此博文之事，造道之階也。至於直指其心，因人善誘，則在《論語》一書；而繼之者又有《大學》、《中庸》、《孟

〔註7〕 如顏元認爲爲政須回復封建、治賦則以井田、爲學則取經典要義爲尊……等，皆是以復古爲其治道的標準。後學李塨便在《四存編‧存治編書後》云：「及塨出遊四方，辨證益久，謬謂鄉舉里選，行之或亦因時酌略，而大體莫易。井田則開創後，土曠人稀之地，招流區畫爲易，而人安口繁，各有定業時行之難。意可井者井，難則均田，又難則限田，與先生見亦頗不參差。惟封建以爲不必復古，因封建之舊而封建，無變亂，今因郡縣之舊而封建，啓紛擾……於戲！此係位育萬物參天地之事，非可求異，亦非可強同也，因書於後，以待用者。」由李塨之語可見得時隨世變，社會制度改變必有其改變因由，故若拘泥於古，非但不可行，還會重啓紛擾生事端，故立意的良善仍須因時酌異，以符合世須。

子》。此四書者，皆明言心體，直探道原；脩治之方，猶坦然大路。……
雖然，《五經》何可已也！……博而求之，會而通之，皆明心之助；
第不可務外忘內，舍本求末耳。若務外忘內，舍本求末；三五成群，
各夸通經；徒炫文辭，騁其議論；雖極精細，毫無益於身心。……
是故陽明子曰：「心如田，經則田之籍也。心已亡矣！而日窮經，猶
祖父之遺田已鬻於他人，而抱空籍以爲我有此田，可乎？」此學經
之準也。

五經與四書的不同，在於前者著重事理描述，道散見於經典各處而非直指心
性，故五經乃博文之事，爲進德脩道漸及履行之道；後者則是直指心性，由
主體處探求至善之道，以萌發本心向善之迹。二者兼及修身乃至治國平天下
己達達人之道，故不可偏廢。五經有道陰陽、明治法、著美惡、辨邪正、制
言行等上探宇宙本體之源，下探政治與人事分際之效，廣涵一切知之理，若
能博通於此，則可爲心性明善道之助，因爲心性之道須由躬行下學加以證驗。
五經雖爲明道之資，卻也不能捨本逐末，通經達用最終仍是以脩德爲目的，
故捨心性之善而談經反是心持於外，徒炫文辭騁議論而無用，誠如陽明田籍
之喻，無田而空有籍，無濟於事。唐甄此處論經著重在內聖上的功用，亦即
窮經須以明心見性爲個人內聖目的，可是內觀心性的照見，同樣也需要透過
經典內涵的「博文」作爲脩道之俱，二者不能相離二分。又如顏元李塨《論
語》詮釋中，直接關於經典看法如下：

〈泰伯〉：子曰：「興於《詩》，立於《禮》，成于《樂》。」
《傳註》：《詩》之爲義，有興而感觸，有比而肖似，有賦而直陳，
有風而曲寫人情，有雅而陳道義，有頌而形容功德說之，故言之：「言
之不足，故長言之；長言之不足，故嗟嘆之、學之。」而振奮之心，
勉進之行，油然興矣！是興於《詩》。恭敬辭讓，《禮》之實也。動
容周旋，禮之文也。朝廟、家庭、車輿、衣服、宮室、飲食、冠昏、
喪祭，禮之事也。事有宜適，物有節文。學之而德性以定身世有準，
可執可行，無所搖奪，是立於禮，論、倫無患。樂之情也，欣喜歡
愛，樂之官也。手之舞之，足之蹈之，天地之命，中和之紀。學之
則易直子諒之心生。易直子諒之心生則樂，樂則安，安則久，久則
天，天則神，是成於樂。

案：本章言《詩》、《禮》、《樂》三者間之序列關係。朱註《詩》云：「《詩》

本性情，有邪有正，其爲言既易知，而吟詠之間，抑揚反復，其感人又易入。故學者之初，所以興起其好善惡惡之心，而不能自已者，必於此而得之。」他認爲詩本形下之情意發之吟詠，因而有好善惡惡之情所由現，而《詩》便是知此善惡的準則；又釋《禮》云：「禮以恭敬辭遜爲本，而有節文度數之詳，可以固人肌膚之會，筋骸之束。故學者之中，所以能卓然自立，而不爲事物之所搖奪者，必於此而得之。」禮以內在恭敬辭遜態度爲本，以節度爲外在行爲約束，知禮則可不爲外物引誘所動搖，故禮以德爲本，對外則爲劃分是非曲直的客觀標準，爲客體世界最高的道德準繩；釋《樂》則云：「樂有五聲十二律，更唱迭和，以爲歌舞八音之節，可以養人之性情，而蕩滌其邪穢，消融其查滓。故學者之終，所以至於義精仁熟，而自和順於道德者，必於此而得之，是學之成也。」禮從「理」上言，故以別異；樂由「情」上言，故爲合同，二者應相互調劑。此三者間先後關係，蓋如皇《疏》引王弼之說：

> 王弼云：「言有爲政之次序也。」夫喜懼哀樂，民之自然，感應而動，則發乎聲歌，所以陳詩採謠，以知民志。風既見其風，則損益基焉，故因俗立制，以達其禮也。矯俗檢刑，民心未化，故必感以聲樂，以和神也。若不採民詩，則無以觀風；風乖俗異，則禮無所立；禮若不設，則樂無所樂；樂則非禮，則功無所濟；故三體相扶而用有先後也。

《詩》爲情感的興發，《毛詩・大序》道：「詩者，志之所之也，在心爲志，發言爲詩。情動於中而形於言，言之不足，故嗟嘆之；嗟嘆之不足，故咏歌之；咏歌之不足，不知手之舞之蹈之也。」詩既爲情感流露，是情意自然的表徵，采詩之官於各地蒐集民歌以知民志；情感已發，個人情感在一團體中須約定以成俗，禮制因此建立；而樂是用以和化民心，與禮相輔而用，故由《詩》、《禮》、《樂》三者間的先後次序可定。

李塨同樣認爲凡人之意志皆有所趨，涵藏於心中爲志，若發乎於外在行爲表現，則可爲詩。情意顯發之初仍屬於「在心爲志」的階段，一旦情感展現於外，可透過言語抒發內在情意。言有未及，故感嘆之，歌之，進而手足舞蹈之，將情意奔放流露，此乃《詩》之功效；《禮》乃使行事能合宜，待物有節度。他尤重視《禮》，禮之於人外顯行爲的節制，是讓內在德性有所依循的繩墨，故能立於《禮》，對內則《詩》情有所依歸而心無動搖；對外則《樂》的音樂之情亦能符合中道，使有過則改，進則於誠，使心安於樂。又道：「學

禮則聖學盡矣！《魯論》曰：『約之以禮』，不惟六藝之文也，即六德六行，亦以禮約。約，中束之也。……立於禮，信夫中以養心，謹視聽言動以修身，其見於儀者，冠、昏、喪、祭、士、相見，最切者也。」〔註8〕此說明禮之用以約束行為，內以養心，外以修身，使能合乎中道需求，使過猶不及皆能束而強弱之。禮之道現於儀，各式儀則的訂定，是以道德心性為本源，約束外在行為節度，並非形式上的虛文末節。又如：

　　〈述而〉：子所雅言，《詩》、《書》、執禮，皆雅言也。

　　《正誤》：《詩》、《書》之理原執不得，執則害事；禮則一定制度，確乎規矩，必要執定，不執則失矣！僕一生勉力，在此一字，但恐年衰氣惰，方望朋友匡扶耳。《註》「非徒誦說而已」，將《詩》、《書》便誦說而已乎？

　　《傳註》：……《詩》以興行脩辭，《書》以考政辦事，禮執守之以持己接人，皆下學之切務，故常言之。

案：此章言孔子讀《詩》、《書》、《禮》的態度。此三部典籍，《詩》可以條理性情，《書》可以理政事，《禮》為立身行事之本，皆為日常週遭所常用。顏元李塨進一步認為經典之用，不在讀誦，而是一生所勉力而行之事，故顏元謂不須「執」《詩》、《書》，其理便是如此。執禮並非拘執於文句末節，而是執其規定的制度儀文作為立身處事標準而言。李塨則認為《詩》乃如〈陽貨篇〉「詩，可以興，可以觀，可以群，可以怨，邇之事父，遠之事君，多識於鳥獸草木之名。」具有「興行脩辭」之效。〈陽貨篇〉此章論《詩》最具有概括性，這段文字又可分成三個層次來理解。第一層是「興觀群怨」，認為《詩經》可以為個體生命意志情感的顯發；其次是「邇之事父，遠之事君。」由個體而外，不但能成就生命價值，亦能彰顯親親間的倫理，更可以從政以事君，成就儒家入世濟人的宗旨，以達「內聖外王」的終極目標，這是指《詩》具備的社會功能而言；第三層「多識於鳥獸草木之名。」則是在主體價值外對客觀知識的所得，善以鳥獸草木之名作比興，引用的事物專名不下數百，所以讀詩可充實客觀知識，這是由認知價值而論；而《書》則以政事為考辦為要，故《詩》、《書》涵泳了個人修身以至外王之道，此一學術的開展，悉以躬行下學為持道之要，而非直指心性，可知曉顏李在經典上的認知是採其行用為主，而屏棄專為讀誦的虛學。故如顏元所云：「孔門為學為治皆尚敏，

故曰『敏於事』、『而敏於行』、『敏則有功』，孟子曰『民事不可緩』。」又道：
「《禮》、《樂》，聖人之所貴，經世之重典也；而舉世視如今之禮生、吹手，
反以為賤矣！兵學、才武，聖教之所先，經世之大務也，而人皆視如不才寇
盜，反皆以為輕矣！」〔註9〕他認為孔門之學以勤敏於事功為尚，經典的達用
莫如經世，所以聖學以此為要務。

　　綜合上述，可知明清時經世學者習以儒家經典為論學問政的憑藉，在復
古聲中提供了為學經世的客觀證據，說明古之治世其來有自，片面認為只要
能復古，便可以達到盛世之境。無可否認，這是受到儒學傳統中，時空互為
主客影響所導致的情況使然，所以在論政觀點中，存在著許多不合時宜且欲
還原古制的想法，卻忽略了時空限制下，人心與政治現況間的差異是難以復
原的，形成了經典運用可能產生的制約性。只是經世學者畢竟不是政策執行
者，也僅能從學術面與個人身脩以窺時政與為學的應然之道，而不易測知施
行後的結果為何，故過於理想化反成論辯時的缺憾。惟獨在為學躬行精神上
是可取的，從文化傳承觀點視之，他們一反理學僅重視《四書》的直探心性，
進而專注將經典涵泳的道德教化落實於現實中，倡導以實學工夫體證道德心
性，從實踐根源處格正人心。就此一層面而言，他們承繼自古以道德為求學
論治本源的觀念，故在「何謂受過教育者」的論題上，知識始終不能獨立存
在於道德之外，成為一專門的學問。只是在實踐道德方法上，經世學者重視
從作中求知的德化教育觀點，反對從心性上直探本源的窮究格致理念，以下
將從顏李《論語》文本的解經思想中，繼續討論。

第二節 《論語》中教育觀的分析

一、諸註分析

　　〈學而〉：子曰：「學而時習之，不亦說乎？有朋自遠方來，不亦樂
乎？人不知而不慍，不亦君子乎？」

　　《正誤》：漢宋來道之不明，只由學字誤。學已誤矣！又何習？學習
俱誤，又何道？是以滿世讀書把筆開壇發座之人，而求一明親經濟
者，舉世無之：求一孝弟禮義者，百里無之。堯舜周孔之道亡矣！
然漢宋之儒，亦不意其禍世誤民至此也，亦非有心叛故道，開新轍

〔註9〕以上二引文見於《顏習齋先生言行錄・教及門》第十四，卷下。

以爲異也。但見孔子敘《書》、傳《禮》、刪《詩》、正《樂》、繫《易》、作《春秋》，不知是裁成習行經濟譜，望後人照樣去做，卻誤認纂修文字是聖人，則我傳述註解是賢人，讀之熟，講之明而會作書文者，皆聖人之徒矣，遂合二千年成一虛花無用之局，而使堯、舜、周、孔之道盡晦。人知能敘述刪傳非孔子，是孔子之不得已，是孔子習行經濟譜，則學非他學，學堯舜之三事，學周公之三物也。習之時習之，而天下乃可言有道矣！

案：本章言如何學爲君子，本段僅釋「學」的部分。《集解》引王肅云：「時習，學者以時誦習之。誦習以時，學無廢業，所以爲悅懌。」又皇侃《疏》云：「凡學有三時：一是就人身中爲時，二就年中爲時，三就日中爲時也。一就身中者，凡受學之道，擇時爲先，長則扞格，幼則迷昏。……二就年中爲時者，夫學隨時氣則受業易入……三就日中爲時者，前身中、年中二時，而所學並日日修習不暫廢也。故〈學記〉：『藏焉！修焉！習焉！游焉！是也。』今云『學而時習之』者，時是日中之時也。」何晏僅說明爲學要即時而時誦習，無荒廢學業。皇侃則將人生學分成身、年、日等三時以學，而各以時中爲上。以「身」來看，幼則不解世事故迷昏，長則情欲既發，教而不入，教弱而情欲強，學時已過，情意放蕩而難收矣！故〈學記〉云：「發然後禁，則扞格而不勝，時過然後學，則勤苦而難成。」是也；再以「年」觀之，學須按一年的時氣陰陽而有不同之學，則學易吸收，如《禮記・王制》云：「春夏學《詩》、《樂》，秋冬學《書》、《禮》。」〔註10〕末以「日」而觀，即指前二

〔註10〕《禮記正義》註此段曰：「春秋教以《禮》、《樂》，則秋教《禮》，春教《樂》；冬夏教以《詩》、《書》，則冬教《書》，夏教《詩》。《詩》、《樂》者聲，聲亦陽也。」所以《詩》得爲聲者，《詩》是樂章，《詩》之文義，以聲播之，故爲聲。若以聲對舞，則聲爲安靜，舞爲鼓動，舞爲陽，聲爲陰，故《大胥》云：「春，釋采合舞；秋，頒學合聲」是也。就舞之中，奮動甚者屬陽，奮動靜者屬陰，故《文王世子》云：「春夏學干戈，秋冬學羽籥」是也。云：「秋冬，陰也。《書》、《禮》者事，事亦陰也」者，《書》者言事之經，《禮》者，行事之法，事爲安靜，故云：「《書》、《禮》者事，事亦陰也。」《文王世子》云：「秋學《禮》，冬讀《書》。」與此同也。
又皇《疏》註云：「春夏是陽，陽體輕清；《詩》、《樂》是聲，聲亦輕清；輕清時學輕清之業則爲亦入也。秋冬是陰，陰體重濁，《書》、《禮》是事，事亦重濁；重濁時學重濁之業亦入也。」大抵說來，此處是說明學習有時，《樂》、《書》、《禮》、《詩》須配合陰陽輕重與時令而有所學，則易入知；且四時各有所學，則學不偏廢。

者身學與年學須日日複習而不暫停偏廢，則爲日中之時。此處學而時習之指此日學而言。依皇《疏》所云學者有三要目，一是學貴適時則可成；二是以《詩》、《書》、《禮》、《樂》爲學之綱目；三要持之以恆的學且複習不間斷，此係學習態度。並以此三者構成爲學方法。

　　《集註》則云：「人性皆善，而覺有先後，後覺者必效先覺之所爲，乃可以明善而複其初也。習，鳥數飛也。學之不已，如鳥數飛也。說，喜意也。既學而又時時習之，則所學者熟，而中心喜說，其進自不能已矣。程子曰『習，重習也。時復思繹，浹洽於中，則說也。』又曰：『學者，將以行之也。時習之，則所學者在我，故說。』」宋儒將性分成天地之性與氣質之性，前者爲形上之理，後者爲形下之氣。《集註》乃認爲人之性本周全而至善，人人性體皆同，共享此天命理則，不過因爲形軀生命限制而導致氣質昏冥有異，故有先覺與後覺之別。所以後覺於天地之性者須已先覺爲榜樣，方能從先覺之善而恢復本性清明。〔註11〕故程子認爲「學」指將有學的意念而行動之幾；「習」則是時刻將學涵存於心，二者乃爲學之兩端。程朱所謂「學」與「習」者，係由道德論的心性之學作爲爲學大旨，而與皇侃本於《禮記》而提及經典上的「學」與「習」不同。

　　顏元重實際，其教育觀也是重視爲學應如何實踐的部分。故《正誤》對漢宋以來只重讀書的陋習，否定其價值。他進而以堯舜周孔所學的價值正是在「明親經濟」，而非刪述經典。夫政治民生等利於民的實學，是顏李所關注的學術重點，換言之，此誠爲政教合一的教育觀，其爲學思考脈落以道德爲教化基礎，教育爲實踐道德的手段，以「明親」經世濟民爲內容，最終以政治之達用爲最終目標。其詮釋「明親」者云：

　　《大學》首四句，吾奉爲古聖眞傳。所學無二理，亦無二事，祇此
　　仁義禮智之德，子臣弟友之行，《詩》、《書》、《禮》、《樂》之文，以
　　之修身則爲明德，以之齊治則爲親民。明矣而未親，親矣而未止至
　　善，吾不敢謂之道也；親矣而未明，明矣而未止至善，吾亦不敢謂
　　之道也。親而未明者，即謂之親，非《大學》之親也；然既用其功
　　於民，皆可曰親。其親而未明者，漢高帝與唐太宗之類也；其親且
　　明而未止至善者，漢之孝文、光武之流也。凡如此者，皆宋明以來

〔註11〕 有關天道觀與心性論的描述，請參見第六章，本章僅按朱《註》加以觀念的
　　　　疏通，不一一説明。

儒者所共見，皆謂之非道者也。其明而未親，明且親而未止至善者，
則儒者之未言也。非不肯言也，非不敢言也，堯、舜不作，孔、孟
不生，人無從證其為道者。……夫明而未親，即謂之明，非《大學》
之明；然既用功於德，皆可曰明。其明而未親者，莊周、陳摶之類
也；其明其親而未至善者，周、程、朱、陸、薛、王之儔也。何也？
吾道有三盛：君臣於堯、舜，父子於文、周，師弟於孔、孟。堯舜
之治，即其學也，教也……文周之治，亦即其學也，教也……孔孟
之教，即其治也。〔註12〕

《大學》明德親民之教以四端為德，人倫的兄友弟恭，長幼按序為行，以詩
書等經典為文，奉此德、行、文能己修者為「明德」，能推廣於外而齊治者為
「親民」。此三者又以德性修養為首，復之以人倫踐行為德之彰顯，又以禮樂
詩書等紀錄前人聖君文化的典冊，可作為德修的指引。而「明德」與「親民」
間乃一體而然的工夫，儒家「道」的全顯，則由此發，缺一不可。若如漢唐
以來的明君，乏德之本而能行齊治等親民之道，是蔽於家天下之私而未能己
修，體用倒置，縱能明於一時，但德根卻不能鞏固，所以不久長，這是宋明
儒者所詬病而是為非道者。但古之聖賢能明德卻不親民者則未見之，因為三
代以前的聖賢明君，莫不以教化德治作為君臨天下的法則，如周公制禮作
樂，六德、六行、六藝等「三物」的大用，都是在由體而用，由明德到親民
的漸進工夫之呈現。其他如莊周、陳摶以及宋明理學家能明己德卻不行於外
者，好議論而不躬行，守體卻不知發用，王道既不能因此舉度，也不得行於
天下，所學也非屬周孔正道，誠謂：「……政事文學同歸也，人己事物一致
也，所謂下學而上達也，合內外之道也。如此，不惟必有一人虛心以相下，
而且君相必實得其用，天下必實被其澤，人才既興，王道次舉，異端可靖，
太平可期。」即是體用同顯，能經世濟民之儒學大用。其他如《傳註問》批
程朱則云：

朱子訓文曰：「《詩》《書》六藝乃於此不之及，何耶？與《詩》立《禮》
成《樂》，文以禮樂，文武之道，賢者識大，不賢者識小，夫子焉不
學？」聖門論學確有指實，而不之及，何也？溯之天命，歸於盡性，
則上達之事，非下學也，躐等矣！即學兼知行，亦未清楚。程子曰：
「學者將以行之也。」其言尚是，蓋學有可即見於行者，如日用動

靜之禮是也；有不能即見於行者，如兵農禮樂，由等求經世之猷是
也。且即日用之禮，如手恭足重，正立執顏之類，可即學即行；如
孺悲學士喪禮於孔子，則但為學，必他日居喪如禮，乃為行，不可
即以學為行，故《中庸》好學、力行分二事也。宋儒為學專在讀書，
內則玩索性天，外亦輔以倫常，至於禮樂兵農，聖門所謂博學於文
者，《尚書》教胄子，《周禮》、《禮記》記學法，昭然可考，獨置之
若遺，以致處無學術，出無政事，世道民命無所托賴，豈小失哉？

學有分為二：一是現於日用倫常，能立即顯現者，如舉措的合乎禮則；一是
積累而成，雖不能立顯但遇事時，能待機而用者，如為經世所預備的兵農禮
樂等學問。但是宋儒僅專注在前者，即個人未虧於德行，卻無以將德性遠播，
能知曉性天內聖與倫常外顯的工夫，卻無法博覽經世之學。所謂「文」者，
涵蓋了不僅是純文學美感，近則包含道德禮法，遠則涵括經典內涵的躬行實
踐，李塨擴大了「文」在道德經驗層的價值，而這也是他對宋儒的觀感。既
然經典未明，學術亦不成立，又何成政事功績，夫政教本合一，故宋儒之學
頂多是「明德」，卻無「親民」。又顏元另於他處闡釋「學而時習之」內容提
到：

> 與李命侯言：「古今旋轉乾坤，開務成物，由皇帝王霸以至秦、漢、
> 宋、明，皆非書生也。讀書著書，能損人神智氣力，不能益人才德。
> 其間或有一二書生濟時救難者，是其天資高，若不讀書，其事功亦
> 偉，然為書耗損，非受益也。」命侯問：「書可廢乎？」曰：「否。
> 學之字句皆益人，讀著萬卷倍為累。如『弟子入則孝』一章，士夫
> 一閱，終身做不盡；『能行五者於天下』一章，帝王一觀，百年用不
> 了，何用讀著許多！千年大患，只謂忘了孔門『學而時習之』一句
> 也。」〔註13〕

其意旨大底不脫聖人之學著重於禮樂的躬行，禮以節度，樂以合同，故君子
小人知樂而能各執其本份，治人者愛人而無私，治於人者能聽從治人者之教
而行。至於讀書與學道間，則引「弟子入則孝」章認為讀書固然重要，因為
典籍記錄了道德禮則等法度儀節，可供作行為準則的矩墨，只是顏元認為道
德與讀書間無必然關係，道德倫常是天所明命，書只是記錄工具，故字句雖
益人，可是將全副精神投入讀、著，反而忽略了行此道德倫常，這是他所不

〔註13〕《顏習齋先生言行錄》下，〈教及門〉，第十四。

樂見的。他從王霸功業建立與讀著無必然關係始論，進而認爲讀著與道德間的分殊，也割裂了讀著與踐行，當成非此即彼的二分。道德倫常是先天存在於宇宙之間，由人文化成之，而「文」則包括了廣義的文化範疇表現，爲後天人爲禮節儀文的紀錄，故學文目的是著心於先天道德倫常之用，不是本於經典而將道德寓於經典外，故「學而時習之」是理乎「明親」實踐之跡，非讀著辯論於經典之中。〔註14〕

〈學而〉：子曰：「弟子入則孝，出則弟，謹而信，泛愛眾，而親仁。行有餘力，則以學文。」

《正誤》：總之，後世之爲學與古人異，開口便差。如此處夫子說「餘力」，不比《孟子》「壯者以暇日修孝弟忠信。」彼壯者原以耕耨爲業，日日在田中，要教他孝弟，須待暇日，他要修其孝弟，亦須暇日。此是說弟子何日不孝弟？何日不謹信愛親？那有閒暇日子？只不見父時，這力不用在孝上，便是行弟底餘力，不見兄時，這力不用在弟上，便是行弟底餘力，便讀些《詩》《書》，學些禮、樂、射、御等。

案：本章言孔門所學之先後，凡言孝、弟、信、愛眾者爲德行，皆「仁」之條目所出；「文」則是作爲行德之輔具與書面文字化的教材。皇《疏》云：「或問曰：此云『行有餘力，則以學文』，後云『子以四教：文、行、忠、信』，是學文或先或後，何也？」答曰：『《論語》之體悉是應機適會，教體多方，隨須而與，不可一例責之。』」皇《疏》提出了學有先後，這關乎了成德與文學觀間是否有體用本末之別的問題。若文學在先，道德即變成可有或否的選

〔註14〕又茲引其他解經類似描述如下，而不一一論述：

(一)〈爲政〉：子曰：「溫故而知新，可以爲師矣。」

《正誤》：溫有三義：習也，暖也，燖也。重習其所學，如鳥數飛以演翅。又將所以得者暖之，不令冷。又脫洗一層，另煥發一番，如以湯沃毛，脫退之意。蓋古人爲學，全從眞踐履、眞涵養做工夫。至宋人，則思、讀、作三者而已。故訓「溫，尋繹也。」一字千里矣！

(二)〈雍也〉：哀公問：「弟子孰爲好學？」孔子對曰：「有顏回者好學，不遷怒，不貳過。不幸短命死矣！今也則亡，未聞好學者也。」

《正誤》：顏子所好之學，僕不敢言。但七十子於《詩》、《書》、六藝皆習而通之。後之大儒全廢六藝，只尚《詩》、《書》，其於《詩》、《書》又非如古之學且爲者，只是讀講以悅口自欺，因以欺世盜名，而好說顏子所好之學。吾不知顏子之學，即同七十子之習而通之而涵養更精乎，抑外七十子習而通之者別有一種學而好之乎？噫！從祀孔子廟庭者，非曰濫觴章句，則曰打諢禪宗，皆曰學顏子之所學。

擇性價值，不一定必然存乎文學之中；若以道德爲本，文學爲末而須依道德爲用，道德性必存乎文學中。只是皇《疏》並未裁決出本末之別，就儒學觀點而言，是模糊了此一價值性的判斷；但就道家角度視之，唯有「道」方是道德本體的根源，故此四教不過是人文化成下的有爲末道，無須有序列先後之別。

又《集註》則云：「文，謂《詩》、《書》六藝之文。程子曰：『爲弟子之職，力有餘則學文，不修其職而先文，非爲己之學也。』尹氏曰：『德行，本也。文藝，末也。窮其本末，知所先後，可以入德矣。』洪氏曰：『未有餘力而學文，則文滅其質；有餘力而不學文，則質勝而野。』愚謂力行而不學文，則無以考聖賢之成法，識事理之當然，而所行或出於私意，非但失之於野而已。」朱子三引他說，以證文之先後的問題。此四說並不偏廢德與文，其中程子、尹氏、洪氏認爲德、文有本末之別，以德爲本，文爲末；朱子專在強調學文的重要性在於考聖賢事理之跡。其謂之「文」者，乃就《詩》、《書》等六藝爲成法，通底上仍爲具有道德意義的文。至於學文先後，《朱子語類‧論語三》，卷二十一云：

> 問：《集註》云：「力行而不學文，則無以識事理之當然。」且上五
> 件條目，皆是天理人倫之極致，能力行，則必能識事理之當然矣！
> 如《集註》之說，則是學文又在力行之先。曰：「若不學文，則無以
> 知事理之當否。如爲孝爲弟亦有不當處。孝于事親，然事父之敬，
> 與事父母之愛便別了。」
> 六藝如何考究得成法？曰：「小學中，一事具得這事之理。禮樂，如
> 知所以爲禮樂者如此，從此上推將去，如何不可考成法？緣今人都
> 無此學，所以無考究處。然今《詩》、《書》中可考，或前言往行亦
> 可考……人須是知得古人知法，方做不錯。若不學文，任意自做，
> 安得不錯！只是不可先學文耳！」

上引二文對文學先後看法似迥異，實則不然。前者「學文」用以行然後檢驗事理是否合乎文字記載之禮法儀則，非指在力行之先；後者則直接說明了六藝之用在於考證前人德行之跡，文於後而德行於前也。故朱《註》確立了行道德先於文的價值，使「文」有所本而見用。

顏元有意異同朱《註》，刻意在「餘力」二字上著意。他認爲古人何日不遵守孝弟僅信愛親等德行，此德行已爲古人生活常法，故「餘力」非如朱《註》

所謂行而後知直向的工夫，而是邊行邊有餘力檢驗的橫向工夫，故行與知是時時刻刻有暇便進行的，而不是行德以後再從書中找符應。

〈雍也〉：子曰：「君子博學於文，約之以禮，亦可以弗畔矣夫！」

《正誤》：大約書是古人爲學爲治譜也。漢、宋儒專以讀講者著述爲學，自幼少歷壯老，極一生心力爲之，故發明確透者亦多。……渠滿眼只看得幾冊文字是文，然則虞、夏以前大聖賢皆鄙陋無學矣！解「博學」用「于文無不考」五子，蔽哉！夫「文」，不獨《詩》、《書》、六藝，凡威儀、辭說、兵、農、水、火、錢、穀、工、虞，可以藻彩吾身，黼黻乾坤者，皆文也。故孔子贊堯曰：「煥乎其有文章。」周公作諡曰：「經緯天地曰文，道德博聞曰文。」君子無方以學之，則事物洞達，措辦有方。然材料之聚集雖廣，恐未必一歸於性情之正，條理於國家之間，故又必約之已經曲範圍之道、儀文度數之節，使吾身之動止、進退，國家之宗廟、會同，皆有規矩繩墨之可循。雖未必德即進於中和，功集臻於位育，亦可以弗畔於道矣！

《傳註》：先孝愨曰：「君子於《詩》、《書》、六藝，一一講習，博學也。乃將所博者實見於視聽言動，皆約束之以節文之禮，則可不背於道矣！」塨謂此萬世之學，準也。博文即四教之「文」，約禮即四教之行、忠、信也。博文即《大學》之格物致知，約禮即《大學》之誠意、正心、修身、齊家、治國、平天下也。博文即《周禮》三物之六藝：禮、樂、射、御、書、數；約禮即三物之六德、六行：知、仁、聖、義、忠、和、孝、友，睦、婣、任、卹也。外此而復有術業焉，非異端則曲學。

案：本章言道德義理之知與踐履的關係。《集註》云：「君子學欲其博，故於文無不考；守欲其要，故其動必以禮。如此，則可以不背於道矣。程子曰：『博學於文而不約之以禮，必至於汗漫。博學矣！又能守禮而由於規矩，則亦可以不畔道矣。』朱子之意在於致知須廣博於學，窮究格物之理，以知其所以然之道，故要博學於文。行則是踐履此知，亦即守住所知之理。《朱子語類‧論語十五》，卷三十三進一步釋云：

「博文約禮」，聖門之要法。博文所以驗諸事，約禮所以體諸身。如此用功，則博者可以擇中而居之不偏；約者可以應物而動皆有則。如此，則內外交相助，而博不至於泛濫無歸，約不至於流遁失中矣！

「博文」是從經典六藝之禮法來驗證諸事是否合宜得當,「約禮」乃假行動以踐行道德;博則能中,約則接事應物都能依知之禮法爲則。故知於內而檢驗於外,知之博而有行以定其向;行中有知則不會失準,故然。

顏元擴大解釋了「文」的功能,除了供以省身的《詩》、《書》、六藝等道德之學外,舉凡利於民生民用,能有助於條理家國治世與經濟者,皆涵蓋於文的範疇中。引周公「經緯天地」、「道德博聞」闡釋文的意涵,乃是泛指了一切人文表現,在文字記述中的廣泛定義。從「文學」定義來看,向來無有既定的指稱,章炳麟《國故論衡・文學總略》云:「文學者,以其有文字著於竹帛,故謂之文;論其法式,謂之文學,凡文理文字皆稱文。」這裡是極爲寬廣且籠統地將凡著於書面形式者定義爲文,並將討論文學批評之「法式」同樣納涵其中。這種分法於古於今,都稍嫌其準確性不足。不過,從文字起源上看,早期文字除了是人與人溝通工具外,同樣也是天地鬼神間溝通的橋樑,如殷商中晚期的甲骨文,其中多數便記錄了占卜與祭祀的內容。時代的發展,文字被賦予的功能便越來越多,諸如:歷史、文學、禮法等關於生活與政事的紀錄,一一著錄於書冊,成爲人類文化發展的憑藉與依據。故以起源義看章炳麟先生的說法,文學確然可以泛指先民文化的一切內涵。只是當文學發展日益成熟,統稱一切著述於書面形式者,未免不夠精細,故魏曹丕《典論・論文》有道:「夫文,本同而末異,蓋奏議宜雅,書論宜理,銘誄尚實,詩賦欲麗,此四科不同,故能之者偏也……文以氣爲主,氣之清濁有體,不可力強而致……蓋文章經國之大業,不朽之盛事,年壽有時而盡,榮樂止乎其身,二者必至之常期,未若文章之無窮。是以古之作者,寄身於翰墨,見意於篇籍,不假良史之辭,不託飛馳之勢,而聲名自傳於後。」這是最早文學觀念獨立之說,已從廣義書面文字凝鍊到指文學作品而論,並分別由文體本身與作者的氣質二者分判文學的價值。就文體而言,各類文體有其書寫規格與體例;至於作者,則人各有其文采特質,非抄襲傳承可及,故凡文思落筆之發,都代表著不同作者人格與文風的特質,即「氣」是也。在功能上,文學的傳播無遠弗屆,可跨越時空,如云「故西伯幽而演易,周旦顯而制禮,不以隱約而弗務,不以康樂而加私。」故文學以不僅是個人情感與想像的抒發,還兼具了經世治國、文化禮教傳承等跨政治、文化、道德等三個向度。當然,這和僅從作者主觀托物寓情,不含任何道德與政論目的之狹義純文學相較,仍留下許多含糊的意指,不過,卻能從客觀環境中錄記人類

文化活動與精神的思想性的價值，這是頗有意義的。至如顏元、李塨文的觀念，便是抽離了純文學本質，從政事制度層、禮法層等實用意圖看待《論語》文學觀。他們以道德爲本源，文學僅是著述憑藉的「工具價值」，而要以克己回復性情之正爲身修，經理國家政事爲達用。居中傳遞訊息的文，縱向來看，是將古道寓於今之舉度；橫向來看，則是透過史與平議形式，議論時政，檢討古今間的得失。只是此刻文學意涵，非泛指文學作品，也與曹丕僅就文學創作的討論不牟，他們更強調古義的新銓，由經典呈現出的道德價值，賦予其時代意義，作爲君子論學說文的目的。再反觀君子爲學目的，其學在於能經綸世事，故君子不僅指有德者，亦爲有位者而言。正緣於政治上的需求，身爲領導者的大人君子，舉凡屬於人事問題，都應有所知悉，一但於行時，方能從中整合出出條理，依禮行事。而李塨承顏元所述，並細分「博文」爲知之道，「約禮」爲行之道。其謂「三物」者，實爲顏學重點所在，係出自《周禮・大司徒》。〔註15〕大司徒者，爲「掌建邦之土地之圖與其人民之數，以佐王安撫邦國」之官，實際的執掌，是有關地方政教事務以及地方資源等事，須明白九垓地域包含的自然與人文，對各地風土民情有深刻了解，方能佐王

〔註15〕「三物」見於《周禮・大司徒》，卷十：「以鄉三物教萬民而賓興之：一曰六德：知、仁、聖、義、忠、和；二曰六行：孝、友、睦、姻、任、恤；三曰：六藝：禮、樂、射、御、書、數。」六德乃根源於心性，六行爲德性彰著於行爲上的表現，即「在心爲德，施之爲行」的內外相合之道。至於六藝乃出自保氏之官，保氏與師氏爲諫官，保氏以禮義正王惡而歸善；師氏則以前代善道訴諸於王，希冀王能行之。故六藝爲端正王道的禮義，《周禮・保氏》，卷十四：「而養國子以道，乃教之六藝：一曰五禮，二曰六藝，三曰五射、四曰五馭、五曰六書，六曰九數；乃教之六儀：一曰祭祀之容、二曰賓客之容、三曰朝廷之容、四曰喪紀之容、五曰軍旅之容、六曰車馬之容。凡祭祀、賓客、會同、喪紀、軍旅，王舉則從，聽治亦如之，使其屬守王闈。」六藝與六儀互爲表裡，由師氏告知德行後，再由保氏教之藝儀。又六藝內涵包括了一曰五禮，吉、凶、軍、賓、嘉；二曰六樂，雲門、大咸、大韶、大夏、大濩、大武；三曰五射，白矢、參連、剡注、襄尺、井儀；四曰五馭，鳴和鸞、逐水曲、過君表、舞交衢、逐禽左；五曰六書，象形、會意、轉注、指事、假借、諧聲；六曰九數，方田、粟布、差分、少廣、商功、均輸、方程、贏不足、旁要。由內容可知，六藝包含範疇甚廣，廣及王政所及知識與踐行之道，而此客觀的認識並非單獨呈現，而又有所歸本，《周禮》疏云：「師也者，教之以事而喻諸德者也；保也者，慎其身以輔翼之而歸諸道德者也。……」故六藝乃是基於道德基礎下，訴諸客觀事理的呈現。將三物並而觀之，實爲一體的本末事，即以六德爲心性存養之本，施之於待人接物的六行中，再以六藝廣爲王政所用，以成就政教德合一的德化教育觀。

順民心以施其政。至於「三物」者，註云：「民三事教成，鄉大夫舉其賢而能者，以飲酒之禮賓客之，既則獻其書于王矣！」這些是君子教民的內容，其內涵以德化教育爲主，由己而外且近而遠。能知此「六藝」則萬道不離其本，咸具其中；能行「六德」與「六行」，則依附人主體的德性與施於人事客觀的德行，即可如〈大學〉論爲學次序由個人身修始起，直至治國平天下。總之，他們關心的學與行，最後將如蛛絲般放射至政事平天下而論，以客觀行動結果，類如民生經濟，農兵水火穀……等經世實學爲徵驗，與朱《註》僅以主體認知與行動說明薄約之道，意涵來得更爲廣大而明確。又如顧炎武云：

> 君子博學於文，自身而至於家、國、天下。制之爲度數，發之爲音容，莫非文也。……由文哉！由文矣哉！《記》曰：「三年之喪，人道之至文者也」又曰：「禮減而進，以進爲文；樂盈而反，以反爲文。」《傳》曰：「文明以止，人文也。觀乎人文以化成天下。」故曰：「文王既沒，文不在茲乎！」而《諡法》「經緯天地曰文」，與弟子之學《詩》、《書》六藝之文，有深淺不同矣！〔註16〕

顧炎武認爲文者，其用在於化成天下，凡能彌倫天下以經世者皆可謂之，此代表著人類文明的考徵紀錄，無論是書面記載或是發於聲響，悉可爲「文」。君子博學於文，爲得是經世，將文化與經世意涵灌注其中，更廣泛的以政治達用爲目的，故與「與弟子之學《詩》、《書》六藝之文」單純以經典內容爲教材，更增添許多現實層面的應用，其說與顏李相仿，悉以政事達用爲德化教育的最終目標。

〈述而〉：子曰：「志於道，據於德，依於仁，游於藝。」

《正誤》：吾凡與朱、陸兩派講學先生言周公、孔子三物之道，即言以六藝入手，再無不舉此章「游藝」作辯柄者，渠亦不是果志道、據德、依仁了方學藝，只藝學是實下手功夫，渠不肯落袖手高談空架，做此下學事，且以道德仁可以念頭口筆頭熱混者自己塗抹，並與朋友弟子交相塗抹耳。吾謂之曰：「古聖人之爲教也，六歲便教之數與方名，七歲便教別，八歲便教讓，九歲教數、日，十歲學書計、幼儀，十有三歲學樂舞，學射御，二十學禮。又曰『博學』，兵、農、水、火、工、虞無不學矣！明載《內則》，是志道之初已精藝學。夫子正恐德立仁熟之後便視藝爲粗迹，不復料理，故又說箇

〔註16〕參見《日知錄集釋‧博學於文》，卷七。

『游於藝』，蓋如游玩景致，不大費力耳。三物之學，貫始徹終，不相離者也。」

《傳註》：道者，君臣、父子、夫婦、兄弟、朋友之道也，不可不由，當專其志，德行而有所得也；得不可復失，當堅所據；仁人之安宅也，須不違以依之；藝，六藝也，須學習以游之，作聖之全功也。《周禮》保氏掌教國子以六藝……游，即〈學記〉息焉游焉之游，如涉水者之浮游，行路者之遊行以循習乎？藝也，程石開曰：「游者，終身涵泳於藝中，如魚之在水，而不可斯須離也。」

案：此章以道德觀點看教育的內涵。《集解》云：「志，慕也。道不可體，故志之而已。據，杖也。德有成形，故可據。依，倚也。仁者功施於人，故可依。藝，六藝也。不足據依，故曰游。」何晏以道家玄學觀點詮釋本章。《老子》云「道」有云：「道可道，非常道；名可名，非常名。」「道之爲物，惟恍惟惚。惚兮恍兮，其中有象；恍兮惚兮，其中有物；窈兮冥兮，其中有精；其精甚眞，其中有信。」「有物渾成，先天地生。寂兮寥兮，獨立而不改，周行而不殆，可以爲天下母。吾不知其名，強字之曰道，強爲之名曰大。」〔註17〕道的性徵是無名、恍惚無定、先於天地而生生，且能周行於宇宙間的本體，它作爲天地萬物生化，不生之生的根源，流行於宇宙間，具有普遍廣大而自然的性徵。然而，人無法完整體驗認識道，因爲個人的限制，故體證各自有別，如云：「上士聞道，勤而行之；中士聞道，若存若亡；下士聞道，大笑之。不笑不足以爲道。」〔註18〕是也。亦即道不可體，只能志之仰慕之而已；德者，《老子》云：「孔德之容，惟道是從。」〔註19〕老子德者爲本體論之德，非爲倫理學之德。德爲有形體，爲道外顯的形式，道憑藉德而能發揮功用，二者相互依存，正因有形，故可據；仁者，夫云「上仁爲之而無以爲……故失道而後德，失德而後仁，失仁而後義，失義而後禮。」「絕仁棄義，民復孝慈」〔註20〕可知，此仁道與儒家忠恕之道不同。仁者爲下德有以爲的層次，眞正上仁者雖有爲，卻是爲了無爲而爲。故仁者有爲地施功於人，而希冀達到少私寡欲的無爲本體之境域；至於六藝者，乃人爲文化所成就，具有形式化的書面文字，這是人文層次的有爲與道德著述，與玄學的超人文的

〔註17〕 以上三段詳見今本《老子》第一章、第二十一章、第二十五章。
〔註18〕 同上書第四十一章。
〔註19〕 同上書第二十一章。
〔註20〕 同上書第三十八章、第十九章。

本體論觀點相對，故何晏以爲六藝之文不足依據，游有游離之意。簡言之，何晏由道家本體論看《論語》的道德觀，而以道法自然之無爲不妄作爲宗，是「援道入儒」的看法。

　　朱《註》有云：「此章言人之爲學當如是也。蓋學莫先於立志，志道，則心存於正而不他；據德，則道得於心而不失；依仁，則德性常用而物欲不行；游藝，則小物不遺而動息有養。學者於此，有以不失其先後之序、輕重之倫焉，則本末兼該，內外交養，日用之間，無少間隙，而涵泳從容，忽不自知其入於聖賢之域矣。」學須先由心之意念所發處立定學之志向，而後方得依此心志爲學。故朱子認爲學能志於道，心可得正而不偏頗，此道內涵爲「人倫日用之間所當行者是也」；執守於德能將道鞏固於心而不失，使道得以「終始惟一，而有日新之功矣」；依於仁乃是心德之發用而外見於物時，能濾除私欲，使己德歸於心德之全；游於藝是以道德爲本，而文質於末，道德理則涵泳蘊藏六藝之中而爲學，可以檢驗所學能否合乎道德要求。朱子以此爲爲學次序，學始於道德本心的修養爲志，心能得正且固守持本，則所學悉能合乎道德理則的需求。此處以德化教育觀爲主，乃是欲建立能符合道德人倫的行爲規範。六藝的文采藻飾，是配合道德彰顯於人際關係與政治制度等層面之社會秩序的原則，其價值須依循道德而存在。只是朱子僅著重在主觀志道、據德、依仁等本體如何內聖修德的部分，六藝變成僅是附屬於德性的要求，執本而略末，反而未萌其社會性的客觀價值。

　　故顏元駁朱子崇體輕末的看法。他認爲志道、據德、依仁、游藝四者一體而然。前三者源自於本身之德性，後者是恢復德性所憑藉的下手功夫，故修養本性之純善，須從實際的下手功夫做起。這與朱子心性爲本而徵驗於六藝之說恰好相反，顏元重視從六藝的躬行體認道德價值，並以古人學思歷程爲例，以古之教從六歲起始，以至二十歲學禮，教則莫不以實際下手功夫爲先，從中學習做人處世的態度，故學貴於實，而非先立心志之向善而後於學，學已在作中求知矣！《傳註》言道爲人倫之道，志之使德行有所歸向；得此道而後能不復失不違，爲據德依仁之功；又以六藝居中作爲志道學習的功夫。李塨認爲涵泳六藝是終身不間斷的，爲保德行之確然爲正，須從學習著手，此說與顏元同。程廷祚《論語說》有道：

　　　此章志道之實事在據德，依仁爲據德之輔，游藝又爲據德之用。蓋
　　　志道在心，據德在行，又求仁者以夾輔之，學之事備矣！而所以爲

身心家國之用者，則莫大于六藝。文之與行相需而成者也。

程氏之說，旨亦言明以志道、據德、依仁爲本，六藝之文獻錄記爲德的依憑，功能由己而至家國天下，以經世爲君子職志，此四者雖有先後本末之序列，確是文質相成而不離分。〔註21〕

〈先進〉：子路使子羔爲費宰。子曰：「賊夫人之子。」子路曰：「有民人焉，有社稷焉。何必讀書，然後爲學？」子曰：「是故惡夫佞者。」

《正誤》：「賊夫人之子」蓋謂道未明，德未立，如漆雕子所謂「吾斯未能信者」，遽使臨民，必有自誣誣人處，非謂必使之先讀書也。……圈外范氏註「讀而知之，何可以不讀書？」正後人之見，失孔子之旨。不知使其爲宰，賊夫人之子，「何必讀書，然後爲學」一論，更賊萬世夫人之子也。

案：本章提及德化教育思想下爲政與讀書本末間的關係。先以教育與爲政作省察。皇《疏》引張憑云：「執道而事人，焉往不致弊；枉道而事人，不亦賊夫人之子乎？」又朱《註》云：「言子羔質美而未學，遽使治民，適以害之。」爲政須以道德爲根基。從己身身修爲治之首，先能修己以敬，方能安人，此係本末之事，若德未立而行於政，心志易馳於欲而藏私，政不得立。這屬於賢人政治觀，以品德當作爲政者的首要條件，能力尙屬其次。他們認爲從主體道德修養可建立大公無私的執政態度，足以面對現實客觀環境的種種需求，這並非捨學就道德，而是在道德觀下從事六藝學習與政治達用，是以讀書與教育觀，也是在道德需求下的學習。

再從政、讀書、德化教育三者間申論之，《集解》云：「治民與事神，於是而習之，亦學也。」《集註》說道：「治民事神，固學者事，然必學之已成，然後可仕以行其學。若初未嘗學，而使之即仕以爲學，其不至於慢神而虐民

〔註21〕又其他解經類似描述如云：

〈述而〉：子曰：「德之不修，學之不講，聞義不能徙，不善不能改，是吾憂也。」

《正誤》：「學之不講」句是後是講學諸先生誤認以自欺欺世把柄也，不知分曉早在「學之」二字。古人學禮、樂、射、御、兵、農、水、火等事，又從而講之，則所學益明，而致用不誤。今全不學一事，而以誦讀爲學，以能講其所讀者爲明道，爲大儒，是吾憂也。

《傳註》：……有所得必修之乃善，已學矣！必講之乃明，聖人憂之，所謂望道而未之見也。

者幾希矣。……范氏曰：『古者學而後入政。未聞以政學者也。蓋道之本在於修身，而後及於治人，其說具於方冊。讀而知之，然後能行，何可以不讀書也？子路乃欲使子羔以政為學，失先後本末之序矣。』」學習是從事治民事神的基礎，誠如范氏所云，先學而後從政。其學為道德為所本，故學道之本在身修，身修後治於人，人事現象的紛乘則錄記在書冊之中，故讀書目的有二：一是使個人行為有道德性的法度；二是能做為從政的準則。從本末次序上觀之，立志於德為行事之首，即由身修做起；其次是透過書冊典籍的記載，謀循治人之道；又其次方是從政，將道德推己及人於眾。只是朱子道德觀著重主體心性之學的修養，而不重視事功建立，此為學次序看似無不妥，不過其「知」為格物致知者，是強調洞悉萬物所以然之理以恢復本心的至善，這是從聖人主體之德論讀書與知的價值，實際議政的剖析則有未迨，可參見第四章第二節「綜論」的說明。

重讀書以窮究天人理則與心性修養，此正是後是經世學者所批判者，故顏元註解此章認為治與讀書無絕對關係，非為讀書後即可治國。而他對於讀書著述與修德經世間的關係，有如下幾個描述：

> 宗人言「坐讀之病苦」。先生曰：「書之病天下久矣，使生民被讀書者之禍，讀書者自受其禍。」而世之名為大儒者，方且要讀盡天下書，方且要每讀三萬遍，以為天下倡，歷代君相方且以爵祿誘天下於章句浮文之中，此局非得大聖賢、大豪傑，不能破矣！
> 蓋《四書》、諸經、群史、百氏之書所載者，原是窮理之文，處事之道。然但以讀經史、定群書為窮理處事以求道之功，則相隔千里，以讀經史，定群書為即窮理處事，曰道在是焉，則相隔萬里矣！……譬之學琴然：《詩》《書》猶琴譜也；爛熟琴譜，講解分明，可謂學琴乎？故曰以講讀為求道之功，相隔千里也。〔註22〕

以上引文可透顯出三個面向的觀察。一是顏元的讀書觀點；二是書之於顏元的價值意涵；三是讀書與事功間的關係。由第一點來看，顏元認為讀書並不等同於學。讀書是在紙上尋道，道並未落實於生活中，知能否等同於行，則有未確然性。而況知若是為求功名利祿，意念動機便已不純正，又如何從書中擷得道德本性？故讀書意念與態度也是考量重點；其次，書是先人智慧的

〔註22〕以上引文，分別見於《顏習齋先生言行錄上・禁令第十》、〈存學編・性理評〉，卷三。

結晶，詳載許多做人處世與道德之理則，以供來者參考，不過書畢竟只是書面資料，從書的內涵以格致窮理，卻未落實於現實中，這只是知理之當然卻無行理之必然，其功用本是作為傳播道德知識的「工具價值」，若僅在書中下工夫，便失卻其工具意涵，而成為目的性價值；第三，綜合一、二點，讀書對顏元而言，是尋求修身以至於經世濟民的工具憑藉，而非對等平行關係，這也關涉到「學」與事功間的縱向聯繫。讀書固然為學之一路，但非全部，其他如兵、農、經濟、禮樂等直接關乎民利的知識，也是為學不同路數。欲求經世達用，影響層級不僅是道德之知，更是夾雜許多政策執行面的問題，故學於事功之學，讀書不是唯一，更要從現實面切入，方能真正了解經世實際所需。由此可知，以經世實學為名號的顏元，他反對讀書並不是書無益於人，而這只是作為經世目的之工具之一，若反客為主，將讀書視為經世的唯一，現實執行面的事功之學將會屏除在外，無以成利民治國之大業矣！故其與王法乾論讀書又云：法乾論「讀書萬卷，若無實得實用，終是無益。」先生曰：「然。德行、經濟、涵養俱到，讀書一二卷亦足，雖不讀書亦足。試觀『博學、審問、慎思、明辨』，皆致知事也，何字是讀書？讀書特致知之一端耳。」〔註23〕可知其讀書貴在實用的觀點昭然若揭。過於功利主義來看讀書，反而易忽略讀書對於人在精神上的陶冶，與文學美感的追尋，在顏元狹隘的解讀讀書與文學價值時，早已將此精神性目的剔除；其次，從經世與讀書不平行對等關係理解下，為學專一只能在經世達用，若捨此目的性價值，則讀書即成玩物喪志，這是其教育觀點上的缺憾。

顏元割裂了讀書與經世治國間的描述，又往往以極激烈口吻說道「讀書愈多欲惑，審事欲無識，辨經濟欲無力」、「讀書人便愚，多讀更愚，但書生必自智，其愚卻益深」〔註24〕，這看似反對讀書的論調，實為經世目的下讀書觀，斷不可落入不讀書便可經世濟民的口實，蓋其論點在於書之價值在工具而非目的，故若以讀書為目的，則自然愈讀愈惑矣！此須以明辨之。

　　〈憲問〉：子路問成人。子曰：「若臧武仲之知，公綽之不欲，卞莊子之勇，冉求之藝，文之以禮樂，亦可以為成人矣。」曰：「今之成人者何必然？見利思義，見危授命，久要不忘平生之言，亦可以為成人矣。」

〔註23〕參見《顏習齋先生言行錄·法乾第六》。
〔註24〕參見《朱子語類評》、《四書正誤·中庸》「好學近乎知」節。

《傳註》：……成者，偉然樹立也。勇，多力敢爲也。藝，多能也。
文，潤色之也。文之以禮而中，文以樂而和，不使其美質流於偏曲
也。可以爲成人。曰亦者，跟若字言，言不必生，而中和備美也。
若四子者各有一端之美質，而能文以禮樂，亦可以爲成人矣！此舉
當前之人以爲成人像也。

案：本章言成人之道。成人者，如皇《疏》所云「達若德成人者」，即以德作
爲成人之道。文本言以知、不欲、勇、藝四者，附以禮樂文之，則可爲有德
之全人；又今之人不一定要向前者一般，若能見利思義、見危授命、不忘少
時之言，亦可爲成德之人，皇《疏》引顏特進註云：「見利思義，雖不及公綽
之不欲，猶顧義也；見危授命，雖不及卞莊子之勇，猶顧義不苟免也。」前
者與來者的四德，有其程度上差異，但一皆以德言。又朱《註》云：「言兼此
四子之長，則知足以窮理，廉足以養心，勇足以力行，藝足以泛應，而又節
之以禮，和之以樂，使德成於內，而文見乎外。則材全德備，渾然不見一善
成名之跡；中正和樂，粹然無復偏倚駁雜之蔽，而其爲人也亦成矣。……授
命，言不愛其生，持以與人也。久要，舊約也。平生，平日也。有是忠信之
實，則雖其才知禮樂有所未備，亦可以爲成人之次也。」朱子認爲成人者須
備兼此四德。四德備聚於心而各有其用，其中又以「仁」爲心之全德，眾德
之首。故欲成就心德之全的仁道，則須兼有眾德之美善，這是從心性修養角
度看道德教育下何謂「成人」應具備的表徵。仁德在其中，尙須節度禮樂施
之於行，方能兼顧知行，備於內而用於外，誠如程子解此章所云：「須是合此
四人之能，文之以禮樂，亦可以爲成人矣。」又「語成人之名，非聖人孰能
之？孟子曰：『惟聖人然後可以踐形。』如此方可以稱成人之名。」亦及天命
雖生得此道德理性之全，仍待形軀生命的躬行，方可遍得全性。而性之踐行
乃依於禮樂等節度和同的外在形式的配合故然。至若見利思義、見危授命、
不忘平日言等，皆具備了行義與忠信等心德之質，然而次於上述四德者之因，
按朱《註》之說，則是其出於形下的「才」氣所然，與能照遍全德歸於仁道
以復性之至善者，有著形上形下的差距。儘管皆是出於心德，然而「見」利、
危，「不忘」言等本存聚於心性之義、忠、信之德，須藉磨亮擦光後方可見得，
足證其心德未全而有虧，屬次等形下之德。〔註25〕

〔註25〕另有一說，認爲孔子既以明言成人之道，何須言次等之德，故朱子引胡氏曰：
　　　　「『今之成人以下，乃子路之言。蓋不復聞斯行之之勇，而有終身誦之之固矣。』

李塨《傳註》亦以質文之本末體用，說明四德與禮樂間的關係。不過更重視後天人爲努力修德的重要性。從他釋「亦」字有言「言不必生而中和備美也」可明，夫人之生性與氣稟有厚薄之殊，此誠天命之所限，無所更易，惟有從後天道德修養突破命限所制，故能躬行實踐道德，則可恢復本性之善而臻及成人之道，故復說「將質之不見美者遂不可成乎？故又曰『今之成人者，何必若臧武仲』等云云哉！但大節立人亦成矣！見利思義，則臨財無苟得；見危授命，則臨難無苟勉；久要不忘，則忠信可貫金石，大節不亦成歟？」即是能關注於普通人是否能成就本善之幾。李塨係從道德實踐言德化教育的成果，與朱子直接依循心性本體處的探求不同，他肯定了人不因命限而皆有恢復德性之至善的可能。其次，程朱以能兼有四德之「全德之仁」者方是成人，又以聖人爲能得此仁道之全者，故能爲「成人」者，僅有聖人而已。這種說法似乎將主體道德價值於寓於先天命定中，一般人難望其項背，在某一層面上限制了人追求至善的主動性。因此李塨認爲四德各端皆已彰顯出人的生質之善，而況人生性氣質各有所偏向，殊能得其全，能成就一德，復以禮樂文采藻身，即可謂成人者，《傳註問》云：

> 曰：「集註云『兼四子之長，夫爲學可勉也；兼他人之氣質，不可勉也。』以子路之行，形而欲兼冉有之多能，細事恐亦難矣！況人有秉質弱者，而必兼卞莊子；秉質鈍者，而必兼臧武仲，能乎？毋論不可勉，即勉之，亦非因員爲璧，遇方成圭之教也。

李塨考量到人有質性上的殊異，只要循性之本然而爲，性本至善，由此便可成就「成人」的內在之幾，再酌以禮樂等文飾，即得成人。他肯定了一般人成人的可能性，只要有心向道而恢復本性之善，則盡可達成人之境。

> 〈衛靈公〉：子曰：「君子謀道不謀食。耕也，餒在其中矣；學也，祿在其中矣。君子憂道不憂貧。」

> 《正誤》：此章之旨蒙塵，致使後世腐儒不思謀養身家之策，而甘心

未詳是否？」而《朱子語類‧論語》〈憲問〉，總卷四十四亦云：「……『今之成人者』以下，胡氏以爲是子路之言，恐此說卻是，蓋聖人不應只說向下去。且『見利思義』至『久要不忘平生之言』三句，自是子路已了得底事，亦不應只恁地說。蓋子路以其所能而自言，故胡氏以爲『有終身誦之之固』也。亞夫云：『若如此，夫子安得無言以繼之？』曰：『恐是他退後說，也未可知。』」胡氏推敲後面次德者爲子路所能行者而自言之，不過然或否則無法證明，故朱子存疑以聊備一說。

貧苦，徒務講讀著作，以孔子之言借口。不知告冉有策衛之言，先富後教，籌應知己，不廢足民。聖人之自處，何獨不然？況吾子祖述堯、舜者也。若廢卻利用厚生，尚得謂之祖述乎？蓋吾子之所謂道，即指德行兼六藝而言。所謂學，即指養德修行習六藝而言。若如此謀達而見用，固不憂貧，便窮而食力，禮、樂、射、御、書、數皆足自養。如簡兮碩人，以樂養也。如執玉王良，以御養也。如子爲委吏，以數養也。是進退皆得時的，較耕稼尚憂荒旱者，更是上天旱澇所不及。故曰：「學也，祿在其中。」其理自明。想爲及門憤道不行輒欲學稼、學圃者發論，後人不但迷了道學，亦呆看夫子矣！

《傳註》：道，大學之道也。謀道，即學也。食，仰事俯育之資，不謀者，專力於謀道也，且食不必謀也。耕非求餒而時得餒，學非干祿而常得祿，君子惟憂不得乎？道而已，豈有營營焉？憂貧者哉？按：三代道德行藝下學上學，故祿在中。今以時文取士，修道考藝與祿無涉，苟不學農習事，勤儉立家，勢必緣門持鉢，枉道壞品矣！故許衡曰：「學莫先於治生」此今古之判也，可歎哉！然而食可謀，貧不可憂，謀食不過少，分謀道之力而無失於道也。憂貧則與樂天知命相反，而大傷乎？道矣！斷不可憂貧。

案：本章勸君子學道而不憂貧。皇《疏》引江熙云：「董仲舒曰：『惶惶求仁義，常患不能化民者，大人之意也。惶惶求財利，常恐匱乏者，小人之意也。』此君子謀之不同者也。虞匱乏，故勤耕；恐道闕，故勤學。耕未必無餒，學亦未必得祿，祿在其中，恆有之勢，是未必君子，但當存大而遺細，故憂道不憂貧也。」君子與小人所謀不同，君子爲求仁義道德，小人追求民生的滿足，無論所求者何，主體努力有時受到外在自然與人爲環境變遷影響，不一定能夠獲得對等的滿足，故「耕未必無餒，學亦未必得祿」。而孔子所言「祿在其中」，只是常態下的結果，君子所學是爲了求道，並非得祿。與小人的差異，則是其能存道德之大，以天下化民之事爲己任，故憂道之不能行而不憂己身之貧困。

朱《註》云：「耕所以謀食，而未必得食。學所以謀道，而祿在其中。然其學也，憂不得乎道而已；非爲憂貧之故，而欲爲是以得祿也。尹氏曰：『君子治其本而不卹其末，豈以在外者爲憂樂哉？』」朱子引尹氏本末之論，將求

道修身與民生之耕耡劃分爲二，重本而輕末；且理學家極重視道德心性的內聖功夫，又何以求道是爲了謀祿，頗有矛盾，夫《朱子語錄‧論語》〈衛靈公〉，總卷四十五註此章云：

> 學固不爲謀祿，然未必不得祿；如耕固不求餒，然未必得食。雖是如此，然君子之心卻只見道不見祿。如：「先難後獲」、「正義不謀利」，睹當不到那裡。

朱子饒是以君子求道爲尚，祿之得是可遇不可求。只是他更強調君子體證心性理則之道，不爲利益所誘。與前者相較，首先，皇《疏》尚能或然地認爲君子有得祿的可能，只是君子以謀道爲尊，祿或可或否涵藏其中；朱子則斬釘截鐵地認爲君子是見道而不見祿，正誼不謀利，將義利二分，謀義不謀利。其次，皇《疏》引江熙言「道」者，是承董仲舒功於「化民」之上，由己而外的推己及人；而朱子言「道」乃狹小地在個人本體心性之內聖，二者有別矣！

顏元力闢前代詮釋，並以〈子路〉云：「子適衛，冉有僕。子曰：『庶矣哉！』冉有曰：『既庶矣！又何加焉？』曰：『富之。』曰：『既富矣！又何加焉？』曰：『教之。』」以證明治民之道須先富而後教。富能使民生充足，民心安定，再行以教化，使民知節度，而能收風行草偃之效。而況孔子法先王，慕三代以前之治世，諸如堯舜有天下，亦是利用厚生以安民心，而後四方之民近悅遠來，故謀道爲學者，不應將利民之生者屏除於外，因而「道」兼有自身德性修爲以及現於外之六藝達用。若眞將六藝落實於用，則民富而知禮，則祿亦在其中。顏元並不反對得祿，只是得之有道，正其所謂記利當計天下利，明道乃所以計功，能以公義爲先的求利，即三代正德、利用、厚生，〈大學〉「明親」之道是也。又《傳註》直指此道即〈大學〉之明德而後親民之道，夫道之所學非汲汲營營於謀利，而是依循三代以降道德六藝之學，由本而末，自體而用的躬行窮透，古之學悉皆依此而然，重道德與民生兼修，故祿在其中。比之於後世學者，以時文八股爲學之道，目的乃求祿爲先，專治記誦之學，所學與實際生民所需無關涉，亦不躬行實踐於下學，與前人躬行六藝，還施於民的氣度差距甚遠！由此可知，顏李的「學」，係從個人道德修養爲首，而以利天下民生之富爲用，富而後能教知以禮樂爲最終目標，使能富而好禮。他們將學與耕的合併詮釋，故著眼於利用厚生之下學上達的體證；朱子則是重心性爲本的內聖修爲，故將義利二分，求義而棄利。又如：

　　〈子張〉：子夏曰：「博學而篤志，切問而近思，仁在其中矣。」
朱《註》道：「四者皆學問思辨之事耳，未及乎力行而爲仁也。然從事於此，
則心不外馳，而所存自熟，故曰仁在其中矣。程子曰：『博學而篤志，切問而
近思，何以言仁在其中矣？學者要思得之。了此，便是徹上徹下之道。』……」
朱子認爲博學、篤志、切問、近思等學問爲心體上的存養工夫，心德存養能
收束形下氣質產生的惡而歸於性善，仁道即在其中，故不必落實到力行工夫
上求仁道。「心」是性體彰顯的依據，故修德要從心體下工夫，而仁道存於靜
態性體之中，須由活動的心體來發用，故仁道是存於性而用於心。能從心體
上存察涵養，便能屛除形下氣質之惡，盡心而能盡性，以至於上知天命，此
爲徹上之道，故程子以心作爲能徹上徹下關鍵，只要能內聖修養於心，則行
即可得正。顏元批朱《註》有云：「《註》中病皆在言外，無由摘其誤，而實
句句不透切。蓋志者志所學，問者問所學，思者思所學也。……若由宋人之
學志、問、思，而望仁在其中，又如緣木求魚矣！」雖未表明所學爲何，然
從「君子謀道不謀食」章可曉，其謂學與思者，乃是學思六藝等能經世外王
的實學工夫，由躬行實踐做起，他認爲宋人將學思之道僅作爲心體的自省修
身工夫，並不合乎仁道的推己及人之精神，故反對之。

　　再回到本章來看，從《孟子》重視民生的仁政王道之治，也可以證明原
始儒者對於民生與教化的並重，如《孟子》云：

> 「王如施仁政於民，省刑罰，薄稅斂，深耕易耨。壯者以暇日修其
> 孝悌忠信，入以事其父兄，出以事其長上，可使制梃以撻秦楚之堅
> 甲利兵矣！」
> 公孫丑曰：「《詩》曰：『不素餐兮。』君子之不耕而食，何也？」孟
> 子曰：「君子居是國也，其君用之，則安富尊榮；其子弟從之，則孝
> 弟忠信。『不素餐兮』，孰大於是？」〔註26〕

孟子將仁政原則落實在民生經濟，包括了省刑罰，整治田疇使民富，薄稅負
以減輕民眾負擔，皆是有利於民生的方法，而後於施以倫理道德的教化，以
建立社會秩序，則民能富而有禮，守節度之分際。君子能爲君王所用，則可
使君安富尊榮；使民化民移俗，守孝悌忠信等道德，故「不耕而食」並非尸
位素餐，而是其責在於修德以推己及人，建立以民富而能得教化的外王事功，
亦即「治人者食於人」，各守其分。孟子與顏元之說相近，僅顏元從六藝之躬

〔註26〕以上三引文第一條見於《孟子‧梁惠王上》，第二條見於《孟子‧盡心上》。

行修習始論，孟子則著重在君子與百姓責任分屬，故云「不耕而食」非如宋儒輕事功而僅重心性修養而論。

二、綜　論

　　教育是「使成人」之道，其影響層面不單單只是在純知識領域上的改造進步，而是更深層關涉到道德要求及政治實踐等內聖外王的己修修人上，而不同教育理念培育出的「成人」，其生命價值體證亦有不同。魏晉南北朝時，著重儒道觀念會通的「援道入儒」，故〈述而〉「子曰志於道」章對於道體有云「道不可體」，是採道家本體論的描述。「德」與「仁」是有形彰顯於外的形式，須以道體爲本，至於係屬儒學名教的六藝，則是人文精神造作下的產物，不足依據。這種以自然爲名教之本，而名教爲自然必然表現之儒道合一觀念，在魏晉頗爲盛行，諸如王弼《老子註》三十八章說道：

> 故仁德之厚，非用仁之所能也；行義之正，非用義之所成也；禮敬
> 之清，非用禮之所濟也。載之以道，統之以母，故顯之而無所尚，
> 彰之而無所競。用夫無名，故名以篤焉；用夫無形，故形以成焉。
> 守母以存其子，崇本以舉其末，則形名俱有而邪不生。

仁德、行義、禮敬等道德價值是本源於道體而然，非爲單獨呈現，以道家的「道」爲母，無名、無形的性徵則是能成就萬物的本根；有形名教依傍無形而生生，爲母道之子，故能持守於本則末能舉，形名之具能立而不爲邪所侵擾。此與儒家道德意涵之道不同，其他如〈先進〉「子路使子羔爲費宰」章、〈衛靈公〉「子曰君子謀道不謀食」章解經有道「執道而事人」、「憂道不憂貧」等，也是執本地認爲只要能守住本體，順自然而行，則何往而不利。更如〈學而〉「子曰弟子入則孝」章，皇《疏》所稱子之四教「應機適會，體教多方」可知以道爲本體，四教悉是道用爲末，故無體用本末的疏別。

　　程朱緊扣心性爲教育實踐之道，言學以立志爲先，志於道而據於德，立於本體善性而學。「博文」的窮通事物理則，是爲了上探心性本源，並非爲建立事功或求取功名利祿。教育理念乃由心性的存養以收束形下氣性始論，至如道德與六藝先後的關係，一皆以德爲本，文爲末的「文以載道」觀爲準，使文學成爲僅能檢驗心性是否合乎道德理則的「工具價值」。由此可知，對於教育包含的範疇，程朱僅在成就個人德性下功夫，連帶也影響了政治思惟上的認知，故於前一章節中可以發現，以心性爲教育觀點興發的政治理念，實未能開出一個具有普遍客觀性的政治通則，只能守在聖賢道德基礎下，樂觀

地認爲只要能鞏固道德本根，則天下事理莫不得正。

及至顏元李塨經世理念興起後，轉而將教育理念由心性落實到德行的實踐。他們認爲教育內涵不應只在書本中求取，故反對多讀書。書的價值便是將知識實用於日常中，強調其社會性的功能。所以凡實用於社會以外的學問，如純文學、考據之學者，皆視爲無用。獨李塨受到考據學者毛奇齡影響，論註考辨尚能接受以考據爲依憑，然最終仍是以經世爲用爲其大用，如其《論語傳註・凡例》有道：

> 學不明則經旨不明。《論語》曰：學《詩》、學《禮》，內則曰學《樂》、學《禮》、學書計、學射御，經文昭然也。若後儒以讀書爲學，則經文所無，且以誦《詩》徒多爲戒矣！程子亦謂玩物喪志矣！以講性天爲學，則經明有不語，罕言之防矣！以力行爲學，則學原以爲行也，但各有其功。《論語》曰：「行有餘力，則以學文。」《中庸》言：「學而知之，行而成功」，不可渾併以蹈冥行。

「學」不是光以讀書爲學，而是透過力行實踐，以成就聖道。因而學的內涵包括了周禮「三物」等廣泛有利於天下治道所需的學問。在體用關係上，作爲教化的經典，其達用在事功，此與程朱將讀書與經典作爲探求心性之學的助緣輔具，有著本質上的差異。

不同的關注焦點，使得《論語》解經產生迥然有別的價值觀。從魏晉以降宇宙本體論，宋代理學家心性論，以至於顏李代表經世實學論等不同的教育觀點，都可以看出詮釋者試圖以教育的方式，將讀者帶往所建立的詮釋體系中，只不過在這樣的解經氛圍下，是否能符合孔學本旨，將在下節中討論。

第三節　教育觀解經思想的批評與平議

一、德育思想與顏李之前《論語》解經觀念的商榷

就時代劃分來看，各個時代背景與學術活動的差異，都會形成不同認知。教育活動的形成與目的，是由教學者、學習者、學習動機等三部份所組織而成。教學者透過教育活動，將理念傳達給學習者，而學習者經由學習傳導引發動機，使整體教育活動串聯起來，形成一個互動的學習網路，所以在觀察教育活動時，可由幾個部分作說明：一是促使學習動機的理由，二是學

習內容爲何，三是如何將學實踐的問題。或者，首先我們應該還原《論語》所謂「受過教育者」的定義，方可說明在時空流變下，所形成教育思想解經的異同。

　　孔子的學術思想以「仁」爲中心，《論語‧八佾》云：「子曰：『人而不仁，如禮何？人而不仁，如樂何？』」便言明以仁爲行事之本，此「仁心」亦即與生所被賦予的道德價值，德育培養爲其教育理念中最重要的部分，一切教學活動的開展都不離此。從學習者接受角度來看，德性教育也成爲萌發學習動機的最終理由，故《論語‧先進》云：「子曰：『從我于陳、蔡者，皆不及門也。』德行：顏淵，閔子騫，冉伯牛，仲弓。言語：宰我，子貢。政事：冉有，季路。文學：子游，子夏。」孔子所教德行、言語、政事、文學四科，便是德性觀點下所開展的學術內涵，又似可與〈述而〉云：「子以四教：文，行，忠，信。」並而觀之，以德行配行；言語配信；政事配忠；文學配文。德行是將德性落實於行動中，兼涵重德的施行〔註27〕，如〈陽貨〉「子張問仁於孔子」章，孔子以恭、寬、信、敏、惠五者作爲行於天下的仁道，故德行非僅止於個人道德實踐，還能廣施天下，建立由己而治人的政治觀，其中「信」亦作爲德行施行準則之一，能誠信於人，則可得民之信任。經典六藝之「文」則是作爲德性施行的輔具，亦不獨立展現。歸結而論，孔子教育觀落實以道德爲本，透過個人德行乃至於政治達用的德育理念。

　　魏晉南北朝時儒道會通，影響了此時德育觀點的詮釋，解經家們一則受到老莊思惟牽引，以自然爲本之本體道德觀帶入詮釋；另外也在儒學感染下，對於人文化成的道德觀予以闡述，如：〈憲問〉「子路問成人」章引顏特進云「見利思義，見危授命」即是一例，形成儒道思想會通雜揉的詮釋風格。從外在環境對教育影響來看，在社會極度不安的情況下，清談成爲當時學者們讀著講述等教育理念施展的依歸，如《晉書‧王戎傳》，總卷四十三，列傳十三有云：

> 魏正始中，何晏、王弼等祖述老莊，立論以爲：「天地萬物皆以無爲本。無也者，開物成務，無往不存者也。陰陽恃以化生，萬物恃以成形，賢者恃以成德，不肖恃以免身。故無之爲用，無爵而貴矣。」行甚重之。……兼聲名藉甚，傾動當世。妙善玄言，唯談老莊爲事。

〔註27〕酌參譚宇權，《孔子思辨方法評論》（台北：台灣商務印書館，1990 年 12 月），頁 452～459。

每捉玉柄麈尾，與手同色。義理有所不安，隨即改更，世號「口中雌黃」。朝野翕然，謂之「一世龍門」矣！累居顯職，後進之士，莫不景慕放效。選舉登朝，皆以爲稱首。矜高浮誕，遂成風俗焉。

清談起於東漢末年黨錮之禍。在皇族、外戚、宦官聯手打擊儒生，使得他們直言不被接納，轉而相互標榜，形成社會的輿論壓力，故《後漢書・黨錮列傳》記載有道：「自是正直廢放，邪枉熾結，海內希風之流，遂共相摽榜，指天下名士，爲之稱號。」〔註28〕，這樣品題人物與相互美語的風氣，在魏晉變亂紛乘之際，轉而開啓了隱逸而好談玄理的清談之風。正始時期，何晏、王弼首開此風，並以《老》、《莊》爲本，以道家的「無」爲萬物生成的本體。陰陽恃此而化運生生，萬物依憑此道而有形，賢者以此而成就道德本體，其以「道」爲生化與成就道德的本然之理可知。清談在當時成爲士人間流傳的風俗，影響所及，及至南北朝亦沉浸於此風氣中。玄學觀點下賢者的道德觀，是來自於宇宙本體內對於天人關係的關懷與展現，它既是天地萬物的本根、生化之源，同樣也有指點安頓人生命的能力存在，此種根源於老莊思想的玄學理念〔註29〕，瀰漫在《論語》解經思想中。復歸於人生性命的純樸自然，成爲論學與學習動機的基礎，學習內涵亦趨於此一方向行進，形成了當時詮

〔註28〕 金春峰，《漢代思想史》（北京：中國社會科學出版社，1997年12月）針對於當時儒生之於權貴宦官的矛盾有云：「漢代由於獨尊儒術，大力發展經學，社會上儒生數量急劇擴大。日益增多的儒生，手捧經書，志行高潔，自以爲『修大道』，『有經藝之本』，『道勝於事』。很看不起文吏及官場的所作所爲。對官場的阿諛逢迎，貪贓枉法，更切齒痛恨。因此強烈地發展起懷才不遇和對官場政治激烈批評情緒。封建社會學而優則仕，只有作官一條出路，而仕路狹窄，大批儒生成爲在野的知識分子。文吏們又是很看不起他們的。……這兩部分人一直互相攻擊，在東漢末年，由於宦官專權，更發展成儒生對宦官及其子弟的痛斥，並對皇權進行激烈指責。」頁606。

〔註29〕 誠如魏師元珪，《老子思想體系探索》云：「老子對生命的終極關懷，不僅在政治或經濟生活的層面，他雖非宗教家，但卻具有極高的生命情懷和宇宙感。(Cosmic feeling)老子哲學的重點，不在建立如西方知識形上學的體系，厥在建立生命幅度的長、闊、高、深的價值世界。……宗教所揭示之道，乃位格神或神人之說教，旨在勸人皈依向善，然老子所揭示之『道』，乃是天地的本根，是生天、生地、生物之母力，但道又有指點人間，潤澤性靈、安頓生命的功能。它貫串天、地、人的關係，爲萬有之本。……因爲『德』在老子心目中不純是後天的修爲，而是先天性的對道的涵存。儒家言道德，在於擴充吾先天之良知心，更重後天對德目之踐履，道家以德乃有得於道，故德之高低厚薄，乃以其所得於道之高低厚薄爲準。然道本無高低厚薄，人之爲道各德其厚薄而已。」詳參頁285～291。

釋過程中，以道體爲本，儒學名教爲末雜揉思想的存在。就教育目的而論，此時學者思索的問題與孔孟之儒亦有不同。原始儒家係以存在世界中，天命賦予人主體的道德價值，作爲終身修德向善之幾，是故生命價值的成就，亦由道德人倫修養始起，將善推己及人爲至道。玄學家則承襲老莊一脈，超越了人爲實踐層面的改造，講究個體生命回歸本性的純然與在宇宙本體間安頓與潤澤，因爲宇宙萬有生命都是一自然歷程，故個體生命應順應自然而爲內在生命的安頓，作爲本體道德價值的展現。因此同樣是爲生命德性價值而定位，只是觀點各有所異，連帶詮釋意涵亦有區別。

程朱解經模式則是原始儒家躬行實踐德行以外，另一種從天命道德賦予精神義心性理性的思想理路。他們以本體心性修養爲德化的教育觀，而認爲只要能固持掌握人主體的向善之幾，便得以領導客觀世界趨於善境，如朱子言教育本質有道：

> 大學之書，古之大學所以教人之法也。蓋自天降生民，則既莫不與之以仁義禮智之性矣。然其氣質之稟或不能齊，是以不能皆有以知其性之所有而全之也。一有聰明睿智能盡其性者出於其間，則天必命之以爲億兆之君師，使之治而教之，以復其性。此伏羲、神農、黃帝、堯、舜，所以繼天立極，而司徒之職、典樂之官所由設也。〔註30〕

朱子認爲人有道德理性之四端，爲先天而內在於本性之中，因形下氣質囿限導致未能得性之全，而有厚薄差異。然而其中有能盡性全之聖人，則能以自身德性美善，教化治理於民，以復歸本性的純然至善。故其教育目的是爲回復四端之性善，本質上係以德育爲主的教育理念，只是方法上是由心性處修養反觀，而非落實於道德行動中。又對於爲學歷程而有云：

> 人生八歲，則自王公以下，至於庶人之子弟，皆入小學，而教之以灑掃、應對、進退之節，禮、樂、射、御、書、數之文；及其十有五年，則自天子之元子、眾子，以至公、卿、大夫、元士之適子，與凡民之俊秀，皆入大學，而教之以窮理、正心、修己、治人之道。此又學校之教、大小之節所以分也。〔註31〕

學分大學、小學，大學所學即前述的心性修養之學，小學則是一般灑掃應對

〔註30〕見於朱熹，〈大學章句序〉。
〔註31〕同前註。

與六藝之文，而作爲入大學前的基本功。此處乍看與顏元李塨極力倡導以六藝爲教育內容頗爲相似，但有其本質的殊異。按朱子之說，小學所學是爲大學所預備，是故六藝之文與應對等儀節的學習，只是要成就主體心性而然〔註32〕，故後云：「而其所以爲教，則又皆本之人君躬行心得之餘，不待求之民生日用彝倫之外，是以當世之人無不學。其學焉者，無不有以知其性分之所固有，職分之所當爲，而各俛焉以盡其力。」亦即教者與學者間俱以心性之學爲主。

　　歸結而言，由《論語》文本以至後來解經思想來看，淑世理想並未抽離各時期教育目的，以德化爲基礎的實質教育理念，也同樣存在解經觀念中，只不過各時期思潮影響了經典釋讀，產生出分歧的教育歷程，連帶使得學習內容與如何實踐所學的方向也各有不同。這裡我們看到了時空環境對於解讀經典的影響。從讀者角度來看，他們以經典爲憑藉，透過詮釋證明自己觀點的立論基礎；從經典被詮釋作觀察，凡經典再一次的閱讀，都重新被賦予了新的生命力與延續性，價值亦得以豎立，此乃一體兩面事。只是當我們將此一關注焦點縮小到是否合乎於文本本意時，卻發現時代影響大過對於本旨認

〔註32〕誠如《朱子語類》，卷七有道：「古人便都小學中學了，所以大來都不費力，如禮樂射御書數，大綱都了。及至長大，也更不大段學，便只理會窮理、致知功夫。而今自小失了，要填補，實是難。但須莊敬誠實，立其基本，逐事逐物，理會道理。待此通透，意誠心正了，就切身處理會，旋旋去理會禮樂射御書數。今則無所用乎御。如禮樂射書數，也是合當理會底，皆是切用。但不先就切身處理會得道理，便教考究得些禮文制度，又干自家身己甚事！」朱子認爲古今教學次第不同。古人自幼學六藝，故長大後得立此基礎而作窮理、致知等照見心性的功夫；而今人幼學不足，但心智成熟而能通達事物，可於窮通事物後誠正本心，再切身體會六藝。夫六藝本源於道德而不能獨立於道德之外學習，所以於小學時，是透過行的方式學習將道德灌注其中；臻至大學時，則由德性修養返躬其價值，以檢驗心性之學而然。
又云：問：「大學與小學，不是截然爲二。小學是學其事，大學是窮其理，以盡其事否？」曰：「只是一個事。小學是學事親，學事長，且直理會那事。大學是就上面委曲詳究那理，其所以事親是如何，所以事長是如何。古人於小學存養已熟，根基已深厚，到大學，只就上面點化出些精彩。……今都蹉過，不能轉去做，只據而今當地頭立定腳做去，填補前日欠闕，栽種后來合作底。」小學與大學內涵是已然與所以然的關係，而朱子認爲爲學次第雖有先後，但亦可互補其不足。由小學而至大學，是漸進歷程；由大學而小學，則是爲窮究事理回歸心性奠定基礎。由於所學是培養主觀心性以成就主體道德價值，故學之先後爲互補作用循環式歷程，與欲成就客觀價值由己修身而外王直進式教育歷程先後本末的次第觀念不同。

知，此一思想的預設，實質上也制約著釋讀結果。它呈現出當時讀者主體、經典文本、環境客體三者間互動，故我們也僅能止於時空限定中，比對讀者在經典理解程度之多寡，當然，這也包含了是否能溯源於經典發生年代與著書時代背景，而予以客觀的解讀。依照此一理解再將魏晉南北朝、宋代程朱詮釋與《論語》文本比對，則可得知他們受限於時代影響所及，因此解讀方向亦紛乘不一。

二、顏李《論語》教育觀的展現與說明

關於解經思想呈現的教育觀，可分成教育內涵與文學價值等兩點分別論述。其中教育內涵，又包括了教育目的、內容、方法等向度。從教育目的始論，顏李認爲透過教育所教化出的君子儒者，並非只是一個光會讀死書，或是鎮日靜坐以觀心性天理的內聖聖人，而是要以經世實學作爲爲學之道，故「學而時習之」係以明親經濟等立於人事大用的道理爲主。換言之，其教育目的並不是成就一個僅有道德內聖，或是獨立於政治實用外的人，而是以道德爲基礎，透過教育手段，以政治實用爲終極目標的聖人，而顏元《存學編・學辨一》即抨擊宋明儒者有云：「宋、元來儒者卻習成婦女態，甚可羞。無事袖手談心性，臨危一死報君王。」故也；所以爲學內容上，適用於政治濟民之達用的六府、三事、三物等，便成了他們認知下聖人的教育內容與科別。這些從堯舜以至周孔的治道，成就了三代以前的治世，故顏李認爲只要能依憑於此道術發微，便得以回復上古治世。其中涵括的範疇，包括了傳統道德綱常修養於實踐的六德、六行；道德彰著於禮儀文采的六藝；落實於利民厚生之經濟實用的六府；以及總括性原則之正德、利用、厚生。簡單而論，舉凡有利於民的一切事，皆可爲教育內容；方法上則主張習行的實踐，將所學實際體證於生活中，故云：

> 謂次亭曰：「吾輩只向習行上做工夫，不可向語言、文字上著力。孔子之書名《論語》矣！試觀門人所記，卻句句是行。『學而時行之』、『有朋自遠方來』、『人不知不慍』、『其爲人也孝弟』、『節用愛人』等，言乎？行乎？」次亭欣然曰：「當書紳。」〔註33〕

顏元認爲《論語》中所言的學，一皆是向「行」下工夫。所謂「行」，便是將自身德性修爲與典籍中所記載先聖先賢的禮法儀則，實際用於應事接物。言

〔註33〕 參見《顏習齋先生言行錄・王次亭第十二》。

下之意，也透顯出讀著文字與道德間的差異，即道德是踐行的，而道德在讀著文字的記載，若未能深刻於心以行之，此一禮法儀則終究爲客體，不足以著力於其上。當然這也涉及到了讀書與行德間的關係，如李塨《論學》，卷二有道：

> 徐公果亭曰：「讀書以明理，不讀書理何由明？」予曰：「非教人廢讀書也。但專以讀書爲學則不可耳！且明理非盡由讀書也。如人日讀書傳，亦知射曰：『志正體直』而與知決拾顚倒錯互，可謂知曉射之理乎？亦知樂曰：『以和爲主』而宮商音律入耳茫然，遂可謂曉知樂之理乎？故古人明理之功以實事，不以空文，曰『致知在格物』。」

顏李並不一味反對讀書，讀書目的是將書中義理直接顯用於世，如僅於書中求理而不落實於行，則不過是空談而無法驗證道德施行的所以然之理。然而讀書也非唯一得道方法，明理亦可直接由德行中悟證之，此即由窮通事物理則以致知的格致之道。只是此格致與朱子不同，朱子是格致以歸本心性之至善，這裡則是徵驗於事物理則而落實於現實之用。

　　從先前論述以來，我們一直提醒著時代之於詮釋的重要性，因爲讀者對文本的解釋，一方面是欲忠於原味的釋讀經典；一則也在分析中派生己意，而這樣的意圖具有時代性，從顏李對「學」看法故是一例，對於「文」的見解，亦有其特殊主張。夫《文心雕龍·時序》有云：「時運交移，質文代變。」而又云：「故知文變染乎世情，興廢繫乎時序，原始以要終，雖百世可知也。」此乃以文學形式與內容變遷，說明與時代間互爲影響的關係。時代氣運的治亂盛衰，相互交替轉移，連帶也使得文辭隨著世代而有不同；而世俗等當時社會實情，也橫向的影響了文學發展向度。故就《文心》廣泛定義作家與作品關係來看〔註34〕，文學實際一則象徵著時代文風的特質，也間接表露出當時文化教育與政治影響。劉勰亦主張文應有所本，故〈徵聖〉云：

> 夫作者曰聖，述者曰明，陶鑄性情，功在上哲，夫子文章，可得而聞，則聖人之情，見乎辭矣！先王聲教，布在方冊，夫子風采，溢於格言。是以遠稱唐世，則煥乎爲盛；近襃周代，則郁哉可從。此

〔註34〕此處《文心》所定義的文學內涵，非僅指純文學作品。乃是以時代爲劃分，區隔出不同時期作家作品與時代間的契合點，故舉凡經子之學亦在其探討之文學領域中。

> 政化貴文之徵也。鄭伯入陳，以立辭爲功，宋置折俎，以多文舉禮。
> 此事績貴文之徵也。褒美子產，則云：「言以足志，文以足言」；泛
> 論君子，則云：「情欲信，辭欲巧。」此修身貴文之徵也。

此說明了爲文必徵聖的原由。夫能制禮作樂者爲聖人，能傳承聖人之意者則爲明。上古聖人教育陶冶人的性情，而孔子詳加紀錄在典籍中。故此布於方冊之文涵育了政治教化、國與國間辭文往來之邦交事蹟、修身等功能。換言之，徵聖目的，一則是學習古人爲文之道，一則乃可以透過聖人文章寓意以原道心，所以爲文立言須本乎情志道德的修養，而文采則是德行修養的徵驗，又〈宗經〉云：

> 夫文以行立，行以文傳，四教所先，符采相濟，邁德聲樹，莫不師
> 聖，而建言修辭，鮮克宗經。是以楚艷漢侈，流弊不還，正末歸本，
> 不其懿歟！

四教即指文、行、忠、信。文與德行兼有本末體用的關係，文以德行爲基礎，德行則依文得以流佈，故德、文須兼備，而能相得益彰。然而自古徵聖者多，宗經者少，須知經乃有「象天地，參物序、制人紀、洞性靈之奧區，極文章之骨髓者也」〔註35〕能參天通透宇宙自然，以及明人倫綱紀，洞達性靈之勤深細微處等功用，故不宗經，文則會流於艷麗詭誕而不切實際。惟有透過聖賢之文，方得以正末歸本，復文以實。從劉勰文學批評的觀點視之，時代影響了文學在不同時期所展現的風貌，而文學優劣也反映了時代文風的特質，故其開宗明義提出〈原道〉、〈徵聖〉、〈宗經〉等三篇內容，則是說明了爲文應本於道德觀點的提出。

及自近代經世學者，則同樣秉持類似文論觀念而有道：

> 夫道一而已，修於身則爲道德，行於言則爲藝文，見於用則爲事功
> 名節，豈若九流百家，人自爲家，莫適相通乎？〔註36〕

黃宗羲所俱稱儒者之德，須涵蓋道德身修、言行藝文、事功名節等三者，其中又以道德爲首。除了將道德與文學並言，他還提出道德須見用事功，亦即立言之外，也強調立功的精神。這種時代感染所應運而生著重事功之學，在明末清初普遍流行於經世學者的觀點中，而形成政教德合一的教育爲學概念。夫李塨嘗分判「文」與「文學」差異有云：

〔註35〕見於《文心・原道》。
〔註36〕見於黃宗羲，《南雷文定三集・餘姚縣重修儒學記》，卷一。

曰「博學於文」與「文學」，亦微有分。「博學於文」所指，廣兵、
農、禮、樂、射、御、書、數、水、火、工、虞之事，皆可學也。
文學則專指其考定禮樂、酌古準今，博雅斐然而言。故與德行、政
事、言語可分科也。不然以文學即是博學於文，則謂君子之博學於
文，祇學爲文學，而不學爲德行、政事、言語，豈可通耶？〔註37〕

「文」所指稱的，乃是廣義的文學範疇。亦即廣博將達用於政治民生經濟的
一切學問，盡涵蓋其中；而「文學」則是較狹隘的僅指禮樂著書等形式而言。
只是無論是「文」或「文學」，都不能脫離道德觀點而單獨呈現。

從代表廣義教育內涵之「文」與「文學」觀點結合而言，前者代表是一
種邁向政治通達的方式，而後者則往往是未能達用而不得已的手段，故《習
齋記餘・曲阜祭孔子文》有道：

夫子備一身府、物之謂學，近三千身於府、物謂之教。誠使學夫子
之學，而行夫子之教處可以師鄉里、傳後世，出可以定康阜、奏平
成，隔世如同時，千載如一堂矣！於是生而北面神主，死而從祀廟
庭，夫子徒矣，即不爾，亦夫子徒：如棄教學之實，而徒學夫子六
十餘載道不行後不得已之刪述，著集、讀講，雖墜天花，舞頑石，
終漢儒之徒也。棄性道之作用，而妄希夫不可聞之性道，談心辨理，
或靜坐、主敬，或直捷頓悟，或並本來之氣質而惡之；雖粗文以經
書之言，粗襯以義禮之行，終釋、老之徒也。

他們認爲孔子以六府三物爲「學」與「教」之道，夫「六府」指天下藏財處，
所以養民之本在修六府；又「三物」指修己以致達人的政治彰顯，故此教學
內容兼涵治國平天下且能超越時空隔閡的經世濟民之道。至於刪述著書則是
道不行後立言以傳後學。而空談心性氣質等，則非本儒所學。顏李以經世達
用作爲教化目的，與朱子回歸心性主體判然二分矣！當然，這並不全然表示
朱子不關懷政治上的致用，只是在教育方式上，他認爲在位聖人只要能修養
心性，回復人性本善，便得以將此至善傳達於民，民受此感召而自然能爲善，
此強調由精神層面的內聖以達外王之道；顏李則認爲政治經濟等日用所需的
治民之道，不是樂觀追求心性道德完滿，便得以管理天下事，更需要實際經
驗與政策執行。而這些道理惟有實際學習操作，方得以知悉，故著重在躬行
實學而爲外王作準備，而道德培養則於此躬行中照見。

〔註37〕參見李塨，《聖經學規纂》，卷一。

　　由上述顏李解經呈現出的教育觀，可以發現他們突破了《論語》文本中泛論德行的教育理念，實質地透過《尚書》、《周禮》言及的教化與政治，落實在解經中。可是如此精詳的透析，卻似乎已超越文本所限制的範疇，而在時空阻隔下，進行逾越經典內涵的解讀。當然，這也許是深刻於經典義理的發揮，所揮散出時代透顯下的經世特質，不過也如同其他時期的詮釋者一般，制約著經典的開放性。

　　詮釋歷程中，他們不斷秉持教育唯用的理念看待爲學精神。這種實際且務實的教育觀，是結合了道德爲本與政治爲用的學習目的而然，教育僅是達成目標的手段，而將個人特質裁鎔於「己立立人，己達達人」忠恕爲本的德育思想中，是故欲精研其教育理念，斷不可割裂治道與道德心性在其解經中佔有的份量。

第六章 《論語》解經思想論天人之際

　　在第一章第二節的討論中，已概略呈現出經世儒者對於宋明理學批判的向度，而居中關鍵是對理學家末流空談心性而不重實學工夫，復以政治經濟敗壞等外在因素下，所提出的矯正。從經世學家政治理想，以教育根源來紮根等等觀察，都顯示了他們在學術思惟上實事求是的態度。正因為以此為第一序討論範疇，所以究於天人之際的考探，相形之下則不甚突出。從《論語》文本的思想可以發現，孔子身處在人文精神踔厲揚發的時代，他甚少在天道與人性問題上打轉，而以道德生命為對象，透過政治與教化的表現，實踐他對百姓人民的博愛。所以他提出的道德價值不但本源於心性，也本之於社會現實與歷史的進步〔註1〕，而徐復觀先生提出「憂患意識」的觀念，也正可解釋孔子，甚至是整體中國哲學在思想淵源上的根源。〔註2〕簡言之，這種憂患

〔註 1〕 錢穆，《孔子與論語》（台北：聯經出版社，1997 年 11 月），〈孔子與現實世界問題〉有云：「孔子言道德，扼要言之，可說有三本原：一、本之於人類之心性。這並不是說人類心性全是合乎道德的，只說一切道德亦皆出於人類之心性。二、本之於社會。道德只是人生實踐，由社會觀察而悟，由心性修養而得。人事相交，只要合乎道德的，便和而順。只要不合道德的，便不和又不順。察乎外，反乎心，便知人生道德是什麼了。三、本之於歷史經驗。一部人類史，有了道德，便會有進步，種種問題也可尋求解決的辦法。沒有道德，便會無進步，種種問題，便會愈出愈多而永難解決了。因此，孔子思想，是最為近人而務實的。」頁 190～191。

〔註 2〕 徐復觀，《中國人性論史》（台北：台灣商務印書館，1999 年 9 月），第二章〈周初宗教中人文精神的躍動〉對「憂患意識」解釋有云：「周人革掉了殷人的命（政權），成為新地勝利者；但通過周初文獻所看出來的，並不像一般民族戰勝後的趾高氣揚的氣象，而是《易傳》所說的『憂患』意識。憂患意識，不同於作為原始宗教動機的恐怖、絕望。……『憂患』與恐怖、絕望的最大不

意識能夠產生出道德責任的表現，當時哲學家們本此道德責任，小至個人生命，大至家國天下，提出具有自覺性的道德兼政治教化理論。

不過，具有「憂患意識」的精神經過時代演變至宋代，政治上的一統與君主專制，使得「位」與「德」間關係已不再相近且分殊為二，同樣也象徵著政治現實與學術思想上的分離，故理學家們轉而從主體心性與形上天道等「德命」處闡發儒學。〔註3〕這種情況反映在學術上，是精微了儒家形上思想的闡發；不過政治與學術分離的結果，讓道德意識在政治上無從彰顯，尤其是明末清初之際政經敗壞，亂象紛乘，經世學者有鑑於此，反而開始懷念起三代治世。而欲回復治世的方法，即是透過經典微言的躬行實踐以復古，當然，這也包括了將道德與政治觀的重新結合，如：提倡回歸賢人政治，選賢舉能；以及對於宋明理學家只重視心性的經典詮釋，提出批判。這種對現實社會的關懷，在天人思想的描述中，尤為明顯。

本章以《論語》解經思想中論天人之際為論述重點。第一節將從整體時代思維的共相，來了解當時經世思想家對「天」的概念與人性觀的描述；第二節則以顏李的《論語》解經為主軸，逐章審視，分別從他們對天命、人道等範疇加以理解；第三節乃在第二節基礎下，對於顏李之前與其就天人觀的《論語》解經觀念，作一統整與批評平議。

同之點，在於憂患心理的形成，乃是從當事者對吉凶成敗的深思熟考而來的遠見；在這種遠見中，主要發現了吉凶成敗與當事者行為的密切關係，及當事者在行為上所應負的責任。憂患正是由這種責任感來的要以己力突破困難而尚未突破時的心理狀態。所以憂患意識，乃人類精神開始直接對事物發生責任感的表現，也即是精神上開始有了人地自覺的表現。」頁20～21。

〔註3〕這也與他們所傳承的經典有極大關係。先秦儒者重視《六經》，以茲為教育的傳承，甚至是治理政事的準則，如皮錫瑞，《經學歷史·經學開闢時代》有云：「讀孔子所作之經，當知孔子作《六經》之旨。孔子有帝王之德而無帝王之位，晚年知道不行，退而刪定《六經》，以教萬世。其微言大義實可為萬世準則。後之為人君者，必遵孔子之教，乃足以治一國；所謂『循之則治，違之則亂。』後之為士大夫者，亦必遵孔子之教，乃足以治一身；……孔子之教何在？即在所作《六經》之內。故孔子為萬世師表，《六經》即萬世教科書。」頁9。《六經》微言不僅是制禮作樂，文學道德而已，更是為政時的依據憑藉，故先秦儒者以《六經》作為教化工具，意在於能以政治達天下之大治；至於理學家則以《四書》、《易傳》為憑據，其中《孟子》重心性；《中庸》、《易傳》著重在形上學及宇宙論的描述；《大學》所言的「格物致知」，亦不免在心性處下工夫，這樣的傳承透過官學科舉系統由宋代以至清初。他們著意於心性本體上的修養，以此心性之學詮釋《論語》，與重視政治教化的先秦學術比較而言，已有很大的殊異。

第一節　經世實學家的天人思惟

一、經世實學家論天道

　　中國哲學中對於天道觀念的理解，不外有三：一是指自然天；二是超自然能創生萬物的人格天，意志天；三是以形上理則爲規律的義理天，形上天。〔註4〕從最早以天爲自然概念及具有原始宗教型態的人格天以降，乃至於後來理則天觀念的出現成型，不同時期天所被賦予的意涵，也象徵人文精神發揚與歷史進化。以《尚書》與《詩經》爲例：

> 《尚書·召詔》：知今我初服，宅新邑，肆維王其疾敬德。王其德之用，祈天永命。
>
> 《詩經大雅·蒸民》：天生蒸民，有物有則，民之秉彝，好是懿德。
>
> 《詩經大雅·文王》：上天之載，無聲無臭，儀刑文王，萬邦作孚。

〈召詔〉爲周初召公告成王之辭，其通篇云「天」者，皆以人格天型態出現。引文中提到了周方從殷人手中得天下，住在新城中，然而若要永保天命，則必須謹慎地疾施德行，只要能施德於民，方可向上天祈求國運永祚。這是周人在「憂患意識」下害怕天命被收回，而以道德實踐爲施政準則，提出對天的敬畏觀念。此處的「天」具有權威性，主宰性，在天之下的人必須以天爲準則而無主動性，天被擬人化，而成爲具有人格神的觀念。〈蒸民〉篇以天創生萬物，此天仍具有人格神意味，不過「有物有則」是將天當作萬物依循理則，由此可看出人格天與形上天的過渡型態，雖仍具有人格創生義，但是也開始代表理序觀念的出現。〈文王〉對於天的形容，則從型態上「無聲無臭」加以表述，此時天已無人格性，意願性，而當作形上實體（reality）的眞實存

〔註4〕　張立文，《中國哲學範疇史·天道篇》（台北：五南出版社，1996年7月）云：綜觀中國哲學中的天，約有三義：其一、指人們頭頂上蒼蒼然的天空：……這個天，便是天空之天，天地之天，天然之天，屬於自然之天。其二、指超自然的至高無上的人格神，它是有意志能創造萬物、主宰一切的上帝，也稱爲帝：……這個天，便是皇天之天，天命之天，屬於主宰之天……。其三、指理而言：有以理爲事物的客觀規律，「理者，氣之理」；有以理爲精神實體或倫常義理……這個天，便是天道之天，天理之天，屬於義理之天。詳參頁68～69。中國哲學言天，有時不一定專屬某種意涵，如朱子除了將天視爲義理道德天，卻也有自然天的說法，如《朱子語類·理氣下》，卷二云：「天道左旋，日月星并左旋。星不是貼天。天是陰陽之氣在上面，下人看，見星隨天去耳。」此言天體運行之則，天指自然物理而言。而本文僅尠就各期哲學家在思想發端的天道而論，未能論及其它，特此註明。

在，型態上是抽象的，不過也是代表著一種規律，理序。由此可知，周初時代對「天」的觀念，正處於轉變期不穩定狀態，部分觀念的轉移或許是無意間所形成，不過也將此一概念由原始宗教信仰的人格天，漸而轉移到形上天的觀念。

及至宋明理學，對於「天道」描述，則已明確有形上天、義理天的概念，如：朱子《孟子集註・梁惠王章句下》釋「以大事小者，樂天也；以小事大者，畏天者也。」句云：「天者，理而已矣！」；又〈公孫丑〉章釋「夫仁，天之尊爵也，人之安宅也。」云：「仁、義、禮、智，皆天所與之良貴。而仁者天地生物之心，得之最先，而兼統四者，所謂元者善之長也，故曰尊爵。在人則爲本心全體之德，有天理自然之安，無人欲陷溺之危。」由上述可知，這裡天被當作形上理則看待，它不但是自然的觀念，尤重視在道德的意涵上的發揮。如〈公孫丑〉章言天與仁的關係，仁既是心氣的全體之德，也是仁、義、禮、智四德之最先成形的德性。能盡仁德，即是盡心知性，而自然能盡天理，誠然若朱子所謂「心者，人之神明，所以具眾理而應萬事者也。性則心之所具之理，而天又理之所從以出者也。人有是心，莫非全體，然不窮理，則有所蔽而無以盡乎此心之量。故能極其心之全體而無不盡者，必其能窮夫理而無不知者也。既知其理，則其所從出。亦不外是矣。」由存心養性的工夫，以達天道，以至心、性、天皆繫於一理，如程子云：「心也、性也、天也，一理也。自理而言謂之天，自稟受而言謂之性，自存諸人而言謂之心。」〔註5〕由此可知，這裡對天的描繪，是理則天，也是道德天。而宋明理學則將全副精神放在本體宇宙論與心性論上探討，無論將心當作形下氣心，或如王陽明所說「無善無惡心之體」，將心的地位提升到粹然至善的絕對超然境地，其最終學術精神是要克服形軀之惡而歸於客觀天道，使心、性、天能合一，以「理」爲最終依據。

不過理學家過分重視心性的態度，在後起經世學者眼中，並不足以繼承周孔以來的儒學道統。他們棄之於對現實世界的關懷，抨擊理學家們的不切實際。不過，從外緣客觀環境的現象面來檢討，不能直指理學家學術核心，唯有從天人之際方能正面地檢視理學思維。

經世學者「天」觀念的最大特徵，反而是在人道精神的發揚，其以現世

〔註 5〕以上所引程子與朱子之語，詳見朱子，《孟子章句・盡心上》，「盡心者，知其性者」章註。

人生的哲學為思想特徵，即人與現實世界間的聯繫為討論重點，這與與宋明理學家重視主體道德修為的理念不盡相同。故言及天的概念時，往往是與人道共論，如顧炎武云：

> 夫子教人「文、行、忠、信」，而性與天道在其中矣！故曰：「不可得而聞。」子曰：「二三子以我為隱乎？吾無隱乎爾！吾無行而不與二三子者，是丘也。」謂夫子之言性與天道，不可得而聞，是疑其有隱者也。不知夫子之文章，無非夫子之言性與天道，所謂「吾無行而不與二三子者，是丘也。」
>
> 樊遲問仁，子曰：「居處恭，執事敬，與人忠。」司馬牛問仁，子曰：「仁者，其言也訒」由是而充之。「一日克己復禮」，有異道乎？今之君子學未及乎樊遲、司馬牛，而欲其說之高於顏、曾二子，是以終日言性與天道，而不自知其墮於禪學也。……又曰：「近日學者病在好高，《論語》未問『學而時習』，便說『一貫』，《孟子》未言『梁惠王問利』，便說『盡心』……此皆『躐等之病』。」又曰：「聖賢立言，本自平易，今推之使高，鑿之使深。」〔註6〕

孔子以文、行、忠、信作為教學傳道的內容，皇《疏》引李充註此章云：「其典籍辭義謂之文，孝悌恭睦謂之行，為人臣則忠，與朋友則信，此四者，教之所先也。故以文發其蒙，行以積其德，忠以立其節，信以全其終也。」從教學內容上看，孔子以經典、德行、節操、誠信等作為學習方向，內容著重德行在實際生活的實踐。故顧炎武認為孔子要人透過行而知德，知德而可盡本性之善，甚至是回歸天道理則，故天道與性的追尋並不在心性上修養，而是在行為中學。所以孔子不直接言性與天道，不是對弟子隱瞞，「夫子之文章」就顧炎武看來，所指稱的是《春秋》之微言。《春秋》旨在敘說尊王攘夷、諸亂臣賊子事〔註7〕，能從中體證性與天道，無異是說明了可由理想政治的實踐照見天理。又好比說是樊遲與司馬牛問「仁」，孔子回答不離行與言的一致，甚至行還先於言，故「克己復禮」是從日常生活中加以檢討。若剔除這些實際工夫的修為，而終日只想從心性的存養以見天道，這是墮入禪學泥淖罷了。

〔註6〕 以上三段引文參見《日知錄集釋‧夫子之言性與天道》，卷七。
〔註7〕 同上註有云：「動容周旋中禮者，盛德之至也。孟子以為『堯、舜性之』之事。夫子之文章莫大乎《春秋》，《春秋》之義，尊天王，攘戎翟，誅亂臣賊子，皆性也，皆天道也。故胡氏以《春秋》為聖人性命之文，而『子如不言，則小子其何述』乎？」

由上可知，欲達到天道理則境地，有其先後次序。一是要先從個人日常道德行為處開始培養，而後再廣及普遍於政治之中，如此一來，天道與性將會在行德過程中顯現，故天道之為在人的主體，而不在天。又如唐甄《潛書·自明》：

> 學天地之道，雖知天地；道在天地，於我乎何有！學聖人之道，雖知聖人；道在聖人，於我乎何有！……過都市者，見寶而喜，去之不可忘，就之不可取。寶非己有，猶壞芥也，夫豈非寶不可以為寶！以斯譬道，道非己有，夫豈非道不可以為道！天生物，道在物而不在天；天生人，道在人而不在天。……圃師伐樹以接樹，非木相貫，生相貫也；鉅人肢瘺，非體不相貫，生不相貫也。道散然後見形，道歸不復見形。天地為首趾，身心為胡越，身世之故，判於斯矣！
>
> 古之人，學之九年而知事，學之二十年而知人，學之三十年而知天。知事則可以治粟，可以行軍；知人則可以從政，可以安社稷；知天則德治於中土，化行於四夷。

唐甄與顧炎武看法相似。他認為「認知」與「被認知」者間終究為二，認知者體認學習於天地、聖人，但是天地之道與聖人之德的彰顯，是他們安於其位得來之功，此非認知者所能奪取。一如他人之寶，就他人來說是寶，對我而言物非我有，寶與壞芥間已無差別，但寶仍舊存在，可是那屬於他人之寶，非我固有。同理可證道非己道，道仍存於天地間，只不過道屬有德聖人，而非我有。故天地是天地，我形是我形，關係甚遠。所以人應安分守己道所行，即古人的知事、知人、知天之學。此三知由近而遠，由淺而深，主要是治賦軍兵與從政安社稷等政治哲學上的踐行，居中以「德」為行事、知天道的關鍵。按唐甄之說，天有天道，人有人道，互有其責且不相涉攝。人欲求天理流行，不能從天道處了解，因為那屬於天道所轄之範疇，而應從人己之責作起。人生之責不僅是內聖小我，更要求外王事功，所以，欲知天之道需從大我政治事功處體悟。此乃經世學者學術共通處，唐甄亦然。

至如李塨《論學》，卷二則有道：

> 若夫佛氏則以知覺作用為心性，不知有仁、義、禮、智也。……。聖學本天，異端遁天；聖學體實而用實；異端體空而用空；聖學其道公，異端其道私；聖學明其心性之德，異端實不識心性之德；聖

　　　學欽明，全其心性，異端虛幻，實害其心性。南轅北轍，一寒一暑，

　　　調停夾雜，必入歧路矣！

李塨以佛學比之儒學，二者之別在於佛家重捨離境界，儒學重視實用。他所
謂的明四端及心性是體實而用實，即從實踐工夫的人道人倫體證天理，與宋
明理學家坐由心性本體處了解本體之意並不相若，如云：

　　　《易》列天道、人道，然天道非人所得由，故孔子祇言人道，曰：「道
　　　不遠人，遠人非道。」後儒動言天道，毋乃非聖教乎？《中庸》曰：
　　　「天下達道五」，指倫也；《論語》曰：「君子學道」，指學禮樂之物
　　　也。〔註8〕

他認爲《易》雖有天道、人道之別，不過天道非人所能得，故孔子只言人道。
而人道者，即在人倫以及禮樂等序事物之次的物倫之中。所以人欲追尋天道
之本然，乃應從天道生人後的人倫上尋，而非跳脫人倫超脫世情上探玄而未
知的形上道體。故言聖學重「道公」，是講究全體性命的公而無私，以此人道
本天而總全體心性之欽明；異端「道私」，是捨離世俗求個人境界超脫的自私，
以避人道之必然而遁天，求幽渺虛幻。異端以知覺的靈敏來悟證心性，卻不
知四端應在實際生活下手處實踐。故可知李塨所強調者，是在人道的躬行，
即便欲與天共道，也應在人爲中固守職分，從中了悟天道生生在人而不在天。

　　　由此可證，明清之際實學家在時空環境與學術思潮影響下，對於宋明理
學將天視爲道德根源義的義理天，有了修正。他們秉持經世志向，反對心性
本體修養以體證客觀天道的觀念，而認爲「天道」超越不如關注現實人生來
得重要。在天道觀認知上，也多從道德的躬行工夫處下手，認爲天道必從人
道中加以體證。此即在天的概念中混雜了對道德實踐、政治理想、禮樂制度
等人爲因素的觀察考量，而已非純粹從心性，理氣宇宙論等處來了解天道。

二、經世實學家論人性

　　　程朱將性分成與天道相通的天地之性及氣體生成形軀的氣質之性二屬。
前者乃是承接天命而來，指道德理則天賦予主體上絕對善的精神性，亦即性
只是理，爲善之源。後者形軀稟氣而生，受到形軀生命的限制，故氣質駁雜
不一，有善有惡。惡是主體欲念顯現，所以要回歸本性純然及天理本然的方
式，即要去除過多的人欲。當然，「去人欲」並非泯除生存依憑與基本欲望，

──────────────

〔註8〕見於《恕谷後集・原道》，卷十二，《顏李叢書》本。

而是藉由心性本體的體證，濾除生命中氣惡雜質的工夫論。他們認爲人在修德的過程中，最重要的就是要變化形軀限制的氣質，以恢復天地之性。明代以後，陽明承象山而倡「心即理」之說，將程朱視爲形下氣質之心知，提升爲同屬於性、理層的形上至善無惡的良知本體，此時已漸漸不分天地與氣質之性的區別。按陽明「四句教」有云：「無善無惡心之體，有善有惡意之動，知善知惡是良知，爲善去惡是格物。」陽明認爲心體是純粹至善的實體心，無善無惡是指心已超越了形下的相對；意爲心的發動處，心體本無惡，不過意念啓動與物相接時，此時善惡相生，若能順心體之至善則呈現善端，若順形軀欲念呈現的話，則會呈現惡端，故惡在意念啓動處，而非在心；心即爲良知本體，本涵藏於內心深處，有時人受到意念隱蔽則生惡，但只要心體良知能體現時，便能知善去惡以好善惡惡；而此一良知體現的工夫則在意念純化的誠意與格物之中。〔註9〕

又如《傳習錄中·答陸原靜書》云：「……良知者，心之本體。即前所謂恆照者也。心之本體無起無不起。雖妄念發，而良知未嘗不在。但人不知存，則有時而或放耳。雖昏塞之極，而良知未嘗不明。但人不知察，則有時而或蔽耳！其體實未嘗不在也。……若謂良知亦有起處，則是有時而不在也，非其本體之謂耳！」此一良知即爲心之本體，妄念之發並不代表良知不存，而是被隱蔽不知，但心體仍是至善的，只要能存察到本心良知，則良知立顯，放失的心亦可恢復清明純善，故要革去欲惡，非假外物所以然之理處格物致知，而是從本心良知處窮透。這是陽明與朱子對於心本體以及格致工夫論述的相異處，雖然陽明以不再用天地與氣質之性的說法，但仍不免還是在氣質意念與本體心性良知之形上形下善惡相對的描述。

形上形下的區隔，實際是爲了能透過主觀心性修養以與客觀天道相契合，故成就道德是爲了應天理而然。明清之際，儒者在經世實學精神引導下，不再由形上形下、氣質天地劃分來了解人性。他們認爲氣與性相接壞，無氣質生化形軀，則性無所依憑，也就無以生發。故氣質與道德根源之性皆爲至善不惡者。如顧炎武《日知錄集釋·性相近也》，卷七：

> 性之一字，始見於《商書》，曰：「惟皇上帝，降衷於下民，若有恆性。」「恆」即相近之義。相近，近於善也；相遠，相遠於善也。故

〔註9〕對於四句教的解釋，酌參蔡仁厚，《王陽明哲學》（台北：三民書局，1979年2月），頁121～141。

> 夫子曰：「人知生也直，罔之生也幸而免。」……若紂爲炮烙之刑，
> 盜跖日殺不辜，肝人之肉，此則生而性與人殊。亦如五官百骸人之
> 所同，然亦有生而不具者，豈可以一而概萬乎？故終謂之性善
> 也。……曲沃衛嵩曰：「孔子所謂相近，即以性善而言。若性有善有
> 不善，其可謂之相近乎？如：堯舜，性者；湯武，反之也。若湯武
> 之性不善，安能反之以至於堯舜耶？……湯武之不即爲堯舜，而必
> 待於反，即性相近之說也，孔孟之言一也。」

顧炎武以〈商書〉爲喻，認爲此性爲生之性。〔註10〕生性絕大多數相近且爲
善，除了少數如紂、盜跖等是天生之惡殊於眾人外，餘皆性近而善。將少數
生惡比喻爲器官天生殘缺者，是以「形」說明性之本質出自形軀。只是他終
究無法確立性爲全善，因爲畢竟有少數天生殘而惡者的存在。顧炎武雖解決
了至惡者生於惡性的根源，可是卻將必然性之善變成或然性的相對之善，爲
理論矛盾處；其後引魏嵩之語說明何以性近而非同。他以堯舜、湯武爲喻，
雖然同爲性善，但有程度上的分別，故湯武反學之。此性非指生性而言，生
性乃與生所具，無以更改，唯有從道德理性面以克服生性之不足，故湯武乃
學堯舜之德性，而非生性，由此以明顧炎武將氣質生性與義理理性的混同爲
善的說法。至於聖賢德性應持守修養之道爲何，同上卷〈行吾敬故謂之內也〉
章有云：

> 先王治天下之具，五典、五禮、五服、五刑，其出乎身而加乎民者，
> 莫不本之於心，以爲之裁制。親親之殺，尊賢之等，禮所生也。……
> 而二氏空虛之教，至於搹提仁義，絕滅禮樂，從此起矣！自宋以下，

〔註10〕魏師元珪另解而云：「……此所云之『恒性』二字似與『降衷』有關，按孔《傳》
　　　釋曰：『衷，善也。』《正義》曰：『天生蒸民，與之五常之性，使有仁義禮智
　　　信，是天降善于下民也。』一般言之，此『降衷』二字似可類比〈中庸〉所
　　　云之：『天命之謂性。』孔《傳》又謂：『順人有常之性，能安立其道教，則
　　　惟爲君之道。』此所云之『有常之性』，亦即『恒性』與『五常之性』，即人
　　　之爲人所必存主於心之『有常』，『有恒』之性耳。……易言之，似含人之所
　　　以爲人所必具之德性，或義理之性。但就一般論者所見，咸認爲尚未若《中
　　　庸》所云之確切著明，蓋其所含義理之成份，尚未臻明顯，必待《中庸》思
　　　想之發展，始確定內在義理之德性，而非即生言性也。故此云之『恒性』，大
　　　抵仍指人之自然『生性天性』之恒常者而言矣！」詳參氏著，《孟荀道德哲學》
　　　（台北：海天出版社，1980 年 12 月），頁 124。按師之意，在《尚書》時已
　　　有義理德性的發端，然而其旨未明，故一般咸認爲要至《中庸》時，性之義
　　　理義才眞正發展完成。

一二賢智之徒，病漢人訓詁之學得其粗迹，務矯之以歸於內，而達
道、達德、九經、三重之事置之不論，此真所謂「告子未嘗知義」
者也，其不流於異端而害吾道者幾希。

聖人以禮爲修身治天下之道，禮之質根源於心，諸如人倫的分際種種，皆是
由禮派生。故禮本源於心之裁制，而在道德倫常中顯見其用，先王以禮爲治
具，即是以德行天下。所以禮樂之大用在於人事，不可滅絕，凡去仁義爲本，
禮樂爲用之道即是泯倫常。宋儒爲矯漢儒詁訓之弊而將道德收述於心性之學
上，反而棄能經世致用之學不論，是害於道也。總之，顧氏人性論觀點上是
將氣質與義理合言，並以天生至善形容之，然而欲彰顯道德大用，則由心上
言禮。又人倫道德依禮而有條理理則，而人倫則是作爲維繫社會禮序的基礎，
所以禮儀節文不可偏廢。由禮以修心的工夫要在人事上實踐，故如聖人賢君
者，莫不以政治治人爲手段，將己德廣佈於眾，彰顯心德之善，而這也是經
世學者所倡言躬行踐履的工夫。又如唐甄《潛書‧性才》云：

道惟一性，豈有二名！人人言性，不見性功，故即性之無不能者別
謂才。別謂爲才，似有歧見，正以窮天下之理，盡天下之事，莫尚
之才，惟此一性。……古之能盡性者，我盡仁，必能育天下：我盡
義，必能裁天下；我盡禮，必能匡天下；我盡智，必能照天下。四
德無功，必其才不充；才不充，必其性未盡。……程子朱子作，實
能窮性之原，本善以求復，辨私以致一。其於仲尼子輿之言，若合
符契。此其所得，我則從之；此則我從，人不我得，其若人何！蓋
彼能見性，未能盡性。內外一性，外隔於內，何云能盡！……堯舜
雖聖，豈能端居恭默，吾所張施，使天下之匹夫匹婦，一衣一食，
皆得各遂！必命禹治水，稷教農，契明倫，皋陶理刑，后夔典樂；
庶職無曠，庶政無闕，乃可以成功，堯舜之盡性如是。堯舜之爲政
者，心不明，則事不達；事不達，則所見多乖，所行多泥。徒抱空
性，終於自廢，何以性爲！誠能反求諸性，盡其本體，其才自見。

唐甄將天地之性稱爲「性德」；將氣質之性稱爲「性才」。「性才」指性體彰顯
的功效，誠如其云：「人有性，性有才，如火有明，明有光。」除了生性外，
亦兼及義理性的意涵，故云能盡性，則能盡仁義禮智等四德。然而盡性及彰
顯四德之道則在「才」，即以形軀性爲憑藉，再由躬行以踐履義理之性。唐甄
對於程朱等人言性，認爲他們雖能盡己之性德，以求回復性之本善，卻只能

盡己而未能盡人，性才未能建立，則性偏未全。如堯舜禹等賢君聖德的留名
於後，不是空由個人心性修養而來，乃是眞從民生需求、人倫禮法、農業治
水等利民之政績建立，將己性之善推己及百姓，使眾人皆能受感召而回歸本
性之善，此方爲性之大用。唐甄言性一如炎武，性之達用須於人事而論，這
並非是對主體內聖的忽略，只是天命灌注於人性之善，目的是爲了能公而無
私，覆育遍全萬物，非爲一己之私而然，誠如唐甄釋仁有謂：「仁與私反，若
能去欲至盡，如匹帛無纖塵之色，是可謂之無欲，不得謂之無私。人知人私
而不知天私。天非己獨專以自善，是爲天私，雖天非仁。仁之爲道，內存未
見，外行乃見；心知未見，物受乃見……是故虛受不可言仁，必道能廣濟，
而後仁全於心，達於天下。」〔註11〕是也。至於性涵「義理」與「氣質」的
共論，他們則著眼於精神需以物質爲憑藉以生發作用，缺一不可，故可混一
而觀。

　　其他如李塨〈恕谷後集・原道〉，卷十二有云：

> 道者，人倫庶物而已矣！悉以明其然也。厥初生民渾渾沌沌而已。
> 有夫婦、父子，有兄弟、朋友，朋友之盡有君臣。誅取禽獸茹毛飲
> 血事，軌次序爲禮；前後相呼應，鼓舞相從爲樂；……異端乃曰：「道
> 生天地」，曰：「有物混成，先天地生」，是道爲天地前一物矣！天地
> 尚未有，是物安在哉？……惟道可道也，故指倫物之。朓接曰「仁」；
> 裁制曰「義」；節文曰「禮」；毗是非曰「智」；所謂民受天地之中氣
> 以爲「性」，而能知行倫物者也。《孟子》曰：仁、義、禮、智；《中
> 庸》曰：智、仁、勇；漢儒曰：仁、義、禮、智、信；《易》曰：立
> 人。仁義由人命之。

「道」之意指爲人倫與倫物而言。李塨認爲人倫原自於天生而然，應於人倫
的禮樂制度等人文精神則隨之而生。至於道之可道者，他先是反對老子從自
然本體處言道，視道爲人德在應事接物過程中的展現，係從人倫道德處發用
言之。至於「性」則有氣質與義理兩種面向，從氣質而言，它是受天地之氣
所稟生；就義理而論，它能倫行萬物，爲眾德根源，故爲即氣質即義理之性。
李塨肯定主體道德在現實層面的呈現，而道之體證則從倫物上躬行實踐。而
性之氣質生成人，義理以成物，由己及物，不可或缺。

　　由上述可知，經世實學家們在人性議題的發揮，多從實際層面，諸如：

政治、利民之生、應物處世等下手。不同宋明理學家們的內聖，他們對於客觀人事始終充滿樂觀，天道流行必從人事大用處顯見其德。這種態度和時代有必然關係，經世實學家著眼於理學家重主觀心性而輕客觀現實態度，將勢必導致政、教、德三者的分離。因為德不能由主體生發廣及於外，則行不得其宜，行不宜則政不順，亦即體用不能一貫也。以下將由顏李《論語》解經詮釋中，繼續了解其天人觀的時代特質。

第二節　《論語》中天人觀的分析

一、天道觀的分析綜論

（一）諸註分析

〈子罕〉：子罕言利與命與仁。

《正誤》：自幼遵《註》看書，為他印定作三件「罕言」看過矣！忽思「利」下二「與」字不可忽，是不把利與命攪說，不把利與仁攪說，為貪利則不受命，為富則不仁也。然謂之「罕言」者，卻亦有時為貪利者言天命、言天理也。

《傳註》：利者，義之和也，然人專務利則損人利己，而適以害義。命者，天之命也。然懸揣天命，反輕忽人事，而適以褻。天仁者，心之德也，然恐寂守其心，而不從事克己復禮，將適以害心，故子皆鮮言之。

案：何晏釋此章云：「罕者，希也。利者，義之和也。命者，天之命也。仁者，行之盛也。寡能及之，故希言也。」又皇侃《義疏》云：「言者，說也。利者，天道元亨，利萬物者也。與者，言語許與之也。命，天命，窮通夭壽之目也。仁者惻隱濟眾，行之盛也。弟子記孔子為教化所希言，及所希許與人者也。所以然者，利是元亨利貞之道也，百姓日用而不知，其理玄絕，故孔子希言。命是人稟天而生，其道難測，又好惡不同，若逆向人說，則傷動人情，故孔子希說與人也。仁是行盛，非中人所能，故亦希說與人也。然希者非都絕之稱，亦有時而言與人也。」「命」有二義，一為命定義的祿命，即命運、命遇、命限之屬，屬形下氣命，是一種客觀限定與限制，只能安而受之，可藉由努力修命但不能造命，從量上修正而非本質上的改變，誠謂之「義命分立」也；一為命令義的德命，是天生賦予的天命、性命，為形而上的理命，是一種本

體道德的命令，與義相和，故人須服從而踐行之，盡性以至命，將義命合一。蓋如上述何晏之言，其未明言天所命者何，若將命與義、仁同觀，以命爲天所與生賦予之命，利爲行宜的合乎中道，仁則是將義之行於天下，三者一體而漸進，由己及人，此命似可以「德命」作解釋；可是如果三者若以「子罕言利，與命，與仁」爲斷句方式，即利、命、仁爲平行關係可單獨解釋，此處之「命」，則又未可萌其義。然末云「寡能及之，故希言也」，若以祿命解釋，此係天數所定，故不能更易，亦不需臻及；若爲德命，本非命遇命運所能限制，人可透過自由意志，以修身踐行上達客觀天理，故何晏所言能及之與否的問題，可由對命之詮釋加以判斷。其後皇侃認爲利爲天道運行，利生萬物之道，百姓日用而不知；命乃人稟天所生，每個人受天生善惡命限所定，難以與言；仁則須德行盛遠，非常人所及，故孔子罕言。但又非不與言，只是須因人因時而說。夫皇侃之說，乃是認爲孔子因爲人資質稟賦差別，而有與言不與言之分。不過，他對「命」的解釋，是從命定義祿命著眼，故有好惡等氣異的分殊，與何晏有別。

　　《集註》引程子語云：「計利則害義，命之理微，仁之道大，皆夫子所罕言也。」首先，這裡明白將義與利關係分立。何、皇二人並不反對言利，何晏以義作爲利的根本與限制，故言利爲義之和；皇侃則將視利爲利生萬物的公利，故百姓得日用此天道所當然。至於二程則將利當作個人私利解，而《纂疏》釋云：「有自然之利，如云：『利者，義之和是也。』但專言之則流於貪欲之私耳。……輔氏曰：『義者，天理之公也；利者，人欲之私也。天理人欲不兩立，計於彼則害於此矣！』」宋儒認爲孔子罕言私利，然而利爲人欲私心所致，故不與天理同觀，因此義、利與天、人間關係的二分而不相屬。至於命者，《纂疏》有道：「命只是一箇命，有以理言者，有以氣言者。天之所以賦與人者，是理也；人之所以壽夭窮通者，是氣也。理精微而難言，氣數又不可盡，委之而至於廢人事，故聖人罕言之也。」此處同將命以命令與命定二分，綜合古註而認爲孔子罕言二者，一則命令義的理命深奧難喻於人，二則命定義之氣命爲天道所限，不可盡改其質，故皆罕言之。朱子以形上天道性理純善不惡與形下氣質之性有善有惡的對立，作爲義利與天命間的劃分，重義與理命的修養而屏氣質私欲，關係逕渭分明。

　　顏元《正誤》則將利單獨釋出，故不得與命、仁同論，此處「利」作私利解。及至李塨《傳註》則綜合《集解》與朱《註》之說，以義爲利的限制，

須平衡以求和，並不反對言利，可是若僅是專務於私利，則以害義〔註12〕；至於命與仁則一體而論也，若鎮日揣度冥想天命與仁德，而輕忽人事躬行，不以下學而上達，反有害於天理，故罕言，而這裡的「命」應指理命。由顏李詮釋可知，他們重視躬行的下學，如：克己復禮的工夫。罕言是怕耽誤了人事所當行，與程朱著重理氣二分的修養、皇侃依資質教化而有與言與否之別、何晏因難以臻及義命人之境而希言等不同。〔註13〕

〈季氏〉：孔子曰：「君子有三畏：畏天命，畏大人，畏聖人之言。小人不知天命而不畏也，狎大人，侮聖人之言。」

《正誤》：《詩》曰：「天難諶斯。」又曰：「峻命不易。」《書》曰：「惟命不於常。」恐「天命」不是「所賦正理」之解。

案：此言君子與小人之別。《集解》云：「順吉逆凶，天之命也。大人即聖人，與天地合其德者也。深遠不可易知測，聖人之言也。恢疏，故不知畏也。直而不肆，故狎之也。不可小知，故侮之也。」又皇《疏》云：「天命，謂作善降百祥，作不善降百殃，從吉逆凶，是天之命，故君子畏之，不敢逆之也。又引江熙云：『小人不懼德，故媟慢也，侮聖人之言，以典籍爲妄作也。』」誠天命者，即天地間對萬物百態的無私，聽任自然而無爲無造作妄動，是故能順此天命得祥，逆之則凶。大人君子畏之，是因爲聖人能體合天道，順應自然，不矯柔造作，小人與大人的不同，在於小人不知天命，妄作而行，不知本體道德的生化乃應自然而然，遂而蔑天命，侮聖人典籍之言。朱子《集註》則云：「天命者，天所賦之正理也……大人聖言，皆天命所當畏。知畏天命，則不得不畏之矣。……不知天命，故不識義理，而無所忌憚如此。尹氏曰：『三畏者，修己之誠當然也。小人不務修身誠己，則何畏之有？』」朱子的「天命」，爲天道之理則也。「天」爲理則天，故天理通於人道，由仁義以秉彝，而聖人乃須由主體本身依循此一客觀天理。此天理是即超越即內在的〔註14〕，畏此天命，即是知此天理而心存謹愼敬謂之意。所以君子三畏是

〔註12〕「利」本非不好的字義，人生物質需求都須藉由利來獲得，但利之得須有道，即以行宜之「義」爲之中和，使能正其誼也能謀其利。顏、李由人生物質需求面看義利，故不反對利的正當獲得；理學家從心性照觀天道，以道德理性爲思慮，重視精神層面的德性修養，而諱言物質面的利。不過，這也是重視道德實踐的顏、李批評理學家只重坐觀心性，忽略人事而與佛老無異之理由。

〔註13〕顏元於《存學編・由道》章亦有申明此章大義，詳與第四章註36互見。

〔註14〕牟宗三，《中國哲學十九講》解釋儒家對於主客體關係有云：「我們要知道，儒家主要的就是主體，客體是通過主體收攝進來的，主體投射到客體而且攝

知此天理性命相貫通之道而心存戒慎，並由身修以達此天理。和何、皇二氏視天道爲自然的觀念不同。

顏元李塨則一概未徵引前註。首先，顏元引《詩》、《書》認爲天命非如宋儒的客觀天理，而指吉凶之命，又《傳註》云：「《書》云：『惠迪，言，從逆凶。』惟影響天之命者也。』」釋「大人」者，何、皇、朱三人釋爲有德君子解，此處則作有德有位者言，《傳註》則云「大人即《易》乾卦九二、九五之大人有德位者也。」至於「聖人之言」者，何、皇二人視天之所順應自然之命，而朱子則將天理視爲聖人之言，李塨則解作「聖言，《易》與《詩》、《書》也。」顏李意味君子日鑒於前有三畏：一是知天命吉凶而能順吉避凶；二是敬畏有德位之大人；三是知聖言，即知經典之本意。其詮釋著重從經典原義的引申，並強調人事與人文精神的發揮，故認爲天命靡常〔註15〕，無論是玄學化的順自然理則之天命，道德化的天理，一概不取，其實學本質可見。〔註16〕除此之外，對聖言經典的敬畏，則可見得顏李學派對經典的重視與復古趨向。

〈堯曰〉：子曰：「不知命，無以爲君子也。不知禮，無以立也。不知言，無以知人也。」

《傳註》：然則上而凝命，內而立禮，外而知人，不可不亟也。赫赫在上者，天命也，知之而兢兢業業矣！不然何以有九德、六德、三德，而爲君子修己治人之準禮也。知之而約我以禮，爲國以禮也矣！不然而於何立？人之邪正長短不能掩者，言也。知之而人才入吾洞照矣！不然，而何以知之？而取之用之，此聖聖相傳之要道也。按

客歸主。所以儒家即使是講形而上學，它也是基於道德。」頁 79。

〔註15〕　「天命靡常」觀念是殷周之際，周滅商後所產生的一種憂患意識，因爲害怕天命被收回，故以道德實踐爲準則，以民爲本。如《尚書‧召誥》所云：「知今我初服，宅新邑，肆惟王其疾敬德。王其德之用，祈天永命。」顏元李塨承此說以解天命，然此「敬德」而修德者不僅止於聖王個人身修，而是放眼天下黔黎，經由政治手段，以達理想政治目標爲宗旨。

〔註16〕　程廷祚，《論語說》申引其義而註曰：「大人，謂當時之天子諸侯也。天子有天下，建立諸侯，與之而分而治之。君子之畏之者，豈爲其崇高富貴哉？位曰天位，事曰天職，則皆天命之所在也……故進退必以禮，匡諫必以正，所謂『我非堯舜之道，不敢以陳於王前』也。」程廷祚以君子爲在上位的治者而言。君子稟承天命而有治天下之權柄，故應持守天之明命，修德治於下。行爲合乎節度儀則，能聽取臣下建言，這都是可作爲明君修德的依據，故程氏所言的君子，是兼有道德修養的大人。

〈鄉黨〉記孔子衣食坐臥皆具，而不及刪《詩》、《書》，作《春秋》，餘十九篇皆不之及。蓋聖人之道，以生德於予，斯文在茲為重，不在著書，即及門推聖人，亦以宗廟美，百官富，博我文，約我禮，而不在著書也。且子貢宮牆日月，猶屬虛喻，至答子禽歸於得邦家，末篇歷敍帝王相傳，而結以〈從政〉、〈知命〉二章，更見聖人之道主於用世，乃後儒專以著書為傳道聖道，去之遠矣！可以返矣！

案：此章由命、禮、言等三知，言君子的立身知人之道。命者，《集解》云：「孔曰：『謂窮達之分也。』」又皇《疏》云：「命，謂窮通夭壽也。人生有命，受之由天，故不可不知也。若不知而強求，則不成君子之德，故云無以為君子也。」此處所言之命，與〈子罕〉篇同為命限之命。

朱《註》則引程子云：「知命者，知有命而信之也。人不知命，則見害必避，見利必趨，何以為君子？」這裡指形下氣命而不指天道，蓋命限命定誠為天所註定，無可更易，凡富貴貧賤係屬命定，故君子要知此而信此也；禮者，皇《疏》云：「禮主恭儉莊敬，為立身之本。人若不知禮者，無以得立其身於世也。故〈禮運〉云：『得之者生，失之者死。』《詩》云：『人而無禮，不死何俟』是也。」蓋禮以立節度，從「理」上言，為個人情感生發後，在團體中約定成俗的結果。皇侃論禮則以恭儉莊敬為尚，著重個人身修，重質而不重繁文縟節。朱《註》云：「不知禮，則耳目無所加，手足無所措。」此處禮為禮之文也，禮文由天理節度所發，行禮而理在其中。此從實踐下手處言，指知人事之節度而言，而非指禮之本。〔註17〕與皇《疏》重禮質不同。言者，為人心之聲，故從言可以知人鑑得失，如《集註》云：「言之得失，可以知人之邪正。」

《傳註》註解云「上而凝命，內而立禮，外而知人」此為君子的一體之事。天命赫赫在上，而德生於其中，一如〈季氏〉「君子有三畏」章「天命靡常」觀念的延伸，天命非永久長存，而僅授與有德者能行之，如《尚書‧多方》周人承繼殷命而云：「惟我周王，克堪用德，惟典神天，天惟式教我用休，簡畀殷命，尹爾多方。」故知禮不但是個人修身，也是聖人承繼天命以德治天下之至道，故須立於禮。知言是知人才。君子內能修禮，外能知人，內修是立己德以承天命，外知是選賢與能。

〔註17〕趙順孫，《四書纂疏》引輔氏云：「禮謂三千三百之禮文，是乃天理之節文，人事之儀則也。苟不知之，則耳目真無所加，手足無所措，一視一聽，手持足履皆冥行妄作而已矣！將何據而能立乎？」

　　夫《傳註》言天命者，並不將天理人道間內外關係分疏而論，而是將天道貫注於人道上。從用世角度分析，故尤其反對宋儒紙上論道，重內修而輕外王的方式。其乃上承殷周之際《尚書》、《詩經》天命觀而來，此天不純然是一理則存有的根據，它兼具了人格天的色彩，而此人格天蘊含的主宰性，多表現在政治觀念上。不過，顏李並不因為人格天的必然性，否定人的價值與努力，他們積極從躬行實踐的習行觀證明人的價值，從人德修養與政治上的實踐，當作是上承天命的連接點。〔註18〕這與皇《疏》從宇宙論體證宇宙人生週而復始，將人的主動性受制於天命底下的歸靜不造作的修養論截然不同。

（二）綜　論

　　經由上述分析可知，顏李解經思想中對於「天」的觀念與魏晉南北朝、宋明理學家看法截然不同。他們對天的概念並非純然就天道本體加以描述，而是與「命」結合，形成天命的觀點，江淑君提到天道與天命等名詞分判有云：「『天』是就天的本身而說，『天命』、『天道』則是就天的客觀表現而說，『天命』是天所賦予萬物者，此詞仍殘留些許人格神的意味，『天道』則較具宇宙論的意味。」〔註19〕簡言之，「天命」乃是將天理貫注至萬物的「命」上論天，即從主體處看天道。就人而論，重點則是放在人之於天該如何對應等理論上作探討。從之前對「天」的三種定義與「命」的兩種定義加以排列組合，而得到以下幾種結果。

　　魏晉南北朝時期的何晏與皇侃，將「天命」分成運命之命與自然天命兩種。前者是天生人時就已經客觀受限的部分，為形下氣命，人無法改變而只能夠承繼。誠如皇侃〈為政〉篇註「五十而知天命」節解釋「天命」有道：「天命，謂窮通之分也。謂天為命者，言人稟天氣而生，得此窮通，皆由天所命也……人年未五十，則猶有橫企無厓。及至五十始衰，則自審己分之可否也。」故孔子罕言命、不知命與知天命，是教人在不同時期對命限的不同體會，當中只提及氣命、命限的領悟，未言及理命部分；其次，受到玄學解經影響，他們也把天看作是自然天，即為道創生而萬物所依憑的天地之天，此種天命觀的描述，類如《老子》第十六章所云：「夫物芸芸，各復歸期根。歸根曰靜，

〔註18〕此一具有人格特性的天命觀，可能是為了提出具有主宰及理則意涵的概念脫言而出，也有可能是在承繼回應經典內涵時的詮釋，故不表示將天的概念拉回到原始宗教意涵的人格性質。

〔註19〕參見江淑君，《魏晉論語學之玄學化研究》，頁214。

是謂復命。復命曰常，知常曰明，不知常，妄作凶。」老子並未直接點出「命」者為何，但他認為人生與宇宙之間有密不可分的關係。萬物的繁盛至極，最後終須歸於寧靜，回到本源處。而這樣生命間的循環，乃是天道消長反覆的常法，無可避免也不能強求，所以知此常道能明，若不知而妄作巧詐則得凶。〔註20〕故孔子畏天命之畏，是敬畏此一自然現象而不妄作。

　　到了朱子解經時，同樣將天命分做兩樣詮釋，只是捨去自然天命的觀念，而以道德本體的形上理命取而代之。朱子認為天命罕言原因有二：一是氣命為天所定，難更其質；二是理命的精微深奧難曉，故罕言。從態度上看，對天命的敬畏與五十能知天命則是從理命上言〔註21〕，亦即知此天命乃是為了將心性依存安頓在客觀天理處，而非對天生命限氣命的敬畏。氣命是有善有惡的形下限制，人之所以要成德，就是要解離形軀對我們的設限，故要往形上天道處找尋天命的存在，故此天命不作形下氣命解。有時孔子在態度上也傾向不知命，朱子認為這與「五十知天命」的知命不同。這裡是不知形下氣命，因為命限窮通已定，無須知曉以徒增貪利避害等有違天命，甚至有害人

〔註20〕若如魏師元珪，《老子思想體系探索》云：「老子以宇宙與人生有不可分割的關係，人在宇宙中生存，流行於宇宙中的法則，也同樣地流行於人的生命中。……老子雖不重視有意志有主宰的天命，但對宇宙的律例而言，乃確認其對人生有密切的關聯性，人豈可不知宇宙天地之法則；春、夏、秋、冬四令即是對人生活的命令，人無法違反自然的時令而生活。儒家的明命，不是去明人際遇上的命運，而是明天地之律例，天生於我心之初的不可違背的法則，也是上天在我內心深處的明命和呼召，是道德的律例和命令，為人們生活上所必遵循者。老子未言明命，但卻強調復命，這所謂復命即重新如其所是地去調整天地生我之初的使命，使我內心世界和本性能夠如天地所秉之初的如如狀態。人要去發掘他內在的本性世界，活出人性的生活，不是以本能為準去整天經營動物的生活。……儒家言立命，所立者是德命，德命不離慧命，孔子七十能隨心所欲而不逾矩，即是達到了這個境界。道家不言立命，但言復命，雖其用辭不同，究竟在此頗有相通之處。總之儒道二家皆重生命內省之功夫，人們但知外觀以增廣見聞，老子卻教人內觀以增進智慧，……」，詳參頁451～455。老子之意，人生生命同為宇宙間一隅，故必須遵守宇宙間不生之生的生命法則，順著自然時令而生活。他從本體論看生命，要人免除小智詐巧，而去追求宇宙間生命的大智慧。儒家則以天道法則處見生命，以個人主體與天道相融作為生命臻之至達，其間法則就是道德律例與命令。雖然儒道間對生命與天道間關係切入角度不同，不過其重視生命的內省，而不以世俗客觀知識取得為尚的態度則一。

〔註21〕朱子，《集註》詮釋「五十而知天命」節云：「天命，即天道之流行而賦於物者，乃事物所以當然之故也。知此則知極其精，而不惑又不足言矣！」

事的煩惱。總之，不同的天命見解也不一，大抵而言，朱子的態度是氣命爲命限，故不需知曉；理命爲道德理則的根源，故需勉力修養以至其境。

顏李同樣認爲天命有命定與命令義二分，不過與朱子有異。君子的天命之畏非從理命上言，乃從「命限」判斷且應順吉避凶。再與何、皇二氏詮釋比對，其謂「順吉逆凶」、「從吉逆凶」乃是聽任天地間的自然行事，不矯柔造作，這與顏李重人爲倫常以及強調主動性的態度不同。因此，同樣是以吉凶釋命，何、皇著重呼應自然的方式應天命；顏李則以秉持周初人文精神「天命靡常」的觀念，從道德實踐照觀天命的敬畏與吉凶。對於孔夫子罕言與知不知天命〔註22〕，則咸認爲這是對於理命的認知，係應由人事上克己復禮的下學工夫開始做起。即從人文禮樂躬行中知天命，天命正在人爲道德實踐攫得，他們並緣此下學工夫理論以否定了從心性內聖修養工夫體系的知天命觀點。人道與天道的融貫爲一，使得天道已非順應自然或靜觀形上理命可決定，乃是將人爲主動性發揮至極。雖然天命仍高懸且作爲最終的道德理則，不過成事在人，天道落在人事處觀照，而不是經由心性本體的中和加以體證。

由解經結果可知，「天」與「命」結合形成的天命觀，可組合出包括形上理命、天生命定、自然天命、人格神天命等幾種結果。〔註23〕從魏晉時期自然天命與天生命定，到宋明以後天生命定與形上理命的探討，這關涉到魏晉「儒道會通」與宋明理學家精微了儒家形上學等不同時期的儒學發展。及至顏李的復古詮釋，又從內聖心性的形上理命下落到人事而言。除了天生命定觀念猶存，也看作是形上理則，只不過想要達到此一形上境界，則必須回歸到知禮義，建事功等實用主義處以窺得。這符合了顏李重視人道發展的精神，

〔註22〕 李塨，《傳註》註解「五十知天命」節云：「天命，天之元亨利貞之德也；知者，下學而上達也。」李塨認爲孔子十五歲志於學，念茲在茲者爲大學明親的爲政教化之道。「知」是知由下學以進達天道的工夫理論，「天命」則是指上達後妙運生生不息的天道而言。簡言之，欲能探求乾健無息的天命，須從道德躬行處以照見天命流行之所在。

〔註23〕 儒家對於天命的觀念，有時也流露出一種宗教式的命法，由類似人格神的天對人所應屬的職分有所下命而需遵守，這是以宗教觀點闡釋儒學的天命觀；另一種即是形上理命的流行，也就是天的創造真幾流到人的命中所展現出的天命觀，這是從宇宙論式的命法。粗淺地看，儒家天命觀常透過命令方式下達上天的旨意。不過此「命」的展延，不是從原始宗教般鬼神處的下降天命與人，而是具有道德意涵的天命流行，故人格神天命與形上理命等兩種命法終歸會合流，由前者歸結到後者。酌參牟宗三，《中國哲學的特質》（台北：台灣學生書局，1998年5月），頁74～75。

至於是否能與《論語》文本說法相契合的，則將在第三節中繼續討論。

二、人道觀的分析綜論

（一）諸註分析

1. 言性者

〈公冶長〉：子貢曰：「夫子之文章，可得而聞也；夫子之言性與天道，不可得而聞也。」

《正誤》：朱先生門下想皆顏、曾乎？即皆顏、曾，能必皆自又便顏、曾乎？何開口輒言性道乎？又何讀解至此全不悔過改圖乎？其註解經書之功，不敵其廢亂聖學之罪。讀講之弊，與晉人之清談同譏，流而爲浮文。誣世生民之禍，先生不得不分其責。

《傳註》：文章，詩、書、禮、樂也，夫子雅言之。性者，繼善之所成，天道乾，元、亨、利、貞也，夫子僅於贊。易言之而不輕語人。所謂罕言命也。以此坊民，而後儒有日講性天以爲學者。

案：《集解》註性與天道有曰：「性者，人之所受以生者也；天道者，元亨日新之道也。」皇《疏》認爲「性與天道如何《注》。」二者相同。這裡的「性」，誠乃天秉授於人的氣血之性；至於天道，則如《刑》疏引〈文言〉而云：「『元者，善之長也；亨者，嘉之會也；利者，義之和也；貞者，事之幹也。』謂天之體性，生養萬物，善之大者，莫善施生，元爲施生之宗，故言元者，善之長也。嘉，美也。言天能通暢萬物，使物嘉美而會聚，故云『嘉之惠也』。」由此可知，天道爲自然生生之本體，能生而養育萬物者。又皇《疏》詮釋總章云：「以此言之，舉是夫子死後，七十子之徒，追思曩日聖師平生之德音難可復值。」這裡主要是認爲六藝等文采形著於典籍中，可資而學；然而性與天道者，是蘊藉乎孔子自身仁德而然，故難以爲繼。

朱《註》則說：「性者，人所受之天理；天道者，天理自然之本體，其實一理也。言夫子之文章，日見乎外，固學者所共聞；至於性與天道，則夫子罕言之，而學者有不得聞者。蓋聖門教不躐等，子貢至是始得聞之，而歎其美也。程子曰：『此子貢聞夫子之至論而歎美之言也。』」朱子將此性認爲與天道同體，即其本體論的「性即理」。他認爲性是即超越即內在，即存有即活動的本體，它既爲靜態的形上存有，同樣也是動態能妙蘊氣化，生生不息的創造之理。〔註24〕

──────────

〔註24〕以上酌參蔡仁厚，《宋明理學　南宋篇》（台北：台灣學生書局，1989 年 3 月），

所以性是純善不惡的形上實體，由天所生而內在於人，一則可作爲形下心氣依循的標準，又能即超越地與天道、天理相和，故性即理。然而聖門之學有其順序，不能躐等躁進，因此子貢從孔子學至此之際，而有此嘆。

上述兩種詮釋體系，前者立於天道生生等自然理則的態度，將性視爲天生賦予的氣血之性，此係受到道家「道法自然」觀念的影響。蓋「道」先於天地而生，以自然爲法則，其創生萬物是因任自然影響，這是以自然爲宗的宇宙觀〔註25〕，故此章將天道與性視爲自然所創生；後者則是朱子從理學，即「性即理」看性與天道間相合而密不可分的關係，此係道德觀處著眼，故學有等列，以文章之學爲初，性與天道等行而上的本體觀列之於後。顏李從實學處詮釋，性之善雖爲天之乾元所繼成，不過他們認爲孔子並不輕易將性命及天道者與人，以免流於鎮日空談心性而不尚躬行之弊，故要人從文章等實學處學習，並以此駁宋儒。又顏元《存學編‧太倉上陸桴亭先生書》云：

> 天地必生一人以主之，亦理數使然也。然粵稽孔、孟以前，天地所生以主此氣機者，率皆實文、實行、實體、實用，卒爲天地造實績，而民以安，物以阜。雖不幸而君相之人竟爲布衣，亦必終身盡力於文、行、體、用之實，斷不敢以不堯、舜不禹、皋者苟且於一時虛浮之局，高談袖手，而委此氣數，置此民物，聽此天地於不可知也；亦必終身窮究於文、行、體、用之實，斷不敢以惑異端，背先哲者肆口於百喙爭鳴之日，著書立說，而誤此氣數。

「實」就其字義而論，許慎《說文》有云：「實，富也。從宀貫，貫爲貨物。」段玉裁釋云：「引申爲草木之實」又道：「以貨物充於屋下爲實。」由此可知，實可引申爲充實，富有某物之意。至於顏元解「實」，則將天下百姓賴以所需，而政治施政時所必然相契應的實用，以供爲對「實」的解釋。他們認爲天之

頁 190～193、291～223。

〔註25〕 關於道創生萬物的宇宙論觀念，如今本老子第二十五章云：「有物混成，先天地生。寂兮寥兮，獨立而不改，周行而不殆，可以爲天下母。吾不知其名，強字之曰道，強爲之名曰大。大曰逝，逝曰遠，遠曰反。故道大，天大、地大，人亦大。域中有四大，而人居其一焉。」此章是對道本質的描述。其特徵如下：（一）在型態上，它是渾樸而無限完滿的形上實體，無生無形，難以捉摸；（二）同時也是宇宙間的絕對之道，是獨一無二的，而與形下世界萬物的相對狀態不同；（三）它先於天地而存在，且爲天地萬物創生之本源，而以自然爲法則爲宗；（四）它周行於宇宙間，其運動方式是反覆循環的運行，永恆而不變；（五）人應順天地道法之自然，回歸本眞的純樸。

氣運生生，誠有一「理數」規律所蘊澤驅使，賢人的出現乃是天地理數之應然現象。聖賢對天下的治理，確以「實」功作爲天地間安民富物的績業。縱使三代以後不能得位而淪落草莽布衣，也應盡此天數之當然，躬身窮究於文、行、體、用之實，以負天地之命。由此可見其重人事之實，愼躬行而輕言天人之際的實學觀。

〈陽貨〉：子曰：「性相近也，習相遠也。」

《正誤》：此二句是夫子從罕言中偶一指示，便定千百性旨。程、朱全不解此，謂天命之性，堯、舜與途人皆一，是昧「性相近」之旨也；謂性落氣質便雜，便有惡，是昧「習相遠」之旨也。昧夫子性旨，故與孟子處處冰炭。予詳辯之，在〈存性編〉。

《傳註》：宋人分義理之性、氣質之性爲二。以孟子所言者，義理之性，故皆善；孔子所言者，兼氣質之性，則有善有惡，但相近耳。非也，夫天生人即生人之氣質也，《易》所謂「乾道成男，坤道成女」大生廣生也。而聚精於心，謂之性，故性從心生，心之生生之道也。元、亨、利、貞，天之氣也，而即天之道也。仁、義、禮、智，人之氣所爲也，而即人之道也。道即義理也，烏可分爲二？而且有善不善之分哉？孟子曰：「形色，天性也；才情，爲善也，人皆可以爲堯舜。」言人之形才清濁、厚薄、偏全、純駁，萬有不齊而皆可爲善，是相近也，是性善也。孔孟之言一也。至於善不善，相去天淵，乃後起之習爲之，而非性也。人可不愼所惜乎？而聖人復恐後人執一偏以謬其說，乃又曰：性亦偶有不相近者，如伏羲畫卦，上知也，不能移而爲；愚如終身不辨菽麥，所謂天癡者，下愚也，難以移而作聖，此則非習所移然，古今來幾人哉？非性，習之常也。論其常則性本相近，習必當愼，不可易也。按《論語》言心性，惟此及回也。心不違仁，二言至於存心養性，并不之及，惟教言忠信行篤敬，則存養在其中矣！聖教卑邇如此。

案：此章爲《論語》孔子唯一對「性」論所作的描述，也因爲未明言性者意涵者何，故歷代解經家皆有不同看法。皇《疏》註云：「性者，人所稟以生也。習者，謂生後有百儀常所行習之事也。人俱稟天地之氣以生，雖復厚薄有殊，而同是稟氣，故曰相近也。即至識，若值善友則相效爲善，若逢惡友則相效爲惡，惡善既殊，故云相遠也。」皇《疏》所指爲天生所稟受形下的氣血之

性，每個人因質性不同，而所稟亦有厚薄之殊別。但是初生時，由於氣同稟之於天，故云相近。一旦有知之後，面臨客觀環境習染而有善有惡，本性因此習染而漸行漸遠。不過皇《疏》卻未解決一個問題，即人本性既然相近，則惡從何處生？惡有本性仍應是善，是故惡之生為人性本有惡的因子作祟，還是外在環境所導致，則未得知。不過，他又引舊註有云：「性者，生也。情者，成也。性是生而有之，故曰生也。情是起欲動彰事，故曰成也。然性無善惡，而有濃薄；情是有欲之心，而有邪正。性既是全生而有，未涉乎用，非唯不可名為惡，亦不可目為善，故性無善惡也。所以知然者，夫善惡之名恒就事而顯，故老子曰：『天下以知美之為美，斯惡已！以知善之為善，斯不善已。』此皆據事而談。情有邪正者，情既是事，若逐欲流遷，其事則邪；若欲當於理，其事則正，故情不得不有邪正也。」此說似可解決惡從何處生的問題。此說大旨有三：（一）此性為與生俱來的形下氣性；（二）性無善惡之別，而有濃薄之分；情則因人之欲念而起，故有邪正；（三）善惡者乃於後天，即情發用時所形成。後來王弼註解此章，其意亦同於此。善惡的產生，是因為後起之情興起時而欲念生，因此善惡順由欲而來。故情能得於理者為善，若隨欲遷則為惡。此說乃順由王弼所謂體無之聖人要「性其情」的人性論而來。王弼以性為本，情為末，聖人之所以為聖，即是因為他能以性統情，而不使情妄為。〔註26〕

朱《註》則云：「此所謂性，兼氣質而言者也。氣質之性，固有美惡之不同矣。然以其初而言，則皆不甚相遠也。但習於善則善，習於惡則惡，於是

〔註26〕 王弼註此章有云：「不性其情，焉能久行其正？此是情之正也。若心好流蕩失真，此是性之邪也。若以情近性，故云性其情；情近性者，何妨是有欲。若逐欲遷，故云遠也；若欲而不遷，故曰近。但近性者正，而即性非正。雖即性非正，而能之正。……又知其有濃薄者，孔子曰：『性相近也。』若全同也，相近之辭不生；若全異也，相近之辭亦不得立。今云近者，有同有異，取其共是無善無惡則同也，有濃有薄則異也。雖異而未相遠，故曰近也。」而江淑君，《魏晉論語學之玄學化研究》註此有云：「這明顯是承兩漢以來『氣性』一路對於人性的看法……王弼認為人先稟受的氣性相近，不分善惡正邪，只有或濃或薄的差別，情的發用才有正邪之分。……就性情而言……這又是王弼的『性其情』。就性自身而言，無所謂正與不正，其自然而然，亦無所謂善、惡。近性之情所以得正，乃由於性之『自然虛靜』而使其然。由『性』所統御的『情』才是『情』之正，『性』是體，『情』是用。『情』為心所具有，但它一旦為心所發用時並不穩定，其可以正，可以邪，『性其情』便是正，『不性其情』便是邪。」頁201～206。

始相遠耳。程子曰：『此言氣質之性。非言性之本也。若言其本，則性即是理，理無不善，孟子之言性善是也。何相近之有哉？』』宋儒將性分成義理之性與氣質之性。本然的義理之性爲天所賦予，此性可上通天道，下爲心氣活動時的標準，是絕對善而不惡的形上實體，故「性即理」；氣質之性則是形下氣稟所生，由心所稟受，而爲氣之靈敏精爽處。心爲活動義，依於形上性理而生長發動，正因爲它是形下之氣相對而生者，故個人氣稟不同，也有善惡之別。故程朱認爲孔子的「性」在本質上相近，一旦因「習」而後有美惡不同，所以此「性」決不是本體心性處純善不惡的理性，天地義理之性，因而斷定此性僅只及於形下心之靈敏處的氣性。

顏元論理性氣關係有云：

> 程子云：「論性論氣，二之則不是。」又曰：「有自幼而善，是氣稟
> 有然也。」朱子曰：「纔有天命，便有氣質，不能相離。」而又曰：
> 「既是此理，如何惡？所謂惡者，氣也。」……若謂氣惡，則理亦
> 惡，若謂理善，則氣亦善。蓋氣即理之氣，理即氣之理，烏得謂理
> 純一善而氣質偏有惡哉！譬之目矣：眊、眊、睛，氣質也；其中光
> 明能見物者，性也。將謂光明之理專視正色，眊、眊、睛乃是邪色
> 乎？余謂光明之理固然是天命，眊、眊、睛皆是天命，更不必分何
> 者是天命之性，何者是氣質之性……其視之詳略遠近則才之強弱，
> 皆不可以惡言。……惟因有邪惡引動，障避其明，然後有淫視而惡
> 始焉。

> 若無程、張氣質之論，當必求「性情才」及「引蔽習染」七字之分
> 界，而性情才之皆善，與後日惡之所從來判然矣！……豈不思氣質
> 即二氣四德所結聚者，烏得謂之惡！其惡也，引蔽習染也。……六
> 行乃吾行性設施，六藝乃吾性材具，九容乃吾性發現，九德乃吾性
> 成就；制禮作樂，燮理陰陽，裁成天地，乃吾性舒張；萬物咸若，
> 地平天成，太和宇宙，乃吾性結果。故謂變化氣質爲養性之效則可，
> 如德潤身，睟面盎背，施於四禮之類是也；謂變化氣質之惡以復性
> 則不可，以其問罪於兵而責染於絲也。知此，則宋儒之言性氣皆不
> 親切。

> 請問：濁是水之氣質否？無恐澄澈淵湛者，水之氣質，其濁之者，
> 乃雜入水性本無之土，正猶吾言性之有引蔽習染也。其濁之有遠近

多少，正猶引蔽習染知有輕重深淺也。〔註27〕

顏元認為理與氣間的關係，是理氣一如，不即不離。誠如《顏習齋先生言行錄》說道：「生成萬物者，氣也；其往來代謝，流行不已者，數也；而所以然者，理也。」「氣」是萬物生生憑藉，也是生成本源；「數」則是氣體流行不殆，反覆循環於宇宙間的律則；而「理」則是宇宙萬物生成最終的所以然之理。理無形氣作為憑藉無以流行，氣無理則無可生成。此說與宋明儒者相類，其間殊異在於對「氣」的認知。他否定了朱子將形氣視為形下陰陽善惡的交感，而認為本源處的理既然為善，則氣亦得善。因為純善無惡的理既為氣之根源，則氣稟此理而生亦當為善，又何來惡？至於「氣」與「性」的關係，《存性編》云：「其靈而能為者，即氣質也。非氣質無以為性，非氣質無以見性。」又說：「氣質拘此性，即從此氣質明此性，還用此氣質發用此性。」氣質為人性生成的憑藉之資，人性須由氣質而後發用，此兩者存在著依附的關係。從理、氣、性等三者關係綜論可知：「理」為萬物生成的根源義，它得依靠生成之「氣」的存在得以流行於宇宙天地間，此氣質之靈者在人身上所顯現者，則為「性」。所以這三者是體用關係，然而體用是一體相生的，因為無人「性」則「氣」之靈無以發用，無氣則妙蘊生化萬物之「理」就無法時施展。又氣質既為理所發，故為善；人性承氣質而來，則同樣為善。顏元以目與所見之光明作比喻：眶、皰、睛等屬於天賦予的形氣，為本身氣質；其中能見於光明者，則是性。然而形氣既為天命所生化而成，則性亦如斯，兩者咸為天所生成，怎會有惡質雜於其中？故「性」只有一，即天命純善之性，而無氣質善惡之性。若必須畫出區隔，則僅在於「性」有強弱之「才」別，但才亦善而不可以強以強弱視為性惡。至於本性內涵，顏元以六行、六藝、九容、九德等作為人能本性的涵泳及本性所能成就的道德價值；從制禮作樂開始，乃至於裁成天地者，都是本性能彰顯之道；自然萬有，宇宙灝氣，造化天地等能臻至化境，則是本性彰顯後的結果。夫性善由氣靈而來，氣又是潤澤性的本根，性既善則氣也不得為惡。

既然理、氣、性皆善，則惡從何處生？顏元認為這是後天受到外在環境影響的習染而來。如以水為喻，水的本質是澄澈淵然無雜質，水的渾濁則是外在塵土雜入水中所導致，又好比衣服本是乾淨色澄的，一但外在飛塵染上

〔註27〕以上三引文第一則引自《存性編·駁氣質性惡》；第二則引自同書〈明明德〉；第三則引自〈借水喻性〉。

衣服，其骯髒是外力使然，而非本然地醜濁不堪。〔註28〕簡言之，惡非本然形氣所自有，而是環境中有惡的因子沾染了人性所導致。可是顏元終究未解決惡如何生成的本源義，如其所述，宇宙萬物生之於氣，氣之所以然為「理」，氣生成的萬物也應是善，若此而然，那何者為惡？人主體既受外在環境習染為惡，可是外在環境的錙銖分子同稟承天地理則與氣化氤蘊而來，則惡由何產生？是故必然產生矛盾。

顏元與朱子論性與氣的不同，從屬性關係上看，顏元將理、氣、性當作本末體用的關係，三者皆為善；朱子則將性分成天地之性與氣質之性，天地之性屬形上理則而來，是主觀本體與客觀天道間的關鍵點。氣質之性則是形下形氣所生，雖同為天所與之，但在形化過程中，受到氣質影響而有善惡，此皆氣稟不同所致。故人應克服氣質之性而努力修習天地之性，屏惡向善。從惡生成處看，朱子則將惡歸於主體的形所產生，不過氣之靈覺處的心又能自覺地透過格物致知他律道德方式，除惡趨善，使心性理歸於純善境地；顏元則將惡一皆當作是外在影響導致，故人主體是絕對善的主體。他肯定了人在道德價值與形下氣性的本善，而否決朱子主體可能有惡的氣性看法。總之，二者之別在於朱子將惡安頓於主體間；顏元則是置於客體處，主張主體本善。只不過當惡逼近於人時，主體的善因習被惡所蒙蔽時，此「習」是主體氣質厚薄還是其他原因所致，則顏元未有說明。

透過上述說明，再看到本章《傳註》中的詮釋，李塨認為「氣」即《易》所云之陰陽男女的二元之分，非揉雜渾同無以生形，是作為生生之德的憑藉。而氣靈生人形，有形即有心，有心則性生，故仁、義、禮、智等四端則為既是形氣所為，則何可有惡？朱《註》將此性看作是雜揉了形下氣體的氣質之性，故性本相近而習遠，而孟子言性方為天地之性，因為本體理性是一，不會因習而有別異。顏李則認為孟子既有言「形色，天性也」，故性應一概為天所降賦，不應分氣質與天地之別；且又上智與下愚間看似本性稟異而然，不

〔註28〕如《存性編・棉桃喻性》云：「然則惡何以生也？則如衣之著塵觸污，人見其失本色而厭觀也，命之曰『污衣』，其實乃外染所成。……是則不特成衣不可謂之污，雖極垢敝亦不可謂衣本有污。但外染有淺深；則捫澣有難易，若百倍其功，縱積穢可以復潔，如莫為之力，即蠅點不能復素。……」這裡不但認為惡為外在環境習染所來，也強調人歸善除惡的主動性。惡的淺深之別，在於被習染的程度而定，只要人性之善能主動發出向善的意念，則穢染處自可以復潔。

過《孟子・告子下》有云：「人皆可以爲堯舜」，這將所謂生安、學利、困勉者都包含其中，即性本相近之意。其上下智愚差異者何？即因「習」也，習不慎而使之然。

2. 言仁者

「仁」在《論語》文本中，不僅代表道德總名，也是孔子中心學說與思想起源。對孔子學說而言，「仁」包含了一切眾德，爲所有道德基源，這與《孟子》不同。而《論語》對「仁」的詮釋，則有八種之多。〔註29〕孔子的「仁」因爲涵具了所有德性之源，屬於形上道德原理，所以其內涵廣泛而模糊，難以釐清。對於「仁道」基本定義，若如〈雍也〉有云：「夫仁者，己欲立而立人；己欲達而達人。能近取譬，可謂仁之方也已。」己立達而能立達於人，此一視人若己態度的大公無私，亦爲仁道的總表現；又〈顏淵〉：「仲弓問仁。子曰：『出門如見大賓，使民如承大祭。己所不欲，勿施於人。』」前兩句指本身行事的恭愼誠敬，係屬忠的表現；後兩句能將不欲斂藏而不施，則爲恕，故宋儒以「盡己之謂忠，推己之謂恕」貫串仁道，誠然若此。簡言之，即「仁」本於大公無私的精神，以忠恕之道爲實際施行眾德的基本原則。以下將從顏李對「仁道」種種面向的詮釋，了解其對仁的看法：

〈述而〉：子曰：「仁遠乎哉？我欲仁，斯仁至矣。」

《正誤》：修己問：「仁是心之德，一欲便在心裏，是否？」子曰：「祇爲程、朱如彼看，仁人皆如彼看。至予，則見心也、身也，一也。汝欲孝斯孝至矣！汝欲弟斯弟至矣！是心乎？身乎？」

《傳註》：仁者，命於天，具於心者也。依之則賢者，亦難何者？瞬息有違，皆不純也。欲之則應念即至。何者，吾心之物非外求也。

案：此章言仁由何處可得。《集解》云：「仁道不遠，行之則至是也。」皇《疏》引江熙云：「復禮一日，天下歸仁，是仁至近也。」仁非假外物而得，只要能

〔註29〕韋政通，《中國思想史》（台北：水牛出版社，1997年4月）云：「《論語》中的仁，有下列複雜的涵義：1.德之總稱；2.一德之名；3.心之德；4.愛；5.抉擇；6.自我實現；7.功能；8.工夫。這些仁的涵義，在《孟子》中除1外全部都可以找到。因此，孟子實充分繼承了孔子的仁學。孔、孟雖同重仁學，但二人之間畢竟仍有所不同，最明顯的一點，仁在孔子是包涵眾德的，一切的道德，莫不以此爲基。仁在孟子，僅屬四端之一，孟子尤喜仁、義對言，都在說明仁已不是籠罩萬有的概念，這代表德目的分化，是道德思想發展過程中必要的步驟。」頁264。

行仁，則仁便至，而江熙引〈顏淵〉「顏淵問仁」章認爲只要能復歸於禮，則仁即在其中。上述主張仁道需透過實踐而能得，即在躬行時，仁道會在行仁過程中彰顯，不需求於外。

朱子云：「仁者，心之德，非在外也。放而不求，故有以爲遠者；反而求之，則即此而在矣，夫豈遠哉？程子曰：『爲仁由己，欲之則至，何遠之有？』」「仁」爲心之德，是人所固有，只要能收斂形下氣心，則此心靈敏之仁則存，而不需求於外物。程朱將仁當作心之德，即形上理寓於心以成德，換言之，倘若理不寓於心，則不能成德。可是心又爲形下氣心，若由此心氣來收攝仁道以達形上的理，則必須藉由心知透過經常地反求靜默於「仁」，凝聚心氣向上修養，如此久之則此形下實然的心便能涵具形上理則，再轉爲自身德性的顯發。〔註30〕

《正誤》此註旨是駁朱子「仁」並非一味從心上尋。朱《註》重視修養以涵具仁道，在李塨看來則不如直接由行求仁來得肯切，故「心、身，一也」實則心與行一也。仁道必須假躬行實踐而能成就之，欲仁而行仁，則此欲仁之心可實踐，此近唐以前古註所云。《傳註》則從仁的根源義作理解，認爲仁乃命之於天而具於心，此意謂著「仁」應於形上天道處所由來，形俱於心，故「仁」應是形上且純善無惡地。更何況顏李本來就將人性當作氣之凝聚，故氣心斷然不可視作相對的形下境界，否則人本質純善之性則無以聚合。所以「仁」既然爲天所命，且爲本性所涵攝，它自然存於人本體中，不假外求。總之，仁由天命而形俱於心，故不假外求。只不過「仁」道並非光內修本心則止，須躬行實踐眾德而「仁」透顯其中可見。

〈顏淵〉：顏淵問仁。子曰：「克己復禮爲仁。一日克己復禮，天下歸仁焉。爲仁由己，而由人乎哉？」顏淵曰：「請問其目。」子曰：「非禮勿視，非禮勿聽，非禮勿言，非禮勿動。」顏淵曰：「回雖不敏，請事斯語矣。」

《正誤》：按克，古訓能也，勝也，未聞「克去」之解。己，古訓身也，人之對也，未聞「己私」之解。蓋宋儒以氣質爲有惡，故視己爲私欲，而曰克盡，曰勝私。不惟自己之耳目口體不可言去，言勝，理有不通；且明與下文「由己」相戾，文辭亦悖矣！夫子若曰能將自己一身都反還乎天則之正，便爲仁。若一日能使自己反還天則，

〔註30〕以上朱子仁說部分，詳參蔡仁厚，《宋明理學 南宋篇》，頁107～121。

則全其本來性量，自然萬物皆備，而天下皆歸吾仁中矣！爲仁全由這箇己，而由人乎哉？顏子請問其目，夫子又告之曰：凡非禮之色，便要自己目作主，莫去視，則所視者必在于禮，而己之目復乎禮矣！凡非禮之聲，便要自己耳作主，莫去聽，則所聽必在于禮，而己之耳復乎禮矣！凡非禮之辭，便要自己口作主，莫去言，則所言必在于禮，而己之口復乎禮矣！耳目口體，發皆中節，一如乎未發之天則，天下之大本達道俱足於此，正所謂「致中和而天地位萬物育」者也，天下歸仁又何疑焉！「與其仁，稱其仁」之說殊俗鄙不穩，虛誕不實，當非吾夫子本意。或曰：「勝己者，使己常勝也，己常勝於外物，以復天理之正則爲仁，與下『由己』、『四勿』前後貫徹。」其解亦通。

《傳註》：仁德在天，爲元在仁，生生之德也。生生則有事矣！視聽言動，其事也。禮則事之軌物也，束身循禮而仁全矣！克己約身也。一日成功之一日也，一部《周禮》盡行天下，有不歸仁者乎？《曲禮》：「視瞻勿回」，「立視五巂」、「式視馬尾」之類，是禮也，非此則勿視；《曲禮》勿側聽，側聽則非禮也；言無非禮，則口無擇言；動無非禮，則身無則行也。

案：此章言「仁」與「禮」的關係。《集解》釋云：「馬曰：『克己，約身也。』孔曰：『復，反也。身能反禮，則爲仁矣！』馬曰：『一日猶見歸，況終身乎？』孔曰：『行善在己，不在人也。』」又皇《疏》云：「言若能自約儉己身，返反於禮中，則爲仁也。于時爲奢泰過禮，故云禮也。」仁道表現乃由本身做起，能約束己身行爲以反躬於禮，則仁可見。這裡「禮」強調行爲正當性而言，「克己」即去私；「復禮」則是循於禮。又「禮」係屬實踐層的意義，而以仁爲其活動的根源義，禮活動時具有方向性，以行事合宜爲向，如上述視、聽、言、動等四禮能合宜，即符合仁道需求。總之，「仁」爲眾德之首，是一種自覺境界，須從實際行動處彰顯；此種自覺行動能合宜符合仁道者爲「義」，義依於仁而呈現其價值；又義須循理作爲實踐方向，而開出實踐層道德理則的「禮」。

《集註》則云：「克，勝也。己，謂身之私欲也。復，反也。禮者，天理之節文也。爲仁者，所以全其心之德也。蓋心之全德，莫非天理，而亦不能不壞於人欲。故爲仁者必有以勝私欲而復於禮，則事皆天理，而本心之德複全於我矣。歸，猶與也。又言一日克己復禮，則天下之人皆與其仁，極言其

效之甚速而至大也。又言爲仁由己而非他人所能預，又見其機之在我而無難也。日日克之，不以爲難，則私欲淨盡，天理流行，而仁不可勝用矣。程子曰：『非禮處便是私意。既是私意，如何得仁？須是克盡己私，皆歸於禮，方始是仁。』」朱子「克己」是指克勝主體本身的私欲。「欲」係從形下氣質之惡所由生，故須從心德之仁處以克制，回歸於天道之全的天理。爲仁工夫，則由己身開始，由於朱子的心爲認知心，其靈覺處有向善本質。能喚醒此靈覺，則有向善之跡可循。人欲克服後，則天理可照見，此天理爲心之全德朗現；心德能復全，則禮能俱於心，禮即爲天理之彰著於心德的理則，天理則代表著「公而無私」天道周遍的普遍義。之後顏淵復問禮之條目，孔子以視、聽、言、動四禮回答，朱《註》程子云：「顏淵問克己復禮之目，子曰『非禮勿視，非禮勿聽，非禮勿言，非禮勿動』，四者身之用也。由乎中而應乎外，制於外所以養其中也。顏淵事斯語，所以進於聖人。後之學聖人者，宜服膺而勿失也，因箴以自警。」〔註31〕程子以四禮爲在身體力行上言仁，後言〈四箴〉作爲行禮依據準的。心本體是洞然無一物，純爲理而已，爲心知之靈，故云：「心兮本虛，應物無跡」、「人有秉彝，本乎天性」。不過有非禮者於前，心受此引弊而呈現出氣質有善惡相對的一面，故須以禮克制私欲以自持，達於天理。不過顏元卻說：「〈四箴〉中卻拈出蔽、誘、習三字，精確無弊，予每愛而日三復之。」〔註 32〕此誠錯當程子將惡視爲外在的引蔽習染，實則不然。程子固然認爲有蔽障於客觀環境中，但主體是因爲物欲之蔽於前，心體爲此人欲牽引而背離仁道禮義，並非單純受到客觀環敬沾染使然，此不可不辨。《集註》與唐以前古註詮釋的不同，是古註僅將「克己復禮」當作行爲上的反躬，並不涉及心性論上的問題，至於朱《註》則以心體上欲念的蔽翳，當成反躬的對象。前者由實際行爲上言，後者從心氣而論，差距頗大。

《正誤》明確拈出氣質爲惡爲宋儒思想脈絡使之然。顏元認爲爲仁在己，

─────────────────

〔註31〕其所謂〈四箴〉者如下：「其〈視箴〉曰：『心兮本虛，應物無跡。操之有要，視爲之則。蔽交於前，其中則遷。制之於外，以安其內。克己復禮，久而誠矣』；其〈聽箴〉曰：『人有秉彝，本乎天性。知誘物化，遂亡其正。卓彼先覺，知止有定。閑邪存誠，非禮勿聽』；其〈言箴〉曰：『人心之動，因言以宣。發禁躁妄，內斯靜專。矧是樞機，興戎出好，吉凶榮辱，惟其所召。傷易則誕，傷煩則支，己肆物忤，出悖來違。非法不道，欽哉訓辭！』；其〈動箴〉曰：『哲人知幾，誠之於思；志士勵行，守之於爲。順理則裕，從欲惟危；造次克念，戰兢自持。習與性成，聖賢同歸。』」

〔註32〕見於《四書正誤·論語》，卷四〈顏淵〉此章註解。

如能將耳目口體等一切行為的表現反歸乎天理，則為仁。行為之所以不能與人相契，並不是天生形氣本身的問題，耳目口體在初生之時，是符合中道純善的，外在惡質髒蔽了人性，非主體天生有惡之質性存在。由此釋「克己復禮」，「克」為勝也，能也，但非作克服己私解，而是勝己。勝己者，己勝之也，即己常勝於外物，以己之善性主動地克服外物的蔽翳。《傳註》認為仁德為天之生生之德，仁生而賦於形而有事出，事以禮為依循的矩墨，換言之，即仁為禮之質，禮為仁之用，質用一體而流行。其述四禮之非禮勿視、聽、言、動者亦從行上言，與顏元同。又《傳註問》云：

> 問：「集註以『私欲』訓『己』，不用之，何也？」曰：「『己』訓私欲，從無此解，且下文即曰為仁由己，一訓私欲，一訓我身，頃刻異訓，可乎？聖門專重學禮，曰：『約之以禮』；宋儒專重去私。學禮則明德親民，俱有實事，故曰：『天下歸仁』；去私則所謂至明至健者，祇在與私欲相爭。故訓克曰『勝』，曰『殺』；訓禮曰『天理』，而履中蹈和之實事。」

《傳註問》闡明兩個重點：一是朱《註》有將義理趨向附在詁訓上的質疑，如：己釋為私欲。二是比對了孔學與宋儒學術間的迥異，即孔學重在實事的反躬復禮為仁；宋儒則專重心性工夫的去人欲存天理。從前者來看，訓詁所訓之字義不一定以本義為主，也可以為引申或假借義，朱《註》釋「己」是偏於引申義的發揮，不能斷然判斷為誤〔註33〕；後者則確實比較出孔學與理學間的差異，舉例而言：先秦儒學並不偏廢本體與實踐躬行，孔孟周遊列國，倡言政治抱負，這都是為了伸展仁德為宗的政治理想而往歸；宋明理學家則單從主體心性修為強調，主張君子大人若能固持本體，上承天道，百姓黔首

〔註33〕這是朱子詮釋時的一種指向，鄭宗義：〈論朱子對經典解釋的看法〉，漢學研究中心編印，《朱子學的開展——學術篇》論文集（台北：漢學研究中心，2002年6月）有道：「朱子顯然並不將解經視為一種純粹認知的活動，而是更重視其為一心靈體會的活動。換句話說，解經的活動乃是解經者持著自己的實踐體會進入經典展示的體會世界中來尋求彼此互相攻錯、印證以至融合的過程。這一點朱子有極生動的描寫。《文集》，卷四十二〈答吳晦叔〉十三書之第十三書云：『凡吾心之所得，必以考之聖賢之書，脫有一字之不同，則更精思明辨，以益求至當之歸，毋憚一時究索之勞，使小惑苟解而大疑愈張也。』」參見頁113～114。這裡指陳了朱子解經時，對於字義解析的態度。他認為解經目的是透過經典對話而與吾心靈的契合，所以義理上的精神更勝字句考證的文字詁訓，故偶爾以今人言語帖換古字義，只要不叛離經典大旨，是可以被容許的。如果拘泥於字義而傷了文義，反是本末倒置。

就能收草偃之效，則天下大治，其殊別昭然若揭。綜合上述顏李對「仁」道觀念，是將它放在天德的形上價值來看，行為受到外物引蔽而有虧於禮時，則須由主體本心的善以克勝外物誘引，循禮的軌跡行仁道，如此則能克己復禮歸於仁。

〈顏淵〉仲弓問仁。子曰：「出門如見大賓，使民如承大祭。己所不欲，勿施於人。在邦無怨，在家無怨。」仲弓：「雍雖不敏，請事斯語矣。」

《正誤》說箇「復禮」，便說「天下歸仁」；說箇「敬恕」，便說「邦家無怨」；說箇「恭、寬、信、敏、惠」，便說「不侮」、「得眾」等。所謂體用一源，合外內之道也。靜言一思，愧汗幾許。

案：此章仲弓問仁。顏元之意甚明，無論是復禮歸仁，敬恕而後邦家無怨，甚至是政治觀點在位者的五德等，「仁」咸為天下眾德之首，為形上道體。仁須以躬行實踐來顯發其生生之德，所以如行為上的復禮，態度上的敬恕，居官任事的恭寬信敏惠五德目，都是透過實踐來彰顯仁道的不同手段，故仁與歸仁之道是體用內外一如的關係。非仁道為本質則眾德無根源，無行動躬行則仁無處可施，二者缺一不可。這裡也打破了朱子以復禮歸根當作是純為心性修養工夫的看法。

〈顏淵〉：司馬牛問仁。子曰：「仁者其言也訒。」曰：「其言也訒，斯謂之仁已乎？」子曰：「為之難，言之得無訒乎？」

《正誤》：如此章何曾有「存心」意，總在「為之難」一句討仁人真精神。蓋人之尚口者，只因不「為」耳；人之易言、躁言，只因為之不難耳。恥躬不逮則自言之不出，言顧行，行顧言。君子胡不慥慥？此難字即「先難」難字，所謂力行近乎仁也，敏而慎也。言訒是為仁工夫，「為之難」是訒言工夫。《註》「心常存，故事不苟」，是上面又添出一層，將「終日乾乾行事也」「反覆道也」，許多著手著力、身世實做的工夫，收向虛中一點，非禪而何？

案：此章言仁與知行間的工夫。子曰：「仁者其言也訒」，皇《疏》註云：「古者言之不出，恐行之不逮，故仁者必不易出言，故云『其言也訒。』一云：仁道既深，不得輕說，故言於人事必為難也。」又引江熙云：「《禮記》云：『仁之為器重，其為道遠。舉者莫能勝也，行者莫能致也。勉於仁者，不亦難乎？』夫易言仁者，不行之者也。行仁然後知勉仁為難，故不敢輕言也。」仁者難

道盡，其因有二，一是重言與行仁間的契符，深怕言行不一反失仁道，故寡言仁道；一是仁道精深爲眾德之首，非僅輕言而能知之，特別是落於人事上言仁，如江熙引《禮記》語認爲如能輕易道盡仁道，恐行與知不能相貫，故要從行中知求仁，以知仁道的深遠難盡，不敢知而不行。上述二說皆重視仁與言行間的一致，寡言而從行中得仁，方是最善於知仁之道。又司馬牛質疑是否言訒即可爲仁道，皇《疏》註云：「一云：不輕易言於仁事，此便可謂仁乎？凡行事不易，則言語豈得妄出而不難乎？又一云：行仁既難，言仁豈得易？」此承上述而來，前者指行事欲歸於仁道則不易，故言不可妄；後者則指行仁以非易事，而況是以言盡仁道。二者同以行與知的契和，以說明仁道的行而後知，並從行中求仁道。

《集註》說：「仁者心存而不放，故其言若有所忍而不易發，蓋其德之一端也。夫子以牛多言而躁，故告之以此。……蓋心常存，故事不苟，事不苟，故其言自有不得而易者，非強閉之而不出也。……愚謂牛之爲人如此，若不告之以其病之所切，而泛以爲仁之大概語之，則以彼之躁，必不能深思以去其病，而終無自以入德矣。故其告之如此。」仁爲心德，只要心能常俱此仁道，則行事能自然順仁道而行，心不苟動，如《纂疏》引語錄曰：「仁者常存此心，所以難其出不仁者。已不識痛痒，得說便說，如夢中囈語，豈復知是非善惡。」即只要能常存仁道於心，則行事皆能依循符合仁道。朱子言下之意，仁道施行存乎一心，心有行仁之意而仁道自在其中。也就是先固持認知本體之仁，則行自然能符合仁道需求。其與古註之別，在於古註重視行中求仁的下手工夫，朱子則以心知持守仁道，而作爲行事原則；一爲先行後知，一爲知而後行，故有別矣！

顏元有鑑於朱子總以「存心」言仁道，故不滿其知言而不知行。凡言行之間應一致不欺，故仁應從行中求得。若只是滿口仁道卻不施行，則是自欺欺人，算不得仁道了。「難」有兩層意涵於其中，一是先要力行仁而近於仁，態度上須恭敏謹慎，是難也；二是「爲之難」的難，要能寡言仁道而直接行仁，是難也。前者專指行爲的難，從果上談；後者是知此行中求人的知之難，從原則論，故有殊別。朱《註》將此行仁之行收束在心德上言，在顏元看來凡不是從行中求知者，皆是坐談心性的禪學遺毒。

〈顏淵〉：樊遲問仁。子曰：「愛人」；問知。子曰：「知人。」樊遲未達。子曰：「舉直錯諸枉，能使枉者直。」樊遲退，見子夏。曰：

「鄉也吾見於夫子而問知，子曰，『舉直錯諸枉，能使枉者直』，何謂也？」子夏曰：「富哉言乎！舜有天下，選於眾，舉皋陶，不仁者遠矣。湯有天下，選於眾，舉伊尹，不仁者遠矣。」

《傳註》：此言知以成仁也。從來如天之仁，必以如神之智運之，不然，從井救人，未有能仁者也。錯，廢置也。遲之未達意，謂知人則知其枉者，必不愛之，是知妨仁也。舉賢退不肖，則不肖亦化而為賢，是知不惟不妨仁，且以成仁也。然遲之未達，稍滯胸次，未嘗請問。而夫子神明，即從知人而申言之。其實知人，舉錯二語一連言，皆接問知而答之也，故遲又以為專言知，則能使板直，似與知無涉，迨子夏舉舜湯選舉己事，而言舉賢，則天下群化於仁，是愛人也，仁也，而遲可豁然矣！

案：此章記仁與為政間的關係。《集解》云：「包曰：『舉正直之人用之，廢置邪枉之人，則皆化為直。』」皇《疏》之解同上。這裡僅說明為政要舉正直之人，正直是指賢，非攸關能力而言，此為賢人政治特色所在，即以賢為首選，而能力會伴隨其中而來。樊遲未達而問於子夏，子夏以舜舉皋堯，湯舉伊尹為例，說明選賢與能則天下可治，仁亦近矣！皇《疏》引蔡謨云：

若孔子言能使枉者去，則是智也。今之能使枉者直，是化之也。孔子言其化，子夏謂之去者，亦為商之未達乃甚於樊遲也。子夏言此者，美舜湯之知人，皋陶、伊尹之致治也，無緣說其道化之美，但言不仁者去。……故曰：『性相近也，習相遠也。』不仁之人，感化遷善，去邪枉，正直是與，故謂遠也。

蔡謨總述此章認為使枉者「化」與「去」間，有順序層級上的不同。為政時能使枉者去，這是智的表現；去之後能使枉者歸於直，則是教化有功。不過，孔子著重化枉者與子夏極欲去枉者，此間有別，即子夏未言道化者，是美中不足處。人因習而使本性有善惡厚薄之殊，不仁者能被仁者感化遷善，而遠離不仁也，故這裡重視對於不仁者的教化之功。

《集註》云：「愛人，仁之施。知人，知之務。曾氏曰：『遲之意，蓋以愛欲其周，而知有所擇，故疑二者之相悖爾。』舉直錯枉者，知也；使枉者直，則仁矣。如此，則二者不惟不相悖而反相為用矣。遲以夫子之言，專為知者之事。又未達所以能使枉者直之理。……不仁者遠，言人皆化而為仁，不見有不仁者，若其遠去爾，所謂使枉者直也。子夏蓋有以知夫子之兼仁知

而言矣。」樊遲未達是認為「愛」與「知」者的相悖。不過從為政觀點上看，知先而後仁化，則二者不悖且相互為用。若能舉賢，則不仁者可被仁者感化，使枉者直。大抵說來，古註與朱《註》一皆認為為政時選賢舉能，能感化不仁者而歸之於善，這是賢人政治觀點下的理想目標。只是二者對子夏評價有殊別看法，但無礙章旨。

　　《傳註》詮釋大抵如朱《註》與古註，以「知」為成仁方法之一。此「知」在為政用途上，是用來辨別賢愚不肖者的工具，須先剔除不仁者而舉仁者，方可使政治在賢人帶領下歸服於善道。「知」是一種鑑別能力，按文本所示，在舉直之前，必須有賢君聖人的先在，再透過「知」以取才。故可知賢人政治觀的取才模式是先有賢人在位，亦即仁道已周遍；之後再以知辨才與舉賢才；最後方是感化不賢者而為仁者。

　　〈子路〉：樊遲問仁。子曰：「居處恭，執事敬，與人忠。雖之夷狄，
　　不可棄也。」

　　《正誤》：為仁工夫惟此章三言而備，最現成，最切實，然而惜也。
　　惜夫子不曾靜坐，不曾說「主一無適之謂敬」！

案：從文本上看，此章最明白表現出仁道須在日常生活中來實踐。皇《疏》引江熙語云：「恭、敬、忠，君子任性而行己，所以為仁也。本不為外物，故以夷狄不可棄而不行也。若不行於無常，則偽斯見矣！」任性，指順本性之自然；行己，則依藉本性而行所當行，故此一返本歸靜的態度，即是去除人為造作而歸乎本體之仁。而恭、敬、忠則是存在於主體的本然之性，故縱使是夷狄也不可棄此本性之自然。此係江熙雜揉了道家玄學思惟敘說仁道，援道入儒之證。

　　朱《註》云：「恭主容，敬主事。恭見於外，敬主乎中。之夷狄不可棄，勉其固守而勿失也。程子曰：『此是徹上徹下語。聖人初無二語也，充之則睟面盎背；推而達之，則篤恭而天下平矣。』」朱子詮釋「仁」道，仍從心德態度表現視之。此係從鄭玄註云：「恭在貌，敬在心」而來，故「恭」指外在儀容態度的恭；「敬」是本源於內在肅整凝聚的涵養。朱《註》從根源義的恭、敬言仁，故程子說「此是徹上徹下語」是由心德處看。顏元則重居處、執事、與人等實際層面觀仁，而以為此章最能代表為仁工夫，其說也最貼近文本實踐仁道的說法。

3. 言心者

　　〈子罕〉：子見齊衰者、冕衣裳者與瞽者，見之，雖少必作；過之，

必趨。

《正誤》：看聖人之心隨觸便動，只因是箇活心，見可喜便喜，可怒便怒，推而至於萬應曲當，天下歸仁，總是個活心。宋儒輒言不爲事物所勝，以「呼人不至，聲不加大」、「遠近一般緩走」狀德行，恐正予所謂禪家死其心也。

案：顏元假此章總論心具有的活動義。依照程朱哲學的觀點，心爲形下氣心，故有善惡之質雜揉其間。此外，心也具有具有認知義功能，其靈敏處之仁德本涵藏其中，只要能屏除質惡，則可歸於善，進而知人性之周普遍全，以臻及天理。故心有向善存天理與人欲二者之別，存天理者善，存人欲者惡，若要存天理，則必須濾除過分的私欲。屏除人欲方法在於修養心氣，以仁爲中心，收攝心氣的躁動以及統攝心氣所發的情識，此係心知作用所顯發，將心氣浮動歸於靜態存有之性，所以朱子強調心由動趨向靜的內聖修養工夫。

顏元認爲聖人之心是一顆柔軟活心。如《孟子》言四德，仁義禮智的彰顯，即是心所顯發的作用，故聖人之心能周延於萬物，卻又合乎仁道不偏頗。顏元將惡視作是外在客觀環境隱蔽主體而然，心氣本爲純善不惡的中和之體，故未受隱蔽之心隨處可及物情，喜怒之間也皆能符合中和之道，而不必如朱子般，以心知之靈收攝心氣之惡。

4.論鬼神與生死觀者

〈先進〉：季路問事鬼神。子曰：「未能事人，焉能事鬼？」敢問死。曰：「未知生，焉知死？」

《正誤》：孔子奉周公之法以立教，冠、婚、喪、祭，凡教之矣！季路之問事鬼神，當必有一種玄空之想，非問祭祀意也。觀下面問死，可知吾夫子以人治人，惟日與弟子講習六德、六行、六藝之不暇，何遑道及幽冥？宋儒拋卻孔門儒業，好講許多不可見聞事，故朱子贊子路爲「切問」，程子稱夫子爲「深告之。」不知夫子直與截斷，正防後世流於參雜佛、老之學也。

案：此章言孔子的鬼神與生死觀。從文本可知孔子重視生之事而以人事爲先，對於事鬼與死亡等非屬當下生命所能實踐者，則列於後。《集解》：「陳曰：『鬼神及死生事難明，語之無益，故不答也。』」又皇《疏》：「周孔之教唯說現在，不明過去未來。而子路此問事鬼神，政言鬼神在幽冥之中，其法云何也。此

是問過去也。孔子言人事易，汝尙未能，則何敢問幽冥之中乎？故曰：『焉能事鬼？』此又問當來之事也，言問今日以後死事復云何也。亦不答之也。……又引顧歡云：『夫從生可以善死，盡人可以應神，雖幽顯路殊，而誠恒一。苟未能此，問之無益，何處問彼耶？』其說正切中孔學重視人文精神的闡發。孔子承繼周代以來的文化，按牟宗三先生之說，周文到了春秋時代因爲時空轉變與貴族腐敗，面臨了「周文疲弊」，導致由周公建立來的禮樂制度走向形式主義（Formalism）而虛文化。孔子面對周文的態度，就是要將它生命化，他的貢獻就在於開始對三代文化的反省，提出「仁」的觀念，緣此確立出人生命的方向，故云「開闢價值之源，挺立道德主體，莫過於儒。」〔註 34〕孔子以「仁道」貫串周文精神，而此周文實踐則仰賴人文的建立，使人人得此精神而能踐履。〔註 35〕這是孔學重視當下的精神所在，也是與道家追求宇宙本體的超人文境界不同之處。

　　《集註》則說：「問事鬼神，蓋求所以奉祭祀之意。而死者人之所必有，不可不知，皆切問也。然非誠敬足以事人，則必不能事神；非原始而知所以生，則必不能反終而知所以死。蓋幽明始終，初無二理，但學之有序，不可躐等，故夫子告之如此。程子曰：『晝夜者，死生之道也。知生之道，則知死之道；盡事人之道，則盡事鬼之道。死生人鬼，一而二，二而一者也。或言夫子不告子路，不知此乃所以深告之也。』其將「事鬼神」釋爲奉祀之意。程朱認爲生之道與死後愼終追遠的祭祀之道爲本末事，生死之乃一體兩面，故死之道非不得聞，而是學之有序，能盡生道則祭祀追遠之死道則可知。此與何、皇對於儒家重現世人道說法不同。朱《註》由「事鬼神」處切入詮釋，故知生死誠爲禮者而有先後序列之別；前者則視儒家重當下今生的人文之道，而不重幽邈難知的鬼神之說。

〔註34〕　詳參牟宗三，《中國哲學十九講》，頁 60～63。

〔註35〕　又如唐君毅，《中國文化之精神價值・中國哲學之原始精神》（台北：正中書局，1997 年 10 月）云：「孔子對于周以來之傳統文化之精神唯是承繼之。孔子所進于以前者，唯是自覺其精神所在。不有孔子之自覺，則傳統文化之精神唯存于禮儀威儀之社會文化中，有孔子之自覺，則此精神存於孔子之心，見諸孔子之行事。孔子以之垂教，乃使人人皆知此精神而實踐之。故孔子之智，對一以前之文化是成終，而對聞其教者則是成始，不有孔子，則周之禮文之道，只蘊于周之禮文之中，有孔子之自覺，則周之禮文之道，溢出于『特定時代之周之禮文』之外，而可運之於天下萬世，而隨時人皆可以大弘斯道，以推而廣之。故孔子立而後中國之人道乃立。」頁 50～51。

　　《正誤》則認爲周公之禮法本包含喪祭一類事，亦必孔子平日教學內容，子路所問應不從此處言，而是以鬼神玄幻處空想，故以知人道以答，不論神鬼死後之妄事。此說與何、皇二氏同，蓋顏元之說亦符合義理上的推斷，亦由此可知其對死生鬼神的觀念，也是重生而不重幽冥。至於人道則由禮之德、行、藝「三物」等三代傳承的禮法中，以躬行實踐養成獲得，而非坐談心性所能攫取。

　　〈衛靈公〉：子曰：「志士仁人，無求生以害仁，有殺身以成仁。」

　　《正誤》：「殺身成仁」，仁人能事也。志士未必德詣到仁處，只志之所在，便一時做一路天理，更顧不得身。孔子如此說，子路以見危授命爲成人，子張以士見危致命可已，子夏以頸血濺趙簡子，聖賢之志氣所尚可見矣！宋儒氣象全別，今儒又極力貶氣節二字，宜天下皆無氣節矣！

　　《傳註》：仁，生德也。然時當授命求生而奄奄即死，赴死而千載猶生，即仁也。

案：此章說明志士仁人面對於生死攸關時所作的抉擇與態度。他們會選擇從義所當行以成全仁道，而非貪生怕死以虧仁道，故皇《疏》云：「既志善行仁，恆欲救物，故不自求我之生以害於仁，恩之理也。生而害仁，則志士不爲也。」誠然若此。又朱《註》則云：「志士，有志之士。仁人，則成德之人也。理當死而求生，則於其心有不安矣，是害其心之德也。當死而死，則心安而德全矣。程子曰：『實理得之於心自別。實理者，實見得是，實見得非也。古人有捐軀隕命者，若不實見得，惡能如此？須是實見得生不重於義，生不安於死也。故有殺身以成仁者，只是成就一箇是而已。』志於死而不求生，是猶《孟子》所謂成仁取義者。「仁」指視人如己大公無私的境界，爲天賦予而由心所顯發，是即超越即內在者；「義」則指行爲正當性，須以仁爲基礎。故仁爲義的基石，義爲仁的表現，二者間本爲一體皆然事。義須依於仁而富有價值，故捨生成仁即爲義也、仁也，所成就之事即事理所當然，故取義時其心必已存乎仁德了。〔註36〕

〔註36〕趙順孫，《四書纂疏》有云：「曰：『其謂殺身成仁而不曰義，何也？』曰：『仁義，體一而用殊，故君子之於事，有以仁決者，有以義決者。以仁決者，此章之言是也；以義決者，孟子謂欲有甚於生，惡有甚於死是也。蓋仁人不以所惡傷所好之體，義士不以所賤易所貴之宜。』」趙氏認爲朱子所言「於心有不安，是害心之德也」是從心之德言仁，故此處以仁決；而《孟子·告子下》

顏元李塨認為「殺身成仁」確為仁人之事，但是志士是當下心志所在而成就死義，其平日德行未見得及於仁道要求。不過在決定從容就義的同時，仁德就已經一路浮現，故能為義而犧牲者，雖死而無憾，其仁德亦由此顯現。蓋顏李所斟酌者，在於仁人與志士之於「仁義」的成全，是先天賦予或是事在人為，然而無論何者，只要能成就義者，則通歸於「仁」。

（二）綜 論

在何、皇的思惟中，他們將「性」視作天所生生的氣血之性。由於是承天命所繼，故無謂善惡之別，只有濃薄之分，即孔夫子所云「性相近」是也。至於善惡源起，乃是心的欲念牽引而然。這裡他們尚未區隔出天地與氣質之性的差別，而只從質地上來說，故性為中性義的「自然之性」，與宋儒氣質之性有善有惡的看法不同。當他們面對孔學中心的「仁」，也只是順由文本意涵，認為應透過行為約束與實踐，而仁道可由現。可是受到玄學思潮的影響，意涵已非原始儒學範疇所能涵攝，如〈憲問〉篇「克伐怨欲不行焉」章，皇侃註云：「仁者必不伐，不伐必有仁。顏淵無伐善，夷齊無怨。老子云：『少私寡欲』，此皆仁也。」這裡他引用了《老子》第十九章：「絕聖棄智，民利百倍；絕仁棄義，民復孝慈；絕巧棄利，盜賊無有。此三者以為文不足，故令有所屬：見素抱樸，少私寡欲。」老子所追求的，是能夠反璞歸真，純樸少欲的聖境，而希望能建立一個合乎自然的社會法則，故要絕棄一切人為造作，機巧詐利，使人人能恢復本性的純真質樸，少私寡欲。而魏晉時解經家仁道實踐的詮釋，也是依附在此一玄學觀點的援道入儒，誠如〈子路〉章江熙所謂「恭、敬、忠，君子任性而行己」，這些克己約禮或是言行一致的要求，也不過是順應天道生生的本性自然，與孔子以仁道作為道德教化的本質不同，也和宋儒劃分有別。

宋代以後，程朱學派雖將性分成天地與氣質之屬，可是他們所關注的性，是指性理合一而為道德主體的天地之性，而將心當作實然心氣，為形下的氣心。這裡心與性是屬於異質層的關係，有形上形下之別，而與陸王認為「本心即性」、「心性是一」的看法不同，也因為心屬形下氣質部分，故受形軀限制而有厚薄善惡之分，心欲上承天理，則必須窮通心德以歸於主體性之至善，方可知天道。

　　云「捨生取義」從行上作抉擇，故以義決，二者雖有用之殊，然體於仁道則一。

顏李解經思想對於性、氣的觀念，有著與前人全然不同的說法。顏元認為氣質為人性生成的依附，要先有氣的凝聚以生人，然後方有性的產生，故氣、性不離，氣先性後。至於能週行宇宙而不殆的氣，則需以「理」為其活動生生的所以然之道，故此三者形成理、氣、性等先後序列組成的體用關係。天道以氣生成萬物，萬物據性之自然而能發用，故氣為善，性也自然為善，此「性」乃上接天生命定的天命觀而來。此外，顏李將天地與氣質之性觀念混同，性既是氣血凝結成的氣性，也具有純善不惡的德性本質，如六行、六藝……等道德價值實踐即以性為根據。他們認為人的主體是至善無惡的本體，惡從客觀環境生成，故人之為惡，不是因為各人形氣所導致，乃是後天受惡影響習染而成，只是惡如何生成與如何影響人的主體，並未論及。至於「仁」的概念上，其並不重視仁的本體是否為心之德，或是形上的存有，而認為仁道重實踐。如能使個人合乎先行後言、克己復禮，以至於居處執事待人的恭敬忠信等種種實際德行的躬行，則仁道自在其中。當然這些外在德行經驗最後終需收攝到心性處的內在德性，作為仁的根源，不過顏李並不強調說明這個轉化過程，甚至是轉化後的內在德性的涵養部分，而只將焦點放在如何去實踐的問題。

從玄學化進路到心性本體處的細察再到下學工夫實踐，同樣以《論語》為文本，卻擁有著迥異詮釋結果，這意味著文本已成為解經家建立思想體系的憑藉，在文本與讀者何者為體，何者為用的體用關係間，產生既模糊又微妙的關係。顏元、李塨二人在復古與經世觀點下，主張以下學實踐工夫的行，以作為知曉心性的方式，他們看法是否能符合《論語》文本，則將在第三節中加以論述。

第三節　天人觀解經思想的批評與平議

一、《論語》文本與顏李之前《論語》解經觀念的商榷

儒家常以「天人合一」、「天人合德」作為人生最高指導原則與理想境界。然而如何方可達到如此「天人相通」的理想？則是歷來解經思想家所關心的話題。《詩經》對天的觀念，猶以人格天為最高主宰，人相對的為天命所主宰，而無主動性，這是古代宗教信仰的殘留。然而，其中不乏部分已轉成形上天的觀念，將天當作是萬物存有的根據，不再只是單純的主宰，可是這種形上

天觀念只是一種瞬間的想像，並無形成思想體系。周初人文精神勁揚，具有憂患意識「天命靡常」的觀念在「敬德」觀念中，使得神權被解放，開始表現出對於人主體的重視。天生道德於人，人受此道德價值而需以德回報於天，這成爲天人之際互爲主動交流感應的原型。

　　夫《論語・憲問》有云：「子曰：『莫我知也夫！』子貢曰：『何爲其莫知子？』子曰：『不怨天，不尤人。』下學而上達，知我者其天乎？」下學的道德躬行，是孔子能成就天理的上達之道。此處的「學」，透過孔子教育觀的省察，非僅是實際生活經驗與專門知識的攫取，而是在道德觀底下，對於禮樂等道德文化的學習與實踐，透過外在行爲的合乎節度，以感發內心的道德感，而這些「下學」工夫則是依照經典所透發的道德價值而來。〔註37〕所以當《論語》的「天道」、「天命」觀念被突顯出來時，我們也就能知道文本中孔子罕言、言不言的態度是如何了。大抵說來，天的功能包含了形氣之生與道德生生兩義，前者爲客觀限制而無法更易，後者是人主體能經由下學修德以克服命遇的限制，而此誠爲孔子重視的道德價值之屬，故言不言天命是考量德行

〔註37〕例如：在《論語》論《詩》中，以〈陽貨篇〉所引「詩，可以興，可以觀，可以群，可以怨，邇之事父，遠之事君，多識於鳥獸草木之名。」最具有概括性，這段文字又可分成三個層次來理解。第一層是「興觀群怨」，認爲《詩經》可以爲個體生命意志情感的顯發；其次是「邇之事父，遠之事君。」由個體而外，不但能成就生命價值，亦能彰顯親親間的倫理，更可以從政以事君，成就儒家入世濟人的宗旨，以達「內聖外王」的終極目標，這是指《詩》具備的社會功能而言；而第三層「多識於鳥獸草木之名。」則是在主體價值外對客觀知識的所得，善以鳥獸草木之名作比興，引用的事物專名不下數百，故讀《詩》可充實客觀的知識，這是由《詩經》的文學價值而論。上述三層次，可視爲孔子對《詩經》理解詮釋的綱領。總之，《詩經》本質在於生命情意之感發，透過情感的興放，與外在事物相繫聯，《論語》所體現的價值亦在於此。
又如〈季氏〉「陳亢問於伯魚」章，子曰：「不學詩，無以言」，「不學禮，無以立」。《詩經》爲一般應酬比興之用，故不學詩無以與人交談。不僅爲交談辭令所用，更是透過詩篇以興發個人內在情志，故「無以言」不是眞的無法與人交談，而是不能將自我意念作一表達，更遑論是應酬答對之用了。《荀子・勸學》篇言：「其數則始乎誦經，終乎讀禮。其義則始乎爲士，終乎爲聖人。……詩者，中聲之所止也……禮者，法之大分，類之綱紀也。」詩爲純正和平的樂章，故爲「中聲」，中和之聲是也；禮爲劃分是非曲直的客觀標準，爲外在客觀世界最高的道德準繩。故由此可知，經書在道德學習上的價值了。
第一段引文之觀點酌參蔡仁厚，《孔子的生命境界》（台北：台灣學生書局，1998年4月），頁19～35。

工夫能否臻及一定的標準之後而言，故如其學習年譜云「五十而知天命」，則是歷經人生半百歷練後，方能體證出天命所賦於物理之精者矣！乃至於畏天命者，也是從天命理則之德敬畏的態度上表敬慎之意。而「不知命，無以爲君子」則似可從天的功能兩面義作出不同的解讀，若指不知命限，則人可能會逾越禮度而多欲；若爲不知德命，道德無從彰顯，則根本不足稱爲君子。由此可知文本對於天命的了解，多由德命理則處著眼，而知否之間的關鍵，乃緣乎是否能下學以體證天道之德而論。

　　歷經時代變遷，魏晉南北朝天道觀已不再爲道德天命所屬，而是收歸於自然觀點下天道運行。這種詮釋在「道法自然」觀點下，可細分成對天生主體命限與純粹對宇宙自然天命描述等兩種，只不過對於知與不知天命的問題，也變成能否知曉萬物觀復，反覆循環生生，以及行爲上無爲不妄作所取代。他們強調對本體論的知，故不從實踐層的日常倫理規範處言道德，進而認爲仁義道德違失去道體後所生的「失道之德」，不足與宇宙自然知的符應。他們在乎本體與宇宙自然的相合爲一，使天道與人道間能相契合。故原始儒家講究人倫秩序的維持，而需從踐履工夫下手，道家則是恪守於道的體用，使人們能與道體自然同化，活出眞的自我。〔註 38〕也因此和原始儒家的觀點背道而馳了。

　　宋代理學家對天的認知，則又將自然天道轉化成爲理則天的描述。只是他們著重在心性的內聖工夫上談天道的修養，從心性處修起。這與《論語》從下學修養有些許異同。《論語》重視從道德的踐履處知天命，也就是從平日生活作息的合乎道德規範開始做起，此一躬行的方法很多，舉凡六藝之學等涵蓋德、智、體、群、美等各面向學問都要修習，又以道德之學總束其他學問。在下學實踐過程中，道德自然會顯現而能與天道相應；理學家則著重轉化爲道德關鍵的心性，從心性的涵養體證天道。於是提出了與天相對「氣」的觀念，這種理氣相對，是孔子所未言的。雖然也說「君子有三戒。少之時，血氣未定，戒之在色；及其壯也，血氣方剛，戒之在鬭；及其老也，血氣既衰，戒之在得。」〔註 39〕這並無與天相對之意，直到宋代解經時，才將天理與氣嚴格以形上形下劃分，以天理爲至善，而氣受形軀限制有善有惡。故理

〔註38〕以上關於儒家、道家對天道與德間關係的論述，可詳參魏師元珪，《老子思想體系探索》，頁 625～629。

〔註39〕見於《論語・季氏》。

學家們關注在道德本體應如何存養而上達客觀天道，重視體證的工夫；而原始儒家要人實際從作中體認，所以有別。唯有以道德理序供作對道德義天理的追求，方為相同處。故可知原始儒家與宋儒間「天理」的概念，不能是單純出現的，天理雖流行周普於宇宙間，但惟有能知能理任此道德者，才能應承此一天理，進而實踐之，這是屬於道德型態的形上學。

「性」的觀念《論語》文本並無說明，只有「性相近，習相遠」一段描述其性質。由「性」會受到後天「習」改變看來，類如宋儒由氣質所言之性。只是此性初生時相近，乃緣於後天習染而漸行漸遠，故此一「生性」稟天道流行而生，宜為至善不惡。〈陽貨〉云：「天何言哉，四時行焉，百物生焉，天何言哉？」表現出天道隱涵而不語卻又能生化萬籟之生德的另一向度。且「仁」是孔子的中心思想，以忠、恕貫穿仁道精神。仁根源於主體的心，故有云：「我欲仁，斯仁至矣！」心以性為其理則，故孔子之性在「生性」之外也兼具了形上的道德理性。文本中多剋就如何行仁的工夫理論上言，即便是〈子路〉樊遲問仁，對曰：「居處恭，執事敬，與人忠」等心理狀態的描繪，但仍舊是強調居處、執事、與人等行事態度，而非從心性論看仁道。故《論語》文本對於道德觀的描述，尚在素樸躬行的知德、知天命而言。

受到了玄學影響，性在魏晉南北朝時上承「道法自然」的天命觀，解讀為天生的自然之性。他們由質地看性的厚薄之殊，但仍強調性本相近，獨後天情欲心生而染惡。性釋為「生」，是涵融了形軀的「氣質之性」，只是玄學家並不視此為惡，而是無善無惡生命所依存的憑藉，惟從心處始分。誠如阮籍〈達莊論〉云：

> 天地生於自然，萬物生於天地。自然者無外，故天地名焉。故天地者有內，故萬物生焉。當其無外，誰為異乎？當其有內，誰謂殊乎？……男女同位，山澤通氣。雷風不相射，水火不相薄。天地合其德，日月順其光。自然一體，則萬物經其常。入謂之幽，出謂之章，一氣盛衰，變化而不傷。是以重陰雷電，非異出也；天地日月，非殊物也。故曰：「自其異者視之，則肝膽楚越也；自其同者視之，則萬物一體也。」人生天地之中，體自然之形。身者，陰陽之精氣也。性者，五行之正性也。情者，遊魂之變欲也。神者，天地之所以馭者也。

天地自然而然的存在，萬物則從自然的天地中所生成，故男女、雷風、水火

等陰陽相對而生之道，是天地合宇宙生生之德所生化而成。其生化的所以然之道是緣乎一元氣體的流行交感，故萬物同出一體，即自然即氣體的周普流行也。當人稟乎天而生，並不例外地是體自然之形而然；形軀亦順由氣體交感的陰陽而生；性則來自陰陽配生的五行之道。上述以自然現象詮釋人性，可知性只是氣變化生成的質性，故無善惡，但亦可說是凌駕現象界之本體的至善之道。情乃是現象界中游離於本體間的精神情狀，有善惡情欲之別，此善惡係後天影響而來，非質地上的本然。其他如「仁」，也是假自然無為觀點下，順應本性質樸的本體之仁道，與儒家重視在人文現象界道德的修養不類。

宋代以後著重從天道形上理則的發微，貫注在人性上的道德修養，以承繼天命。又以根於性且發於心的「仁」作為居中主體能踐仁知德關鍵。其功用是在於人主體與天道的契合，是即超越的；另外又根源於心性主觀，故「踐仁」的工夫，要從內心道德處向外通感，為即內在的踐履工夫。踐仁通感過程時「理」寓於其中，可與超越的天道契合，形成即超越即內在，主觀寓於客觀天道的存在。〔註40〕如何實踐於「仁」，《論語》文本與宋儒則有不同的觀察角度。前者著重從實際躬行中求知，仁道本於心，愈行則道出，而理涵藏其中，誠如《孟子·離婁下》云：「舜明於庶物，察於人倫，由仁義行，非行仁義。」仁義根源於心非存其外，識事物察人倫咸為行仁義之下手工夫；宋儒則由心性存養進路言仁，即「仁」既生於內心，為內心道德通感，故能主敬持守此仁心的道德存養，對下行為可符合中行，對上能達天道，故然。

由此可知，儒家的「性」大抵可歸結成兩種路數：一是從天命處言性，以《中庸》、《易傳》為代表；一是仁義的內在，以《孟子》為主。前者天命即指天道，是由形上天道灌注於人體而成之性，它是理性也是能上應天道的道德生命。這裡一則確立了道德的根源性，一則也肯定了天命流行而人主體能創造道德真幾的意涵，是客觀性的道德意識；後者仁義內在之性是將性當作「道德的善」，人能直接從內在的道德性言性，從內在道德意識發出而認知於善，為主觀的道德意識。〔註41〕此二者由天道觀與心性論確立了道德具有主客觀的兩面價值，宋明理學家對此下了極大的討論工夫，也精微了儒學形上學的發展。只是當他們以《中庸》、《易傳》、《孟子》等後設觀念的詮釋《論

〔註40〕酌參牟宗三，《中國哲學的特質》，頁58〜59。

〔註41〕酌參上書，頁73〜93。

語》時，從整體儒學發展史上看，這確實彌補了《論語》在形上部分觀念的不足；但從儒學斷代發展史而言，卻是以來者詮釋前者，客觀性不足。

《論語》論鬼神態度上，是重今生人事而薄未知鬼神，這說明了孔子對於人道的重視，凡幽渺玄譎者則未以知。無論是朱子「蓋幽明始終，初無二理，但學之有序，不可躐等」；程子「盡事人之道，則盡事鬼之道」，他們多肯定了孔子在人文精神上的關注與發揚。

天人觀在時代思潮影響下，作出具有時代性的詮釋。單就解經角度觀察，其闡述並不一定符合經典原旨，從魏晉南北朝「援道入儒」，將儒學作為暗合玄理的憑藉，早與原始儒家觀念差距甚遠；朱子在《孟子》、《中庸》、《易傳》等大談儒家形上理論與心性觀前理解進行詮釋，並後設地挾心性觀見解來解讀，這都不能算是完整的「釋讀」（interpretive reading）經典，也正緣於時代課題不同之故，語辭解釋也被賦予了時代性的解讀；其次，孔子最素樸的思想在不同時期詮釋中反覆被理解，事實上正代表著儒學各個時期的發展。然而，這些解讀帶有詮釋者主體所派生的觀感與分析，已經不再是重複文本，而是從分析中參雜了時代性與個人意圖，故玄學家混同玄儒間的差異，以及理學家們精微了心性與形上體系，這都是可以被理解的。

二、顏李《論語》天人觀的時代性格與批評平議

先前幾個篇章中，我們都有提到時代思潮對於顏李《論語》詮釋態度所造成的影響，這被視為宋明理學重點的天人觀對比上，格外明顯。宋明儒者不重視外王的精神，可由他們視功名如浮雲態度可見一般，如朱子與陳亮間對話可知：

> 嘗謂天理、人欲二字，不必求之於古今王伯之跡，但反之於吾心義利正邪之間。察之愈密，則其見之愈明；持之愈嚴，則其發之愈勇。孟子所謂浩然之氣者，蓋斂然於規矩準繩不敢走作之中，而其自任以天下之重者，雖賁育莫能奪也，是豈才能血氣之所為哉！老兄視漢高帝唐太宗之所為，而察其心，果出於義耶？出於利耶？出於邪耶，正耶？……若以其能建立國家，傳世久遠，便謂其得天理之正，此正是以成敗論是非，但取其獲禽之多，而不羞其詭遇之不出於正也。千五百年之間，正作如此，所以只是架漏牽補，過了時日，其間雖或不無小康，而堯、舜、三王、周公、孔子所傳之道，未嘗一日得行於天地之間也。若論道之常存，卻又初非人所能預，只是此

箇自是亙古至今常在不滅之物，雖千五百年被人作壞，終殄滅他不得耳。〔註42〕

上述分辨的是事功與義理之學間的不同。世界可劃分成主觀能作主之心性與道德理性的一面，以及外在客觀限定而難以掌控的另一面。事功學者認爲所學應用於世，從政治事功處見教化德化之大用，也就是肯定了主觀對客觀世界的控制能力，進而認爲事在人爲。陳亮讚美漢高祖與唐太宗的功業勳績，是因爲他們能與民生息，以固國本，其駁朱子云：「故亮以爲漢唐之君，本領非不洪大開廓，故能以其國與天地並立，而人物賴以生息。惟其時有轉移，故其間不無滲漏。」〔註43〕陳亮乃是將「王霸」與「義利」觀念混同並論。王霸之功在於利民，而不在心性修養的理欲之辨，是故後世漢唐之君能施以政術興民利益，即是彰顯大道，非如理學家欲回復到三代以前的聖人之治，才稱得上是治世。所以能及於客觀事物且義利兼得的行道之功即聖賢所謂的道，而非空言心性。朱子則從主體可以自行把握的心性之學著眼，天理人欲間的分判，須從心的存養持守，而非假外在事功。這些「義理之學」學者之通性，在於他們多樂觀地認爲只要能鞏固道德心性，便能知曉客觀政治與外在事物之理則，因爲萬殊變化皆存乎於本心。因而心性得正與否，是政治能否得治的關鍵，外假他求於客觀現實，恐有許多限制縛手躓足，莫不如從本身之德修起，故朱子舉漢高祖、唐太宗爲私利而得天下不能久常之利，以駁陳亮。當然，兩說各執一詞且各有所憑，故不足以對錯分別之。

到了清初，顏元李塨尚實重事功的爲學精神，對於宋明理學家空談心性的態度自然有所不滿，藉由天人觀的表述，正可直接上質理學。從對《論語》天命的概念看來，他們並不贊同天命應單獨從心性處以照顯，應與下學人事共觀，所以天道的彰顯，在於形下實際人文禮樂的躬行，要從實踐中得天命，這種重視下學的精神，與《論語》文本相輝映，而更眞實地貼近孔子的天命道德理念。又顏李對於宋儒將性劃分成形上絕對至善的天地之性，以及形下相對有善有惡的氣質之性持相反意見。他們認爲無論是形軀生命或是義理之性，都是稟承天命所生。性是承接氣體流行而來，氣體又以天理爲其所以然之理，因此形成了理、氣、性依次爲序，且氣爲質，性爲氣之發用的氣、性體用合一的觀點。其〈存性編·性理評〉有云：

〔註42〕參見《朱文公全集》，卷三十六〈答陳同甫六〉。
〔註43〕參見《龍川文集》，卷二十〈甲辰答書〉。

愚謂識得孔、孟言性原不異，方可與言性。孟子明言「爲不善非才
之罪」，「非天之降才爾殊」，「乃若其情則可以爲善」，又曰「形色，
天性也」，何嘗專言理？況曰性善，謂聖凡之性同是善耳，亦未嘗謂
全無差等。觀言「人皆可以爲堯、舜」，將生安、學利、困勉無不在
內，非言當前皆與堯、舜同也。宋儒強命之：「孟子專以言理」，冤
矣！孔子曰：「性相近，習相遠也」……將天下聖賢、豪傑、常人不
一之恣性，皆於「性相近」一言包括，故曰：「人皆可以爲堯舜」；
將世人引蔽習染、好色好貨以至弒君弒父無窮之罪惡，皆於「習相
近」一句定案，故曰「非才之罪也」，「非天之降材爾殊」也，孔孟
之旨一也。

孔子言性爲與生俱來的質性；孟子則從道德價值而言。孔子係由質地上言，
但從心處觀之，發用於心的仁道爲眾德之首，且性爲心之理則，能上應創造
生生的天命，所以雖未明言性的道德意涵，但此性必能作爲道德凝聚的源泉，
而性之至善應涵攝了生生之善與道德之善兩面。孟子「性善論」便指道德價
值的精神性而論，程朱從氣質處將存有分成形上與形下的區別，以形下心知
爲中介點，故心發用的情、才是相對地有善有惡。然顏元則引《孟子》證明
亦有言質性者，作爲孔孟性道一體的證據。他們認爲縱使性只是質近而非同，
但皆是至善無惡的，惡之生則是後天引蔽習染而來。關於引蔽習染的生成，
其〈存性編・性圖〉之「因引蔽習染一端錯誤之圖」云：

性之未發則仁，既發則惻隱順其自然而出。父母則愛之，次有兄
弟……，至於愛百姓又別，愛鳥獸，草木又別矣！此乃天地間自然
有此倫類，自然有此仁，自然有此差等，不由人造作，不由人意
見。推之義、禮、智，無不皆然，故曰：「渾天地間一性善也」，故
曰「無性外之物也。」但氣質偏駁易流，見妻子可愛，反以愛父母
者愛之，父母反不愛焉；見鳥獸、草木可愛，反以愛人者愛之，人
反不愛焉；是爲貪營、鄙吝。……皆非其愛之罪，誤愛之罪也！又
不特不仁而已也；至於愛不獲宜而爲不義，愛無節文而爲無禮，愛
昏其明而爲不智，皆一誤爲之也，固非人之罪也，亦豈惻隱之罪
哉！……誤始惡，不誤不惡也；引蔽始誤，不引蔽不誤也；習染始
終誤，不習染不終誤也。去其引蔽習染者，則猶是愛之情也，猶是
愛之才也，猶是用愛之人之氣質也；而惻其所當惻，隱其所當隱，

　　　仁之性復矣！義、禮、智猶是也。故曰「率性之謂道」也；故曰「道
　　　不遠人」也。

第二節第一點的諸註分析，嘗在「子曰性相近」章概述理、氣、性三者的關
係，當時曾經論及顏元將理氣等咸視爲至善不惡，以惡爲外在引蔽習染而然。
然則宇宙萬物稟氣而生，更且人主體本爲純善，則惡何由而生？是故必然產
生矛盾，而顏元在上述引文中提出了說明。他認爲「倫常」是自然宇宙之間
的法則，至如人倫之愛亦由自然所先設，而人未可更動造作，而此一倫常即
「仁道」也。有倫常自然有親疏厚薄等差之別，可是氣質流行不定的質性，
使人容易受牽引而泯倫常，躐差等，形成「貪營」、「鄙吝」之私。此並非爲
惻隱之愛所導之罪，也不是人之罪，而是「誤愛」導致。誤愛是引蔽習染而
生，「然則氣質偏駁者，欲使私欲不能引染，如之何？惟在明明德而已。存養
省察，磨勵乎《詩》、《書》之中，涵濡乎禮樂之場，周、孔教人之成法固在
也。自治以此，治人即以此；使天下相習於善，而預遠其引蔽習染，所謂『以
人治人』也。」〔註44〕顏元解釋了人會因誤愛導致惡的產生，雖然氣質爲至
善，但也不得不承認氣質容易受牽引而有向惡之幾。愛仍是善，只是將惡推
給誤愛，這是間接地坦承了人有易受影響的一面。只是惡何所生，終究未能
解釋清楚，引蔽習染之源是人還是物，依舊懸而未決。人有私欲，這是與生
所俱，氣質之偏者容易受牽引，因此「明德」涵養存察的工夫便十分重要，
由躬行踐履爲存養之道，自省而後推己及人，使「善習」廣佈，則仁心可復
善性可存。透過了引蔽習染之說，顏元自認爲解決了「惡」產生的根源，實
則未然，也成爲其心性觀的矛盾與缺憾。

　　顏李註經他們秉持了周初「天命靡常」的敬畏，強調由道德實踐的腳步
回應天道。因而天道應在人事上努力下工夫，而非靜觀心性；其次，人性論
的觀點則與時代相爲呼應。清初諸儒對於宋儒「理善氣惡」的說法並不贊同。
在氣惡理論中，人受到形軀限制，故有厚薄善惡，亦即先天已質性不一，所
以成就道德有先覺與後覺，聖德賢愚之分，這是命定的，唯有修德突破命限，
方能追求道德理命可自爲的無上價值；但清儒們卻認爲氣爲萬物妙運生成之
憑藉，離氣無理，氣質爲善。氣質與道德混同而無須分疏，氣既是氣質生化
的物理依據，也是道德天命生成萬物之本源，顏李亦由此闢其人道思惟。從
人性實踐來看，心德之仁始於修養，此修養係從具體躬行工夫做起，故云「克

〔註44〕〈存性編・性圖〉之「因引蔽習染一端錯誤之圖」。

己復禮」，說「己所不欲，勿施於人」、「仁者言也訒」、「愛人、知人」……等，由行以知仁通天命，與孔子注重下學工夫一同。簡言之，顏李承接了《論語》事在人為的積極態度，雖把天當作是最終的依循理則，但更注重人為如何能克服命限的問題，即天命非在天理心性處照見，而是在人為道德的己修，以至於親民齊治之大用中顯現。而他們以經世為用政、教、德合一的復古觀點在此也可劃上一個總結。

第七章　結論及未來展望

　　透過顏李二人與《論語》的時代對話，我們看到了時空隔閡下，明清之際異於程朱陸王等詮釋觀點下的解經思想，而經世學風所表露出的實用思潮，則在此一解經系統中，作了完整呈現。由於經典本身的開放性特質，也使得不同的時代見解與課題，得以在詮釋過程中予以展延，如魏晉南北朝時「援道入儒」，宋明理學的獨尊內聖心性工夫，乃至於顏李落實於現實層面的功利思想，都對《論語》義理闡述產生出不同的火花。宋元以後，科舉考試以朱子的《四書集註》爲定本，開啓了幾個世代以朱《註》爲尊的官方讀本，到了明清之際，心性義理已不能爲經世學者所信服，於是立異於程朱的說法得以顯現。其絃外之音，實則是演變成經世學者功利主義與宋明心性之學間不同價值的表述。朱伯崑先生評估了儒家的功利思想，而提出三項特質：一是從源流上看，孔孟並不反對政治事功上的追求，只是必須以「博施濟眾」與「制民之產」作爲政治與道德的公義原則，故在義利之辨上，他們反對危害群體的私欲，而非一概性的排斥；二是儒家功利派以關懷和增進民眾生活福利爲最高的價值原則，亦即以百姓民生須求作爲從政求功利的最終原則；三是這是一種適合市場經濟發展的價值觀。換言之，如果是空談性命道德，無疑形成了道德與民生間對峙，又倘若是以個人功利立於群體功利之上，則容易因爲貪念私欲的萌生，破壞了市場經濟的安定和諧。〔註 1〕所以儒家功利思想，乃是以道德爲基礎，根源於百姓黔首最大福祉的公利爲依歸，與立於自由經濟或是資本主義體制下，謀求個人最大經濟利益的看法不同。可是，這涵藏於原始儒家的功利思想，卻未獲得

〔註 1〕　參見朱伯崑：《朱伯崑論集・重新評估儒家功利主義》（瀋陽：瀋陽出版社，1998 年），頁 160～161。

重視。從漢代董仲舒「正其誼不謀其利，明其道不計其功」看似捨絕利益，卻是建立於「義」上的事功之學﹝註2﹞，魏晉南北朝的援道入儒，乃至於多數宋明理學家講求內觀以上承天道等等的看法，都使得功利思想在儒學史中，成爲難以啓齒而被忽略部分。因此，本文以清初顏李學派代表，顏元與李塨二人《論語》詮釋爲主題，透過「政治」、「教育」、「天人」等三個向度，討論魏晉、宋明等兩大解經系統外的另一種聲響。並經由上述研究結果，以得知當時經世觀點下事功之學在儒學內部的發展，也證明了此時註經思想與原始儒家的暗合之處。而這些觀點也都是在《論語》解經研究史上，沒能被注重，且深入進行全面探討的部分。

　　當我們溯源底從時代特性來省視當時事功之學發生的可能，除了儒學內部體系「尊德性」與「道問學」勢力消長外，其身處的時代環境，則提供了政治論點與教育觀的有利發展條件。明代滅亡象徵的意義，非特只是漢文化本身的鼎革易姓，而是異族文化入侵統治後，對於家國覆亡的感慨與民族主義下的思潮反動。故葛兆光先生曾云：

> 他們把自己賴以安身立命的「文明」，與自己所屬的「民族」聯在一起，又把民族與自己所在的「國家」等同，進而又把這個國家和執政的「王朝」看成了一回事，而王朝幾乎就等於是那個在位的皇帝，於是王朝的覆亡在他們心中彷彿就是文明的滅絕。在中國歷史上，可能沒有哪一個王朝的覆亡會出現這麼多的「遺民」，也沒有哪一個王朝的更迭會引起如此激烈的文化震撼，因爲目睹這一歷史巨變的過程，很多人對文化、思想、政治都有太多的感慨，所以在明末清初出現了從未有過的反思和檢討，屢進了逆反的情緒，夾雜著「亡國」的沉痛，還攜帶了從明末以來就有的種種思考，在一種激烈的

﹝註2﹞ 對於片面認定董仲舒否定功利的說法，金春峰先生分判有道：「董仲舒有兩段著名的論述：『正其誼不謀其利，修其理不急其功』、『正其誼不謀其利，明其道不計其功』……這兩個命題有一些差別，李澤厚指出『修其理不急其功』更符合董仲舒思想的精神。這是很有見地的。董仲舒的時代，社會欣欣向榮，國力強大，地主階級奮發事功，人們充滿著建功立業的精神。作爲這種時代精神的反映，董仲舒的指導思想，是強調功利、事功和作爲的。……所以在孟子，功利只有是道德的，才能是有意義的，在董仲舒則道德只是爲了功利的才是道德的。孟子強調超功利的道德，董仲舒則正好是要求爲功利的道德。」詳見氏著，《漢代思想史》（北京：中國社會科學出版社，1997年12月），頁192～193。

激烈動盪的情感支配下，對歷史和現實展開激烈的痛苦的批評。⋯⋯
其中，在王朝傾覆的痛苦情感刺激下，以「華夷之分」的語詞提出
來的民族主義，不僅是明末遺民採取激烈反抗態度的理據，也是清
初不合作的士人中相當有號召力的思想，更曾經是清初官方意識型
態面臨的棘手難題，它依靠著自春秋戰國以來就逐漸構併積澱的華
夷不同的文明觀念，一方面也為拒絕與權力合作的知識階層留下一
個獨立的存在空間。〔註3〕

如同上述，經世學者在時代驅使下，激起了對家國與社會的使命感，從親身
經歷明末政壇的亂象到後來被異族滅亡的現實，痛定思痛，開始由政治、學
術現況上的不滿，進行全面性的批判。他們涉略範圍極為廣泛，舉凡政治、
經濟、兵農、禮樂制度等皆有，其中心旨意如黃宗羲所云：「吾未即死，持此
以遇明主，伊、呂事業不難致也，終不得少試以死」；顧炎武道：「意在撥亂
滌汙，法古用夏，啟多聞於來學，待一治於後王，自信其書之必傳。」顏元：
「獨行先王之道，勉遵聖人之法，嚴拒異端而不污，孤立無徒而不恥，如孟
子『守先王之道，以待後之學者』」〔註4〕，基於對社會現況的不滿，徒欲透
過「法古」方式，將政治實質的弊端，套在復古情境中尋謀出解套之道。其
批判是深刻而現實的，只是復古方法能否適用，則難置可否，至少精神上乃
確實承繼了儒家道德公義基礎下功利主義的原則。此外，夷狄之防、華夷之
分，也是他們不願屈服於清代政權統治的理由，如同朱舜水選擇避居日本，
顧、黃、王等人的隱居不為清廷所徵用，也都是建立在這種民族主義觀念下
不合作態度的明證。誠如王夫之《黃書・原極》云：「華夏之於夷狄，骸竅均
也，聚析均也，而不能絕乎夷狄。所以然者何也？人不能自畛以絕物，則天
維裂矣！華夏不自畛以絕夷，則地維裂矣！天地制人以畛，人不能自畛以絕
其黨，則人維裂矣！是故三維者，三極之大司也。」宇宙間維繫綱常的三維
是天、地、人三極，不過此謂之「人」能繫綱常者，則僅獨優華夏文化傳統
而言。是故秉此天職，華夏之於夷狄的任務不是去滅絕他，一如天地能兼容
萬物，故華夏亦不能斷阻同類的生存，而應如「聖人先號萬姓而示之以獨貴，
保其所貴，匡其終亂，施於孫子，須於後聖，可禪，可繼、可革，而不可使

〔註3〕 詳參葛兆光，《中國思想史・七世紀至十九世紀中國的知識、思想與信仰》（上
　　　　海：復旦大學出版社，2000年12月），頁502～506。

〔註4〕 以上三例分別見於《明夷代訪錄・題辭》、《日知錄・初刻日知錄自序》、《顏
　　　　習齋先生言行錄・學人》第五。

夷類閒之。」明末經世學者仍有華夏爲尊的概念，故要求他們侍奉異族政權，無疑是自貶文化與民族性的象徵。歸結而論，由此所延伸出的，對外乃是政治理念的開展；治於內便是儒家氣節、忠孝節義下倫理綱常的維護，當爲不事二朝的理由。

儒學內部體系的發展亦是經世學風產生的因素之一。從顏李解經在天人觀的論述視之，他們反對宋儒著重內聖以回歸天命之性，提出道德實踐的方式以回應天道。其所根據的，便是周、孔德化教育觀點，《尚書》與《周禮》中「六府」、「三事」、「三物」等歸本於道德本源，而達用於政治教化之道。所以，倘若非於儒學內部「尊德性」、「道問學」兩大體系的轉化，也難僅由外部環境成因，說明他們解經時的憑據與依傍。

外在環境與內部體系的轉化，說明了整體儒學在明清之際的走向。而詮釋角度的切入，則由讀者接受的觀點表現出經典釋讀結果。詮釋者在解經歷程中，融入了個人前理解、生存的時代背景、學派等眾多因子，作爲闡述經義的設準。雖然「說明」（to explain）強調對於經典的客觀理解，但終不能免俗地涵融主觀情感及前理解之主體派生形式，是故解經一方面是說明經典意涵，一方面也由經典說出自己的見解。這樣的結果同時產生了兩個相互矛盾的面向：一是解經家不同時空的詮釋，實則豐富了經典價值，並得以延續其生命力，而呈現出時代課題下的意蘊，如：魏晉南北朝「援道入儒」、程朱心性理學的詮釋等，皆由解經活動中，可窺得當時學術思潮的展現；一是我們無法抽離主觀意識與時代背景的「釋入」，導致解經家可以按照個人主觀意識與經驗作解讀，只是這樣的歷程能否合乎原意，亦即其可信度的高低，則是容易受爭議的部分。故由時代斷層掃描與縱覽的向度看解經結果，前一面向是可取的，因爲它是時代思潮在經典意涵內的表徵；而若以經典本意的還原看詮釋目的，則此二面向都必須接受更客觀的批評與驗證。簡言之，由上述所產生的矛盾關係，客觀而言，並無法獲得全面性的完滿解套，因爲讀者終究不是作者，只能即爲接近原創意圖而較爲客觀的「釋出」經旨。

藉由上述理論，再回歸到顏李《論語》解經所描摹出的聖人圖像，可以發現無論是在政治理想，或是教育方法上，「己立而立人，己達而達人」以道德修養爲本，政治達用的聖人形象，遠比魏晉時期雜揉了道家玄學自然本體論的道德觀，或是宋明理學家靜觀心性天道的聖人，要與《論語》文本的形象來得更爲貼近且寫實，只不過仍有其殊異之處。從詮釋的角度予以判讀，文本中的形

象是具有開放性的，因爲孔子之於聖人，僅提出了道德性原則的描繪。從基於仁道爲中心的價值觀爲始點，眾德皆爲仁道之分名，故如教育的原則，與理想政治觀的理念，皆不背離此一道德法則下的延展。可是顏李《論語》解讀則含括了當時代透顯出的意蘊，而假於「釋人」過程中，混同了其他經典意涵的展現。而三代以前的文獻考徵則錄記於六經之中，故《論語》原則性的理念尚得配合如《書經》、《周禮》中禮樂兵農等實際理念的開展，才能透顯出其價值性。只是這樣的解經雖豐富了時代性，卻也無疑是對文本闡釋方向的制約，而在經世詮釋過程中，進行了超越文本的認知。所以顏李描述的聖人，是具有條具性且又深刻的，只不過形象也因此被時代所囿限，轉而成爲封閉性價值。再則，當我們試圖與程朱的詮釋進行對照，則可以發現其二者各執了文本中聖人圖像一隅：程朱固守了文本中道德原則部分，並釐清了道德在形上本體義的價值；而顏李則將形上觀念落實到躬行的實踐，滿足了儒學在實質上的運用。只是顏李追求形下客觀認知的同時，其本旨仍舊是歸本於道德精神，與純粹於科學知識探索有著目的上的別異。〔註5〕

　　這種具有封閉價值的制約，除了是時代思潮造成詮釋結果之外，它有時也受制於著書體例之形式上的限制。曾素貞《顏元的四書學研究》中曾提及顏元《四書正誤》之缺失有七，其中的忽略文句疏通、批評流於義氣之爭等，是撰者認爲確然失當之處。〔註6〕從體例上觀之，其《正誤》本以駁正朱子《四書集註》爲目的，而非逐一闡述經典文字意涵爲宗旨，且其嘗云：「程、朱亦別樣禪宗耳，故皆以達摩之靜坐爲下手眞工夫。不知但能習行周、孔三物、四教，一切禪宗、訓詁、文字、鄉原諸不可窮詰之邪說、曲學，皆如太陽一出，霜露盡消矣！」〔註7〕視訓詁、文字等文句疏通的工夫與靜坐禪學等同爲

〔註5〕誠如梁啓超，《中國近三百年學術史》有道：「雖然，顏李與科學家，正自有別。科學家之實驗實習，其目的專在智識之追求，顏李雖亦認此爲增進智識之一法門，其目的實在人格全部之磨練。他們最愛說的話，曰：『身心一起竦起』，曰：『人己事物一致』、曰：『身心道藝一致加功』，以習禮論，有俯仰升降進退之節。所以勞動身體，習行時必嚴恭寅畏，所以振竦精神，講求節文度數，所以增長智慧，每日如此做去，則身心兩方面之鍛鍊，常平均用力而無間斷，拿現代術語來講，則體育、德育、智育，『三位合一』也。顏李之理想的教育方針，實在如此，他們認爲這三事缺一不可，又認爲這三件事非同時齊著力不可。」，頁138。

〔註6〕撰者關於《顏元的四書學研究》批評顏元《四書》學的再批評，可詳參第三章註解三十七，此不贅述。

〔註7〕參見顏元，《朱子語類評·訓門人類》，第一一五條。

邪說、曲學，故並不特重文義上的解讀，反而以《集註》爲批評對象的再詮釋，這在先前解經思想的諸註分析中可見一般。這種主觀評價又往往間雜了些情緒性的語言，如〈憲問〉「陳成子弒簡公」章評朱《註》曰：「迂腐至此，以義者便不用力乎？況以鼓哀公之氣，安哀公之膽，尤當如此說。」又云：「怪不得諸先生不做尊宋攘夷、復讎雪恥功業，指爲『餘事』耳。請問甚爲正事？妄謬不通至此。」此言語式的情境對話，充其量僅是否定了朱《註》，卻未能提出批評理由，自然容易落入主觀泥淖，爲後人詬病。李塨《論語傳註》雖轉而透過文字章句的考辯，進行詮釋，但是卻陷入了大環境能否接受的疑慮，在本於《集註》爲科考定本、經世學說爲後來乾嘉之學的取代、顏李學派後繼無力下，終致顏李之「論語學」走向沒落，鮮爲人知曉。

　　比起其他時期學術義理的探討，清初保留的思想史料頗爲豐富且完整，在如此龐大資料中，短期內欲綜觀諸子學說所有內容，亦有困難，於是僅得節選出重要經世實學家與代表著作，供爲同時期思想比較對象。然而學者個別學思歷程中的動盪轉折，則是較難以深究的部分。研究過程中較爲遺憾的是，礙於能力、時間以及論題等主客觀限制，只能挑選出部分主要《論語》解經家作爲本題的比較對象；再則，也僅能從經世實學家所表現出在政治、教育、天人關係等不同理論下的「共相」加以橫向探討。所以，無論是從時間點或空間點，都僅能以一個較具有廣度的模式予以分析，也不免因爲視域限制而有遺珠之憾。但撰者嘗試以時間爲經，空間爲緯的討論模式，企欲傳達出有別於理學觀點的《論語》解經內涵，經過不同時代同質性文本的對比，與同一空間領域學術思想的展現，宏觀地突顯出明末清初思想特徵，並進一步細究論語學史中別異於傳統詮釋的聲響。未能臻及的論述遺憾，反都成了撰者反省檢討的空間，以期許未來學術研究之途上，作爲繼續深入研究的目標。

引用與參考資料

壹、古典文獻及其相關資料

一、**經部**（以類相從，再按著者朝代先後排序，朝代以「出生」時代為標準）

1. 魏・王弼、韓康伯注，唐・孔穎達正義，《周易正義》（十三經注疏本），台北，1997 年 8 月初版十三刷。

2. 金景芳、呂紹綱著，《周易全解》，台北：韜略出版社，1999 年 11 月初版二刷。

3. 漢・孔安國傳，唐・孔穎達正義，《尚書正義》（十三經注疏本），台北，1997 年 8 月初版十三刷。

4. 屈萬里註譯，《尚書今註今議》，台北：台灣商務印書館，1997 年初版十四次印刷。

5. 漢・毛亨傳、鄭玄箋，唐・孔穎達正義，《毛詩正義》（十三經注疏本），台北，1997 年 8 月初版十三刷。

6. 屈萬里著，《詩經詮釋》，台北：聯經出版社，1999 年 4 月初版十二刷。

7. 漢・鄭玄注，唐・孔穎達正義，《周禮注疏》（十三經注疏本），台北，1997 年 8 月初版十三刷。

8. 李學勤主編，《周禮注疏》，北京：北京大學出版社，1999 年 12 月初版一刷。

9. 漢・鄭玄注，唐・孔穎達正義，《禮記正義》（十三經注疏本），台北，1997 年 8 月初版十三刷。

10. 李學勤主編，《禮記正義》，北京：北京大學出版社，1999 年 12 月初版一刷。

11. 東漢・許慎著，清・段玉裁注，《說文解字》，台北：書銘出版社，1997 年 8 月八版。

二、**史部**（先按著者時代，再按出版先後排序）

1. 西漢・司馬遷著，日・瀧川資言考證，《史記會注考證》，台北：天工書局，1993 年 9 月 20 日初版。

2. 東漢・班超、顏師古著，《漢書》，台北：鼎文出版社，1979 年第二版。

3. 元・托克托著，《宋史》，台北：藝文印書館，1956 年初版。

4. 明・宋濂著，《元史》（新校本），台北：鼎文書局，1997 年初版。

5. 清・張廷玉等敕修，《明史》，台北：藝文印書館，1956 年初版。

6. 清・谷應泰著，《明史紀事本末》，台北：三民書局，1956 年初版。

7. 清・李恆輯錄，《國朝耆獻類徵初編》，台北：文海出版社，1961 年 10 月初版。

8. 清・吳應箕等著，《東林始末》，台北：藝文印書館，1966 年再版。

9. 清・章學誠，《文史通義、校讎通義》，台北：廣文書局，1967 年 11 月初版。

10. 清・趙翼，《廿二史箚記》，台北：中華書局，1966 年初版。

11. 清・錢林輯、王藻編，《文獻徵存錄》，清代傳記叢刊，台北：明文書局，1986 年初版。

12. 清・嚴文郁編，《清儒傳略》，台北：台灣商務印書館，1990 年 6 月初版

13. 支偉成著，周駿富輯，《清代樸學列傳》，清代傳記叢刊本，明文書局，1986 年初版。

14. 國史館校註，《清史稿校註》，台北：台灣商務印書館，1999 年初版。

三、**子部**（先按著者或註譯者時代，再按出版先後排序）

1. 魏・王弼等著，《老子四種》，台北：大安出版社，1999 年 2 月一版。

2. 宋・黎靖德編，《朱子語類》，湖南：岳麓出版社，1997 年 11 月一版一刷。

3. 明・王陽明著，陳榮捷著，《王陽明傳習錄詳註集評》，台北：台灣學生書局，1998 年 2 月修訂版三刷。

4. 明・黃宗羲著，《明夷待訪錄》，台北：新興書局，1956 年初版。

5. 明・王夫之著，《黃書、噩夢、俟解》，台北：世界書局，1959 年 9 月初版。

6. 明・王夫之著，《思問錄》，台北：世界書局，1959 年 9 月初版。

7. 明・唐甄著，《潛書》，上海：古籍出版社，1955 年 12 月一版。

8. 明・黃宗羲著，《明儒學案》，台北：河洛出版社，1974 年 12 月初版。

9. 明・顧炎武著，《日知錄集釋》，台北：世界書局，1984 年 11 月七版。

10. 清・徐世昌編纂，《清儒學案》，台北：國防研究院、中華大典編印會合作出版，1967 年 10 月初版。

11. 清‧章炳麟著，《檢論》，台北：廣文書局，筆記三編本，1970 年 12 月初版。

12. 張舜徽著，《清儒學記》，山東：齊魯書社，1991 年 11 月一版一刷。

13. 李滌生註譯，《荀子集釋》，台北：台灣學生書局，1994 年 10 月初版七刷。

14. 羊春秋注譯，《新譯孔子家語》，台北：三民書局，1998 年 10 月再版。

15. 黃登山編著，《老子釋義》，台北：台灣學生書局，1996 年 2 月修訂版。

四、集部（先按著者朝代，再按出版先後排序）

1. 梁‧劉勰著、王更生注譯，《文心雕龍讀本》，台北：文史哲出版社，1997 年 10 月初版六刷。

2. 北齊‧顏之推撰，盧建榮編撰，《顏氏家訓》，台北：時報文化出版社，1981 年版。

3. 明‧顧炎武著，《顧亭林文集》，台北：新興書局，1956 年 2 月初版。

4. 明‧黃宗羲著，《南雷文定》，台北：世界書局，1964 年 2 月初版。

5. 明‧朱子瑜等著，《朱舜水全集》，台北：世界書局，1979 年 6 月三版。

6. 明‧黃宗羲著，《黃宗羲全集》，台北：里仁書局，1987 年 4 月 20 日初版。

7. 清‧朱一新著，《無邪堂答問》，北京：中華書局，2000 年 12 月初版。

五、歷代四書註釋（以類相從，再按著者朝代先後排序）

1. 宋‧朱熹著，《四書章句集註》，台北：鵝湖出版社，2000 年 9 月五版。

2. 宋‧朱熹集註，趙順孫纂疏，《四書纂疏》，台北：文史哲出版社，1986 年 10 月再版。

3. 清‧毛奇齡著，《四書索解》（叢書集成新編本），台北：新文豐出版社，1986 年 1 月一版。

4. 魏‧何晏注，宋‧刑昺疏，《論語注疏》（十三經注疏本），北京：北京大學出版社，1999 年 12 月一版。

5. 魏‧何晏注，宋‧刑昺疏，清‧阮元等撰，《論語注書籍補正四種》，台北：世界書局，1990 年 9 月四版。

6. 宋‧張栻著，《癸巳論語解》（叢書集成新編本），台北：新文豐出版社，1986 年 1 月一版。

7. 清‧毛奇齡著，《論語稽求篇》（叢書集成新編本），台北：新文豐出版社，1986 年 1 月一版。

8. 清‧程廷祚著，《論語說》（叢書集成續編本），台北：新文豐出版社，1989 年 7 月一版。

9. 清・劉寶楠著,《論語正義》,北京:中華書局,1998 年 12 月一版三刷。

10. 日・竹添光鴻著,《論語會箋》(叢書集成續編本),台北:新文豐出版社,1989 年 7 月一版。

11. 程樹德撰,《論語集釋》,北京:中華書局,1997 年 10 月一版四刷。

12. 漢・趙歧注,宋・孫奭疏,《孟子注疏》(十三經注疏本),北京:北京大學出版社,1999 年 12 月一版。

13. 清・焦循撰,《孟子正義》,北京:中華書局,1998 年一版四刷。

六、顏元、李塨著作及後人專著 (先按著者朝代,再按出版先後排序)

1. 明・顏元,清・戴震著,《四存編・原善・孟子字義疏證》,台北:世界書局,1974 年 7 月三版。

2. 明・顏元著,王星賢、張芥塵、郭征點校,《顏元集》,北京:中華書局,1987 年 6 月一版。

3. 明・顏元,清・李塨等著,《顏李叢書》,台北:廣文書局,1988 年 11 月再版。

4. 明・顏元著,陳居淵導讀,《習齋四存編》,上海:上海古籍出版社,2000 年 12 月一版。

5. 清・徐世昌著,《顏李師承記》,台北:文海出版社有限公司,1971 年 9 月初版。

6. 清・戴望著,《顏氏學記》,台北:世界書局,1980 年 10 月再版。

7. 清・馮辰、劉調贊撰,陳祖武點校,《李塨年譜》,北京:中華書局,1988 年 9 月第一版。

8. 金絮如編,《顏元與李塨》,上海:商務印書館,1937 年 6 月初版。

9. 劉錫五著,《顏習齋學傳》,台北:中央文物供應社,1954 年 3 月版。

10. 姜廣輝著,《顏李學派》,北京:中國社會科學出版社,1987 年 12 月一版。

11. 馬序著,《顏元哲學思想研究》,甘肅:蘭州大學出版社,1991 年 5 月第一版。

12. 張西堂著,《顏習齋學譜》,台北:明文書局,1994 年 3 月初版。

13. 陳登原著,《顏習齋哲學思想述》,上海:東方出版中心,1996 年 2 月第一版二刷。

貳、現代專著 (以下按出版時間先後排序)

一、中國思想史、中國思想專史、哲學史、學術史類專著

1. 梁啟超撰,《清代學術概論》,台北:台灣商務印書館,1977 年 2 月臺一

版。

2. 勞思光著,《新編中國哲學史》（一）,台北：三民書局,1987年10月增訂三版。

3. 王茂、蔣國保、余秉頤、陶清等著,《清代哲學》,安徽：安徽人民出版社,1992年1月一刷。

4. 朱葵菊著,《中國歷代思想史·清代卷》,台北：文津出版社,1993年初版。

5. 任時先著,《中國教育思想史》,台北：台灣商務印書館,1993年3月臺一版九刷。

6. 葛榮晉著,《中國哲學範疇導論》,台北：萬卷樓圖書有限公司,1993年4月初版一刷。

7. 蕭公權著,《中國政治思想史》,台北：中國文化大學出版部,1993年11月新一版第五刷。

8. 葛榮晉主編,《中國實學思想史》,北京：首都師範大學1994年初版。

9. 溝口雄三著、林右崇翻譯,《中國前近代思想的演變》,台北：國立編譯館,1994年12月初版。

10. 許抗生著,《魏晉思想史》,台北：桂冠圖書公司,1995年1月初版二刷。

11. 勞思光著,《新編中國哲學史》（三下）,台北：三民書局,1995年9月增訂八版。

12. 蕭萐父、許蘇民著,《明清啟蒙學術流變》,遼寧：遼寧教育出版社,1995年10月第一版。

13. 韋政通著,《中國思想史》,台北：水牛圖書出版社,1996年4月15日十二版四刷。

14. 錢穆著,《中國近三百年學術史》,台北：台灣商務印書館,1996年7月臺二版二刷。

15. 張立文著,《中國哲學範疇發展史》,台北：五南出版社,1996年7月初版。

16. 馮友蘭著,《中國哲學史》,台北：台灣商務印書館,1996年11月增訂臺一版三刷。

17. 牟宗三著,《中國哲學十九講》,台北：學生書局,1997年1月一版七刷。

18. 勞思光著,《新編中國哲學史》（三上）,台北：三民書局,1997年8月八版。

19. 張豈之著,《精編中國思想史》,台北：水牛圖書出版社,1997年10月30日一版三刷。

20. 徐復觀著,《中國人性論史・先秦篇》,台北:台灣商務印書館,1999 年 9 月初版第十二次印刷。

21. 王俊義、黃愛平著,《清代學術文化史論》,台北:文津出版社,1999 年 11 月初版。

22. 葛兆光著,《中國思想史——七世紀至十九世紀中國的知識、思想與信仰》,上海:復旦大學出版社,2000 年 12 月初版一刷。

二、中國儒學史、理學史、儒學斷代史類專著

1. 黃公偉著,《宋明清理學體系論史》,台北:幼獅文化事業有限公司,1971 年 9 月初版。

2. 侯外廬、邱漢生、張豈之等著,《宋明理學史》,北京:人民出版社,1987 年 6 月一版一刷。

3. 蔡仁厚著,《宋明理學・南宋篇》,台北:台灣學生書局,1989 年 3 月增訂三版。

4. 陳來著,《宋明理學》,台北:洪葉出版社,1994 年 9 月初版一刷。

5. 張豈之著,《中國儒學思想史》,台北:水牛圖書出版社,1996 年 3 月 20 日初版二刷。

6. 苗潤田著,《中國儒學史・明清卷》,廣東:廣東教育出版社,1998 年 6 月第一版。

三、中國經學通論與經學史類專著

1. 熊十力著,《讀經示要》,台北:明文書局,1984 年 7 月初版。

2. 皮錫瑞著,《經學通論》,台北:台灣商務印書館,1989 年 10 月臺五版。

3. 王葆玹著,《西漢經學源流》,台北:東大圖書公司,1994 年 6 月初版。

4. 夏傳才著,《十三經概論》,台北:萬卷樓圖書有限公司,1996 年初版。

5. 朱維錚編,《周予同經學史論著選集》,上海:上海人民出版社,1996 年 7 月二刷。

6. 皮錫瑞著,《增注經學歷史》,台北:藝文印書館,1996 年 8 月初版三刷。

7. 安井小太郎等著,連清吉、林慶彰合譯,《經學史》,台北:萬卷樓圖書有限公司,1996 年 10 月初版。

8. 馬宗霍著,《中國經學史》,台北:台灣商務印書館,2000 年 11 月臺一版八刷。

9. 日・本田成之,《中國經學史》,上海:世紀出版集團、上海書店出版社,2001 年 7 月第一版。

四、中國通史、斷代史、文化史、文學史類專著

1. 郭紹虞著,《中國文學批評史》,台北:文史哲出版社,1988 年 4 月一版。

2. 傅樂成著,《中國通史》,台北:大中國圖書公司,1995 年 7 月第二十四版。

3. 王運熙、顧易生主編,《中國文學批評通史》,上海:上海古籍出版社,1996 年 12 月一版。

4. 葉慶炳著,《中國文學史》,台北:台灣學生書局,1997 年 6 月初版六刷。

5. 北京大學中文系古代文學教研室選編,《中國文學史參考資料簡編》,北京:北京大學出版社,2001 年 10 月第二版二刷。

6. 柳詒徵著,《中國文化史》,上海:上海古籍出版社,2001 年 10 月第一版。

五、目錄、版本、參考類專著

1. 清·永瑢等撰,《四庫全書總目》,北京:中華書局,1995 年 4 月第一版六刷。

2. 橋川時雄主編,王雲五重編,《續修四庫全書提要》,台灣商務印書館,1971 年版。

3. 錢存訓著,《中國古代書史》,台北:藍燈文化事業公司,1987 年 9 月初版。

4. 蔡尚思著,《中國思想研究法》,台北:台灣商務印書館,1991 年 6 月臺一版。

5. 昌彼得、潘美月著,《中國目錄學》,台北:文史哲出版社,1991 年 10 月初版二刷。

6. 李瑞良著,《中國目錄學史》,台北:文津出版社,1993 年 7 月初版一刷。

六、其他專門專著

1. 劉義生著,《論語表解》,台北:中華叢書編審委員會出版,1963 年初版。

2. 蔡仁厚著,《王陽明哲學》,台北:三民書局,1979 年 2 月再版。

3. 魏元珪著,《孟荀道德哲學》,台北:海天出版社,1980 年 12 月初版。

4. 桂崇基著,《政治思想之問題與趨勢》,台北:台灣商務印書館,1981 年 4 月增訂初版。

5. 方東美著,《中國人生哲學》,台北:黎明文化事業公司,1982 年 12 月四版。

6. 楊向奎著,《清儒學案新編》,山東:齊魯出版社,1985 年 2 月第一版一刷。

7. 沈清松著,《現代哲學論衡》,台北:黎明文化事業公司,1990 年第三版。

8. 林聰舜著,《明清之際儒家思想的變遷與發展》,台北:台灣學生書局,1990 年 10 月初版。

9. 譚宇權著,《孔子思辨方法評論》,台北:台灣商務印書館,1990 年 12 月初版。

10. 譚承耕著,《論語孟子研究》,湖南:湖南教育出版社,1991 年 6 月一版二刷。

11. 李紀祥著,《明末清初儒學之發展》,台北:文津出版社,1992 年 2 月初版。

12. 劉錦志譯,《教育哲學》,台北:水牛出版社,1992 年 4 月 25 日初版。

13. 于化民著,《明中晚期理學的對峙與合流》,台北:文津出版社,1993 年 2 月初版。

14. 余英時著,《中國知識階層史論》,台北:聯經出版社,1993 年 5 月初版二刷。

15. 楊儒賓、黃俊傑編,《中國古代思維方式探索》,台北:正中書局,1996 年 11 月初版。

16. 劉長林著,《中國系統思維》,北京:中國社會科學出版社,1997 年 4 月二刷。

17. 魏元珪著,《老子思想體系探索》,台北:新文豐出版公司,1997 年 8 月初版。

18. 唐君毅著,《中國文化之精神價值》,台北:正中書局,1997 年 10 月臺二版十一次印刷。

19. 錢穆著,《孔子與論語》,台北:聯經出版社,1997 年 11 月初版十一刷。

20. 朱伯崑著,《朱伯崑論著》,瀋陽:瀋陽出版社,1998 年初版。

21. 牟宗三著,《中國哲學的特質》,台北:台灣學生書局,1998 年 5 月再版九刷。

22. 趙顯圭著,《朱熹人文教育思想研究》,台北:文津出版社,1998 年 10 月初版。

23. 張麗珠著,《清代義理學新貌》,台北:里仁出版社,1999 年 5 月 15 日初版。

24. 余英時著,《中國思想傳統的現代詮釋》,台北:聯經出版社,1999 年 9 月初版八刷。

25. 蔡仁厚著，《孔孟荀哲學》，台北：台灣學生書局，1999 年 9 月初版五刷。

26. 鄭宗義著，《明清儒學轉型探析——從劉蕺山到戴東原》，香港：香港中文大學，2000 年初版。

27. 左東嶺著，《王學與中晚明士人心態》，北京：人民文學出版社，2000 年 4 月一版。

28. 王國良著，《明清時期儒學核心價值的轉換》，安徽：安徽大學出版社，2002 年 2 月第一版。

29. 余英時著，《歷史與思想》，台北：聯經出版社，2004 年 9 月

七、哲學類以外其它專著

1. 高宣揚著，《解釋學簡論》，台北：遠流出版社，1988 年 10 月 2 日初版。

2. 李建興著，《社會變遷與教育發展》，幼獅文化事業公司，1989 年 6 月初版。

3. 錢穆著，《中國歷史研究法》，台北：東大圖書公司，1991 年 4 月再版。

4. 林保淳著，《經世思想與文學經世》，台北：文津出版社，1991 年 12 月初版。

5. 許世瑛著，《論語二十篇句法研究》，台北：台灣開明書店，1994 年 10 月六版。

6. 艾柯等著，柯里尼編，王宇根譯，《詮釋與過度詮釋》，香港：牛津大學出版社，1995 年版。

7. 沈清松主編，《詮釋與創造——傳統中華文化及其未來發展》，台北：聯合報系文化基金會，1995 年 1 月初板。

8. 王夢鷗著，《中國文學理論與實踐》，台北：時報文化出版企業有限公司，1995 年 11 月 3 日初版一刷。

9. 張健著，《文學概論》，台北：五南圖書出版公司，1996 年 4 月初版十一刷。

10. 帕瑪著，嚴平譯，《詮釋學》，台北：桂冠圖書股份有限公司，1997 年 9 月初版三刷。

11. 呂正惠主編，《文學的後設思考》，台北：正中書局，1998 年 11 月初版三刷。

12. 許進雄，《中國古代社會》（修訂本），台北：台灣商務印書館，1998 年 11 月修訂版二刷。

13. 黃政傑主編，《教學原理》，台北：師大書苑有限公司，2000 年 3 月初版二刷。

14. 徐海松著，《清初士大夫與西學》，北京：東方出版社，2000 年 12 月初版。

參、期刊論文

1. 錢穆講述，程元敏筆記，〈談朱子的論語集注〉，《孔孟月刊》第六卷第五期，1968 年 1 月。

2. 劉善哉，〈論語朱《註》評議〉，《學原雜誌》第五卷第六期，1970 年 2 月。

3. 李紹戶著，〈北宋論語注本與朱子集注〉（上）、（下），《建設雜誌》第二十三卷第九、十期，1975 年 2、3 月。

4. 魏元珪著，〈儒家人道精神之特色與源流〉，《中國文化月刊》第十二期，1980 年 10 月。

5. 魏元珪著，〈中國哲學精神與特質〉，《中國文化月刊》第十九期，1981 年 5 月。

6. 方東美原著，孫智燊翻譯，〈中國哲學之精神及其發展——中國哲學之通性與特點〉，《中國文化月刊》第四十九期，1983 年 11 月。

7. 方東美原著，孫智燊翻譯，〈中國哲學之精神及其發展〉，《中國文化月刊》第五十期，1983 年 12 月。

8. 毛子水著，〈論語朱注補正〉，《輔仁學誌》（文學院之部）第十四期，1985 年 6 月。

9. 蕭永明著，〈顏李學派的功利主義德育觀〉，《廣西師範大學學報》（哲學社會科學版），第三十一卷第二期，1995 年 6 月 25 日。

10. 雷樹德著，〈顏元實學思想淺說〉，《鄉潭師範學院學報》第二期，1996 年。

11. 李繼秀著，〈顏元的經世致用教育觀〉，《安徽教育學院學報》第四期，總第六十六期，1996 年。

12. 康玉良著，〈顏元的為學求知思想〉，《中國青年政治學院學報》第一期，1997 年。

13. 盛邦和著，〈論顏元的新價值觀〉，《河北學刊》第二期，1997 年。

14. 楊國榮著，〈晚明心學的衍化〉，《中國文化研究》第三期，總第十七期，1997 年 8 月 28 日。

15. 鄭春慧著，〈顏李學派勞動教育思想初探〉，《河北師範大學學報》第一卷第二期，1998 年 8 月。

16. 趙磊、上官霞雲著，〈顏元教育經濟學思想淺探〉，《臨沂師專學報》第二十卷第四期，1998 年 8 月。

17. 毛文芳著，〈晚明「狂禪」探論〉，《漢學研究》第十九卷第二期，2001 年 12 月。

18. 姜桂石著，〈淺論史學活動中的價值判斷〉，《史學理論研究》第一期，

2002 年 1 月 28 日。

19. 劉笑敢著,〈經典詮釋與體系建構——中國哲學詮釋傳統的成熟與特點芻議〉,《中國哲學史季刊》第一期,2002 年。

20. 吳興華著,〈從詮釋學透視中國古代哲學的價值〉,《重慶師院學報》(哲學社會科學版)第一期,2002 年 4 月。

21. 黃俊傑著,〈從東亞儒家思想史脈絡論「經典性」的涵義〉,《中國哲學史季刊》第一期,2002 年 5 月 25 日。

22. 劉耘華著,〈孔子對古代傳統的雙重詮釋〉,《中國文化研究》第二期夏之卷,2002 年 5 月 28 日。

23. 時暘著,〈論顏元的教育思想〉,《北京建築工程學院學報》第十八卷,2002 年 6 月。

24. 黃俊傑著,〈伊藤仁齋對《論語》的解釋:東亞儒家詮釋學的一種類型〉,《中山人文學報》第十五期,2002 年 10 月。

25. 張隆溪著,〈代聖人立言:談評注對經文的制約〉,《中山人文學報》第十五期,2002 年 10 月。

肆、論文集論文

1. 胡適著,〈顏習齋哲學及其與程朱陸王之異同〉,《中國近三百年學術思想論集》,香港:崇文書店,1971 年 5 月初版。

2. 梁啓超著,〈明清之交中國思想界及其代表人物〉,《中國哲學思想論集·清代篇》,台北:牧童出版社,1978 年 2 月 10 日三版。

3. 余英時著,〈清代思想史的一個新解釋〉,《中國哲學思想論集·清代篇》,台北:牧童出版社,1978 年 2 月 10 日三版。

4. 詹海雲著,〈清初實學思潮〉,《第一屆清代學術討論會——思想與文學論文集》,高雄:中山大學中國文學系,1989 年 11 月初版。

5. 詹海雲著,〈清初陽明學〉,《清初學術論文集》,台北:文津出版社,1992 年 3 月初版。

6. 林慶彰著,〈經學史研究的基本認識〉,《中國經學史論文選集》(上冊),台北:文史哲出版社,1992 年 10 月初版。

7. 歐陽教著,〈文化變遷與教育思潮演進〉,《文化變遷與教育發展》,台北:中國教育會、中正大學成人教育中心主編,1993 年 6 月初版。

8. 成復旺著,〈返回經典,走向實學——略論明清之際學術思想的轉變〉,《第四屆清代學術討論會論文集》,高雄:中山大學中國文學系,1995 年 11 月初版。

9. 陳祖武著,〈論清初學術〉,《第四屆清代學術討論會論文集》,高雄:中山大學中國文學系,1995 年 11 月初版。

10. 鄭宗義著，〈論朱子對經典解釋的看法〉，《朱子學的開展──學術篇》，台北：漢學研究中心編印，2002 年 6 月初版。

伍、學位論文

1. 黃發策著，《顏習齋教育思想的研究》，台北：政治大學教育研究所碩士論文，1957 年 6 月。

2. 黃建一著，《顏習齋的哲學及教育思想》，台北：中國文化學院哲學研究所，1972 年 6 月。

3. 楊冬生著，《顏習齋的思想》，台北：臺灣大學中國文學系研究所碩士論文，1973 年。

4. 楊瑞松著，《追尋終極的真實──顏元的生平與思想》，新竹：清華大學歷史研究所碩士論文，1988 年 6 月。

5. 高太植著，《顏元的經世思想》，台北：政治大學中國文學研究所碩士論文，1988 年 6 月。

6. 黃順益著，《顏習齋對儒學的反省與批判》，高雄：高雄師範大學國文研究所碩士論文，1988 年 6 月。

7. 王鵬凱著，《歷代論語著述綜錄》，台北：政治大學中國文學研究所碩士論文，1989 年 6 月。

8. 鄧秀梅著，《朱子對論語的詮釋》，台北：中國文化大學哲學研究所碩士論文，1994 年 6 月。

9. 曾素貞著，《顏元的四書學研究》，台北：政治大學中國文學研究所碩士論文，1995 年 6 月。

10. 汪文祺著，《顏習齋哲學思想研究》，台北：台灣師範大學國文研究所碩士論文，1997 年 6 月。

11. 江淑君著，《魏晉論語學之玄學化研究》，台北：台灣師範大學國文研究所博士論文，1998 年 1 月。

12. 高荻華著，《皇侃論語集解義疏研究》，桃園：中央大學中國文學研究所碩士論文，1999 年 6 月。

13. 李瀅婷著，《顏元學術思想研究》，台北：台灣大學中國文學研究所碩士論文，2001 年 6 月。

14. 廖雲仙著，《元代論語學研究》，台中：東海大學中國文學研究所博士論文，2002 年 1 月。